아틀라스
세계 항공전사

KODEF 안보총서 50

아틀라스
세계 항공전사
ATLAS OF AIR WARFARE

알렉산더 스완스턴 · 맬컴 스완스턴 지음

홍성표 · 오충원 · 나상형 옮김

차례

서언

화약이 전장을 바꾸었다면 항공기는 전쟁 자체를 바꿔놓았다. 항공기의 발명과 개발은 전쟁과 인간 생활에 커다란 영향을 미쳤다. 20세기 초 항공기 시험비행이 성공하자, 사람들은 항공기가 전쟁을 근본적으로 바꿀 것이라고 예측했다. H. G. 웰스(Wells)는 1907년에 소설 『공중전(The War in the Air)』에서 세계 전쟁에서 강력한 대규모 항공기 편대가 출현할 것이라고 예견했다. 실제로 공군력의 발전은 훨씬 더 괄목할 만했다.

보다 가벼운 정찰기

전장에 배치한 간단한 구조의 기구(氣球)는 이전에 볼 수 없었던 시야를 제공했다. 이 같은 혁신적인 기구들은 프랑스 대혁명, 미국의 남북전쟁과 제1차 세계대전에 이르기까지 활발하게 이용되었다. 하지만 조종 능력의 한계로 전투 지경선을 넘어 적정(敵情)을 살피는 정찰능력은 제한적일 수밖에 없었다.

엔진을 장착한 경식(硬式) 혹은 반경식(半硬式) 비행선의 개발로 적 후방까지 정찰활동이 가능해졌다. 비행선은 비록 속도는 느렸지만, 원하는 방향으로 비행을 할 수 있었다. 1911년 이탈리아-터키 전쟁 당시 리비아에서 처음으로 운용한 공중무기가 바로 비행선이었다. 당시 작가나 군사전문가들이 상상했던 조종 가능한 군용기는 공기보다 무거운 항공기(重항공기)가 개발되면서 실현되었다. 1903년 라이트(Wright) 형제의 플라이어(Flyer)가 처음으로

비행에 성공했을 때, 미국 내에서는 군의 관심을 끄는 데 실패했으나 프랑스를 비롯한 강대국들은 큰 관심을 보였다. 6년 뒤인 1909년에는 루이 블레리오(Louis Blériot)가 영국 해협 횡단비행에 성공하여 항공기의 역동성과 전략적 가능성을 분명하게 보여주었다.

항공기의 역동성

5년 뒤인 1914년 8월, 세계는 전쟁에 휩싸였다. 제1차 세계대전 초기에는 정찰 임무에만 항공기를 활용했다. 적의 의도가 드러난 전개 및 병참선을 분명히 볼 수 있고, 지도로 그릴 수도 있었다. 이에 발맞추어 조종사들은 처음에는 권총과 소총으로 무장하고 나중에는 직기를 파괴하고 적의 정보활동을 막기 위해 기관총으로 무장했다. 성능이 향상된 항공기는 더 빠른 속도로 더 높은 고도에서 날 수 있었고, 몇몇 항공기는 적기를 공격하는 수준으로까지 발전했다. 적기를 격추하는 가장 좋은 방법은 적기와 일직선에 위치해 정면에서 기관총을 발사하는 것이었다. 엔진을 후방에 장착한 항공기의 경우에는 쉬운 일이었지만, 엔진을 조종석 전방에 장착한 경우 회전하는 프로펠러 때문에 기총 발사가 쉽지 않았다. 네덜란드의 항공기 제작자 안토니 포커(Anthony Fokker)가 기총 발사를 프로펠러와 일치시키는 동조장치(Interrupter gear)를 발전시켜 프로펠러 회전주기에 맞

추어 사격할 수 있도록 문제를 해결했다. 이로써 아주 효과적인 전투기가 탄생했다.

총력전

항공기가 점점 커지고 성능도 향상함에 따라 대부분의 전투부대는 전략폭격 부분을 발전시켰다. 독일군 폭격기 부대는 체펠린(Zeppelin) 비행선과 함께 정기적으로 폭격 임무를 수행했다. 이러한 폭격은 실제로 물리적 파괴 효과보다는 심리적 효과가 더 컸다. 이제 누구도 전쟁의 피해에서 벗어날 수 없었다. 총력전 시대가 된 것이다.

제1차 세계대전이 벌어진 4년 동안 항공기는 전술 정찰 수준을 넘어서, 적지 상공을 넘나들며 적의 전쟁수단을 공격하고 산업시설과 결전의지를 파괴하는 전략적 무기 체계로 발전했다. 결과적으로 장거리 폭격기 이론이 가장 효과적인 전략으로 자리 잡았다.

제1차 세계대전 이후 군용 항공기는 발전 속도가 더뎠다. 하지만 민간 항공기는 거리나 고도 면에서 눈부신 발전을 거듭했다. 항공기는 광활한 오대양을 횡단할 수 있었고, 제국주의 국가들이 세계 곳곳에 퍼져 있는 식민지를 오갈 수 있도록 세계를 좁혀주었다.

엄청난 위협

1930년대 개발된 장거리 폭격기는 지구 어디든 미치지 않는 곳이 없는 것처럼 보였다. 당시 사람들은 항공기의 위협을 10년 뒤에 등장한 핵무기의 위협만큼이나 두렵게 생각했다. 1920~1939년에 일어난 에스파냐 내전은 공군력의 이론을 실험하는 장이 되었다. 폭격기는 여전히 중요하게 여겨졌지만, 많은 사람이 폭격기를 지상군을 전술적으로 지원하는 역할 정도로밖에 생각하지 않았다. 또한 에스파냐 내전은 금속제 단엽기를 최초로 사용한 전쟁이기도 했다. 당시 국민군의 폴리카르포프(Polikarpov) I-16과 공화군의 메서슈미트(Messerschmitt) Bf 109는 고속 공중전을 펼쳤다. 이 두 기종은 전쟁을 앞두고 한층 더 성능을 향상했다.

1939년 9월 1일, 독일의 새로운 전쟁 기계들이 폴란드 국경을 넘어 진격했다. 독일 공군의 중형 폭격기들은 전투비행단이 땅과 하늘에 있는 적을 파괴해 제공권을 확보하는 동안 진출로를 마련했다. 도깨비같이 신출귀몰하는 융커스(Junkers) Ju-87 슈투카(Stuka) 또한 항공포로서의 역할을 잘 수행했다. 이들은 지상군과 연합하여 신속한 승리를 가능하게 했다. 전격전(Blitzkrieg)을 실시한 것이다. 이 기세를 몰아 독일은 노르웨이, 저지대 국가•, 프랑스에서도 전격전을 실시했다.

1940년 여름, 영국본토항공전은 강력한 전투기의 방

영국 공군(RAF) 훈련
영국 호커 허리케인 대대 조종사들이 제2차 세계대전 발발 직전 훈련에 앞서 브리핑을 하고 있다.

어, 레이더, 효과적인 지휘통제체계가 적 폭격기의 공격을 성공적으로 방어할 수 있음을 입증했다.

영국 공군은 독일 공군의 중형 폭격기를 격퇴했지만, 주야를 막론하고 독일 본토를 공격하기 위해서는 동맹국인 미국을 전쟁에 끌어들일 필요가 있었다. 1941년 12월 7일, 일본이 하와이 진주만을 공격하자, 미국은 전쟁에 뛰어들었다. 미군과 영국 공군의 폭격기는 나치(Nazi)가 점령하고 있는 유럽 지역의 표적을 밤낮없이 공격했다. 독일의 생산시설을 폭격하는 것이 곧 적의 전쟁 노력을 무력화시

• 북해 유럽 연안의 벨기에, 네덜란드, 룩셈부르크 등의 국가.

신속 재출격
동부전선에서 독일 공군 지상근무요원들이 하인켈 He-111 폭격기에 SC500 폭탄을 신속하게 탑재하고 있다.

미국 힘의 상징
제374전투비행대대의 P-51D 1대가
226kg의 폭탄 2발을 장착하고
지상공격 임무에 나서고 있다.

킨다는 이론이 제기되었다. 넓게 산재해 있는 독일의 여러 도시와 핵심 지역을 파괴했지만, 많은 사람이 예견한 것처럼 전선에서 싸우는 독일군의 전투의지를 완전히 꺾거나 약화시키지는 못했다.

극동에서는 해군항공대의 잠재력이 진주만 공격으로 입증되었다. 다행스럽게도 바로 그때 미국의 항공모함들은 그 자리를 피해 있었다. 태평양에서 미군을 부활시킨

핵심 전력은 바로 이 항공모함이었다.

특히 지상의 포병 전방관측자와 함께 운용할 때 성공적이었던 전술폭격은 소련 서부의 개활지나 1944년 노르망디의 산울타리 지역에서, 그리고 유럽과 아시아에서 연합군이 마지막으로 전쟁을 종결하는데 매우 효과적임을 입증했다.

세계기록을 갱신한 첩보기
SR-71 블랙버드 초음속 정찰기는 비록
1998년 퇴역했지만 이제까지 가장 빠른
항공기였다.

근거해 공격을 실시한다. 현대에는 항공기가 무인화되고, 복잡한 첨단무기로 무장되고 있다.

공군력은 그 엄청난 능력에도 불구하고 그것만으로는 전쟁에서 승리할 수 없는 것처럼 보인다. 가까운 미래의 분쟁은 여전히 지상군이 점령·통제할 것으로 보인다. 오늘날 전쟁에서 지휘관은 고성능 센서를 장착한 항공기를 전방에 배치하여 인명 손실의 위험 없이 언덕 너머의 적정을 살피고 정밀유도무기로 공격할 수 있게 되었다.

이 책은 그 짧은 역사에도 불구하고 공군력이 어떻게 전장을 주도하고 우리 삶에 그토록 큰 영향력을 미쳤는가를 탐구하고자 한다.

속도와 파괴력

제2차 세계대전이 끝날 무렵 항공기는 엄청나게 변화했다. 새로운 제트 항공기의 속도는 시속 500마일(800킬로미터)을 능가했고, 도심에서 수백 마일 떨어진 곳에서 미사일을 발사할 수 있게 되었으며, 원자폭탄 하나로 도시를 지표면에서 완전히 날려 보낼 수 있게 되었다. 공군력, 특히 폭격기는 장거리 미사일이 등장하기 전까지 전장에서 주인공 역할을 했다.

동맹국이었던 미국과 소련 두 나라 사이에 의심과 불신이 커지면서 세계는 이후 수십 년간 냉전시대를 맞게 되었다. 핵무기는 두 강대국이 직접 충돌하는 것을 막아주었지만, 미국이 한국과 베트남에서 공산주의의 확산을 저지하기 위해 대리전을 치르는 것까지는 막지 못했다. 베트남에서는 공군력을 전략적·전술적으로 운용하여 복합적인 결과를 낳았다. 그러나 북베트남에 대한 폭격은 실효를 거둘 만큼 지속적으로 이루어지지 못해서 전쟁의지를 말살하거나 전쟁수행 능력을 꺾는 데 실패했다. 베트남에서 미국의 노력은 미 국민의 지지를 받지 못하고 정치적 목표를 달성하기 위해서라면 어떠한 고난도 감내하려는 적의 의지 때문에 수포로 돌아갔다.

오늘날의 공군력

공군력은 현대전에서도 최전선에서 활약하고 있다. 아프가니스탄에서 전투기와 폭격기는 여전히 제2차 세계대전 때와 마찬가지로 지상군을 지원한다. 지상군은 제1차 세계대전 때에 비해 훨씬 더 개선된 정찰기가 제공하는 정보에

초기 항공기

수세기 동안 사람들은 하늘을 나는 것을 동경해왔다. 약 2세기경 중국에서 열기구가 개발되기 이전부터 인간은 하늘을 지배하려고 노력했다. 이는 발명가와 디자이너들이 새로운 재료와 내연기관에 기반을 둔 새로운 엔진을 이용하면서, 19세기 후반에 마침내 실현되었다. 그러나 항공기가 출현하기 전에 비행선이 이 같은 꿈을 처음으로 실현해주었다.

높이, 더 높이

18세기 말 일련의 열기구가 개발되어 대단한 비행 성과를 거두기 시작했다. 1783년 파리(Paris)에서 열기구를 이용한 유인 비행이 처음으로 성공했다. 장 프랑수아 필라트르 드 로지에(Jean-François Pilâtre de Rozier)와 프랑수아 로랑 다를랑드(François Laurant d'Arlandes) 후작이 탄 열기구가 약 8킬로미터를 비행했던 것이다. 몽골피에(Montgolfier) 형제가 설계한 이 열기구는 나무를 태워 얻은 열을 이용해 하늘을 날았고 조종 장치는 없었다. 조종할 수 있는 열기구나 비행선을 개발하려는 시도는 계속되었다. 프랑스의 앙리 지파르(Henri Giffard)는 1852년 증기기관을 장착한 비행선을 제작하여 24킬로미터를 비행하는 데 성공했다. 1884년 프랑스 육군의 후원하에 제작된 전기 모터를 장착한 라프랑스(La France)는 조종이 가능한 최초의 비행선으로서 8킬로미터를 비행하는 데 성공했다. 대부분의 초기 비행선은 외관이나 동력 면에서 매우 약했다. 마음대로 조종할 수 있는 비행은 경합금과 내연기관이 개발된 이후에야 가능해졌다.

이 기간 동안 조지 케일리(George Cayley), 펠릭스 뒤 탕플 드 라 크루아(Félix du Temple de la Croix), 프랜시스 웨넘(Francis Wenham), 오토 릴리엔탈(Otto Lilienthal), 클레망 아데르(Clement Ader), 새뮤얼 랭글리(Samuel P. Langley) 등은 항공기를 개발하는 데 크게 기여했다. 윌버와 오빌 라이트(Wilbur & Orville Wright) 형제는 그들의 꿈이었던 항공기를 실제로 개발하는 데 성공했다. 1903년 라이트 형제는 글라이더에 엔진을 장착해 12월 14일 첫 유인 동력비행에 성공했다. 그들은 안정적으로 조종할 수 있는 항공기를 개발하려는 노력을 계속하여 마침내 항공의 세계를 바꿔놓았다. 하지만 그 당시는 비행선의 시대로, 전쟁에 비행선을 사용할 것이 확실했다.

혁명기 프랑스의 공안위원회(Comité de salut public)는 기구를 공중정찰에 이용하도록 권장했다. 비밀리에 두 과학자, 장-마리-조세프 쿠텔(Jean-Marie-Joseph Coutelle)과 N. J. 콩테(Conté)는 파리 근교에서 개량 기구를 실험했다. 그들은 기존의 수소 기구 기술을 이용하여 기상 변화에도 운용할 수 있는 제법 강한 비행선을 개발했다. 이 비행선에는 조종사 1명과 정찰요원 1명이 탔고, 지상요원 1명을 배치했다. 정찰요원의 임무는 메시지를 주고받을 수 있는 케이블을 통해 적의 위치 및 이동 상황을 보고하는 것이었다.

하늘에서의 전쟁

1794년 3월 29일 세계 최초의 비행단이라 할 수 있는 프랑스 기구단(気球團, Compagnie d'Aérostiers)이 창설되었다. 초기에 이들은 랑트르프레낭(L'Entreprenant)이라는 정찰용 수소 기구를 이용했다. 그해 6월에 기구단은 프랑스 혁명군이 오스트리아군과 싸우고 있는 모뵈주(Maubeuge) 군사작전에 배치되었다. 뒤이은 플뢰뤼스 전투(Battle of Fleurus)에서 쿠텔과 그의 정찰요원인 모를로(Morlot) 장군은 전장 상공에 10시간이나 머물면서 정확한 적의 위치 및 이동 정보를 제공했다. 이는 프랑스 지상군에게 상당한 이점을 안겨주었다. 1794년 6월 26일 플뢰뤼스 전투는 인류 역사상 처음으로 공중정찰이 전쟁 승리에 직접적으로 기여한 전투였다. 오스트리아군은 기구를 이용하는 것은 '비신사적인 행위'이며 전쟁의 기본 규칙을 위반한 것이라고 강하게 비판했다.

프랑스는 3대의 기구를 더 제작했다. 앵트레피드(Intré-pide), 에르퀼(Hercule), 셀레스트(Céleste)가 그것이다. 1795~1796년에 이 기구들은 각각 지상요원과 함께 전방의 주요 전투지역에 배치되었다. 1797년에는 나폴레옹이 이집트 전역에 기구단을 배치했으나, 관리가 소홀해 결국 영국군에 의해 파괴되었다. 나폴레옹은 1799년에 프랑스로 돌아오자마자 기구단을 해체했다. 이로써 40년이 넘는 기간 동안 이어진 기구와 항공에 대한 프랑스인의 관심은 사라지게 되었다.

1849년 오스트리아인은 전장에서 기구를 사용하는 것에 대한 생각을 바꾸었다. 북이탈리아에서 오스트리아 제국의 국익을 지키기 위해 그들은 폭탄을 실은 무인 열기구 200대를 띄웠다. 각 기구에는 시한신관을 장착한 폭탄을 1발씩 실었다. 그러나 기구를 원하는 곳으로 보내기는 쉽지 않았다. 바람의 방향이 바뀌면서 기구들이 오스트

리아 전선으로 날아들기 시작했다. 일본이 95년 후인 제2차 세계대전에서 다시 활용할 때까지 이 아이디어는 폐기되었다. 일본군은 일본을 출발해 그 당시 사람들이 잘 몰랐던 제트 기류를 타고 미국 서부해안을 공격할 폭탄을 실은 고고도 기구를 띄웠다. 결과는 역시 실패였다.

미국에서 남북전쟁이 발발하자, 미국의 기구 제작자 및 과학자들은 기구의 전쟁 활용에 매우 열성적이었다. 연방정부는 다양한 제안을 고려한 뒤 새디어스 로(Thaddeus Lowe) 교수를 북군 기구단의 단장으로 임명했다. 그의 첫 번째 임무는 육군 공병부대의 지도 제작을 돕는 것이었다. 지도에 고도를 표시하고, 특히 사진을 첨가함으로써 육군 지도의 질을 향상시킬 수 있었다. 이 기구단은 여러 전투에도 참가했는데, 특히 페어오크스(Fair Oaks)·샵스버그(Sharpsburg)·빅스버그(Vicksburg)·프레더릭스버그(Fredericksburg) 전투에 투입된 것으로 유명하다. 어느 한 전투에서 열기구 이글(Eagle)은 로 교수의 지시하에 버지니아주 코코란(Corcoran) 기지를 이륙하여 남군 기지를 정찰했다. 사전에 협의한 깃발 신호에 따라 로 교수는 남군에 대한 포격을 정확하게 통제했다. 이것은 열기구를 화력통제 수단으로 사용한 최초의 사례다.

한편 항공전에 관한 프랑스인의 관심은 되살아났다. 1870~1871년의 프로이센-프랑스 전쟁(보불전쟁)에서 프로이센이 이끄는 독일군이 프랑스 파리를 포위했다. 이런 상황이 지속되자, 몇몇 기구 조종사는 기구를 이용하여 프랑스의 포위되지 않은 지역과 교신하자고 제안했다. 9월 23일 전문 기구 조종사 쥘 뒤로프(Jules Durouf)는 몽마르트(Montmartre) 언덕의 생피에르(St Pierre) 광장에서 자신의 기구 라넵튄(La Neptune)에 서신 103킬로그램을 싣고 이륙하여 3시간 뒤 프로이센군의 포위망을 훨씬 벗어난 크라콘빌(Craconville) 성 인근에 무사히 착륙했다. 이 기구는 다른 기구와 마찬가지로 바람에 많이 날렸지만, 프로이센군의 포위망을 안전하게 벗어났다는 데 큰 의미가 있었다. 이 같은 성공으로 사람들은 기구 제작에 광분했다. 그 결과 기구 66대를 제작했고, 그중 58대가 성공적으로 임무를 마쳤다. 이 기구들은 서신 200만 통, 사람 102명, 비둘기 500마리와 개 5마리 이상을 운송했다. 개들은 마이크로필름을 가지고 다시 파리로 돌아오도록 훈련받았지만, 1마리도 되돌아오지 않았다. 가장 유명한 성과는 1870년 10월 7일에 있었던 프랑스 신정부의 레옹 강베타(Leon Gambetta) 장관의 탈출이었다. 보좌관 샤를 루이 드 솔스 드 프레시네(Charles Louis de Saulces de Freycinet)의 도움으로 독일 전선 너머에 착륙한 레옹 강베타는 비점령 지역으로 가서 투르(Tours)를 임시수도로 삼았다.

전후에 기구를 옹호하는 사람들은 항공통신위원회를 설립하는 데 기여했다. 이어서 군에 항공과를 설립할 것을 추진해 3년 뒤에 실현했다. 다른 여러 나라도 프랑스를 뒤따라 군에 영국은 1879년, 독일은 1884년, 오스트리아-헝가리는 1893년에 군에 항공과를 설립했다. 러시아는 그 무렵 곧바로 상트페테르부르크(Saint Petersburg)에 비행학교를 설립했다.

체펠린 비행선의 등장

페르디난트 폰 체펠린(Ferdinand von Zeppelin) 백작은 1863년 독일 연합군 기구단에서 정찰요원으로 일한 적이 있다. 그는 프로이센-프랑스 전쟁 때 프랑스군이 성공적으로 기구를 사용하는 장면을 목격했다. 경항공기의 잠재성을 확신한 체펠린은 회사를 차려, 1889년에 그의 첫 비행선인 루프트쉬프 체펠린(Luftschiff Zeppelin: LZ 1)을 제작하기 시작했다. LZ 1은 1900년 7월 2일에 첫 비행을 했고, 개량 작업을 거쳐 그해 10월에 다시 비행했는데, 프랑스의 라프랑스보다 속도도 빠르고 조종 성능도 훨씬 우수했지만, 독일인의 관심을 끄는 데는 실패했다. 체펠린은 충분한 재원을 모아 LZ 2를 제작했지만 나중에 폭풍으로 파괴되었다. 위축된 체펠린은 모든 가용한 부품을 수거하여 LZ 3을 제작했다. 아주 우수한 비행선인 LZ 3은 1908년까지 45회에 걸쳐 4,400킬로미터를 성공적으로 비행했다.

세계 최초의 항공사인 독일의 루프트시프파르츠 아게(Luftschiffahrts-AG)가 체펠린 비행선을 채택했다. 체펠린 비행선은 제1차 세계대전 이전에는 독일을 횡단하며 수천만 명의 사람과 항공우편물을 운송했다. 독일 군부도 체펠린 비행선에 관심을 보이며 LZ 3을 구입하여 Z 1으로 명명했다. 제1차 세계대전 이전에 체펠린은 우수한 비행선 21대를 제작했다.

한편, 전 세계적으로 여러 형태의 항공기를 제작하여 다양한 시험비행에 성공했다. 바야흐로 조종이 가능한 동력비행의 시대가 열린 것이다. 1903년은 항공사에 있어서 괄목할 만한 해였다. 뉴질랜드의 농부 리처드 퍼스(Richard Pearse)는 단엽기를 개발하여 3월 31일에 비행한 것으로 알려졌다. 프레스턴 왓슨(Preston Watson)은 그해 여름 스코틀랜드 동부 해안의 던디(Dundee)에서 멀지 않은 곳에서 그의 비행기로 비행한 것으로 알려졌다. 같은 해 8월 독일 하노버(Hanover)에서 칼 야토(Karl Jatho)는 불안정하지만 짧은 비행에 성공했다. 같은 해 최초의 유인 동력비행 성공으로 역사에 이름을 남긴 이들이 있다. 바로 월버와 오빌 라이트 형제다. 1903년 12월 17일 라이트 형제는 사람들이 보는 앞에서 역사상 최초의 유인 동력비행 성공

LZ 1
보덴 호 상공에서 시험 중인 LZ 1의 모습. 이는 체펠린 백작이 제작한 수많은 비행선의 시초였다. LZ 1은 1900년 10월 21일 세 번째이자 마지막 비행 후 파괴되었다.

라이트 형제의 작은 도약
1903년 12월 17일 춥고 바람이 세차게 불던
날, 라이트 형제는 첫 동력비행에 성공했다.
오빌이 조종하고 윌버는 옆에서 따라
달리며 날개 끝을 붙잡아 평형을 유지했다.
첫 12미터를 활주한 후 플라이어는 시속
43킬로미터의 돌풍이 몰아치는 하늘로
솟아올라 12초 동안 37미터를 비행했다.

이라는 기록을 세웠고, 그것을 입증할 사진을 찍었다. 그들의 비행은 항공 역사에 길이 남을 업적으로 인정받았다.

1903년에 첫 비행에 성공한 라이트 형제는 1905년까지 항공기 제작에 전념하여 처음으로 미 육군 통신대와 프랑스 기업가 연합으로부터 인력수송용 항공기 1대씩을 주문받았다. 1905년 모델 플라이어 III가 선정되자, 좀 더 강력한 엔진을 개발했다. 새로운 항공기의 시험비행은 그들의 첫 번째 시험비행이 성공했던 노스캐롤라이나의 키티호크(Kitty Hawk)에서 비밀리에 이루어졌다. 1908~1909년에 윌버 라이트는 미국을 떠나 유럽을 방문했다. 그는 유럽 각국의 정부와 흥분해 몰려드는 관중에게 시범비행을 선보이며 유럽에서 1년을 보냈다.

유럽의 선구자

유럽은 유럽 나름대로 알베르투 산투스두몬트(Alberto Santos-Dumont)를 비롯한 비행 전문가를 보유하고 있었다. 브라질에서 태어난 산투스두몬트는 주로 프랑스에서 살았다. 비행에 대한 그의 열정은 조종 가능한 비행선 제작으로 이어졌다. 1884년에 샤를 르나르(Charles Renard)와 아르투르 크렙스(Arthur Krebs)가 라프랑스의 첫 시험비행에 성공함으로써, 산투스두몬트는 조종 가능한 비행선의 첫 제작자가 되는 데는 실패했다. 하지만 1901년 10월 19일, 그는 자신이 만든 비행선을 조종하여 파리의 관중이 보는 앞에서 에펠탑 주위 상공을 나는 데 성공함으로써 조종 비행이 충분히 가능하다는 것을 보여주고, 세계적인 명성을 얻었다.

산투스두몬트는 비행선뿐만 아니라 항공기도 설계·제작했다. 그는 자신이 설계한 14-bis로 1906년 10월 23일 파리에서 유럽 최초의 항공기 공개 시범비행을 했다. 라이트 형제의 초기 항공기와 달리, 이것은 주 날개가 후방에 있고 승강타(Elevator)*가 전방에 위치한 상자 모양의 선미익기(先尾翼機)로 사출기, 레일이나 부가적인 보조장치 없

이도 이·착륙할 수 있었다. 많은 사람이 초기 항공사에서 그의 항공기를 아주 중요한 것으로 생각하고 있고, 브라질에서는 아직도 그를 '항공기의 아버지'로 추앙하고 있다.

산투스두몬트는 처음으로 항공기 선회용 보조날개(Aileron)를 활용한 개척자였다. 보조날개는 이전에는 글라이더에만 사용했다. 그는 또 처음으로 엔진의 출력 대 중량비를 개발하기도 했다. 그의 마지막 항공기는 '드무아젤(Demoiselle)'이라는 단엽기들로, 그는 19·20·21·22호라는 이름을 붙였다. 상자 모양의 14-bis와 달리 드무아젤은 현대인의 관점에서 볼 때 훨씬 더 평범해보였지만 여전히 매우 취약한 구조를 가지고 있었다. 날개폭 5.1미터, 길이는 8미터인 드무아젤은 조종사가 동체 교차점에 있는 날개 바로 밑에 위치하는 구조였다. 제어가 가능한 꼬리 날개면은 동체 후방에 있었고, 20마력의 수랭식 '뒤테일 & 샤머스(Dutheil & Chalmers)' 엔진을 조종사의 앞 윗부분에 장착했다. 이 항공기는 시속 100킬로미터까지 날 수 있는 당시로서는 매우 우수한 성능을 가진 항공기였다. 산투스두몬트는 계속해서 수년 동안 드무아젤의 설계를 고치는 데 주력했다.

항공 지식의 공유

항공기의 발전을 간절히 바라던 산투스두몬트는 항공기가 새로운 평화와 번영의 시대를 가져다줄 것이라고 믿고 그의 항공기 설계도를 무료로 공개했다. 1910년 인도양 리유니온(Reunion) 섬 출신으로 유명한 초기 비행사 롤랑(Roland Garros)는 미국에서 드무아젤을 타고 비행했다. 그해 6월 인기 잡지 《파퓰러 메커닉스(Popular Mechanics)》는 항공기 개발에 관한 기사를 실었다. 훗날 산투스두몬트는 자신의 항공기가 전쟁에서 사용되는 것을 보고 실망하게 되었다.

산투스두몬트가 자신의 항공기 개발 과정을 공개한 데 반해, 라이트 형제는 그들의 발명특허를 보호하기 위해 모든 것을 비공개로 추진했다. 1909년에야 비로소 윌버 라이트가 뉴욕 항구의 수많은 관중 앞에서 처음으로 공개 비행을 선보이며 축하 행사를 가졌다. 항공기 주문이 증가하자, 라이트 형제는 미국과 유럽에 항공기 공장을 설립하고, 비행학교도 설립했다.

라이트 형제의 항공기가 공개되자, 그들의 설계를 모방하거나 도용하는 다양한 시도가 이어졌다. 라이트 형제는 특허권을 보호하기 위해 많은 비용과 시간이 드는 법적 투쟁도 불사했다. 특허권을 둘러싼 가장 긴 법적 투쟁은 글렌 커티스(Glenn Curtiss)와의 법정 투쟁이었다. 커티스는 자신을 방어하기 위해 스미스소니언 협회(Smithsonian Institute)로부터 새뮤얼 랭글리의 성공하지 못한 항공기 '에어로드롬

* 비행기가 뜨고 내릴 때 비행기를 안정되게 유지하는 기능을 한다.

(Aerodrome)'을 빌려와서 라이트 형제의 플라이어보다 먼저 에어로드롬이 비행에 성공했었다는 것을 입증하려 했다. 그는 많은 시간과 노력을 이 불확실한 항공기에 투자했지만 결국에는 실패했다. 법원은 라이트 형제에게 승소 판결을 내렸다. 이 사건을 계기로 라이트 형제와 스미스소니언 협회와의 관계는 소원해졌다.

한편, 라이트 형제는 군용기도 개발했다. 1908년 5월 14일 세계 최초의 2인승 항공기가 첫선을 보였다. 최초의 승객은 찰리 퍼나스(Charlie Furnas)였다. 이후 토머스 셀프리지(Thomas Selfridge) 대위는 첫 동력비행 사고의 희생자가 되었다. 오빌 라이트가 조종하는 2인승 항공기에 탑승했다가 시험비행 도중 버지니아 주 포트 마이어(Fort Myer) 인근에 추락한 것이다.

유럽에서는 루이 블레리오가 영국 해협 횡단비행 계획을 착실하게 수행해나가고 있었다. 런던《데일리 메일(Daily Mail)》이 주는 상금 1,000파운드가 걸려 있었다. 에콜 상트랄 파리(École Centrale Paris)에서 공학을 공부한 블레리오는 자동차 헤드라이트를 생산하는 사업에 성공하여 벌어들인 돈을 항공기 설계 및 제작에 투자했다. 1900년에는 새처럼 날개를 상하로 흔들어 추진력을 얻는 초기 항공기인 '오니숍터(Ornithopter)'를 만들어 시험했으나, 결국 비행에 실패하고 말았다. 그럼에도 불구하고 그는 몇몇 불안정한 항공기를 계속해서 개발했다. 수차례의 실험 끝에 마침내 그는 세계 최초의 단엽기인 블레리오 V를 개발

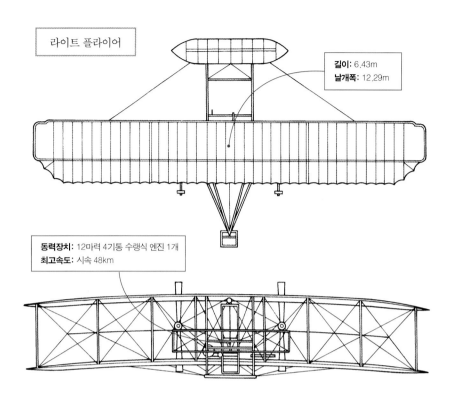

라이트 플라이어

길이: 6.43m
날개폭: 12.29m

동력장치: 12마력 4기통 수랭식 엔진 1개
최고속도: 시속 48km

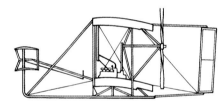

조종사는 아래 날개 기골에 엎드려서 왼손으로 작은 승강타를 작동시켰다. 또한 몸을 좌우로 움직여서 날개와 방향타를 조종했다.

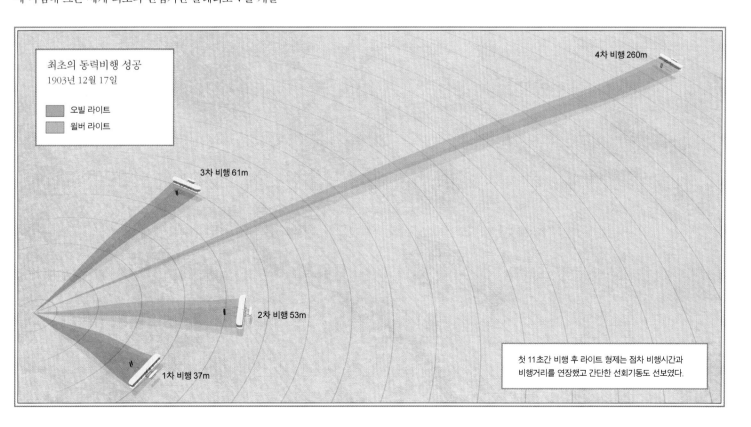

최초의 동력비행 성공
1903년 12월 17일

오빌 라이트
윌버 라이트

4차 비행 260m

3차 비행 61m

2차 비행 53m

1차 비행 37m

첫 11초간 비행 후 라이트 형제는 점차 비행시간과 비행거리를 연장했고 간단한 선회기동도 선보였다.

루이 블레리오
1908년부터 실험용 항공기를 제작한 루이 블레리오는 그해 12월 파리의 자동차 및 항공기 전시회에 그가 설계한 3대의 항공기를 전시했다. 세 번째 모델인 블레리오 XII는 그에게 명성과 부(富)를 가져다주었다.

하는 데 성공했다. 이 모델은 1909년까지도 여전히 불안정한 수준이었지만, 결국 그는 이보다 훨씬 안정적이고 신뢰할 만한 단엽기 블레리오 XI을 개발하는 데 성공했다.

영국 해협 횡단비행 경쟁

1,000파운드의 상금은 또 다른 2명의 경쟁자를 끌어들였다. 첫 번째 경쟁자인 위베르 라탕(Hubert Latham)이 처음에는 유리했다. 7월 19일 프랑스 칼레(Calais) 인근의 상가트(Sangatte)에서 이륙한 라탕의 항공기 앙투아네트(Antoinette) IV는 영국의 도버를 겨우 9.6킬로미터 남기고 엔진이 고장 나는 바람에 해상에 불시착하고 말았다. 구조된 그는 옷이 마르자마자 파리로 오면서 앙투아네트의 대체기를 주문했지만, 이는 블레리오가 횡단비행을 시도하기 전에 상가트 기지에 도착하지 않았다.

블레리오의 두 번째 경쟁자는 프랑스 혈통의 러시아 귀족 샤를 드 랑베르(Charles de Lambert)였다. 그는 예비 시험비행에서 심한 부상을 입고 포기하라는 말을 들었다. 블레리오도 연료관 파열로 발생한 화재로 심한 화상을 입고 고통스러워하고 있었다. 그러나 그는 참고 버티기로 결심했다. 그의 항공기 블레리오 XI은 조종사를 제외한 무게가 300킬로그램이나 되었고, 3개의 실린더로 작동되는 공랭식 반분사식 25마력의 안자니(Anzani) 엔진으로 2미터 직경의 양면 프로펠러를 작동했으며, 날개폭이 7.8미터에 전체 길이가 8미터였다.

1909년 7월 25일 새벽이 밝자, 프랑스 해군은 만일의 사태에 대비하기 위해 구축함 1척을 영국 해협 중간에 배치했다. 새벽 4시 35분에 블레리오는 간단한 엔진 점검을 마치고 칼레를 이륙하여 모래언덕을 넘어 북서쪽으로 날아갔다. 나중에 블레리오는 이렇게 회상했다.

"10분이 지났다. 구축함을 지나쳐 올바른 방향으로 계속 나아가기 위해 고개를 돌린 순간, 나는 깜짝 놀랐다. 구축함도, 프랑스나 영국 영토도 보이지 않았다. 그렇게 10분간 아무 것도 보이지 않아 헤멨다. 해협 한가운데 상공에서 나침반이나 항로 유도도 없이 홀로 있는 것은 낯선 경험이었다. 손과 발을 가볍게 레버에 얹고 그대로 비행했다. 프랑스 해안을 떠나고 20분쯤 지났을 때, 눈앞에 도버의 절벽이 나타났다. 내가 바람에 밀려 항로에서 벗어났다는 증거였다. 나는 발로 힘껏 레버를 눌러 서쪽으로 방향을 틀었다. 곤경에 빠진 게 분명했다. 절벽에서 정면으로 불어오는 바람이 무척 강해서 항공기 속도는 점점 줄어들었다. 나는 절벽 위의 개활지를 발견했다. 한 시간 반 동안 더 비행할 수 있으리라 확신했으므로 칼레로 돌아갈 수도 있었지만, 착륙 기회를 놓칠 수 없었다. 나는 개활지로 들어서 다시 마른 땅 위를 비행하고 있음을 알았다. 오른편의 붉은 건물을 피하면서 착륙을 시도했지만 바람이 가만 놔두지를 않았다. 엔진을 정지하자 항공기가 강하하기 시작했다."

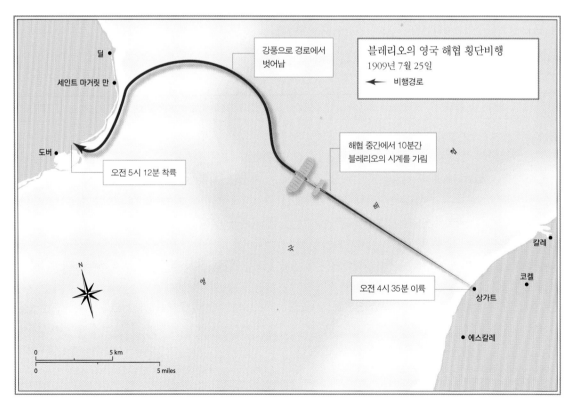

딜

세인트 마거릿 만

도버

오전 5시 12분 착륙

강풍으로 경로에서 벗어남

블레리오의 영국 해협 횡단비행
1909년 7월 25일
← 비행경로

해협 중간에서 10분간 블레리오의 시계를 가림

칼레

코켈

오전 4시 35분 이륙

상가트

에스칼레

N

0   5 km
0   5 miles

블레리오의 해협 횡단비행
루이 블레리오는 항법실력보다는 운이 좋아 해협 횡단비행에 성공했다.

블레리오는 이륙한 지 36분 만에 영국 땅에 착륙했고 그 과정에서 프로펠러와 동체 하부가 땅에 부딪쳤다. 효과는 즉각 나타났다. 작가 H. G. 웰스는 이렇게 썼다.

"우리 함대가 버티고 있지만, 군사적인 관점에서 영국은 더 이상 불가침의 영역이 아니다."

이 비행의 영향은 실로 놀라웠다. 그는 부인과 함께 축하 오찬을 함께하고는 배를 타고 프랑스로 돌아왔지만 《데일리 메일》은 또 다른 계획을 가지고 있었다. 1,000파운드의 상금을 받기 위해 블레리오는 영국으로 되돌아가 《데일리 메일》의 손님으로서 사보이 호텔에서 화려한 만찬을 즐겼다. 그가 음식을 채 소화하기도 전에 프랑스 신문 《르 마탱(Le Matin)》지는 그를 파리로 모셔갔는데, 시민들이 모여들기도 전에 벌써 그의 항공기를 신문사 전시실에 전시해놓고 있었다. 프랑스가 비행에 있어서 세계를 선도하고 있음이 분명했다.

굉장한 사람들

해협 횡단만큼 인기를 끌지는 못했지만 첫 번째 항공이벤트가 1909년 8월 22~29일에 랭스(Reims) 인근지역에서 열렸다. 그것은 라이트 형제의 첫 비행 이후 불과 6년 만에 항공기가 얼마나 먼 길을 달려왔는가를 입증할 수 있었던 좋은 기회였다. 상파뉴 항공주간(Grande Semaine d'Aviation de la Champagne)에는 23명의 당대 최고의 비행사들이 우승을 놓고 일주일 동안 9종의 항공기를 타고 20만 명이 넘는 군중 앞에서 비행했다. 영국에서 온 조지 콕번(George Cockburn)과 미국에서 온 글렌 커티스(Glenn Curtiss) 등 해외에서 참가한 2명의 조종사가 있었지만, 대규모 군중이 운집한 것은 프랑스 비행사들을 보기 위해서였다. 관람객들은 랭스 중앙역에서 특별 철도를 통해 베테니(Béthény)의 평원으로 모여들었다. 그것은 엄청난 볼거리였다. 전 미국 대통령 테디 루스벨트(Teddy Roosevelt)와 영국 정치인 데이비드 로이드조지(David Lloyd George) 같은 VIP도 군중 사이에 섞여 관람해야 했다. 군중에는 수많은 고위 장교도 섞여 있었는데, 그들은 이 같은 혁신적인 기계들이 그 시대에 어떻게 발달하고 있는지를 보고자 하는 열정이 대단했다.

처음에는 기상 악화로 항공기가 이륙할 수 없었지만 개막일 끝 무렵에 비행을 시작했다. 몇몇 운 좋은 사람들은 승객으로서 비행을 경험할 수 있었다. 영국 여성 거트루드 베이컨(Gertrude Bacon)도 그중 한 사람이었다. 그녀가 비행을 한 첫 여성은 아니었다. 1899년 7월 테레즈 펠티에르(Thérèse Peltier)의 비행이 여성으로서는 최초 기록이다.

그럼에도 불구하고 베이컨의 비행은 군중의 관심을 불러 일으키기에 충분했다. 베이컨은 후에 이렇게 외쳤다.

"육지는 거칠고 황량했다. 우리가 이륙하는 동안 나는 경련과 전율을 느꼈다. 하지만 곧 움직임이 매끄러워졌고 그리고 나는 갑자기 형언할 수 없는 새로운 느낌을 느꼈다. 흥분이 고조되고, 경쾌하고, 살아있는 느낌이었다."

군중을 끌어 모으는 사건은 많이 있었다. 가장 심각했던 것은 영국 해협 횡단비행 챔피언 블레리오의 항공기 XII가 연료관 파열로 다시 불붙은 일이었다. 그는 착륙 후 불타는 항공기에서 침묵하며 걸어 나왔다. 전시된 모든 항공기는 부서지기 쉽고 불안전한 엔진을 장착한 상태였으며 동력비행의 폐해는 이후 여러 해 동안 나타났다. 하지만 그때까지도 항공기는 속도, 고도, 거리의 3대 요소를 시험하는 과제를 안고 있었다. 거리 경주의 우승은 180킬로미터를 비행한 앙리 파르망(Henri Farman)에게 돌아갔다. 그를 주시하고 있던 군중은 그가 고정 코스를 3시간 넘게 비행하는 것을 보고 점점 더 흥분했다. 앙리 파르망의 비행기와 군중 모두 너무나 과열되었다. 연료가 떨어져 그가 착륙했을 때, 군중은 통제불능 상태가 되어 경찰이 크게 우려했다. 신문 발행인 고든 베넷(Gordon Bennett)의 이름을 내건 속도 분야에서는 두 사람이 마지막까지 겨루었다. 항공기 '랭스 레이서(Reims Racer)'를 타고 미국에서 온 글렌 커티스와 자신의 항공기로 출전한 블레리오였다. 접전 끝에 커티스가 6초 차이로 우승했는데, 평균 속도는 시속 75킬로미터였다. 실망한 프랑스인들의 머리 위에서 성조기가 휘날렸다. 마지막으로 고도 분야에서는 영국 해협 횡단비행경주에서 블레리오와 겨루던 위베르 라탕이 우승했다. 그는 아찔한 높이인 고도 180미터까지 상승했는데, 당시 다른 비행사들은 겨우 20미터 상공을 간신히 비행하던 수준이었다.

비행에 대한 관심은 더욱 고조되었다. 비행대회는 유럽 전역을 휩쓸며 인기를 끌었다. 가장 인기 있던 시합 중 하나는 1910년 4월에 《데일리 메일》이 후원한 런던(London)에서 맨체스터(Manchester)까지의 비행경주였다. 도전자는 프랑스 출신 루이 폴랑(Louis Paulhan)과 영국의 클로드 그레이엄-화이트(Claude Grahame-White). 그들은 당시로서는 파격적인 1만 파운드의 상금을 놓고 격돌했다. 기상은 비바람이 부는 전형적인 영국의 봄 날씨였다. 27일 초저녁에서야 기상이 변했다. 루이 폴랑이 먼저 출발했고 그레이엄-화이트가 열심히 뒤따랐다. 두 사람 모두 파르망이 제작한 복엽기로 비행하고 있었다.

글렌 커티스
1910년 6월 30일, 미국의 비행사 글렌 커티스가 뉴욕의 큐카(Keuka) 호수에서 부표로 표시한 전함 모양의 표적에 15미터 상공에서 모의폭탄을 투하하는 시범을 보이고 있다. 이는 항공기의 군수능력에 대한 초기 시험이었다.

비행경주 기록표
1910년의 이 그래프는 클로드 그레이엄-화이트와 루이 폴랑의 런던-맨체스터 간 비행경주 항로와 시간을 보여준다. 어둠 속에서의 이륙과 기계적 결합에 의한 중도착륙으로 시간을 허비했음에도 불구하고 루이 폴랑이 클로드 그레이엄-화이트를 쉽게 이겼다.

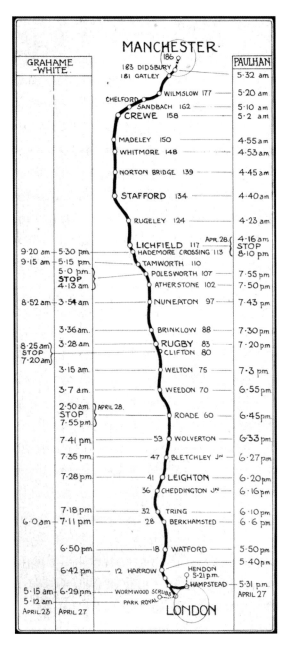

리의 군중은 극도로 흥분했다. 프랑스 비행사가 또 다시 승자가 되었다.

단호한 결의

미국에서는 유럽만큼 열기가 달아오르지는 않았지만 여러 행사가 보스턴, 벨몬트 파크, 뉴욕, 로스앤젤레스에서 잇따라 개최되었다. 신문 발행인 윌리엄 랜돌프 허스트(William Randolph Hearst)가 상금 5만 달러를 내걸고 미국에서 처음으로 성공적인 미 대륙 횡단비행대회를 열었다. 1911년 9월, 이전에 유명한 대학축구선수였던 캘브레이스 페리 로저스(Calbraith Perry Rodgers)가 도전했다. 라이트 형제의 항공기 플라이어(Flyer)로 출전한 로저스는 특별열차의 지원을 받아 비행에 나섰다. 로저스의 비행은 재난의 연속이었다. 그는 49일간 펼쳐진 비행에서 캘리포니아(California)에 도착할 때까지 19회나 추락했다. 그는 목적지를 불과 14.5킬로미터 남겨두고 마지막으로 추락했는데, 두 다리와 쇄골이 부러져 병원에 입원한 상태에서 "이 비행을 반드시 마치겠다"고 선언했다. 그가 병원에 있는 동안 지원팀이 항공기를 수리했다. 9월 17일 뉴욕 주 쉽시드 만(Sheepshead Bay)에서 이륙한 항공기는 겨우 방향타(rudder)와 2개의 날개 지대(wing strut)만이 남아 있었다. 로저스는 병원을 떠나 그의 서사시 같은 여정의 마지막 도착지를 향해 이륙했고, 마침내 뉴욕을 떠난 지 84일 만에 캘리포니아 롱-비치(Long Beach)에 착륙했다. 불행히도 그는 상금을 받을 자격을 얻는 데는 실패했다. 하지만 그의 후원자인 시카고의 아머 사(Armour Company: 탄산음료 제조사)는 전국의 언론이 로저스의 비행을 84일간 연속 보도하는 덕분에 홍보효과를 톡톡히 누렸다.

신기록은 계속해서 이어졌다. 1910년 10월 벨몬트 파크 대회에서 클로드 그레이엄-화이트는 100마력의 그놈(Gnome) 회전식 엔진을 장착한 블레리오 단엽기를 타고 시속 90킬로미터로 비행하여 '고든 베넷 최고속도상'을 수상했는데 이는 오늘날까지도 연례행사로 지속되고 있다. 유럽에서 페루 출신의 프랑스 비행사 호르헤 차베스(Jorge Chávez)는 밀라노 항공클럽에서 후원한 알프스(Alps) 횡단비행대회에 출전하여 알프스 산맥을 처음으로 횡단했다. 1911년 차베스는 스위스의 도시 브리크(Brig)에서 블레리오 XI를 타고 2,013미터 고도의 심플론 고개(Simplon Pass)를 향해 이륙했다. 무선 송신에 따라 비행하여 고개 상공에 이른 그는, 서서히 고도를 높여 흥분한 군중이 구경하는 가운데 심플론 상공 30미터 지점을 지나갔다. 하지만 불행히도 이탈리아 도시 도모도솔라(Domodossola)로 향하는 산비탈에서 비행기가 갑자기 땅으

이때까지 비행사들은 주로 철도선을 따라 크로스컨트리 비행을 실시했다. 폴랑과 그의 팀은 런던에서 서북방향으로 달리는 특별열차를 따라 비행했다. 그레이엄-화이트도 철도선을 따라 비행하고 그의 팀은 자동차를 타고 따라갔다. 관중들은 맨체스터·런던·파리의 신문사 앞에서 무리지어 결과를 기다리고 있었다. 밤이 되어서야 두 조종사는 철도변에 안전하게 착륙했다.

1910년 당시에는 야간비행은 상상도 할 수 없었다. 그레이엄-화이트는 오직 프랑스인 경쟁자를 물리치겠다는 결심으로 달빛에 의지하여 이륙하기로 결심했다. 하지만 그의 용기는 아무런 성과도 얻지 못했다. 폴랑은 동이 트자마자 이륙하여 계속 특별열차를 따라 비행, 4시간 18분 만인 28일 새벽 5시 32분에 맨체스터에 도착했다. 파

로 곤두박질쳤다. 비록 차베스는 나흘 후 병원에서 사망했지만 그의 도전은 유럽 전역에서 갈채를 받았다.

신뢰도 향상

비행 신기록이 계속 갱신되면서 추락 사고가 반복되는 것처럼 보였지만 그 와중에도 항공기는 더 안정적으로 변하고 조종성능도 향상되었다. 항공기에 대한 정부의 관심도 높아졌고, 군 고위 지휘부에서는 항공기를 이용한 정찰에 대한 생각이 뿌리 내리게 되었다. 이 같은 성향은 이탈리아에서도 마찬가지였다. 1870년 통일된 신생국 이탈리아는 1910년 군에 소규모 항공대를 창설했다. 북아프리카에서 프랑스의 영향력이 증대하자, 이탈리아는 이에 대응하여 오스만 제국령인 리비아의 소유권을 주장했다. 전쟁이 불가피해지자 이탈리아는 외국에서 제작한 항공기 11대를 지상군 작전에 투입했다. 항공기는 대체로 정찰 임무를 수행했지만, 줄리오 가보티(Giulio Gavotti) 중위가 1911년 11월 1일에 블레리오 항공기에 폭탄을 싣고 출격하여 타주라(Tajura) 오아시스에 주둔한 오스만군에 폭격을 가했다. 이는 역사상 최초의 공중폭격이었다.

1912~1913년에 유럽 각국의 정부는 항공기와 비행선의 주 수요자가 되었다. 독일은 항공기 제작보다 비용이 적게 드는 비행선 제작을 선도했다. 항공기 제작사들은 정부의 주문 증가로 성장했다. 1914년까지 프랑스의 그놈(Gnome) 엔진회사는 1,000명 이상을 고용하고 있었다. 유럽에서 전쟁의 기운이 고조하면서 각국 공군은 수백 대의 항공기를 주문했다. 미국은 그렇지 않았다. 정치적·군사적 도전자가 없던 미국에서는 항공업계에 겨우 200여 명이 고용되어 있었다. 미 육군항공대(USAAF)에는 겨우 15대의 항공기만 있었다.

1912년 제1차 발칸 전쟁이 발발했다. 세르비아, 몬테네그로, 그리스, 불가리아로 구성된 발칸동맹은 붕괴하는 오스만 제국에 대항하여 전쟁을 개시했고, 특히 불가리아는 그들의 연약한 공군을 투입했다. 발칸동맹은 목적 달성에 성공했지만 발칸 국가들은 분쟁의 화약고가 되었다.

이탈리아-터키 전쟁
1911년 9월 29일, 이탈리아는 터키에 선전포고하고 트리폴리 연안의 해군이 포격을 가했다. 뒤이어 1912년 3월 10일 이탈리아 육군 비행선 P2와 P3가 터키 진영을 정찰했다. 승무원들은 여러 발의 수류탄을 투하했다. 4월 13일 다른 정찰 임무에서 승무원들은 비행선에서 13시간을 머물며 이탈리아 포병의 탄착점을 관측했다. P2와 P3는 엔리코 포를라니니(Enrico Forlanini)가 설계한 소규모의 연식 비행선이다.

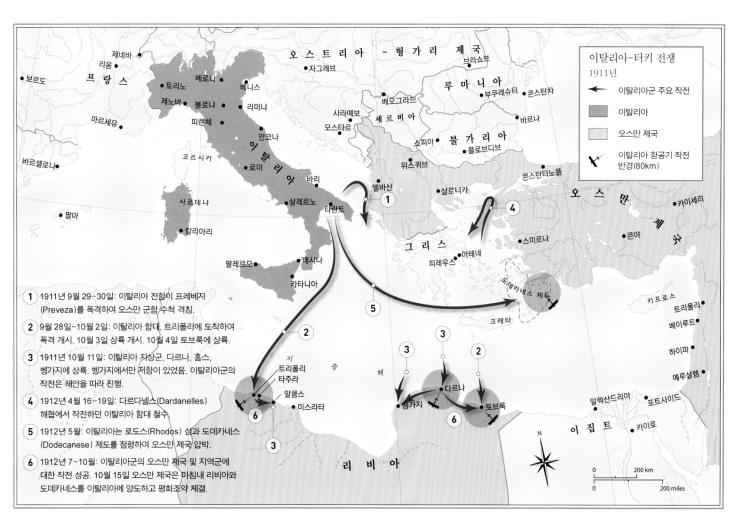

이탈리아-터키 전쟁
1911년
→ 이탈리아군 주요 작전
▓ 이탈리아
░ 오스만 제국
✈ 이탈리아 항공기 작전 반경(80km)

1. 1911년 9월 29~30일: 이탈리아 전함이 프레베자(Preveza)를 폭격하여 오스만 군함 수척 격침.
2. 9월 28일~10월 2일: 이탈리아 함대, 트리폴리에 도착하여 폭격 개시. 10월 3일 상륙 개시. 10월 4일 토브룩에 상륙.
3. 1911년 10월 11일: 이탈리아 지상군, 다르나, 홈스, 벵가지에 상륙. 벵가지에서만 저항이 있었음. 이탈리아군의 작전은 해안을 따라 진행.
4. 1912년 4월 16~19일: 다르다넬스(Dardanelles) 해협에서 작전하던 이탈리아 함대 철수.
5. 1912년 5월: 이탈리아는 로도스(Rhodos) 섬과 도데카네스(Dodecanese) 제도를 점령하여 오스만 제국 압박.
6. 1912년 7~10월: 이탈리아군의 오스만 제국 및 지역군에 대한 작전 성공. 10월 15일 오스만 제국은 마침내 리비아와 도데카네스를 이탈리아에 양도하고 평화조약 체결.

초기 공군 : 1914~1918

1914년 여름 유럽에서는 정치적·군사적 대결이 고조되었다. 안보장치를 강화하기 위해 유럽 국가들은 종횡으로 교차하는 동맹을 결성했다. 오스트리아-헝가리 제국은 수립 후 이제 겨우 45년밖에 안 된 독일 제국과 동맹을 결성했

블레리오 XI
1914년 8월 14일, 프랑스 공군의 체사리(Cesari) 중위와 프뤼도모(Prudhommeaux) 상병은 블레리오 XI를 타고 비행하여 메스-프레스카티(Metz-Frescaty)의 독일군 비행선 격납고를 폭격하는 중요한 임무를 수행했다.

다. 아직도 프로이센-프랑스 전쟁의 상처를 치유하고 있던 프랑스는 1904년 동방의 러시아 및 서방의 영국과 동맹을 맺었다. 러시아는 스스로 발칸 국가들의 보호자로 자처했다. 그러나 20세기 초 발칸 반도에는 종교적·정치적으로 분열된 여러 민족이 거주하고 있었다. 한편, 오스트리아-헝가리 제국은 1878년 보스니아를 점령하여 1908년 공식적으로 복속시켰다.

전 세계에 울려 퍼진 총성

1914년 6월 28일의 화창한 아침, 젊은 남부 슬라브(Slav)족 민족주의자 가브릴로 프린치프(Gavrilo Princip)가 오스트리아-헝가리 제국의 황태자 프란츠 페르디난트(Franz Ferdinand)를 암살했다. 세르비아가 배후에서 이를 조종했다고 의심한 오스트리아-헝가리는 세르비아에 무리한 요구를 했다. 세르비아는 한 가지를 제외한 모든 요구를 수용했지만, 협상에는 관심이 없었던 오스트리아-헝가리는 7월 28일 전쟁을 선포했다. 동맹 조약에 따라 러시아는 7월 29

일 오스트리아-헝가리와 독일에 대한 공세에 돌입했다. 이에 대응하여 독일 또한 러시아에 전쟁을 선포했다. '슐리펜 계획(Schlieffen Plan)'에 따라 양면전쟁을 가정한 독일은, 독일군이 통과할 길을 열어달라고 요구하면서 8월 23일 프랑스에게도 선전포고를 했다. 독일군이 벨기에 영토를 침범하자 이번에는 영국이 독일에 선전포고를 했다. 유럽 본토는 물론 전 세계에 퍼져 있는 동맹국과 식민지 모두 전쟁에 돌입하게 되었다.

하늘에서의 새로운 역할

유럽 전역의 군대가 전쟁에 동원되었다. 전쟁에 동원된 육군과 해군 병사들은 수백만 명에 이르는 반면 공군은 수백 명에 불과했다. 전쟁 이전에 유명세를 떨쳤던 조종사들은 각각 공군으로 입대하고자 찾아갔지만 군대는 이들을 그리 많이 수용하지 않았다. 군이 원하는 것은 전통적인 기병 정찰대의 임무, 즉 이 조종사들이 적지로 날아가 적군의 배치 상황을 정찰하여 보고하는 것이었다. 그래서 우수한 가문 출신의 말을 탈 줄 아는 건강한 청년들을 적임자로 간주했다.

"육군항공대 지원자를 면접하는 매우 우수한 젊은 기병장교가 있었다. 그는 내 어깨끈을 보면서 물었다. '흠, 당신은 글로스터 기마의용병이구먼. 말을 탈 줄 아시오?' '그럼요.' '그럼 북극성이 어디에 있는지 아는가?' '네, 찾을 수 있을 것 같습니다.' '좋아, 할 수 있겠군.'"
- 프레더릭 윈터보섬(Frederick Winterbotham), 1914년

항공기를 새로운 용도로 활용하기 위해서는 항공기 운용에 대한 신뢰성을 높이고 항공기의 안정성을 향상하며 더 많은 사람들에게 이를 인식시켜야 했다. 이러한 상관관계를 아는 자가 기계를 만들어낸다. 영국에서는 대부분의 경우 가문 좋은 집안의 자제들이 항공기 승무원이 되었다.

독일군이 폭탄을 실은 비행선 7대를 전장에 투입하긴 했지만, 1914년 8월까지 전쟁에 동원된 거의 모든 항공기는 무장을 갖추지 않고 있었다. 비록 그 수는 많지 않았지만 전쟁이 발발한 첫 주에 항공기와 비행선은 놀라울 정도의 역할들을 수행했다. 8월에 대부분의 전쟁지휘관들은 전쟁이 크리스마스 이전에 신속하게 끝날 것으로 기대하

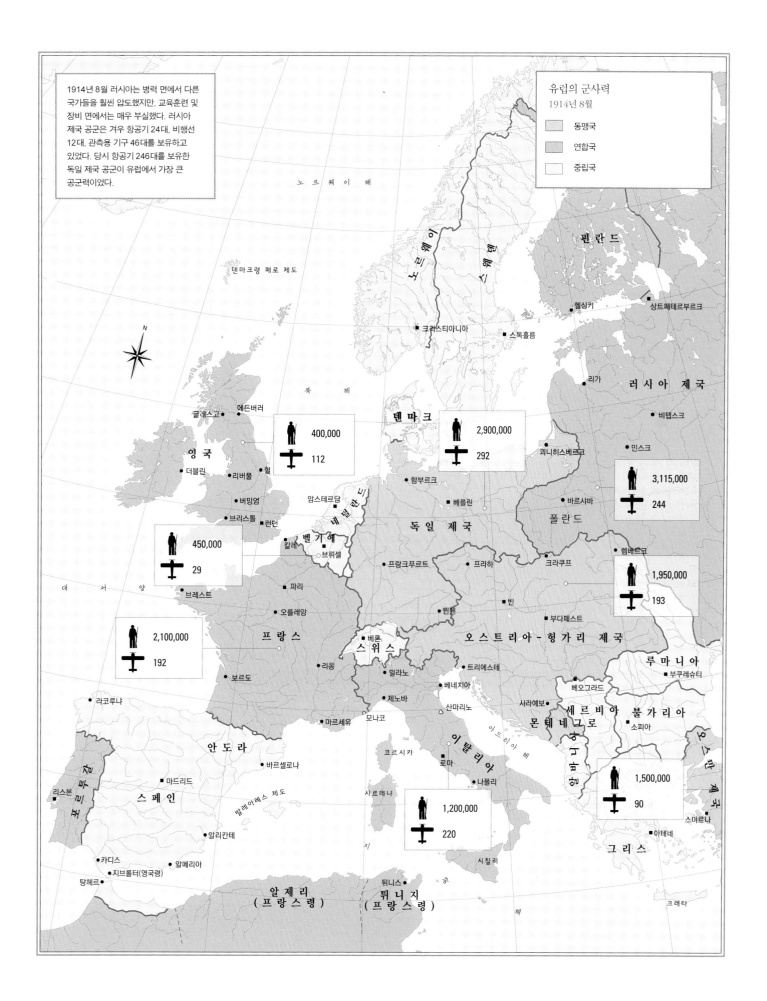

1914년 8월 러시아는 병력 면에서 다른 국가들을 훨씬 압도했지만, 교육훈련 및 장비 면에서는 매우 부실했다. 러시아 제국 공군은 겨우 항공기 24대, 비행선 12대, 관측용 기구 46대를 보유하고 있었다. 당시 항공기 246대를 보유한 독일 제국 공군이 유럽에서 가장 큰 공군력이었다.

유럽의 군사력
1914년 8월

동맹국
연합국
중립국

노르웨이 해

덴마크령 페로 제도

핀 란 드

헬싱키
상트페테르부르크

크리스티아니아
스톡홀름

리가
러 시 아 제 국

북 해

비텝스크

글래스고
에든버러

덴 마 크
292

민스크

400,000
112

2,900,000

영 국

쾨니히스베르크

더블린
리버풀
헐

3,115,000
244

함부르크

버밍엄
암스테르담

바르샤바

브리스톨
런던
베를린

폴 란 드

벨 기 에

독 일 제 국

450,000
29

브뤼셀
칼레

프랑크푸르트
프라하

렘베르크

대 서 양

브레스트

파리

크라쿠프

1,950,000
193

오를레앙

뮌헨

빈

2,100,000
192

프 랑 스

부다페스트

리옹

베른
스 위 스

오 스 트 리 아 - 헝 가 리 제 국

루 마 니 아

보르도

밀라노

트리에스테

부쿠레슈티

베네치아

베오그라드

라코루냐

제노바

산마리노

사라예보

세 르 비 아

불 가 리 아

몬 테 네 그 로

마르세유
모나코

아 드 리 아 해

소피아

오 스 만 제 국

안 도 라

코르시카

이 탈 리 아

로마

포 르 투 갈

바르셀로나

나폴리

1,500,000
90

리스본

스 페 인

마드리드

발레아레스 제도

사르데냐

1,200,000
220

스마르나

아테네

알리칸테

그 리 스

카디스

알메리아

시칠리

지브롤터(영국령)

탕헤르

알 제 리
(프 랑 스 령)

튀니스

튀 니 지
(프 랑 스 령)

지 중 해

크레타

19

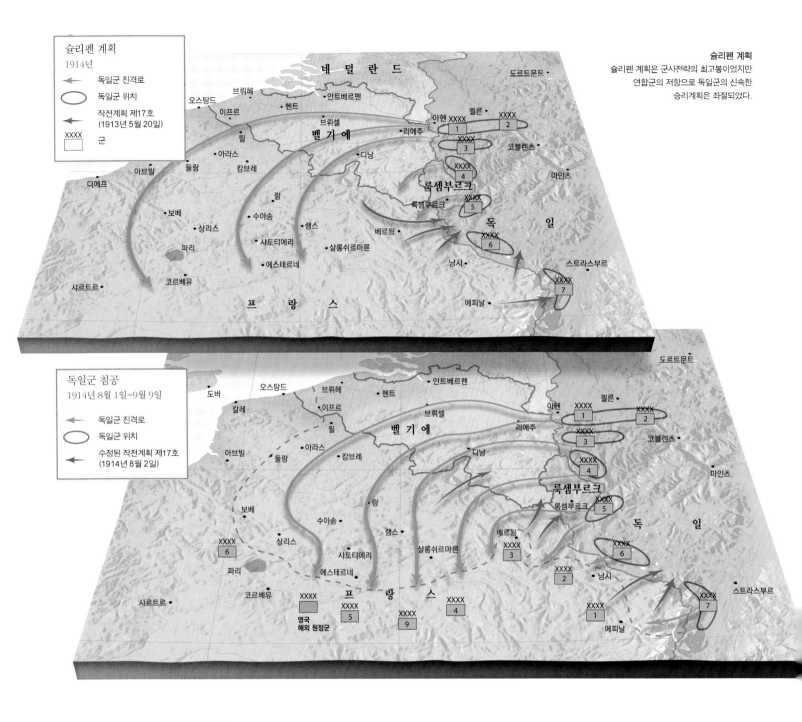

슐리펜 계획
1914년

→ 독일군 진격로
◯ 독일군 위치
→ 작전계획 제17호 (1913년 5월 20일)
XXXX ▢ 군

슐리펜 계획
슐리펜 계획은 군사전략의 최고봉이었지만 연합군의 저항으로 독일군의 신속한 승리계획은 좌절되었다.

독일군 침공
1914년 8월 1일~9월 9일

→ 독일군 진격로
◯ 독일군 위치
→ 수정된 작전계획 제17호 (1914년 8월 2일)

알프레드 폰 슐리펜
슐리펜의 작전계획은 프랑스군을 수주 만에 궤멸시킨다는 전격전 개념이었다.

고 계획했다.

제1차 세계대전 발발 후 첫 몇 주간은 예상대로 전쟁이 진행되었다. 서부전선에서는 대규모 독일군이 벨기에를 가로질러 북부 프랑스로 진군했다. 벨기에를 휩쓴 후에 프랑스를 친다는 알프레트 폰 슐리펜(Alfred von Schlieffen) 원수의 원래 계획은 벨기에를 점령한 후 파리로 진군하는 것이었다. 계획대로 진행되었으나 진군은 거기에서 멈추지 않고 더 나아가, 프랑스군의 본대를 넘어서 주력군과 대치하게 되었다. 원래 계획대로라면 모든 상황은 6주면 종료해야 했다. 독일군은 그 후에 동부로 전환하여 러시아와 끝장을 내려고 했었다.

한편 프랑스는 1914년까지 동부와 북부 국경선을 따라 철옹성 같은 방어지대를 구축했지만, 공격으로 침략군을 물리치는 것이 주요 전략이었다. 프랑스군 주력은 알자스로렌(Alsace-Lorraine) 지역을 공략하여 독일군을 라인강까지 몰아내고, 방향을 북으로 틀어 독일군의 병참선을 끊는다는 것이 '작전계획 제17호'의 내용이었다.

이 계획에 따라 프랑스군은 1870~1871년의 전쟁에서 독일에게 빼앗긴 알자스로렌 지역으로 진격했다. 프랑스군은 기본 생필품도 제대로 조달받지 못했고, 낡은 지도를 가지고 있었으며 정찰활동도 불완전했다. 프랑스 병사들은 약진했지만 그들이 입은 붉은색 바지와 파란색 상의는 회색 제복을 입고 튼튼한 진지를 구축하고 잘 준비하고 있던 독일군의 눈에 잘 띄었다. 프랑스군은 33만 명이 전사하는 엄청난 대가를 치르고도 겨우 알자스에 발을 디딘 것 외에는 아무런 전과도 올리지 못했다.

북부와 서부에서는 독일군의 계획이 잘 맞아 떨어졌다. 제1·2·3·4군이 벨기에를 파죽지세로 휩쓰는 동안 쾰른 기지에서 이륙한 체펠린 비행선이 포위당한 도시 리에주(Liège)를 효과적으로 폭격했다. 룸플러 타우베(Rumpler Taube) 정찰기들은 진격에 앞서 독일군 최고지휘부에 필요한 정보를 수집했다. 프랑스군과 동맹인 영국군은 모든 전선에서 후퇴를 거듭했고, 벨기에군은 그 와중에 고초를 겪어야 했다. 상브르(Sambre)와 뫼즈(Meuse), 몽스(Mons), 르 카토(Le Cateau), 기즈(Guise)에 이어 아르덴(Ardennes)에서 전투가 벌어졌다. 그러나 독일의 계획은 근본적인 결함을 가지고 있었는데, 바로 군수지원과 상부와의 통신문제였다.

잘못된 확신

독일군 최고사령관 헬무트 폰 몰트케(Helmuth von Moltke)는 알자스로렌 전선에서 연이어 승리를 거두고 프랑스군을 2중으로 포위한 상태였기 때문에 승리를 확신했다. 그러나 최우익의 독일군 부대는 군수지원 속도보다 훨씬 더 빠른 속도로 전진했다. 실전부대와 지휘본부 간의 부실한 통신망 덕에, 승리는 실제와는 거리가 먼 장밋빛 그림에 불과했다. 결과적으로 몰트케는 그의 제6·7군에게 원래의 계획인 서부전선으로 이동하는 대신에 알자스로렌 지역에 새로운 공세를 취하도록 명령했다. 우익은 계속 파리로 진격하라고 명령했다.

한편, 기즈 전투에서 프랑스 제5군은 샤를 랑레자크(Charles Lanrezac) 장군의 지휘하에 독일 제1군의 측방을 급습하여 영국해외원정군(BEF)의 압박을 풀어주려고 시도했다. 프랑스 제5군은 제1군의 최우익에 대한 지원을 요청받아 싸우다 교착 상태에 빠진 독일 제2군을 공격했다. 슐리펜의 최초 계획은 완전히 허물어졌다.

8월 29일 독일군은 마른(Marne) 계곡과 파리로 진격했다. 승리를 예상한 독일군 항공기가 에펠탑을 선회비행했다. 조종사는 파리 동부역(Gare de l'Est) 주변에 5발의 소형 폭탄을 투하했는데, 그중 3발은 불발이었지만 1발은 폭발하여 쇼핑을 마치고 나오던 여성을 살해했다. 상공에서 메모지가 펄럭이며 떨어졌다.

"독일군이 파리의 문턱에 도착했다. 항복 외에 다른 길은 없다."

— 헬드센(Heldsen) 중위

그 같은 메시지를 남기고 항공기는 북쪽으로 선회하여 독일군 지영으로 안전하게 돌아갔다.

프랑스는 독일군이 수일 내에 파리에 입성할 것으로 예상했다. 많은 프랑스 지휘관들은 독일 제1군이 파리와

앙리 파르망
앙리 파르망은 파리 주재 영국신문 특파원의 아들이었다. 1909년 앙리 파르망은 항공기 공장을 설립하여 파르망 계열의 복엽기를 생산했는데, 점점 더 신뢰를 얻어 유럽뿐만 아니라 전 세계에서 널리 이용되었다.

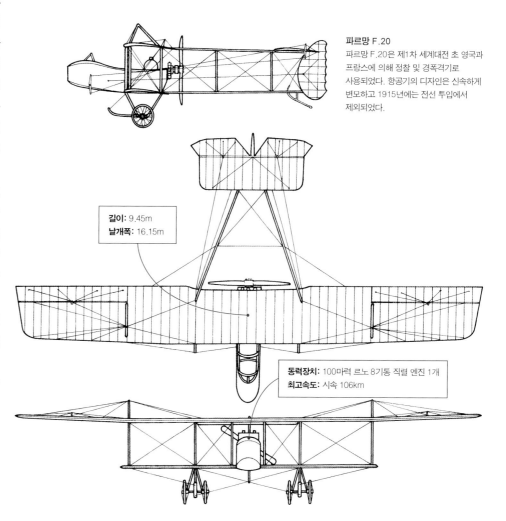

파르망 F.20
파르망 F.20은 제1차 세계대전 초 영국과 프랑스에 의해 정찰 및 경폭격기로 사용되었다. 항공기의 디자인은 신속하게 변모하고 1915년에는 전선 투입에서 제외되었다.

길이: 9.45m
날개폭: 16.15m

동력장치: 100마력 르노 8기통 직렬 엔진 1개
최고속도: 시속 106km

는 거리가 먼 남동부로 방향을 전환하는 것을 보고 놀랐다. 9월 2일 프랑스군 항공기 조종사 루이 브레게(Louis Breguet) 병장이 독일군 대열이 동쪽으로 방향을 틀고 있다고 보고했다. 프랑스군은 더 많은 항공기를 출격시켜 이같은 보고 내용을 확인했다. 강력한 공군력 지지자인 파리 방어사령관 조제프-시몽 갈리에니(Joseph-Simon Galliéni) 장군은 이 중대한 정보를 이용하여 마른 전투로 알려진 계획을 만들었다. 이것이 그 유명한 '마른 강의 기적'이다.

전세를 뒤집다

한편, 프랑스군 총사령관 조프르(Joffre) 대장은 동부전선 방어에 충분한 전력을 보존하기 위하여 공세를 유보하고 있었다. 그는 가용병력 대부분을 파리를 향해 서쪽으로 진격시켰다. 이 진격으로 전장 상황이 완전히 역전했다.

조프르는 새로 편성한 제6군을 파리의 택시를 이용하여 최전선으로 수송한 후 독일 제1군의 측방을 공격하도록 했다. 독일 제1군은 공격을 받자 서쪽으로 방향을 틀었다. 프랑스군은 이제 독일의 제2군을 반격했다. 독일의 제1·2군 사이에 틈이 벌어지자 프랑스군과 영국군은 이 틈을 공략해 들어갔다. 알렉산더 폰 클루크(Alexander von Kluck) 장군이 이끄는 제1군이 너무 많이 노출되어 있어 철수 명령을 내려야 했다. 이 때문에 너무 많이 진격한 독일군의 측방이 취약해져 이를 수습하기 위해 후퇴를 거듭

할 수 밖에 없었다. 독일군의 우측 전선은 무너지기 시작해 고지대인 엔 강까지 철수했다. 이로써 서부전선에서 신속하게 승리를 쟁취하겠다는 독일군의 계획은 물거품이 되었다. 비록 독일군은 전열을 재정비하여 다시 진격할 것으로 생각했지만 엔 강의 고지대에 구축한 독일군의 방어적 수세는 불길하게도 앞으로 다가올 패퇴의 시작이었다.

9월 말까지 엔 강의 진지에서부터 스위스 국경까지 참호선이 이어졌다. 프랑스-영국 연합군과 독일군은 각각 자신들의 '임시' 참호 안에서 서로의 동태를 살폈다. 유일하게 개방된 측방은 서북방면이었다. 양측은 상대방의 허점을 노출시키려고 이 방향으로 일련의 기동을 시작했다. 그것은 마치 '바다로의 경주(race to the sea)'인양 잘못 알려졌다. 실상은 양측 모두 상대방의 허점을 노리며 기동을 유지하려는 것이었다. 양측 모두 보급이 순조롭지 않은 상태에서 어떻게 전투부대를 유지하느냐 하는 것이 관건이었다.

결국 측방이 노출되지는 않았다. 양측은 놀라운 속도로 벨기에 해안에 도달하자 철조망과 기관총, 야포로 보호한 참호선만 계속해서 나타났다. 방어용 참호와 병사들이 벨기에에서 스위스까지 끊이지 않고 이어졌다. 전쟁은 교착상태에 빠졌고 이 같은 대치상태가 3년이나 지속되었다. 방어태세가 전선의 주류였고 최소한 서부에서는 기동전이 사라졌다.

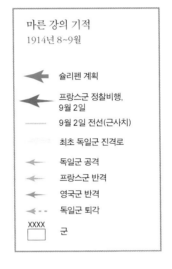

마른 강의 기적
1914년 8~9월

⬅ 슐리펜 계획

⬅ 프랑스군 정찰비행,
　9월 2일

⋯⋯ 9월 2일 전선(근사치)

⋯ 최초 독일군 진격로

← 독일군 공격

← 프랑스군 반격

← 영국군 반격

⬸ 독일군 퇴각

XXXX｜　군

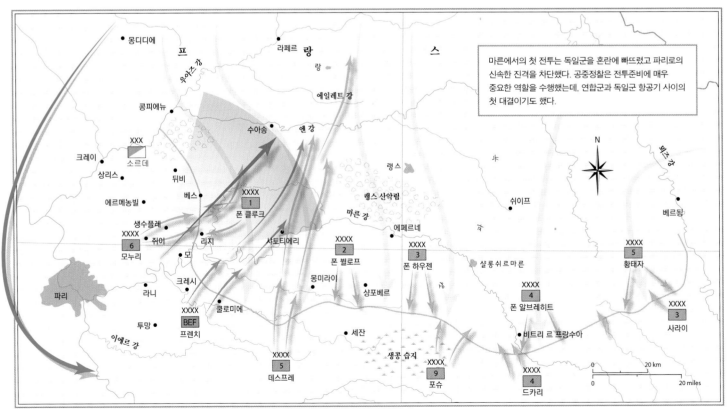

마른에서의 첫 전투는 독일군을 혼란에 빠뜨렸고 파리로의 신속한 진격을 차단했다. 공중정찰은 전투준비에 매우 중요한 역할을 수행했는데, 연합군과 독일군 항공기 사이의 첫 대결이기도 했다.

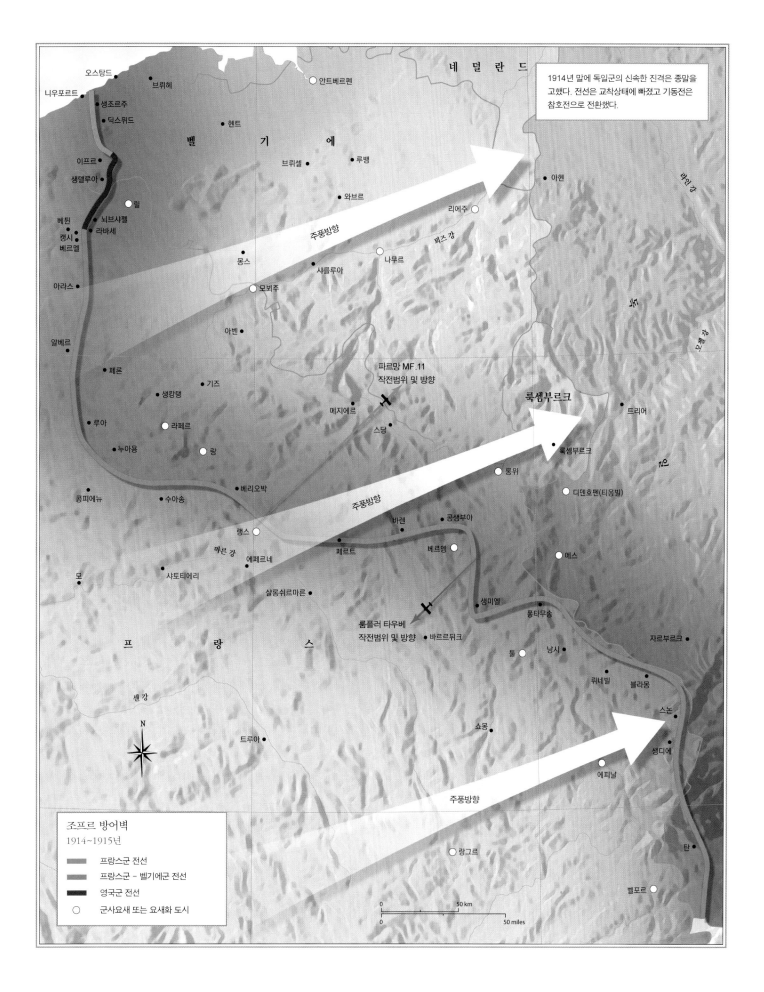

1914년 말에 독일군의 신속한 진격은 종말을 고했다. 전선은 교착상태에 빠졌고 기동전은 참호전으로 전환했다.

네덜란드

벨 기 에

오스탕드
브뤼헤
안트베르펜
니우포르트
생조르주
딕스뮈드
헨트
브뤼셀
루뱅
아헨
이프르
생텔루아
와브르
리에주
릴
베튄
뇌브샤펠
라바세
몽스
샤를루아
나무르
뫼즈 강
캥시
베르멜
모뵈주
아라스
아벤
일베르
파르망 MF .11
작전범위 및 방향
룩셈부르크
트리어
페론
기즈
생캉탱
메지에르
루아
라페르
스당
룩셈부르크
누아용
랑
롱위
디덴호펜(티옹빌)
콩피에뉴
수아송
베리오박
바렌
콩생부아
메스
랭스
페르트
베르텡
마른 강
에페르네
모
샤토티에리
생미엘
퐁타무송
자르부르크
살롱쉬르마른
룸플러 타우베
작전범위 및 방향
바르르뒤크
낭시
툴
뤼네빌
블라몽
센 강
스논
N
생디에
쇼몽
트루아
에피날

프 랑 스

주풍방향

주풍방향

주풍방향

랑그르
탄

벨포르

0   50 km
0   50 miles

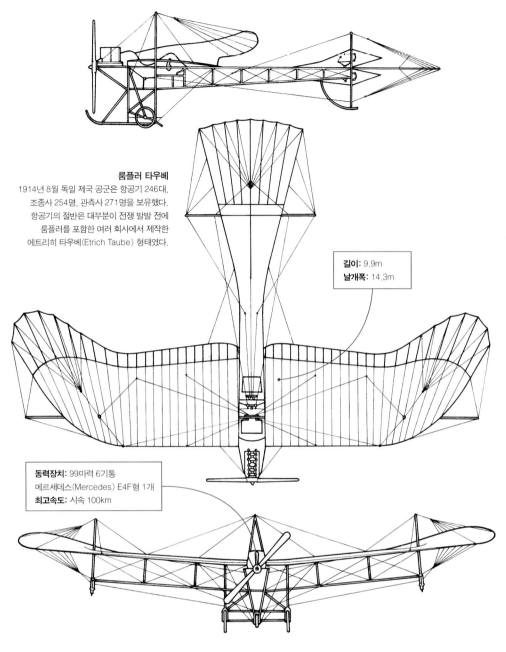

룸플러 타우베
1914년 8월 독일 제국 공군은 항공기 246대,
조종사 254명, 관측사 271명을 보유했다.
항공기의 절반은 대부분이 전쟁 발발 전에
룸플러를 포함한 여러 회사에서 제작한
에트리히 타우베(Etrich Taube) 형태였다.

길이: 9.9m
날개폭: 14.3m

동력장치: 99마력 6기통
메르세데스(Mercedes) E4F형 1개
최고속도: 시속 100km

러시아군 병력은 2개 군 37만여 명이었다. 러시아의 제1
군이 파울 폰 레넨캄프(Paul von Rennenkampf) 장군의 지휘하
에 마수리아(Masuria) 호수 북쪽으로 진군하는 동안, 알렉
산드르 삼소노프(Aleksandr Samsonov) 장군이 지휘하는 제2
군은 남쪽으로 진격했다. 이 두 군은 상호협조 없이 거의
독자적으로 기동했다. 두 러시아군 사령관은 이렇게 허술
하게 작전을 이끌면서 암호화되지 않은 무전으로 교신했
는데 독일군 무전병들은 이를 해독하는데 열중했다. 러시
아의 계획이 어느 정도 구체화되자 독일은 룸플러 타우베
정찰대를 조직했다. 이제 독일군 비행사들이 전면에 나설
차례가 된 것이다.

독일군의 동부전선은 파울 폰 힌덴부르크(Paul von
Hindenburg) 장군과 에리히 루덴도르프(Erich Ludendorff) 장
군의 지휘하에 있었다. 타우베 정찰대는 거의 매시간 러
시아군 상공을 비행하며 그들의 병력과 이동방향, 배치에
관한 정보를 제공했다. 이 귀중한 정보를 가지고 독일군
은 러시아의 2개 군을 격파할 계획을 수립했다. 독일군이
러시아 제2군을 공략하는 동안 기병대가 연막을 치고 지
역방어대는 러시아 제1군의 움직임을 감시한다. 2개 군을
개별적으로 공략하면 독일군이 수적 열세를 만회할 수 있
었다. 8월 26일 타넨베르크(Tannenberg)에서 전투가 시작되
자, 러시아 제2군은 독일군에 압도되어 포위당했다.

독일 제8군은 러시아군 3만 명을 사살하고 10만 명을
포로로 잡으며 러시아 제2군을 효과적으로 격파했다. 러
시아군 사령관 삼소노프 장군은 패배를 인식하자 권총으
로 자살했다. 독일군은 방향을 전환하여 러시아 제1군을
향해 진격했다. 독일 제8군의 막강한 전력을 맞은 레넨캄
프 장군에게는 러시아로 철수하는 길 외에는 대안이 없었
다. 이렇듯 독일은 동부전선에서 침략자를 물리쳤다. 힌덴
부르크 장군은 이렇게 말했다.

"조종사들이 없었다면 타넨베르크의 승리도 없었다!"

우월한 전술
타넨베르크와 마수리아 호수 전투에서 독일은 러시아
제국군에 대한 화기와 전술의 우위를 입증했다.

하늘에서 승리를 향해 조종하다

양측의 모든 지휘관은 적의 전선을 돌파하는 동시에 기병
대로 기동전을 재개할 수 있는 돌파구를 절실히 필요로 하
고 있었다. 기병대는 아직 가용할 수 없어서 대기상태에 있
었다. 그러는 사이 항공기는 하늘에서 가치를 인정받았다.
마른 전투 이후 한 달이 채 못 되어서 프랑스군은 공군력
을 기존의 2배인 65개 비행대로 증강하도록 명령했다.

동부전선에서는 러시아군이 독일군이 예측했던 것보
다 훨씬 더 빠른 속도로 기동했다. 동프로이센으로 접근한

발 트 해

N

틸지트 ●

카우나스 ●

쾨니히스베르크 ●   인스터부르크 ●

XXXX
1
레넨캄프

①

XXXX
8
프리트비츠

③

칼바리야 ●

● 엘빙

독 일 제 국 (동 프 로 이 센)

● 알렌슈타인

● 수바우키

● 그로드노

②

XXXX
2
삼소노프

● 뭠자

● 비아위스토크

● 루잔

XXXX
혼성군 10

러 시 아 제 국 (폴 란 드)

● 비스와 강

브워츠와베크 ●

프워츠크 ●

XXXX
9

바르샤바 ●

**타넨베르크와 마수리아
호수지대. 제1단계**
1914년 8월 17~21일

→ 러시아군 진격로

--→ 독일군 퇴각로

XXXX □ 군

① 8월 17~20일: 러시아 제1군이
국경선을 넘다.

② 8월 21일: 러시아 제2군이 국경선을
넘다.

③ 독일 제8군이 패퇴하면서 비스와
강으로 향했다.

발 트 해

N

틸지트 ●

카우나스 ●

쾨니히스베르크 ●   인스터부르크 ●

XXXX
1
레넨캄프

칼바리야 ●

● 엘빙

독 일 제 국 (동 프 로 이 센)

④

XXXX
8
프리트비츠

● 알렌슈타인

● 수바우키

● 그로드노

XXXX
2
삼소노프

● 뭠자

● 비아위스토크

● 루잔

XXXX
혼성군 10

러 시 아 제 국 (폴 란 드)

● 비스와 강

브워츠와베크 ●

프워츠크 ●

XXXX
9

바르샤바 ●

제2단계
1914년 8월 21~26일

④ 독일군은 러시아 제1군을 저지하기
위해 기병대를 군데군데 남겨둔 채
본대는 방향을 틀어 러시아 제2군을
향했다.

→ 러시아군 진격로

→ 독일군 진격로

발 트 해

N

틸지트 ●

카우나스 ●

쾨니히스베르크 ●   인스터부르크 ●

⑤

XXXX
1
레넨캄프

칼바리야 ●

● 엘빙 독 일 제 국 (동 프 로 이 센)

● 수바우키

XXXX
8
프리트비츠

● 알렌슈타인

● 그로드노

⑤

XXXX
2
삼소노프

● 뭠자

● 비아위스토크

● 루잔

XXXX
혼성군 10

러 시 아 제 국 (폴 란 드)

● 비스와 강

브워츠와베크 ●

프워츠크 ●

XXXX
9

바르샤바 ●

제3단계
1914년 8월 26~30일

⑤ 8월 26~30일: 독일 제8군이
러시아 제2군을 포위·섬멸했다.
독일 기병대는 계속해서 러시아
제1군을 저지했다.

→ 독일군 진격로

--→ 러시아군 퇴각로

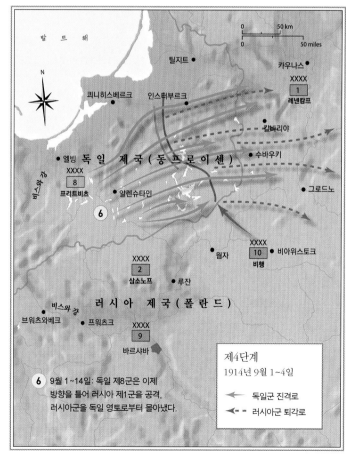

발 트 해

N

틸지트 ●

카우나스 ●

쾨니히스베르크 ●   인스터부르크 ●

XXXX
1
레넨캄프

칼바리야 ●

● 엘빙 독 일 제 국 (동 프 로 이 센)

● 수바우키

XXXX
8
프리트비츠

● 알렌슈타인

● 그로드노

⑥

XXXX
2
삼소노프

● 뭠자

XXXX
10
비행

● 비아위스토크

● 루잔

러 시 아 제 국 (폴 란 드)

● 비스와 강

브워츠와베크 ●

프워츠크 ●

XXXX
9

바르샤바 ●

제4단계
1914년 9월 1~4일

⑥ 9월 1~14일: 독일 제8군은 이제
방향을 틀어 러시아 제1군을 공격,
러시아군을 독일 영토로부터 몰아냈다.

→ 독일군 진격로

--→ 러시아군 퇴각로

공군력은 아직 태동기에 있었기 때문에 임무 및 전술은 계속해서 발전했으며, 특히 서부전선에서 그러했다. 비록 얼마 되지 않는 비행사들이 무장을 갖추기 시작했지만 영공을 지킨다는 개념은 새로운 것이었다. 조종사들은 정찰 결과를 군 지휘관들에게 보고하는 동시에 적 조종사들의 정찰 활동을 막아야 했다.

그때까지 군대는 공중전에 대한 장비나 훈련을 갖추지 못했다. 대부분의 군 지휘관들은 비행중인 항공기에서 사격하는 것은 위험하다고 생각했다. 전쟁 전의 실험에도 불구하고 공중전의 효용성은 높게 평가되지 못했다.

훗날 제2차 세계대전에서 영국 공군의 전투기 사령관이 되는 윌리엄 숄토 더글러스(William Sholto Douglas) 중위는 1914년 8월 제2비행대대에서 정찰비행을 하고 있었다. 그는 독일군 항공기를 발견하고 조금씩 접근했다. 두 항공기 모두 무장을 하지 않았으므로 양측 조종사는 그저 서로 손을 흔들어주고 비행을 계속했다. 그러나 아군 항공기가 피해를 입지 않으면서 적이 영국 영공을 비행하지 못하도록 막아야 한다는 생각은 분명해졌다. 영국 육군항공대(Royal Flying Corps)와 해군항공대(Royal Naval Air Service) 조종사들은 신속하게 무장하기 시작했다.

"정찰기 조종석 안에 쉽게 꺼내 쓸 수 있도록 총을 보관했다. 만일 적기를 발견하면 그 총을 가지고 기회를 기다렸다가, 적기가 50~100야드(약 45~90미터) 안으로 근접하면 할 수 있는 한 최대한도로 그 총으로 공격해야 한다. 100야드 이상 떨어져 있으면 쏘아봤자 괜히 탄알만 허비하게 된다. 근접했다 하더라도 거의 맞추기는 어렵다. 명중시키려면 엄청난 행운이 따라야 한다. 만일 적 항공기가 당신의 뒤에 붙었을 때에는 안전벨트를 풀고 좌석에 무릎을 세우고 앉아 사방을 두루 살펴 그가 어디에 있는지를 살펴야 한다. 그때 다른 조종장치는 건드리지 않도록 각별히 조심해야 한다."

– 아치볼드 제임스(Archibald James)

10월 2일 프랑스군은 공중전에 몰두해 시간을 낭비하지 말라는 독일군 조종사들에게 보내는 명령서를 입수했다. 몇몇 프랑스 조종사는 공중전에 대해 다른 견해를 갖고 있었다. 며칠 후 부아생 퓌셰(Voisin Pucher)는 기체에 장착한 기관총으로 독일군 2인승 항공기를 격추시켰다. 1914년 12월에 항공기의 주임무는 공중전이 아닌 정찰이었다. 전쟁이 포위전의 양상을 띠게 되자 정밀 지도가 필수적이었다.

항공지도 제작

프랑스 정부는 제2제정*이 붕괴한 1870년 이후 영토에 대한 측량조사를 실시하지 못했다. 독일군 점령지에 대한 조사는 마치 40~50년 된 지도와 훌륭한 항공사진을 비교하는 것과 같았다. 이 대대적인 작업은 관측자가 한 손으로는 항공기를 붙잡고 다른 한 손으로 카메라로 촬영하는 것으로 시작했다. 그 결과 항공사진은 카메라의 각도에 따라 많이 일그러졌다. 그러나 결국에는 해법을 찾아냈다.

영국은 A 타입의 카메라를 개발했는데 처음에는 사람이 손으로 잡고 촬영했지만 후에는 항공기 외부에 장착하는 것으로 바뀌었다. 6개의 원판 촬영이 가능했는데 조종사가 직진으로 수평비행하면서 손으로 한 판씩 작동하며 촬영하는 것이었다.

야포의 탄착점 관측

한편, 밧줄로 매달아 운용하는 기구는 야포의 탄착점을 관찰하는 주요 수단으로 쓰였다. 이들 기구는 지상에 밧줄로 매어 있었고 지상 요원들과 교신하기 위한 전화선도 연결했다. 승무원들은 기구를 타고 900미터 고도까지 상승하여 적의 위치와 탄착점을 교정해주는 등 지상의 포병들이 보지 못하는 위치에 있는 적의 정보를 제공하는 임무를 수행했다. 수소가 채워진 이들 기구는 지상으로부터의 사격과 항공기의 사격에 특히 취약했다. 1914년 승무원들은 낙하산을 착용하고 임무를 수행하다가 적기가 나타나면 낙하하라는 지시를 받았다.

시험적으로 관측용 항공기에 무전기를 사용한 때는 1914년 이전이었다. 하지만 1915년 초까지는 항공기에 무전기를 장착하지 않았고 이를 훈련받은 승무원도 없었다. 연합군 승무원들은 새로 제작한 지도 위에 셀룰로이드 투명지를 놓고 시계 모양으로 열두 방향으로 구분한 후 12는 북쪽을 가리키는 방법을 생각해냈다. 중심에서 100야드(91미터) 간격으로 원을 그려 넣었는데, 가장 안쪽의 원 A는 100야드, 가장 바깥쪽의 원 F는 600야드를 가리켰다. 폭탄이 표적의 남방 300야드에 떨어졌으면 항공 관측사는 지상 포병 지휘관에게 간단히 'C6'라고 통지했다. 그러면 지휘관은 이를 다시 조정하여 재공격하는 식으로 화력을 통제했다. 진흙과 포연 속을 전진하는 보병은 지상에 놓여진 금속판을 이용해 미리 약속한 신호체계를 운용했다. 이 신호들은 그곳을 비행하는 조종사들에게 정확한 위치와 의도를 전달해주었다. 관측사는 아군 지상군의 정확한 위치를 포병단에 알려주어 오인에 의한 아군 피해를 피할 수 있도록 했다.

* 1852~1870년, 제2공화정 이후 나폴레옹 3세에 의해 수립.

비행을 흥미롭게 쳐다보고 있다.

어두운 그림자가 드리우다

독일 비행선 체펠린은 특히 영국군에게 거대한 위협으로 부각했다. 독일 육군은 첫 비행선을 1909년에, 해군은 1912년에 2대를 주문했으나 1913년 사고로 유실했다. 그럼에도 불구하고 독일은 정찰 능력을 증대하기 위해 또 다시 비행선을 주문했다. 새로운 독일의 대양함대(Hochseeflotte)는 막강한 영국 함대를 능가하기 위해 획기적

인 장점을 갖추어야 한다는 주장이 제기되었다. 영국의 관점에서 보면, 독일의 비행선이 영국 함대 상공을 지나 영국 본토를 공격하게 되는 상황이 가장 큰 걱정거리였다. H. G. 웰스의 인기 소설 『공중전』은 비행선과 항공기 부대가 도심을 폭격하여 없애버리는 무시무시한 상황을 그렸다.

1911년 윈스턴 처칠(Winston Churchill)이 해군상으로 부임하면서 항공기와 그 이용에 높은 관심을 갖게 되었다.

공중에서의 정찰
프랑스군 기병대가 브레게 Br XIV 정찰기의 비행을 흥미롭게 쳐다보고 있다. 항공기는 곧 기병정찰대의 역할을 대체했다.

비행선에 의한 폭격 피해를 최소화하기 위한 방편으로 일련의 제한 조치를 취했다. 1914년 9월 3일이 되어서야 전쟁성 장관 키치니 경(Lord Kitchener)은 해군상인 처칠에게 영국의 방공책임을 맡으라고 요청했다. 처칠은 얼마 되지는 않았지만 즉시 활용 가능한 물자와 조직을 넘겨받게 되었다. 처칠은 가장 좋은 방어는 곧 공격, 즉 독일의 체펠린 비행선 공장과 기지를 선제공격하는 것이 영국 본토 공격을 방어하는 최선의 방책이라는 결론을 내렸다.

침입자를 습격하다

비행선이 공격에 취약하다는 사실은 그 당시에는 명백하게 밝혀지지 않았다. 한동안 체펠린 비행선은 소이탄 공격으로부터 보호하기 위해 가연성 수소 연료를 비활성 물질을 채운 셀로 감싸고 있다고 알려졌다. 그래서 영국군은 체펠린 비행선 기지와 격납고를 폭격하는 것이 최상의 공격이라고 믿었다. 영국 해군항공대는 이미 공격할 수 있는 위치에 있었다. 이스트처치 대대(후에 제3대대)가 이미 벨기에의 오스탕드(Ostende)에 전개하여 영국 해군의 진군을 지원하는 임무를 수행하고 있었다. 그 대대는 안트베르펜(Antwerpen)으로 이동했으나 기상 악화로 다시 철수했다. 첫 비행임무는 1914년 9월 22일에 이루어졌다. 2대의 항공기로 2개의 공격편대를 구성했다. 한 편대는 쾰른의 비행선 격납고를 폭격하고 다른 한 편대는 뒤셀도르프

(Düsseldorf)의 비행선을 공격했다. 4대의 영국 공격기 중 오직 1대만이 뒤셀도르프에서 포탄을 투하했는데 표적에 명중하지는 않았다. 10월 8일에 2내의 항공기가 다시 공격했다. 이번에는 좀 더 정확해져 1대는 뒤셀도르프의 체펠린 Z9를 공격하여 파괴했다.

이 폭격이 있은 직후 안트베르펜은 독일군의 수중에 떨어졌다. 다음 달에 영국 해군항공대의 특별기 4대가 프랑스의 동부전선 벨포르(Belfort)로 전개했다. 그들의 목적은 체펠린의 본고장인 프리드리히스하펜(Friedrichshafen)의 보덴(Boden) 호숫가에 있는 루프트시프바우(Luftschiffbau) 공장을 공격하는 것이었는데, 왕복거리가 402킬로미터나 되었다. 공격대는 11월 21일에 공격을 개시했다. 처음에 그 폭격은 매우 큰 타격을 입힌 것으로 알려졌으나, 실상은 비록 독일군 진영 깊숙이 큰 어려움 없이 침투하긴 했어도 아무런 성과를 올리지 못한 것으로 판명되었다. 이는 1914년 영국 해군항공대가 유럽 본토에서 행한 마지막 시도였다. 영국의 동료들은 정보부가 보고한 기지에 위치한 독일 해군 비행선부대 공격[이른바 쿡스하펜(Cuxhaven) 공습] 계획을 세우기 위해 노력하고 있었다.

바다로부터의 타격

전쟁 전 영국 해군은 순양함 허미즈(HMS Hermes)를 수상기 모함으로 전환하는 실험을 했다. 1913년 함대 기동훈련 시 허미즈를 철저히 시험한 결과, 영국 해군은 미완성 함정을 세계 최초의 항공모함(Aviation ship)으로 전환하도록 지시했다. 불행히도 이 작업은 전쟁이 발발했을 때까지 끝나지 않았다. 그러나 2척의 영불 해협 왕복선 리비에라(Riviera)와 엔가딘(Engadine)을 급히 개조하여 수상기 모함으로 사용하게 되었다. 또 다른 함정인 엠프레스(Empress)도 개조했다.

1914년 8월 독일의 순양함 마그데부르크(Magdeburg)가 발트(Balt) 해에서 좌초했는데, 러시아는 3개의 암호첩을 입수하여 그중 하나를 영국에 넘겨주었다. 이것으로 쿡스하펜 공습 계획이 훨씬 쉬워졌으며, 독일 해군이 사용하는 무선 암호도 해독할 수 있게 되었다.

쿡스하펜에서 남쪽으로 13킬로미터 떨어진 노르트홀츠(Nordholz)에 위치한 비행선 기지 공격은 항공기를 3대씩 탑재한 수상기 모함 3척으로 수행했으며, 하리치군(Harwich Force) 구축함의 지원을 받았다. 그 다음 작전은 12월 23일 실행했다. 다음 날, 취약한 9대의 수상기를 지원하기 위해 100척 이상의 함선이 출항했다. 역사상 최초로 함상에서 출격한 수상기들이 적 함대를 공격했다. 오전 6시 59분에 첫 수상기들이 이륙했다. 그중 2대는 엔진 고장을 일으켜

신호 도표

아래와 같은 신호체계를 이용한 지대공 통신은 애로가 많아 곧 무선전신체계로 대체되었다. 실질적인 첫 공중무선전신 실험은 1912년 영국군의 비행선 감마와 델타로 기동 훈련 중에 실시했는데 약 56킬로미터 떨어진 지점에서까지 수신이 가능했다.

밧줄로 갑판 위로 끌어올렸다. 7시 10분에서 8시 12분 사이에 영국군 조종사들은 헬골란트(Helgoland)를 향해 비행하는 독일군 비행선 L6을 발견했다고 보고했다.

영국 조종사들이 안개 낀 독일 해안선을 정찰비행하고 있는 동안에 독일군 수상기들은 엠프레스를 공격하기 위해 8~9개의 소형폭탄을 투하했지만 모두 실패했다. L6가 엠프레스 공격에 가담하여 50킬로그램짜리 폭탄 4발을 투하했는데 모두 실패했다. 엠프레스의 승조원들은 휴대하고 있던 총으로 대응사격을 했다. 그리고 수상기 모함 언다운티드(HMS Undaunted)와 아레투사(HMS Arethusa)가 독일 비행선을 유산탄으로 공격하면서 구조임무에 나섰다. 결국 L6의 사령관은 작전에 실패했다.

더 많은 독일 수상기들이 공격했을 때, 영국군은 전열을 재정비하기 시작해 수상기들이 회복하는 중이었다. 모든 폭탄은 표적을 빗나갔고, 몇개만 표적에 근접하여 떨어졌다. 그때 노르트홀츠에서 이륙한 L5 비행선이 영국군 부근에 나타나 3대의 수상기가 에워싸고 있는 영국 잠수함 E11을 발견했다. 잠수함은 연료가 부족하여 모기지로 귀환하지 못하고 불시착한 항공기 3대의 승무원들을 태우고 있었다. 영국 잠수함의 승무원들은 독일 수상기를 기관총으로 공격한 후 비행선의 폭탄공격을 피하고자 급속잠항했다. 수상기 4대는 실종 상태였으며 유보트(U-boat)가 다가오고 상공에는 L5가 떠 있는 상황에서, 영국군 지휘관은 철수 개시를 명령했다. 작전의 실질적인 결과는 그

중요성이 크지 않았지만, 사상 처음으로 공군력에 의한 공격과 방어를 수행했다는 점에서 의미가 있었다.

쇼트 수상기
1914년 1월에 첫 비행을 한 쇼트 수상기(Short Seaplane) 74호. 영국 해군항공대에 납품한 7대 중 하나로 그레인(Grain), 켄트(Kent), 던디(Dundee) 기지에서 운용되었다.

대담한 폭격
1914년 크리스마스에 영국 해군은 처음으로 쇼트 수상기를 이용한 공군과 해군의 합동작전으로 독일 영토를 폭격했다. 7대의 항공기에 탑승한 승무원은 모두 무사했다.

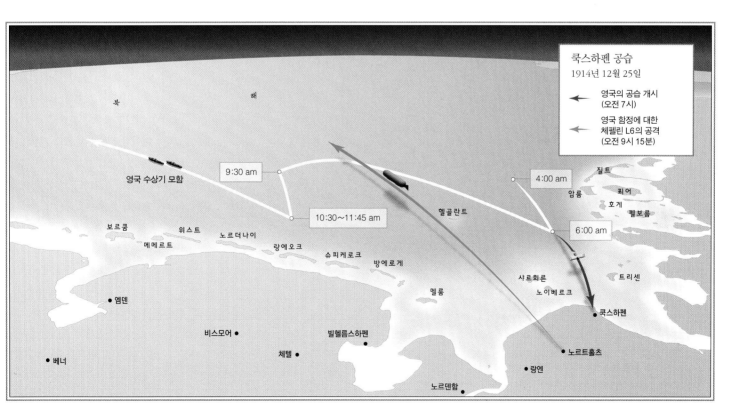

쿡스하펜 공습
1914년 12월 25일

← 영국의 공습 개시 (오전 7시)

← 영국 함정에 대한 체펠린 L6의 공격 (오전 9시 15분)

북해

영국 수상기 모함

9:30 am

10:30~11:45 am

헬골란트

4:00 am

6:00 am

질트

암룸

푀어

호게

펠보름

보르쿰

위스트

노르더나이

랑에오크

슈피케로크

방에로게

멜룸

트리센

메메르트

샤르회른

노이베르크

엠덴

쿡스하펜

비스모어

빌헬름스하펜

체텔

노르트홀츠

베너

랑엔

노르덴함

비행선 : 1914~1918

많은 사람이 제1차 세계대전에서 '석양의 괴물'로 알려진 체펠린 비행선이 하늘을 지배한 것을 기억한다. 체펠린의 명성은 개발자 페르디난트 폰 체펠린 백작의 손에서 시작했다. 독일이 통일되기 전 1871년 뷔르템베르크(Württemberg) 왕국의 육군 중위로 복무하던 체펠린은 미국 남북전쟁 기간 중에 군의 정찰요원으로 활동했다. 이때 그는 북군의 기구단(Army Balloon Corps)에 감명을 받았다. 이 경험을 하고 돌아온 지 11년 후에 그는 비행선 운용에 대한 자신의 생각을 종이에 옮기기 시작했다. 그 후 15년간 체펠린은 프로이센이 점차 독일 제국의 군대를 장악하는 데 맞서 조국 뷔르템베르크를 옹호했다. 1892년 군을 떠나라고 강요받자 그는 본격적으로 이 일을 시작했다.

체펠린은 여러 가지 디자인을 개발하다가 1898년에 다비트 슈바르츠(David Schwarz)가 도안한 비행선 특허권을 획득했다. 이것을 그의 계획에 포함하면서 LZ 1이란 이름의 새로운 비행선을 제작하여 1900년 6월에 비행 준비를 완료할 수 있었다. 수개월에 걸친 시험비행에서 많은 문제점이 드러났지만 1906년 전반에는 체펠린의 두 번째 비행선 LZ 2가 첫 비행을 했다. 첫 비행선인 LZ 1에 비해 많이 개선되었지만, 기상 악화와 엔진불균형으로 인하여 두 번째 비행에서 유실되고 말았다. 체펠린은 이에 굴하지 않고 곧 세 번째 비행선 LZ 3의 제작에 들어갔다. LZ 3는 당대 최고 수준으로 독일군도 이에 관심을 가졌다. 최신 항공기인 알라스(Alas)도 독일군의 요구사항을 충족하지 못했던 것이다. 그러나 체펠린은 거기서 멈추지 않고 네 번째 비행선 제작에 들어갔다. 새 비행선 LZ 4는 군의 요구를 충족하도록 설계했다. 그러나 1908년 6월에 완성된 LZ 4는 과거의 경험을 재현하듯 엔진 고장으로 애를 먹이다가 폭풍으로 파괴되었다.

무시무시한 야수를 제작하다

체펠린의 노력은 충돌 현장에서 종말을 고할 뻔했지만, 그는 이를 인내심으로 극복해 독일의 영웅이 되었다. 체펠린은 과학발전의 상징으로 알려졌고, 독일 국민은 그가 회사를 다시 차리고 비행선 개발을 계속하도록 성금을 보내주었다. 체펠린은 '항공술 진흥을 위한 체펠린 재단'을 설립하고, 루프트시프바우 체펠린(Luftschiffbau Zeppelin)과 세계 최초의 항공사인 독일 비행선 여행사(Deutsche Luftschiffahrts AG), 일명 델락(DELAG) 설립을 위해 재원을 지원했다. 1909년 독일 육군은 공군력을 증강하면서 2대의 체펠린 비행선을 주문했다.

1910~1911년에 경쟁사인 쉬테란츠(Schütte-Lanz)에서 첫 비행선을 제작했다. 이 비행선은 알루미늄 골격의 체펠린과는 달리 내부 골조를 합판으로 만들었다. 쉬테란츠의 비행선은 새로운 기술을 적용하고 항공 역학적 설계도 향상되었다. 1912년까지 독일군은 비행선을 폭격기로 분류했다.

"최신 Z 비행선은 적의 유사품들과 비교하여 훨씬 우세한 무기를 보유하고 있는데, 우리가 완성도를 높이고자 열정적으로 일한다면 적은 모방할 수조차 없다. 무기로서 비행선을 최대한 빨리 개발하려는 것은 우리가 개전 초 첫 타격을 가능하게 하기 위해서이다. 실제적으로, 또 윤리적으로 그것이 가져올 효과는 아주 특별한 것이라고 말할 수 있다."

- 독일군 총참모장 헬무트 폰 몰트케, 1912년 12월

비행선은 그 구조에 따라 연식(non-rigid), 반경식(semi-rigid), 경식(rigid)의 세 종류로 구분할 수 있다. 연식은 가스 압력으로 그 모양을 유지하며, 가스를 빼면 접어서 인근의 비행장으로 운반할 수 있다. 반경식은 고정된 틀이 있고 또 부분적으로는 가스를 충전하여 모양을 갖출 수 있다. 경식은 말 그대로 고정된 틀로 모양을 유지하며 비행한다.

비행선에 관심을 보인 것은 육군만이 아니었다. 영국 해군에 도전하기 위해 해군력을 증강하던 독일 해군(특히 대양함대)은 서둘러 전투함대를 건설하면서 순양함의 정찰 임무를 등한시했다. 함대 전방을 비행하는 비행선은 이 문제에 대한 해결책이 될 수 있었던 것이다. 군은 1914년 새로운 비행선과 비행기지 건설을 서둘러 추진했다.

도전자들

독일이 비행선 설계 분야를 선도하고 있었지만, 이탈리아도 비행선(대부분 연식 또는 반경식)을 생산했다. 반경식 비행선 중 하나인 크로코-리칼디(Crocco-Ricaldi) N1은 2개의 프로펠러로 추진하는 클레망-바야르 110마력 엔진을 장착하고 1910년 첫 비행을 했다. 66미터 길이의 이 비행선은 시속 52킬로미터로 비행하고, 그 기종으로서는 처음으로 전쟁에 투입되었다. 1911년 이탈리아는 오스만 제국과의 전쟁 중, 크로코-리칼디 N1 비행선 3대를 리비아에 투입했다. 이 비행선들은 주로 정찰 임무를 수행하고, 가끔 폭탄을 투하하기도 했다.

이탈리아 비행선은 폭탄을 투하할 수도 있는 육군용으로 개발되었다. 이 비행선은 적의 요격과 포격을 피하기 위해 높은 고도에서 비교적 짧은 비행시간 동안 작전할 수 있는 능력에 우선적인 관심을 두었다. 독일과 영국이 개발한 비행선들이 해상초계 임무를 위해 오랜 작전시간을 필요로 했던 것과는 달리 이탈리아 비행선은 그것에 큰 비중을 두지 않았다.

반경식 비행선은 프랑스에서도 인기가 있었다. 1898 ~1905년 사이 항공기 개발에 유난히 열정적이었던 알베르투 산투스두몬트(Alberto Santos-Dumont)는 14대의 비행선을 설계·제작하여 시험했다. 새로운 비행선을 제작할 때마다 이전 경험에서 축적한 기술을 활용했고, 여러 측면에서 그의 실험은 20세기 초 비행선이 어떠했는지를 분명히 보여주었다. 1902년에 그는 비행선을 타고 파리 항공클럽 비행장에서 이륙하여 에펠탑을 한 바퀴 돌아 출발지점으로 되돌아왔다. 이 일로 그는 도이치 드 라 뫼르트 상(Deutsch de la Meurthe Prize)을 수상했다.

그해 말 르보디(Lebaudy) 형제는 기술자 M. 쥘리오(Julliot)와 비행사 M. 쉬르쿠프(Surcouf)와 함께 새로운 형태의 반경식 비행선을 제작하여 비행했다. 그 비행선은 1904년과 1905년에 다시 제작하게 된다. 르보디가 훨씬 개량된 비행선을 생산하자 프랑스 전쟁성 장관은 이를 받아들였다. 프랑스 정부는 이 비행선과 똑같은 타입의 비행선을 주문하여 '라파트리(La Patrie)'라고 명명했다. 하지만 기상악화로 이 두 비행선은 유실되고 말았다. 이를 대체하여 1908년 우수성이 입증된 비행선 라레퓌블리크(La République)를 주문했다. 영국 신문《모닝 포스트(Morning Post)》지가 이를 보도하자, 기사를 읽고 매료된 독자들이 같은 종류의 비행선을 구입하여 영국 정부에 기증했다. 영국은 그때까지 이 같은 새로운 장비는 거의 구비하지 못하고 있었다.

프랑스 회사들인 메이슨 클레망-바야르(Maison Clement-Bayard)와 소시에테 아스트라 항공제작회사(Société Astra des Constructions Aéronautiques)는 각각 클레망-바야르와 아스트라-토레스(Astra-Torres)라는 매우 크고 효과적인 비행선을

제작했다. 영국 정부는 1912~1913년에 아스트라-토레스 비행선을 다수 구매했다.

주저하는 후발주자

영국의 비행선 제작기술은 대륙 국가들의 기술수준에 비해 뒤처졌다. 열정적인 개발자들이 각기 작은 크기의 비행선을 제작했지만, 정부의 관심은 다른 나라의 개발품을 획득하는 데에만 쏠려 있었다. 이는 훗날 재난을 초래했다.

영국군의 열기구단 단장 제임스 템플러(James Templer) 대령은 프랑스와 독일의 발전에 주목했다. 1902년 영국 정부를 설득하여 비행선 실험에 사용하도록 얼마 안 되는 재원을 마련할 수 있었다. 하지만 2대의 작은 비행선을 제작하여 몇 차례 실험을 하자 재원은 바닥났다. 1907년 첫 군용 비행선을 제작할 때까지는 템플러 대령의 원래 비행선을 재사용하는 것 외에는 아무 것도 진척된 것이 없었다. 이 시가 모양의 비행선은 웅대하게도 '눌리 세쿤두스(Nulli Secundus)'로 이름 붙여졌는데, 다른 무엇에도 뒤지지 않는다는 뜻이다. 그 비행선은 강하고 성공적이었으며 1907년 10월에 런던 상공에서 몇 차례 시험비행을 거친 후 크리스털 팰리스(Crystal Palace)에 착륙했다. 3시간 25분의 비행시간은 당시 세계 기록이었다. 프랑스로부터 획득한 2대의 비행선 외에도 영국군은 영국인이 설계한 베이

비(Baby), 베타(Beta), 감마(Gamma), 델타(Delta)와 에타(Eta) 등의 비행선을 계속 획득했다. 1912년에 제작된 최신형 델타는 가장 우수한 비행선이었다. 그해 연례 군사훈련에는 비행선도 참가했다.

1914년 1월 1일, 영국 육군은 비행선부대를 해체하고 남아있던 비행선 베타, 감마, 델타 및 에타를 훈련된 승무원들과 함께 해군에 넘겨주었다. 그 때부터 영국의 모든 비행선에 대한 책임은 해군이 담당했다. 영국 해군은 경식 비행선 메이플라이(Mayfly)의 시험비행을 1911년 완료했다. 그러나 그 비행선은 성공적이지 못해 경식 비행선에 대한 모든 작업은 1912년에 중단했다.

속도를 올리다

1914년 8월 양 진영 간에 전면전이 발발했다. 영국에서는 시민과 정부 모두 독일군의 우세한 공군력을 두려워하는 기색이 역력했다. 막강한 해군이 외세의 침략으로부터 나라를 안전하게 지켜줄 것이므로 영국은 안전하다는 생각은 더 이상 통하지 않았다. 영국군은 독일이 폭탄을 싣고 영국까지 도달할 수 있는 비행선을 약 20대 보유하고 있다고 분석했다. 독일군의 비행선은 이미 리에주와 안트베르펜에서 진격하는 지상군을 지원하기 위해 폭탄을 투하했다. 이는 영국 항공기의 세 차례 공격을 불러왔다. 두 번은 유럽의 기지에서 출격했고, 한 번은 쿡스하펜 공습작전 중에 독일 해안의 수상기 모함에서 출격한 것이었다. 계획보다는 행운에 의해, 뒤셀도르프에서 1대의 독일 비행선 Z9를 파괴한 것으로 확인되었다.

쿡스하펜 공습 이후, 독일 비행선이 폭격해오지 않을까 하는 영국의 근심은 늘어만 갔다. 1915년 1월 1일 전시 내각 브리핑에서 윈스턴 처칠은 대공방어 능력 결여로 인해 만일 독일군이 체펠린을 이용해 공격해올 경우 영국은 아무 것도 할 수 없다고 경고했다. 본거지를 공격하여 무력화하는 것이 영국의 유일한 희망이었다. 이를 시도하기 이전에 엄청 더 두려운 일이 벌어졌다. 체펠린 비행선이 영국을 폭격한 것이다. 독일 해군 참모총장 후고 폰 폴(Hugo von Pohl) 제독은 해군 비행선부대 지휘관 페터 슈트라서(Peter Strasser) 소령에게 공격에 유리한 기상상태를 보고하라는 지시를 하달했다. 독일 육군은 벌써 비행선을 프랑스의 표적지로 날려 보냈다. 이제 해군이 영광을 나눠가질 때가 이른 것이다. 슈트라서는 시간을 지체하지 않았다. 첫 번째 공습은 1월 13일 시작했는데 L5와 L6은 노르트홀츠에서, L3과 L4는 풀스뷔텔(Fuhlsbüttel)에서 출격했다. 하지만 기상 악화로 복귀해야 했다. 1월 19일에 L3, L4, L6을 이용한 또 다른 폭격 시도가 있었다. 슈트라서는

처참하게 불타는 체펠린
수소로 채워진 체펠린 비행선의 취약성이 1913년 10월 17일 요하니슈탈(Johannisthal) 상공에서 폭발하여 불타고 있는 아래 LZ 18 사진에서 명확히 드러난다. 이 사고로 승무원 28명이 전원 사망했다.

L6에 탑승했으나 엔진에 문제가 생겨 영국에 도달하지 못하고 기지로 귀환할 수밖에 없었다. L3는 오후 7시 50분에 영국 노픽(Norfolk) 해안선에 도달했는데, 그레이트 야머스(Great Yarmouth) 바로 북쪽이었다. 이 항구와 해군기지는 독일군의 표적리스트에 올라있었고 곧 비행선들이 나타나 11발의 폭탄을 퍼부었다. L4는 원래 험버(Humber) 강어귀에 출격할 예정이었으나 오후 8시 30분에 목표지점으로부터 수마일 남쪽에 위치한 노픽 북부에 도착했다. 그리고는 손햄(Thornham), 브랭커스터(Brancaster), 헨쳄(Henchem), 스네티섬(Snettisham), 셰링엄(Sheringham), 킹스린(King's Lynn) 등의 도시와 마을을 폭격했다. 군사 표적에 대

한 폭격이었으나 4명의 민간인이 죽고 18명이 부상당했다. 옛 잉글랜드의 작은 도시들이 독일의 첫 공중 공격에 피해를 입었다. L3와 L4는 무사히 풀스뷔텔 기지로 귀환했다. 그러나 불행히도 L3, L4의 승무원들은 2월에 북해 상공에서 척후 활동 중 악천후를 만나 실종되었다. 비행선을 둘러싼 기대감과 신화에 대한 숭배는 계속 고조되어 유행가까지 만들어졌다.

"날아라 체펠린,
　우리 전쟁 좀 도와다오.
　영국으로 날아라.
　영국은 불바다가 될 것이다."

초기 폭격
체펠린 지휘관들은 식별이 용이한 영국 해안의 강 하구까지 최대한 멀리 날아가 폭격을 시도했다.

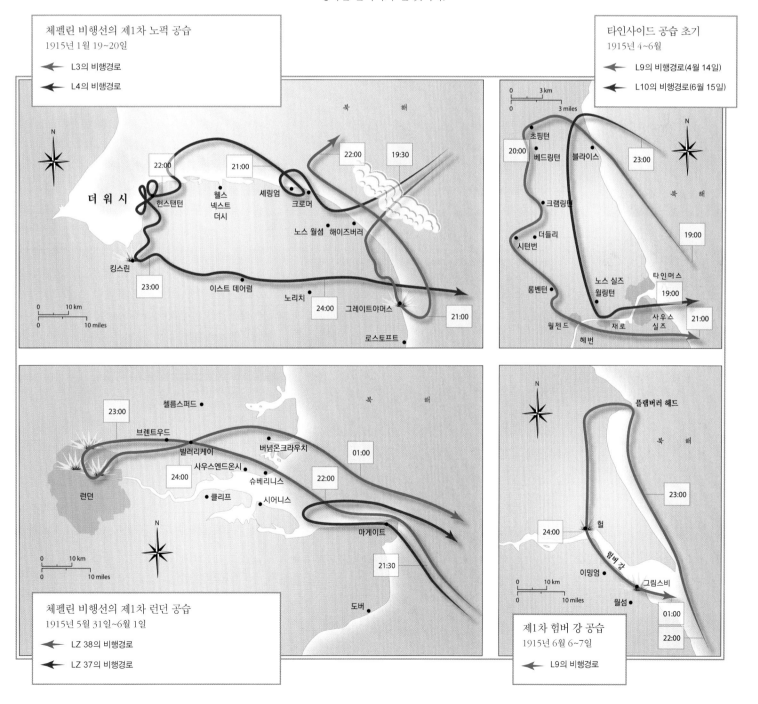

체펠린 비행선의 제1차 노픽 공습
1915년 1월 19~20일
← L3의 비행경로
← L4의 비행경로

타인사이드 공습 초기
1915년 4~6월
← L9의 비행경로(4월 14일)
← L10의 비행경로(6월 15일)

체펠린 비행선의 제1차 런던 공습
1915년 5월 31일~6월 1일
← LZ 38의 비행경로
← LZ 37의 비행경로

제1차 험버 강 공습
1915년 6월 6~7일
← L9의 비행경로

한편, 영국 육군항공대 제1비행대대의 지휘관 스펜서 그레이(Spencer Grey)는 적의 공격에 맞서 비행선 기지를 공격하기로 결정했다. 6월 6일 밤, J. P. 윌슨 중위의 지휘 아래 3대의 항공기가 이륙했다. 이 항공기들은 각각 6발의 소형폭탄을 싣고 있었고, 조종사들은 총과 탄약을 보유했다. 신참인 레지널드 원퍼드(Reginald Warneford) 소위는 야간에 그의 두 동료를 시야에서 놓치고 말았다. 비행지휘

IT IS FAR BETTER TO FACE THE BULLETS THAN TO BE KILLED AT HOME BY A BOMB

JOIN THE ARMY AT ONCE & HELP TO STOP AN AIR RAID

GOD SAVE THE KING

관과 그의 동료 밀스는 브뤼셀(Brussel)을 향해 동쪽으로 방향을 잡았다. 그들은 에브르(Evere) 비행선 격납고를 발견하고 완벽하게 공격했다. 12발의 폭탄 중 9발이 명중하여 격납고가 화염에 휩싸이는 것을 본 조종사들은 신속하게 철수했다. 후에 정보보고에 의하면 런던에 첫 폭격을 가했던 비행선 LZ 38이 화염과 함께 소실되었다.

괄목할 만한 성공과 안전 귀환

원퍼드는 밤하늘을 빙글빙글 돌면서 동료들을 찾고 있었다. 그는 동료들은 발견하지 못했지만 초계비행 중이던 LZ 37과 우연히 마주쳤다. 그 안에는 비행선 운항 시 매일 접하게 되는 문제점에 대해 알아보기 위해 체펠린 공장의 전문가들이 탑승해 있었다. 원퍼드는 158.5미터에 이르는 LZ 37의 거대한 크기를 보고 눈을 의심했다. 그는 비행선의 승무원석에서 발사하는 기관총의 섬광과 그의 작은 항공기로 쏟아지는 탄환을 보았다. 그는 사정거리 밖으로 이동한 후 다음 행동에 대해 생각했다. 비행선으로 조심스럽게 다가가 총을 발사했지만 아무 일도 일어나지 않았다. 비행선의 지휘관 폰 데어 해간(von der Haegan) 대위는 비행선 바닥의 물을 쏟아버리고 2,130미터의 고도로 급상승해 원퍼드의 추격을 벗어났다.

추격을 포기하지 않은 원퍼드는 체펠린에 대해 전술적으로 유리한 위치를 차지하기를 기대하며 고도 3,350미터까지 계속 상승했다. 비행선이 갑자기 기수를 내리고 구름을 향하자, 원퍼드는 기회를 포착했다. 비행선이 자신의 아래에 위치하자 그는 급강하하면서 방어장치가 전혀 없는 체펠린의 상부를 향해 폭격준비를 했다. 그는 조그만 비행기 모란-솔니에(Morane-Saulnier)를 급강하하며 6발의 소형폭탄을 투하했다. 처음에는 아무 반응이 없는 것 같았다. 하지만 곧 어마어마한 폭발과 함께 체펠린은 파괴되었다. 원퍼드의 작은 항공기가 뒤집히는 듯 했다. 하지만 그는 수마일 떨어진 곳에서도 볼 수 있을 정도로 맹렬하게 불타며 지상으로 추락하는 체펠린으로부터 눈을 뗄 수가 없었다. 체펠린은 헨트(Gent) 인근에 추락했다. 수녀 1명이 사망하고 여러 사람이 큰 화상을 입었다. 단 1명의 승무원만이 살아남았는데 키잡이였던 그는 61미터 상공에서 뛰어내려 지붕을 뚫고 비어있던 침대에 떨어져 생존할 수 있었다.

원퍼드는 불에 그을린 항공기를 다시 조종하기 위해 씨름했다. 르론(Le Rhône) 엔진은 칙칙거리는 소음을 내더니 멈추고 말았다. 그는 독일 영토 내로 60킬로미터나 들어와 있어 연합군 진영으로 돌아갈 수 없었다. 그는 엉망이 된 항공기로 불굴의 투지를 발휘하여 간신히 농가 인

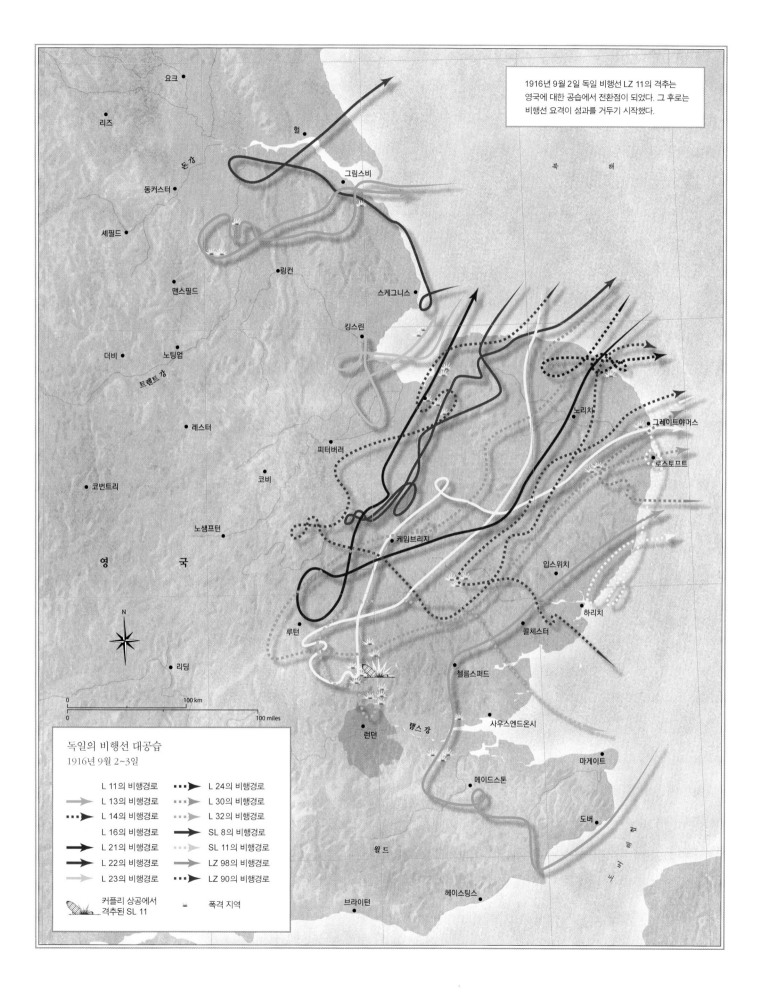

요크

리즈

헐

동커스터

돈 강

그림스비

세필드

링컨

스케그니스

맨스필드

킹스린

더비 노팅엄

트렌트 강

레스터

피터버러

노리치

그레이트야머스

코비

로스토프트

코번트리

노샘프턴

케임브리지

입스위치

하리치

영 국

루턴

콜체스터

챌름스퍼드

사우스엔드온시

N

리딩

런던 템스 강

마게이트

메이드스톤

도버

월드

브라이턴

헤이스팅스

북 해

1916년 9월 2일 독일 비행선 LZ 11의 격추는
영국에 대한 공습에서 전환점이 되었다. 그 후로는
비행선 요격이 성과를 거두기 시작했다.

0 ___ 100 km
0 ___ 100 miles

독일의 비행선 대공습
1916년 9월 2~3일

L 11의 비행경로	L 24의 비행경로
L 13의 비행경로	L 30의 비행경로
L 14의 비행경로	L 32의 비행경로
L 16의 비행경로	SL 8의 비행경로
L 21의 비행경로	SL 11의 비행경로
L 22의 비행경로	LZ 98의 비행경로
L 23의 비행경로	LZ 90의 비행경로

커플리 상공에서 격추된 SL 11

폭격 지역

독일 비행선 제조공장 및 기지
1918년
● 제조공장
● 육군 기지
● 해군 기지

골격만 남은 비행선 잔해
1916년 9월 22일 밤, 체펠린 L33이 대공포와 항공기의 공격으로 심각한 손상을 입고 에섹스의 리틀 위그버러에 불시착했다. 잔해는 승무원들에 의해 불태워졌고 22명의 승무원은 전원 투옥되었다. 이 비행선 지휘관은 알로이스 뵈커(Alois Böcker)였다.

돌파구를 마련한 것이다.

1915년에 독일은 총 20회의 비행선 폭격을 통해 37톤의 폭탄을 영국 곳곳에 퍼부었으며, 이로 인해 181명이 사망하고 455명이 부상당했다. 신문 머리기사나 대중의 분노와는 달리, 영국이 입은 피해는 투입한 노력에 비해 그리 크지 않았다.

꺾이지 않는 결심

이탈리아는 1915년 5월에 연합군 측에 가담했다. 이탈리아의 비행선과 카프로니(Caproni) 폭격기가 오스트리아-헝가리를 공격하기 위해 출격하고, 프랑스 비행선들은 독일과 프랑스 내 독일군 점령지 상공을 수차례 폭격했다. 1916년에도 독일의 전략목표는 여전히 영국이었다. 이때까지도 독일 황제는 런던이나 다른 도시들을 매우 가치 있는 표적으로 간주했다. 잔인하고 지겨운 전쟁은 견딜 수 없을 만큼 악화했다. 비행선이 출격할 때마다 많은 도심의 거리에는 살상과 파괴만이 있었다.

1916년 영국에 대한 비행선 공격이 총 23회 있었다. 대부분 별다른 피해가 없었지만, 9월 2일 16대의 비행선의 공습은 제1차 세계대전 중 가장 큰 폭격이었다. 독일은 1916년에 두 종류의 비행선을 운용했다. 슈트라서는 총 5대를 제작한 신기종인 대형의 L30에 많은 기대를 하고 있었다. 9월 2일 폭격에 투입한 12대의 독일 해군 비행선 중 2대는 슈퍼체펠린(Super Zeppelin)이었고 4대는 육군에서 제공한 것으로, 이들 비행선에는 총 32톤의 폭탄이 실려 있었다. 처음 출발했던 16대의 비행선 중 14대가 영국 동부와 남부의 목표물에 도달했다. 해군 비행선 L17과 육군 비행선 LZ 97은 기계 결함으로 도중에 돌아갔다. 경고

근에 착륙했다. 사방은 고요했다. 그가 본능적으로 떠올린 첫 번째 생각은 항공기를 없애버려야 한다는 것이었다. 하지만 자세히 살펴보니, 연료관이 절단되었을 뿐 탱크에는 충분한 연료가 남아 있었다. 그가 침착하게 프로펠러를 수리해 돌리자, 아직도 따뜻한 엔진은 쉽게 시동이 걸렸다. 조종석에 올라 이륙했다. 마침내 칼레 해변에서 16킬로미터 떨어진 그리네 곶(Cap Gris-Nez)에 착륙했다. 그곳에서 연료를 구하고 됭케르크의 사령관에게 전화로 소식을 알렸다. 그가 기지로 돌아오는 동안 그의 이름은 전국에 널리 알려졌다. 영국 왕 조지 5세는 원퍼드에게 빅토리아 십자훈장(Victoria Cross)을 수여하여 승리를 축하해주었다. 뒤이어 프랑스도 그에게 1등급 레지옹도뇌르훈장(Grand-croix de la Légion d'honneur)을 수여했다. 마침내 비행선의 신화에

사이렌이 울리고 탐조등은 밤하늘을 비추었고 항공기는 방어대대를 구성하여 하늘을 방어했다. 1916년 여름에 새로운 기관총탄이 비행대대에 보급되기 시작했다. 브록(Brock)와 포머로이(Pomeroy)라고 불린 두 종류의 폭발성 탄약을 버킹엄(Buckingham)이라는 예광탄과 합친 것이었다. 이것들이 비행선에 채워져 있는 수소와 합쳐지면 치명적인 것이었다.

영국 상공에 침투한 14대의 비행선 중에는 빌헬름 슈람(Wilhelm Schramm)이 지휘하는 육군비행선 SL 11도 있었다. SL 11은 새벽 2시에 런던 북부 근교에 도달했다. 비행선에서 막 폭탄을 투하했을 때 탐조등에 발각되고 말았다. 북쪽으로 기수를 돌린 SL 11은 영국 육군 항공대 제39비행대대 소속 리프 로빈슨(Leefe Robinson) 중위가 조종하던 BE2c에 포착되었다. 로빈슨이 상관에게 보고한 내용은 다음과 같다.

"내 마지막 실패를 되돌아보면, 나는 1만 2,900피트(3,930미터)에서 체펠린 비행선을 향해 기수를 내리고 속도를 높였다. 나는 폭탄이 불타고 야간 침략자들이 그 주위를 비행하고 있는 것을 보았다. 내가 접근했을 때 대공포들이 너무 높게 혹은 너무 낮게 조준하고 있음을 알았다. 또한 많은 포탄이 약 800피트(243미터) 후방에서 폭발했고 몇몇은 바로 옆에서 폭발했다. 나는 체펠린으로부터 3,000피트(914미터) 떨어진 곳에서도 타는 소리를 들을 수 있었다. 나는 비행선의 기수와 후미 사이 800피트(243미터) 아래에서 비행했고 브록과 포머로이를 번갈아가며 하나의 탄창을 퍼부었다. 처음에는 아무런 효과가 없는 듯했다. 그래서 나는 한쪽으로 이동해 그 쪽에 또 하나의 탄창을 다시 퍼부었다. 여전히 효과가 없었다. 그래서 뒤로 돌아갔는데 이때 나는 약 500피트(152미터) 정도로 매우 가깝게 접근해 있었다. 또 하나의 탄창을 집중해서 후면에 퍼부었다. 내가 체펠린을 공격했을 때 고도는 1만 1,500피트(3,500미터)였다. 나는 사격을 거의 끝내고 나서야 화염이 타오르는 것을 보았다. 몇 초 사이에 뒷부분이 전부 불타올랐다. 세 번째 탄창을 발사했을 때에 체펠린을 비추던 탐조등은 없어졌고 대공포 발사도 사라졌다. 나는 재빨리 불타며 떨어지는 체펠린의 행로를 벗어나 매우 흥분하여 붉은 신호탄과 낙하산 조명탄을 발사했다."

로빈슨은 그 시대의 영웅이었다. 더 중요한 것은 수백만 명의 영국인이 SL 11의 종말을 알게 되었다. 추락 지점을 방문한 사람도 수천 명에 달했다. 불사조 비행선의 신화가 다시 한 번 깨어지자 시민들의 사기는 고조했다.

9월 23일 이른 아침에 전투기와 대공포가 뵈커(Böcker) 소령이 지휘하는 독일 해군 비행선 L33을 에식스(Essex) 콜체스터(Colchester) 인근의 리틀 위그버러(Little Wigborough)에 불시착하게 만든 일로 영국인은 희망을 갖게 되었다. L33은 독일이 최신 기술로 만든 신형 비행선으로 이번이 첫 임무였다. 영국의 비행선 제작에 이용할 기술을 모색하고자 잔해를 조사한 기술자들은, L33의 250마력 엔진들을 회수해서 그중 오래되고 동력도 부족한 영국 비행선 R9에 부착했다.

독일군은 1916년의 공습 기간 동안 영국에 125톤의 폭탄을 투하했고, 이로 인해 293명이 사망하고 691명이 부상당했다. 그러나 국면이 바뀌었다. 효과적이고 잘 무장한 전투기들이 비행선 사냥에 나선 것이다.

1916년 말에서 1917년 초까지 대부분의 독일 지휘관들은 고가이며 정비문제와 깨지기 쉬운 동체 때문에 비행선이 더 이상 전략공격의 수단이 될 수 없다고 결론지었다. 그럼에도 불구하고 비행선 개발은 계속되었다. 크기는 더 커졌고 비행 고도도 높아져 전투기와 대공포가 도달할 수 없는 고도까지 상승할 수 있었다. 고고도에서 승무원

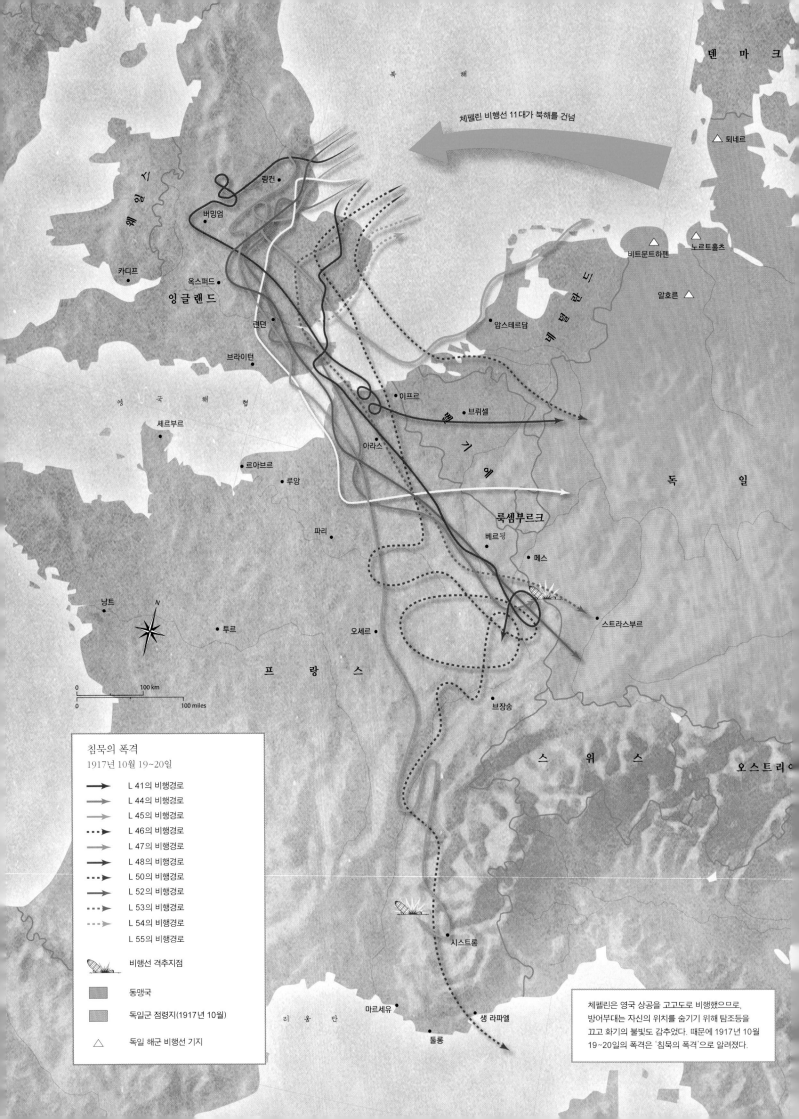

텐마크

북 해

체펠린 비행선 11대가 북해를 건넘

퇴네르 △

잉글랜드

링컨 •

버밍엄 •

카디프 •

옥스퍼드 •

런던 •

브라이턴 •

영국해협

세르부르 •

르아브르 •

루앙 •

낭트 •

투르 •

N

파리 •

오세르 •

0   100 km

0   100 miles

비트문트하펜 △   노르트흘츠 △

알호른 △

네덜란드

암스테르담 •

이프르 •

브뤼셀 •

아라스 •

벨기에

룩셈부르크 •

베르됭 •

메스 •

스트라스부르 •

독 일

스위스

오스트리아

브장송 •

시스트롱 •

마르세유 •

툴롱 •

생 라파엘 •

프 랑 스

리옹만

침묵의 폭격
1917년 10월 19~20일

→ L 41의 비행경로

→ L 44의 비행경로

→ L 45의 비행경로

┄→ L 46의 비행경로

→ L 47의 비행경로

→ L 48의 비행경로

┄→ L 50의 비행경로

→ L 52의 비행경로

┄→ L 53의 비행경로

┄→ L 54의 비행경로

L 55의 비행경로

비행선 격추지점

동맹국

독일군 점령지(1917년 10월)

△ 독일 해군 비행선 기지

체펠린은 영국 상공을 고고도로 비행했으므로,
방어부대는 자신의 위치를 숨기기 위해 탐조등을
끄고 화기의 불빛도 감추었다. 때문에 1917년 10월
19~20일의 폭격은 '침묵의 폭격'으로 알려졌다.

의 효율성은 심각하게 저하했다. 폭격의 정확도도 급감했다. 그런데도 해군비행선 지휘관 페터 슈트라서와 같은 비행선 애호가들이 있었다. 비행선 공격에 대한 영국의 대응과 실제 폭격효과를 볼 때 충분한 가치가 있다는 것이다. 사실 1917년까지 영국의 대공방어는 10개 전투비행대대, 수백 문의 대공포와 탐조등, 그리고 1만 명 이상의 인력이 담당하고 있었다.

줄어드는 지원, 감소하는 역할

1917년과 1918년에 영국에 대한 독일의 비행선 폭격은 단 11회 뿐이었다. 1917년 9월 24일에 페터 슈트라서는 영국 북부 헐(Hull)을 향해 10대의 비행선을 이끌고 출격했다. 10월에 슈트라서는 다시 나타났다. 11대의 비행선이 미들랜드(Midlands) 지방의 산업도시들을 폭격하기 위해 영국 동부에 나타났다. 비행선부대는 고도 4,600~6,100미터를 유지하며 비행했다. 미들랜드에 접근했을 때 시속 100킬로미터의 거센 남동풍을 만나, 최소 4대의 비행선이 런던 방어권을 벗어나거나 이에 근접했다.

지표면에서는 짙은 안개가 런던 지역을 덮고 있었고 대공포에는 침묵을 유지하라는 명령이, 탐조등 부대에는 스위치를 끄라는 지시가 내려졌다. 비행선부대가 런던 상공을 지나가면서 '침묵의 폭격' 작전을 수행했다. 산재한 여러 표적에 273발의 폭탄을 퍼부어 236명의 사망자와 55명의 부상자가 발생했다. 독일은 작전 중 비행선 4대를 손실했고, 복귀 후 착륙하면서 1대가 추가로 파괴되었다. 폭격은 1918년까지 계속되었고, 페터 슈트라서는 지속해서 전쟁에서의 승리를 위한 체펠린 공세작전을 선동했다. 그는 1918년 8월 5일에 최신예 비행선 L70을 이끌고 전쟁에서의 마지막 비행선 공격에 참가했다가 사망했다. 그러나 1917년 이후 비행선은 폭격기와 경쟁하게 되었다.

흥미로운 점은 비행선의 엄청난 작전 반경을 활용해 동아프리카 식민지에서 고립된 독일군에게 보급을 실시했다는 것이다. 특별히 거리능력을 확장한 L59를 독일의 최남단 비행선 기지가 위치한 불가리아 얌볼(Yambol)로 보냈다. 비행선은 두 차례의 시도 끝에 1917년 11월 21일 마침내 출발했다. 하지만 영국과 이집트가 공동 통치하는 수단의 하르툼(Khartoum)에 도달했을 때 독일군이 항복했다는 무전을 수신했다. 비행선은 북으로 기수를 돌려 11월 25일 아침에 기지로 복귀했다.

독일은 총 88대의 비행선을 제작했다. 그중 74대는 해군 비행선부대를 위한 것이었다. 60대를 손실했는데, 34대는 악천후에 기인한 사고손실이었다. 남은 26대 중 17대는 영국 공습 중에 파괴되었고 또 몇 대는 복귀하다

가 프랑스의 대공포 공격을 받아 파괴되었다. 나머지는 러시아전선에서 격추되거나 아니면 프랑스 작전에서 파괴되었다. 1914~1918년 사이에 독일 비행선은 5,806발의 폭탄을 투하하여 557명의 사망과 1,358명의 부상을 초래했다. 그러나 제1차 세계대전의 참혹한 결과에 비교하면 이는 서부전선에서의 하루치 사상자 수에 불과했다.

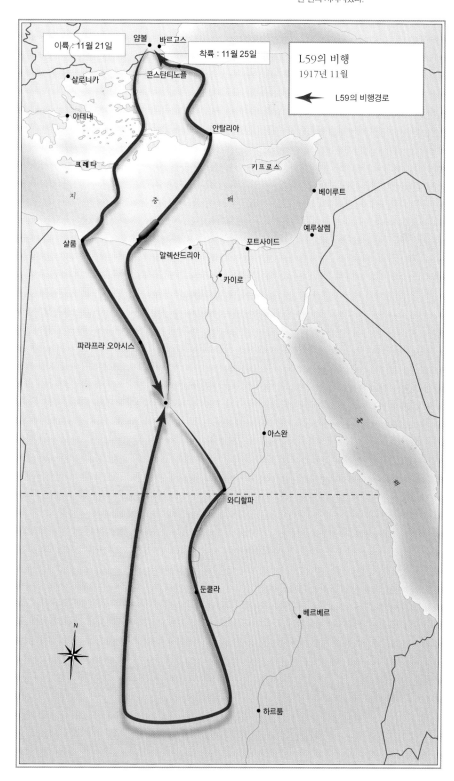

체펠린 L59의 비행은 1920~1930년대 비행선의 범세계적 최장거리 비행을 이룩한 한 편의 서사시였다.

L59의 비행
1917년 11월

⟵ L59의 비행경로

이륙 : 11월 21일
착륙 : 11월 25일

얌볼 · 바르고스
콘스탄티노플
살로니카
아테네
안탈리아
크레타
키프로스
지 중 해
베이루트
예루살렘
살룸
포트사이드
알렉산드리아
카이로
파라프라 오아시스
아스완
와디할파
둔쿨라
베르베르
하르툼
N

전투기 : 1914~1918

'전투기'는 군사 항공 분야에서 가장 핵심적인 어휘이다. 이는 적 항공기를 파괴하면서 창공을 제패하는 기계였다. 1914년 이전에는 이러한 개념조차 없었다.

교착상태 돌파하기

몇 주에 걸친 작전으로 전쟁은 참호전의 격랑 속으로 빠져들게 되어 결국 서부전선은 거대한 포위전 형태를 띠게 되었다. 교착된 전선에서 돌파구를 마련하기 위한 모든 시도는, 기동전을 수행하여 결정적 승리를 가져오기 위한 것이었다. 그러나 이는 실현되지 못했고, 수많은 인명을 희생시켜도 공 수의 위치에는 변화가 없었다. 그때까지 방어가 공격보다 훨씬 강력했다. 야포와 기관총의 화력은 철조망으로 방어선을 친 참호에 대한 어떠한 공격도 무산시킬 수 있었다.

피로 물든 전장에서 작고 빈약한 항공기가 일상적인 정찰비행을 하느라 허둥거렸다. 하지만 적기가 동일한 방법으로 아군 전선을 살피지 못하도록 막는 것 또한 매우 중요한 과제였다. 적기에 대한 첫 공격이 기록된 것은 1914년 말의 일이다. 항공기 승무원들은 서로 사격을 가했지만 효과는 거의 없었다. 한 영국군 조종사는 총신을 짧게 자른 소총으로 무장하고 출격하기도 했다.

"나는 그동안 본 적 없는 낯선 항공기를 발견했다. 살그머니 접근하여 살펴보니 독일군이어서, 소총을 꺼내 마구 쏘아댔다. 그 다음 권총을 꺼내 상대와 총싸움을 벌였다. 거리를 좁히자, 우리는 서로 자세히 볼 수 있었다. 나는 장전된 여섯 발을 모두 쏘았고 그도 총알이 떨어졌다. 우리는 서로 손을 흔들며 작별하고 헤어졌다."

케네스 반 데르 스포이(Kenneth van der Spuy)

시속 110킬로미터로 비행하는 항공기에서 소총으로 치명타를 가하는 것은 아무리 명사수라도 불가능했다. 이 같은 공중전의 문제점을 처음으로 해결한 사람은 전쟁 전에는 비행사였고 후에는 모란-솔니에 회사의 시험비행조종사가 된 롤랑 가로였다. 제1차 세계대전 발발 전 레몽 솔니에(Raymond Saulnier)는 회전하는 프로펠러 사이로 총을 발사하는 동조장치를 고안하여 실험했다. 그는 이에 대한 특허를 취득했지만 전쟁이 일어날 때까지 개발을 끝내지는 못했다.

가로는 모든 것을 그의 손으로 직접 개발했다. 기관총을 발사하는 것조차 쉽지 않은 편각 사격을 시도하는 대신에 그는 프로펠러 반경 내에서 전방으로 발사하는 방식을 개발하기로 결심한다. 그때까지 효과적인 동조장치가 개발되지 않았으므로 그는 프로펠러에 철제 방탄판(Metal deflector)을 부착하는 방식을 택했다. 지상실험에서는 기관총에서 발사한 탄환 10발 중 1발만이 프로펠러에 부딪치는 수준까지 성공했다.

가로는 새로 개발한 항공기에 장치를 부착했다. 그의 방식은 적의 항공기 뒤쪽으로 접근하는 것이었다. 두 항공기가 같은 방향으로 비행하기 때문에 사격할 때에 편각이 불필요했다. 탄환이 프로펠러를 맞고 튀어나오지 않는다면 조종사가 부상을 입거나 기체에 치명적인 손상을 입는 피해를 걱정하지 않아도 되었다. 불완전하긴 했어도 가로는 이 장치로 18일 동안 독일군 항공기 3대를 격추시켰다. 그동안 대부분의 접전이 승패를 가르지 못하고 끝났던 것을 고려하면 이는 엄청난 성과였다.

4월 18일 가로는 비행 중 연료관이 막히는 바람에 적지에 비상착륙했다. 그는 모란-솔니에 N형 항공기와 함께 독일군의 포로가 되었다. 독일군은 항공기를 바로 베를린(Berlin)의 안토니 포커(Anthony Fokker)에게 보내, 이 프랑스의 신장비에 대한 대책을 마련하도록 했다. 다른 나

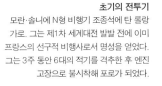

초기의 전투기
모란·솔니에 N형 비행기 조종석에 탄 롤랑 가로. 그는 제1차 세계대전 발발 전에 이미 프랑스의 선구적 비행사로서 명성을 얻었다. 그는 3주 동안 6대의 적기를 격추한 후 엔진 고장으로 불시착해 포로가 되었다.

라 기술자들과 마찬가지로 독일 기술자들도 전방발사용 동조장치를 연구하고 있었다. 포커는 이 장치를 발전시켜, 자신이 개발한 80마력 엔진으로 움직이는 항공기 아인데커(Eindecker)에 장착했다.

독일의 조종사들

두 우수한 조종사가 서둘러 전선에 배치된 포커가 개발한 비행기를 조종했다. 한 사람은 1890년 드레스덴(Dresden)에서 태어난 막스 이멜만(Max Immelmann)으로, 14세 때 드레스덴 학생군사교육단(Dresden Cadet Corps)에 들어갔다. 그는 우수한 기술자였지만 적절하지 못한 행동으로 군을 떠나야 했다. 전쟁이 발발하자 그는 육군에 재입대해 기술력과 비행술을 인정받아 항공대에서 일하게 되었다. 훈련을 마친 후 그의 첫 임무는 우편물과 군수품을 전방 비행기지로 운송하는 것이었다.

1915년 6월 3일 이멜만은 정찰비행 중에 프랑스 항공기에 격추당했다. 그는 생존하여 2급 철십자훈장을 받았다. 그때까지 무명의 조종사였던 이멜만은 이 사건으로 명성을 얻었다.

"우리는 막 포커 공장에서 소형 1인승 항공기 2대를 인수했다. 바이에른 왕세자가 이 새로운 전투기를 보고 우리를 시찰하고자 비행장을 방문했다. 이 전투기를 제작한 포커가 왕세자에게 브리핑했다. 포커와 파르샤우(Parschau) 중위가 공중에서 지상의 목표물을 사격하는 시범비행을 했다. 포커는 그의 실력으로 우리를 놀라게 했다."

– 막스 이멜만

잠시 후 이멜만이 오스발트 뵐케(Oswald Boelcke)와 함께 새 포커 E.I(아인데커) 항공기를 조종하여 비행했다. 두 조종사는 전선으로 돌아가 독일 비행장을 폭격했던 10대의 영국 항공기 BE2c를 잡기 위해 8월 1일 출격했다. 몇 차례 사격을 한 다음 기관총이 고장 나자 뵐케는 기지로 돌아왔다. 이멜만은 공격을 강행하여 몇 대의 영국 항공기를 몰아붙여 그중 1대를 추격하여 조종사에게 부상을 입히고 항공기를 강제로 착륙시켰다. 이 공적으로 그는 1급 철십자훈장을 받았다.

이멜만은 승리의 기록을 계속 쌓아갔다. 그는 9월 23일 프랑스기에 격추당했지만 행운이 따라 무사했을 뿐 아니라 네 번째 희생양인 영국항공대의 BE2c를 격추할 수 있었다. 이때 독일 언론은 '릴의 독수리(Der Adler von Lille)'라고 그를 칭송했다. 그의 비행술은 적의 간담을 서늘케 했다. 그는 이멜만 기동(Immelmann turn)을 포함한 여러 비

에어코 DH.2
DH.2는 100마력 엔진을 장착한 추진형 단좌기로 조종석 좌측의 중심축에 루이스 경기관총을 장착했다.

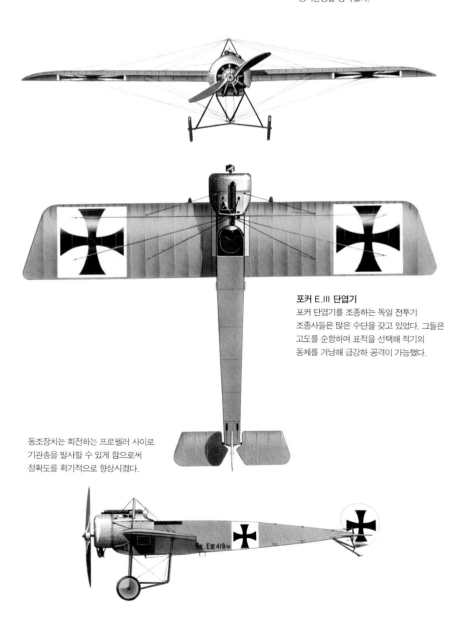

포커 E.III 단엽기
포커 단엽기를 조종하는 독일 전투기 조종사들은 많은 수단을 갖고 있었다. 그들은 고도를 순항하며 표적을 선택해 적기의 동체를 겨냥해 급강하 공격이 가능했다.

동조장치는 회전하는 프로펠러 사이로 기관총을 발사할 수 있게 함으로써 정확도를 획기적으로 향상시켰다.

급상승해 유리한 고도를 확보한 후 다시 공격한다.

조종사는 태양을 등지고 목표물을 향해 급강하한다.

수직 하강하다가 급상승해 유리한 고도를 확보한다.

이멜만 기동은 속도를 높여 적기를 향해 하강한 후 밑에서 치고 올라오며 기총 공격을 하는 기동이다. 발사 후 포커의 조종사는 방향타를 굳게 잡고 거의 수직에 가깝게 상승을 계속한 후, 스톨 턴과 수직 하강으로 적을 반복해서 공격한다.

행기술을 개발했는데, 작고 동력도 부족한 아인데커로 이 같은 업적을 쌓기 위해 원래의 보조날개 대신 휜 날개를 사용한 것이 아닌가 하는 의구심을 자아냈다. 하지만 누군가가 그것을 이루어냈다면, 그 사람은 기술과 비행술을 겸비한 이멜만임이 분명했다. 이멜만이 개발한 또 다른 비행 기술 중 '스톨 턴(Stall turn)'이 있었다. 그것은 항공기가 속도를 잃기 직전까지 수직으로 상승하다가 급강하하여 적기를 다시 공격하는 기술이었다.

이멜만은 1916년 6월 18일 죽을 때까지 15회나 승리했고, 그 공로로 푸르르메리트 훈장(Pour le Mérite)을 비롯한 많은 훈장을 받았다.

오스발트 뵐케도 포커 아인데커 항공기로 유명해졌다. 그는 제2전투비행대대(Jagdstaffel 2)를 조직하여 자신의 공중전 기술을 전수해주면서 후배 조종사를 육성했다. 또한

일명 '금언(Dicta)'이라고 불리는 실천 강령을 만들었다.

1. 공격하기 전에 유리한 위치를 선점하라. 가능하면 해를 등지고 대응하라.
2. 일단 시작했으면 항상 공격으로 끝장내라.
3. 근거리에서 사격하라. 오직 적이 확실히 시야에 들어왔을 때에만 사격하라.
4. 눈으로 항상 적을 주시하라. 절대 책략에 속지 않도록 하라.
5. 어떤 형태의 공격이든 적을 뒤에서 공격하는 것이 불가결하다.
6. 적이 뒤를 쫓아 급강하하면 피하지 말고 부딪쳐라.
7. 적진으로 들어갈 때에는 항상 퇴로를 염두에 두어라.
8. 4~6대가 무리지어 공격하는 것이 원칙이다. 공격을

↑ 막스 이멜만

1915년 가을, 이멜만과 뵐케는 독일 최초의 에이스가 되었고 그해 말까지 전투성과는 더욱 향상되었다. '에이스'라는 어휘는 프랑스인이 우수한 기량을 지닌 전투기 조종사라는 의미로 사용했고, 그 후 독일이 홍보를 위해 이 용어를 사용했다.

↘ 포커 E.1

포커 E.1 단엽기는 프로펠러 디스크(방탄판)를 통해 사격하는 스판다우(Spandau) 기관총으로 무장한 최초의 항공기다. 전방 발사 기관총으로 무장한 연합군의 느린 추진형 항공기를 능가하는 획기적인 발전이었다.

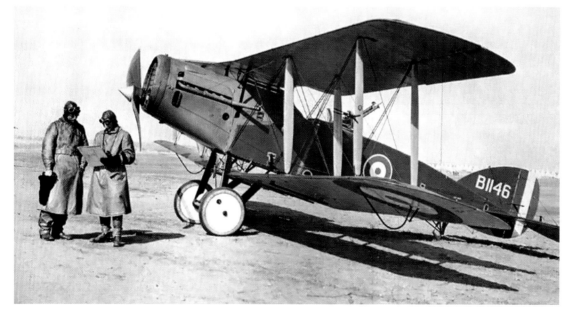

브리스틀 F2B 전투기

단좌식 전투기와 마찬가지로, 브리스틀 F2B 전투기는 공격비행 시 우월한 무장 성능을 가졌으며 엄청난 승전을 기록했다. 서부전선의 영국 육군항공대에서 6개 대대, 영국에서 4개 대대, 이탈리아에서 1개 대대가 이 전투기를 운용했다.

포커 DR.1 삼엽기
만프레트 폰 리히트호펜의 죽음을 기리기 위해 붉게 칠한 포가(포신을 올리는 받침대)로 유명한 이 삼엽기는 1917년에 첫선을 보였다. 뛰어난 작전을 구사하는 전투기였지만 새로운 세대의 전투기의 등장으로 도태되었다.

FE.2D 후방발사 기관총
한 장교가 FE.2D를 방어하기 위해 후면에서 기관총을 발사하는 시범을 보이고 있다. 기관총 사수는 상하로 요동치는 공중전에서 좌석 벨트도 없이 비행기에 매달려 기관총을 발사하는 용맹성을 보였다.

위해 편대를 분리해야 할 경우에는 여러 대가 적기 1대를 추격하는 일이 없도록 하라.

– 뷜케의 금언

뷜케의 이 규칙은 제2차 세계대전에서도 여전히 매우 유용했다.

1916년 10월 28일 오후, 뷜케는 제2전투비행대대를 이끌고 마지막 비행에 나섰다. 그는 명사수이자 영국의 전설적인 조종사 중 한 사람인 라노 호커(Lanoe Hawker) 소령이 이끄는 영국 육군항공대 제24비행대대의 DH.2와 공중전을 벌였다. 뷜케의 항공기 알바트로스(Albatros) D.II는 그의 요기(wingman)인 에르빈 뵈메(Erwin Böhme)의 항공기 밑바닥에 살짝 부딪쳐 윗날개가 찢어졌다. 뷜케는 파손된 항공기를 조종하고자 안간힘을 쓰면서 강하하여 불시착했다. 하지만 그는 서두르다가 안전벨트를 매지 못해 치명적인 결과를 불러왔다. 수많은 전투로 피로가 누적된 그는 전설적인 명성에도 불구하고 이 간단한 실수는 막지 못했다. 뷜케는 공중전에서 40회나 승리를 거두었다. 그의 죽음이 알려지자 적이었던 영국 항공기 1대가 날아와 조문(弔文)과 화환을 떨어뜨렸다.

"우리의 용감하고 기사도가 충만했던 적, 뷜케 대위를 추모하며. 영국 육군항공대원 일동."

포커에 대응하다

포커의 공격에 대하여 영국은 에어코(Airco) DH.2로 대응했다. 이는 제프리 드 해빌런드(Geoffrey De Havilland)가 전투기 또는 정찰기로 설계한, 엔진을 조종석 후방에 장착한 추진형(Pusher type) 항공기였다. 이러한 추진형 항공기는 전방 사계(射界)가 훤히 트인 강점을 가지고 있다. 100마력 모노 소파프 그놈(Monosoupape Gnome) 엔진을 장착하고 조타면이 우수하게 설계된 이 항공기는 1915년 7월 첫 비행을 했는데 조종하기 편리했다. 11월에는 실전에 배치되었다.

1916년 2월에 첫 DH.2c를 보유한 영국 제24비행대대가 프랑스에 도착했다. 비록 제11비행대대의 2인승 추진형 비커스(Vickers) FB5가 1915년 7월 25일부터 전투기 역할을 했지만, 제24비행대대야 말로 영국 육군항공대의 첫 전투기 비행대대였다. 한편 프랑스 공군은 전투기로 설계된 첫 번째 항공기인 니외포르(Nieuport) II, 일명 베베(Bébé)로 새로운 전투비행대를 장비하기 시작했다. 이는 1인승 견인형 복엽기로, 위쪽 날개에 루이스 기관총(Lewis gun)을 부착하여 프로펠러 반경 밖에서 사격할 수 있었다. 이 두 종류의 항공기는 모두 포커 E.III보다 시속 16~24킬로미터 빠르게 비행했다.

독일은 동조장치 기술을 보호하기 위해 포커기 조종사들이 연합국 영토로 비행하는 것을 엄격히 금지했지만, 1916년 4월 영국은 독일군 항공기 1대를 포획하는데 성공한다. 프랑스도 안개 속에서 헤매다 실수로 프랑스 비행장에 착륙한 독일군 조종사를 확보했다. 연합군은 신속하게 독일의 동조장치를 분해하여 모방했고, 포커기의 비행특성도 파악했다. 이제 포커는 주도권을 잃게 되었다.

오랫동안 기다려온 인정

야전군 고위사령부는 마침내 속도는 한갓 '유행'이 아니며 전투기 기동이 '곡예'가 아니라는 점을 이해하기 시작했다. 나아가 그들은 전투조종사에게 필수적으로 요구되는 기술, 조종사 스스로가 오랜 시간에 걸쳐 터득하는 그 무엇이 있다는 것도 이해했다. 3차원 전투에서의 싸움은 조종사에게 공중제비와 급강하를 연습하는 것만이 아니라 추적해오는 적기를 따돌리거나 또는 유리한 위치를 취할 수 있는 새로운 기동의 개발이 요구되었다.

최소한의 공중전투 능력이 있는 조종사와 승무원을 비행대대에 지원하는 것이 비행훈련의 핵심이었다. 영국은 훈련에 건성으로 접근했다. 정찰기를 제작하는 데 1,000파운드, 정찰기 조종사를 양성하는 데는 5,000파운드를 투입하고, 조종사 후보생들은 비행훈련에 들어가기전 2개월간은 전적으로 군사학을 학습하도록 했다. 프랑스의 비행훈련은 더 체계적이었다. 먼저 조종사 후보생들에게 그들이 비행사이기 이전에 군인임을 명심하게 하고, 수주일 동안 제식훈련과 밀집대형 훈련을 실시했다. 그 후 비행원리를 공부하고, 날개가 부러져 비행할 수 없는 항공

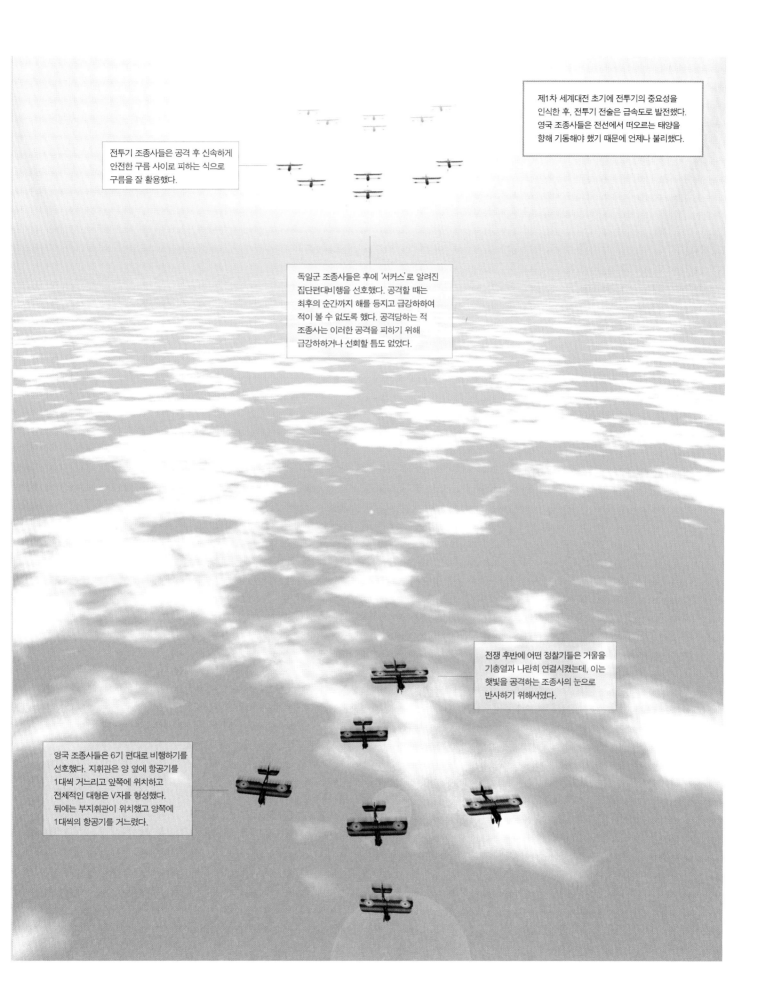

제1차 세계대전 초기에 전투기의 중요성을 인식한 후, 전투기 전술은 급속도로 발전했다. 영국 조종사들은 전선에서 떠오르는 태양을 향해 기동해야 했기 때문에 언제나 불리했다.

전투기 조종사들은 공격 후 신속하게 안전한 구름 사이로 피하는 식으로 구름을 잘 활용했다.

독일군 조종사들은 후에 '서커스'로 알려진 집단편대비행을 선호했다. 공격할 때는 최후의 순간까지 해를 등지고 급강하하여 적이 볼 수 없도록 했다. 공격당하는 적 조종사는 이러한 공격을 피하기 위해 급강하하거나 선회할 틈도 없었다.

전쟁 후반에 어떤 정찰기들은 거울을 기총열과 나란히 연결시켰는데, 이는 햇빛을 공격하는 조종사의 눈으로 반사하기 위해서였다.

영국 조종사들은 6기 편대로 비행하기를 선호했다. 지휘관은 양 옆에 항공기를 1대씩 거느리고 앞쪽에 위치하고 전체적인 대형은 V자를 형성했다. 뒤에는 부지휘관이 위치했고 양쪽에 1대씩의 항공기를 거느렸다.

에리히 폰 팔켄하인 장군
그는 대량 살육으로 유럽의 지도자들이
전쟁을 끝내고 타협하리라는 희망을 가지고,
베르됭에서 소모적인 전략을 채택했다.

기를 연습기로 활용하여 방향타로 항공기의 방향을 트는
것 등의 조종원리를 실습하게 했다. 그들이 점차 시험을
통과할 때마다 진도를 조금씩 나아가게 하여 첫 비행까지
지상에서 많은 연습을 하도록 했다. 조종사가 되기까지
전체 훈련과정은 50시간이었다.

어렵고도 위험한 직업

최종적으로 비행대에 배치된 조종사의 사망률은 전선에
서는 16퍼센트, 공세작전에서는 100퍼센트에 이르렀다. 제
1차 세계대전에서 조종사들이 사망, 부상, 포로가 될 확률은
평균 50퍼센트에 달했다. 열린 조종석에서 후류(後流)에 노
출되었을 때 항공기를 조종하는 것은 예술에 가까운 일이었
으며, 높은 고도에서의 비행으로 동상에 걸리는 일도 잦았기
에 지속적인 정신 집중과 강인한 체력이 요구되었다.

공중전투가 발전함에 따라 편대비행은 공격작전이나
방어작전에서 모두 일상적인 일이 되었으며, 새로운 기술
의 개발이 요구되었다. 편대대형을 유지하는 연습이 계
속되었는데 편대비행 시 방향을 바꾸려면 안쪽에 있
는 항공기는 속도를 낮추고 반대로 바깥쪽에 있
는 항공기는 속도를 높여야 했다. 제1차 세
계대전 동안 조종사는 스로틀(Throttle)이
나 카뷰레터(Carburettor) 없이 연료혼
합기만 조작하여 속도를 조절해
야 했다.

1916년 2월 겨울 추
위가 사라지기 시작

하자 에리히 폰 팔켄하인(Erich von Falkenhayn) 장군은 베르
됭 인근의 프랑스군 전선에 대대적인 공격을 감행한다. 그
의 계획은 전선에 돌파구를 마련하는 것이 아니라 거대한
소모전을 통하여 프랑스군의 출혈을 강요하는 것이었다.
100만 명의 병사가 850문의 포 지원하에 공격했다. 상공에
서는 루프트슈페레(Luftsperre), 즉 프랑스군 항공기가 독일군
공격을 방해하는 것을 차단하기 위한 공중봉쇄를 펼쳤다.

공중우세를 위한 공중전

프랑스는 기습을 당했지만 이제는 방어를 하게 되었고
교착상태를 지속할 수 있게 되었다. 단 2개의 비행대
(Escadrille)로 대규모의 독일 항공기들을 맞이했던 프랑스의
조프르 장군은 그 지역 항공사령관으로 트랭코르노 드 로
즈(Trincornot de Rose) 소령을 임명하고 그에게 베르됭에서의
모든 항공작전에 관한 전권을 위임했다. 로즈는 신속하게
반응하여, 모란-솔니에와 새로 개발된 기종인 니외포르 XI

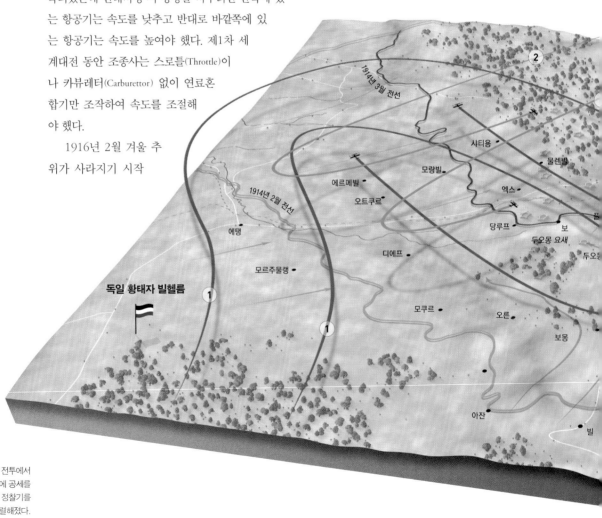

1916년 2월 21일에 시작된 베르됭전투에서
프랑스 육군항공대가 독일의 정찰기에 공세를
취하자 독일은 전투기를 동원해 정찰기를
보호하는 등 공중에서의 전투가 격렬해졌다.

로 15개 비행대대를 구성하는데 집중했다. 로즈가 조종사들에게 지시한 지침은 간단명료했다.

"우리의 임무는 적을 찾아 싸우고 파괴시켜 물리치는 것이다."

독일군은 아군이 주둔해있는 지역을 공중 호위하느라 그곳에 집중되어 있음에 반해 프랑스군은 어떤 방향, 어떤 각도에서도 공격이 가능했다. 프랑스군은 아군을 보호 또는 초계하기 위해 얽매여 있는 것이 아니라 언제 어디서든 자유롭게 유리한 입장에서 적을 공격할 수 있었다. 독일군은 하늘로부터 공습 받을 때 그 어떤 것보다도 더 전술적 실패를 거듭할 것이었다. 조프르 장군과 항공사령관 로즈 소령은 전역에서 역사상 처음으로 전투기들이 공중우세 확보를 첫 번째 임무로 우선시 할 것을 지시했다. 이제 양측은 전투비행대대(Jagdstaffeln)나 요격전대(Groupe de

니외포르 10
1916년 봄부터 포커의 위협을 극복하는 과제가 니외포르 스카우트 단좌 복엽전투기인 FE.2b와 DH.2에 주어졌다. 날개 끝에 루이스 기관총을 장착한 니외포르는 프로펠러 반경 너머로 사격했다.

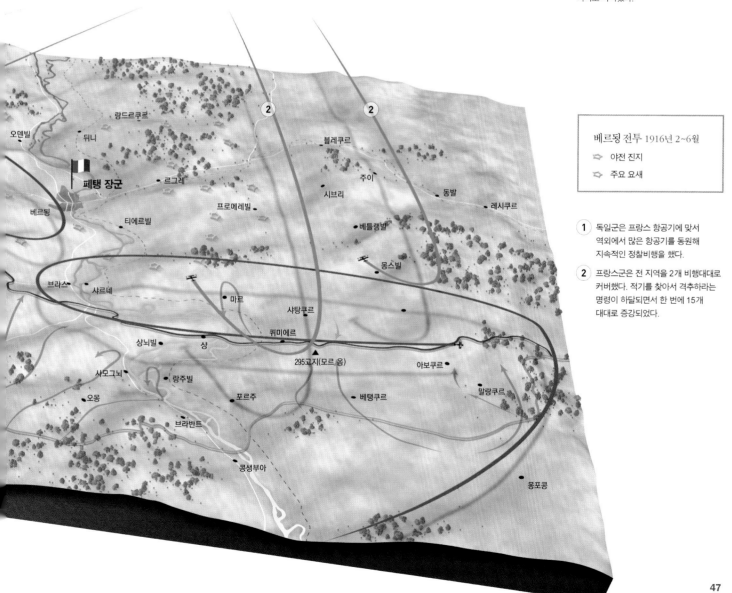

베르됭 전투 1916년 2~6월

⇨ 야전 진지

⇨ 주요 요새

① 독일군은 프랑스 항공기에 맞서 역외에서 많은 항공기를 동원해 지속적인 정찰비행을 했다.

② 프랑스군은 전 지역을 2개 비행대대로 커버했다. 적기를 찾아서 격추하라는 명령이 하달되면서 한 번에 15개 대대로 증강되었다.

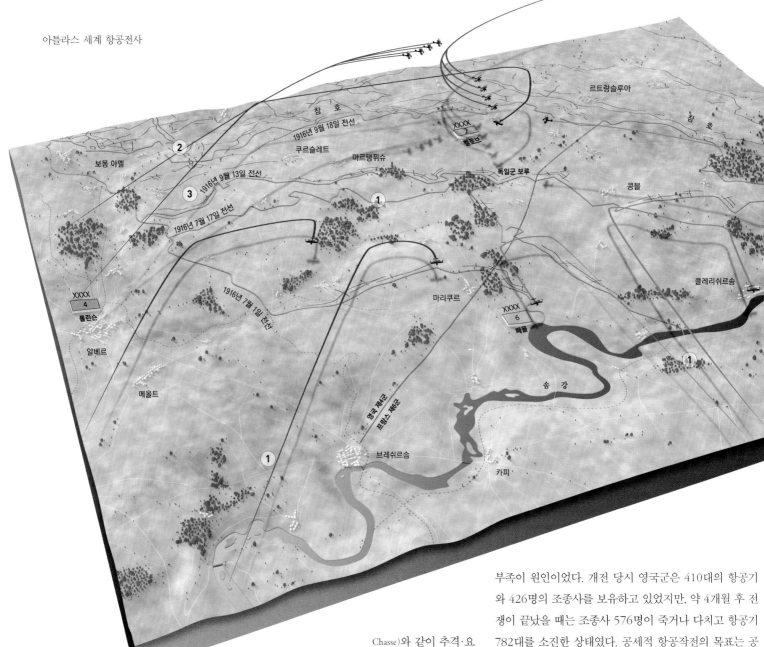

르트랑슬루아

참호

1916년 9월 18일 전선

쿠르슬레트

XXXX
2
뱅로브

독일군 보루

콩블

마르탱퓌슈

1916년 9월 13일 전선

보몽 아멜

1916년 7월 17일 전선

클레리쉬르솜

마리쿠르

XXXX
4
롤린슨

XXXX
6
페론

1916년 7월 1일 전선

알베르

영국 제4군
프랑스 제6군

메울트

솜 강

브레쉬르솜

카피

솜 전투
1916년 7~11월

| XXXX | 군 |

영국군 비행
프랑스군 비행
독일군 비행

① 7월 1일부터 연합국 항공기들이
진군하는 연합군 부대들의 위치를
정확하게 보고하면서 초계비행을 했다.

② 연합군 항공기들은 연합군의 정찰 및
폭격작전을 차단하려는 독일군의
기도를 압박하는 전투초계비행을
실행했다. 연합군은 1,000대가 넘는
항공기를 손실하면서도 전장에서의
공중우세를 유지했다.

③ 연합군의 공중정찰은 5개월의
전투기간 내내 지속되었다.

Chasse)와 같이 추격·요
격 임무에 특화된 부대에 공군력을
집결하기 시작했다. 최초의 전투비행단이 결성된
것이다.

1916년 7월 1일, 영국군은 서부전선에서 가장 큰 공
세를 시작했다. 이 대규모 공세는 독일군 전선에 균열을
야기하여 계속되는 교착상태를 끝내기 위한 것이었다. 총
공격에 앞서 일주일간 공세적 항공작전과 야포의 교전이
이어졌다. 독일군에 대한 공세작전은 놀랍게도 성공적이
었다. 영국과 프랑스군은 적의 방해 없이 정찰과 야포의
화력통제 임무를 수행할 수 있었다. 연합군이 전장에서
공중우세를 확보하자 독일 항공기들은 연합군 상공에는
거의 들어오지도 못했다.

운명의 날인 7월 1일, 포성이 멎고 10만 명의 영국군
이 고지를 점령했다. 그날 하루만에 1만 9,240명이 전사
했다. 전투에 참가한 병력의 50퍼센트 이상이 부상을 입
거나 사망하거나 포로가 되었다. 그날 영국 육군항공대
는 항공기의 20퍼센트를 잃었는데, 그중 일부는 비행훈련

부족이 원인이었다. 개전 당시 영국군은 410대의 항공기
와 426명의 조종사를 보유하고 있었지만, 약 4개월 후 전
쟁이 끝났을 때는 조종사 576명이 죽거나 다치고 항공기
782대를 소진한 상태였다. 공세적 항공작전의 목표는 공
중우세를 확보하는 것만이 아니고 아군의 사기를 적보다
우세하게 진작시키는 것이다. 그리고 그것은 엄청난 대가
를 치르고 달성되었다.

공세를 탈환하다

1916년이 지나갈수록 공중우세를 점하려는 각축전은 독
일군에게 유리하게 진행되었다. 독일은 전적으로 전장의
공중우세를 탈환할 목적으로, 새로운 전투기 알바트로스
D.I.를 전투비행대대에 배치하기 시작했다. 새 항공기뿐만
아니라 전개방식도 달라졌다. 그들은 구식의 DH.2와 솝
위드 1½ 스트러터(Sopwith 1½ Strutter)를 압도하기 위해 전장
상공에 대규모 편대를 구성해 공습해왔다. 솜 전투가 거의
막바지에 이르렀을 때 영국 육군항공대는 열세에 빠지기
시작했다. 11월에 솜에서 활동하던 영국 육군항공대 조종
사들은 그 생명을 채 4주도 유지하지 못했다.

1916년 말과 1917년 초의 수개월간 독일은 서부전
선 방어체계를 전면 재편성했다. 그들은 종심방어체제를

연합군은 새로운 타입의 항공기로 솜 전투에서
공중우세를 확보하는데 성공했다. 그에 대응하기
위해 독일군은 전투비행대대를 편성하여 전투가 가장
치열한 전장에 전개하도록 했다.

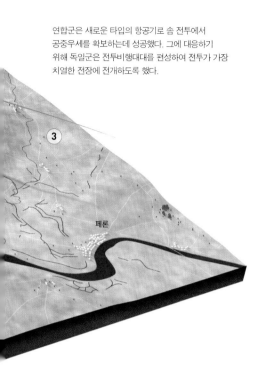

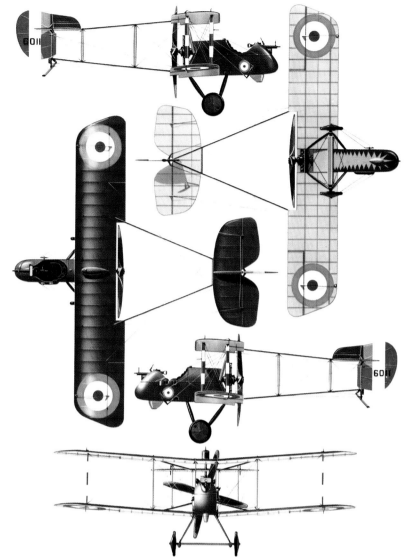

구축하고 최정예부대를 가장 중요한 곳에 위치시켰으
며, 기관총 진지는 수마일의 철조망으로 잘 보호하고
대부분의 보병과 야포는 연합군의 사정거리를 벗어난
후방전선에 위치시켰다. 후방 예비전력이 반격순간을
선정하는 동안 제1전선은 연합군의 공격을 격파했다.

알바트로스 비행부대는 연합군의 정찰기와 관측용
기구를 제압하고 공중우세를 달성했다. 이제 독일군은
시야를 확보한 반면, 연합군은 눈이 먼 것이나 다름없
었다.

전투비행대대는 여러 가지 지원 대형을 실습했는데
그것은 지휘관이나 지휘부에 공세작전에 집중하도록 하
면서 적으로부터 공중우세를 확보하고 또 가장 우세한 전
술을 결정하는 것이었다. 요기나 지원기는 후방 또는 대형
의 맨 끝에서 방어에 전념했다. 그들의 직무는 공중감시
였다. V자 대형을 주로 많이 사용했는데, 1번 기가 선두에
위치하고, 2·3번 기는 45미터 후방, 45미터 높은 상공에
위치했다. 그리고 4·5번 기가 동일한 간격으로 떨어져서
1·2·3번 기를 호위하는 임무를 수행했다. 비행 대형은 공
격기와 방어요기로 2대씩 분리되거나 각 항공기가 앞 항
공기의 후방을 방어하는 원형대형을 유지하기도 했다. 공
중전의 와중에는 대형이 급격히 깨지기도 했다. 훈련된 조
종사라 할지라도 전투 중에는 대형을 쉽게 이탈했다. 전투
의 한 복판에서 방향 전환과 선회 비행을 하다가 대형에
서 이탈해 홀로 남겨진 순간이 생존의 가장 위험한 순간
이다. 하늘에서 혼자가 된 항공기는 수퍼 조종사인 경우를
제외하고는 매우 위태로워진다. 가장 좋은 방법은 최고속

도로 기지로 귀환하는 것이다. 여러 조종사 중에서 소수만
이 전문가로 부상한다.

전설들

1916년 2월 27일 영국의 첫 전투비행대대는 전설적 비행
능력을 지닌 라노 G. 호커(Lanoe G. Hawker) 소령의 지휘 아
래 서부전선에 배치되었다. 호커는 경험이 많으며 DH.2에
완벽하게 숙달되어 있었다. 그는 자신이 좋아하는 무기인,
웨슬리 리처즈(Wesley Richards) 300 단발소총의 명사수였다.
한 발의 총알로 적 조종사를 죽이거나 적 항공기의 치명적
인 부위를 명중시켜 고장내버리는 수준이었다. 적의 비행
대대는 기총 발사 흔적 없이 하늘에서 떨어지는 항공기를
보고 어리둥절했다. 그러나 알바트로스 D.I.가 등장하면서
DH.2는 점차 새 항공기에 압도당했다. 호커는 오로지 그
의 비행기술 및 사격술 덕에 계속 생존했다. 그는 두 번이
나 격추되었으며 한 번은 부상을 입기도 했다.

1916년 가을부터 새로운 항공기 솝위드 펍(Sopwith

에어코 DH.2

DH.2는 1916년 4월 2일 첫 승전보를 알린
이래로 승리의 기록을 쌓아갔다. 1916년
6월 에어코 DH.2의 한 조종사기 적기
17대를 격추했으며 7월에는 23대, 8월에는
5대, 9월에 15대, 11월에 10대 등의 기록을
올렸다. 11월 23일 라노 G. 호커 소령(아래
사진)은 바폼(Bapaume) 상공에서 독일
조종사 리히텐호프와 35분간 공중전을 벌인
끝에 격추되어 사망했다.

알바트로스 D.III
알바트로스 V-스트러터의 최초 모델인 D.III는 제1차 세계대전 중 생산된 모든 알바트로스 모델 중 가장 효과적인 항공기였다.

만프레트 폰 리히트호펜
만프레트 폰 리히트호펜 대위는 80회의 승리를 기록한 제1차 세계대전 최고의 에이스였다. 그는 1918년 4월 21일 격추되어 사망했다. 그를 격추한 사람은 당시에는 영국 육군항공대 제209비행대대로이 브라운(Roy Brown) 대위로 알려졌으나, 최근에는 그가 아닌 호주군 기관총 사수라는 것이 설득력을 얻고 있다.

솝위드 캐멀
비록 결점이 있긴 했지만, 1917년 7월 서부전선의 영국 해군항공대 제4비행대대와 영국 육군항공대 제70비행대대에 처음으로 배치된 솝위드 캐멀(Soupwith Camel)은 우수한 전투기였다. 이 항공기는 1918년 11월까지 많은 비행대대에 배치되어 최소한 3,000대의 적기를 파괴했다. 이는 다른 어떤 기종보다 많은 수였다.

Pup)이 영국 공장으로부터 도착했는데, 성능이 우수하고 기동력이 좋은 삼엽기였다. 하지만 웬일인지 이 항공기는 영국 육군항공대가 아닌 해군항공대부터 보급되었다. 이 항공기는 독일 조종사들의 가슴을 철렁하게 만들어 결과적으로 독일 조종사들은 이 항공기를 피해 다녔다. 호커 소령의 제24비행대대는 DH.2로 전투에 임했다. 거의 서부의 총잡이와 같은 명성 덕분에, 그는 신참 독일 조종사들에게는 그들의 기술을 시험해볼 수 있는 매력적인 대상이었다. 하지만 그러한 시도는 모두 실패했다. 호커의 이 같은 명성은 그의 천적인 붉은 남작, 만프레트 프라이헤어 폰 리히트호펜(Manfred Freiherr von Richthofen) 대위가 등장할

때까지 지속되었다. 그는 뵐케의 학생이자 숙련된 사냥꾼으로서 호커가 조준하는데 필요한 단 몇 초의 시간도 용납하지 않았다. 1916년 11월 23일 탈출구는 없었다. 하지만 호커는 재차 그의 항공기를 리히트호펜의 사격선상에서 기술적으로 이탈시켰다. 비틀고 선회하면서 두 조종사는 서로 궁극적으로 한 사람이 죽어야 끝나는 목숨을 건 한판 승부를 벌였다. 호커는 빌딩과 나무 사이로 저공 비행하면서 가능한 모든 방법을 동원했다. 하지만 힘이 좋은 리히트호펜의 알바트로스기가 계속해서 추격해왔다. 마지막 노력으로 호커는 DH.2의 왼쪽 방향타를 힘껏 잡아당겨 적기를 마주보려고 했다. 리히트호펜은 최대추력

으로 호커의 선회를 차단하고, 호커와 그의 항공기에 기관총을 집중 발사했다. DH.2는 지상에 충돌하여 불길에 휩싸였다.

지휘관을 포함한 제24비행대대의 고통스런 희생은 영국 육군항공대의 사령관 휴 트렌차드(Hugh Trenchard) 소장이 주도하는 '공세적 초계비행' 정책 때문이었다. 이 정책의 직접적인 결과로서, 영국 조종사들은 독일 조종사들에 비해 훨씬 적은 비행훈련만 받고 전선으로 서둘러 배치되었다. 대부분은 20여 시간의 비행훈련을 마치고 곧바로 전선에 투입되었다. 전선에서 첫 며칠간 살아남는 것이 최선이었다. 몇몇 대원이 새 조종사에게 비행기술을 가르쳐 주었지만, 대부분의 대원들은 신참 조종사를 대면하는 것을 수치스럽게 여겼다.

잘못된 정책에 투자하다

이들 새로 온 조종사들은 전설적인 지휘관 아래 명성이 최고조에 달한 만프레트 폰 리히트호펜의 제11전투비행대대(Jagdstaffel 11)에 살육당했다. 우수한 항공기를 보유한 독일군 조종사들은 언제 어디서 싸울 것인지 선택할 수 있었다. 영국의 공세적 비행정책은 적을 찾도록 조종사들을 적진으로 내몰아서 결과적으로 피할 수도 있는 희생을 치르게 했다.

솜과 베르됭 전투에서 그 지역 육군지휘관의 통제 아래 전투기 몇 대씩 산개해 전선의 일부를 지키도록 운영했는데, 이 같은 실수는 큰 교훈을 남겼다. 프랑스 공군사령관 장 뒤 푀티(Jean du Peuty)는 다음과 같이 보고했다.

"공세를 취하는 항공기들은 단일지휘관의 지휘통제 하에 그룹으로 함께 운용되어야 한다."

1916년 말까지 이러한 교훈을 배운 독일은 대규모 독립 전투기 부대를 창설했다. 1916년 중반 독일은 약 60대의 전투기를 서부전선에 배치하고, 그해 말에는 각각 1명의 지휘관이 항공기 18대를 지휘하는 33개 전투비행대대를 배치했다. 그리고 이 조직을 '공군(Luftstreitkraft)'으로 명명했다.

독일군은 여전히 휴 트렌차드 경의 전술, 즉 영국 조종사들이 자신들을 찾아 헤매는 것을 선호했다. 트렌차드 경은 "가장 좋은 방식으로 적과 싸우라"는 간단한 원칙을 지키는데 실패했다. 독일 공군은 연합군 침략자들이 영공으로 들어오는 것을 허용한 후, 그들이 원하는 시간과 장소에서 급습하여 격파했다. 프랑스군과 영국군의 희생이 증가했는데, 특히 영국군의 희생이 컸다.

제1차 세계대전의 가장 뛰어난 에이스였던 리히트호펜은 원래 기병대 장교로 서부전선과 동부전선에서 근무했다. 하지만 전쟁이 참호전의 양상으로 흘러 기병대의 전통적인 역할이 끝나는 것처럼 보이자 그는 공군에 자원했다. 1915년 6월부터 8월까지 그는 동부전선에서 전통적인 기병정찰대의 임무였던 제69비행대(Fliegerabteilung 69)의 관측사로 근무했다. 그 후 그는 서부전선으로 배치되어 전방의 샹파뉴 지역 상공에서 작전에 참여했다. 그곳에서 그는 관측사의 기관총으로 프랑스 공군의 파르망(Farman)기를 격추했지만 그 항공기가 연합군 지역으로 추락하는 바람에 공적을 인정받지 못했다. 그는 1915년 10월에 조종사 훈련을 받기 시작했다. 1916년 3월 처음으로 제2폭격비행단(Kampfgeschwader 2)에 소속되어 알바트로스

솝위드 삼엽기
솝위드 삼엽기는 그동안 생산돼온 기종 솝위드 핍을 바탕으로 방향조종이 더 잘되는 항공기를 만들기 위해 노력한, 재능 있는 디자이너 허버트 스미스(Herbert Smith)의 성공작이다. 최상의 민첩성과 상승속도를 가진 이 삼엽기는 1917년 여름부터 솝위드 캐멀로 대체할 때까지 다른 기종에 뒤떨어지지 않았다.

C.III 복좌기를 타고 비행했다. 짧은 비행 후 그가 탄 포커 E.I.는 베르됭 상공에서 프랑스 니외포르 기를 공격하여 격추했지만, 그것이 적지에 추락하는 바람에 또 다시 공적을 인정받지 못하게 되었다.

그는 다시 동부전선으로 전보 발령 받아 복좌기 조종사로 근무했다. 그곳에서 그는 새로운 제2전투비행대대의 조종사 충원을 위해 전선의 비행대대를 시찰 중이던 뵐케를 만났다. 리히트호펜도 선발되었다. 서부전선으로 돌아온 리히트호펜은 단좌기인 알바트로스 D.II를 조종하게 되었고, 1916년 9월 17일 캉브레(Cambrai) 상공에서 벌어진 전투에서 첫 번째 공인된 승리를 거두었다. 리히트호펜은 뵐케의 열렬한 찬미자가 되었다. 그는 전장에서 뵐케의 '금언'을 준수하여 위험한 상황에서는 교전을 피하고 그와 그의 요기가 유리한 입장에 있을 때만 조심스럽게 공격했

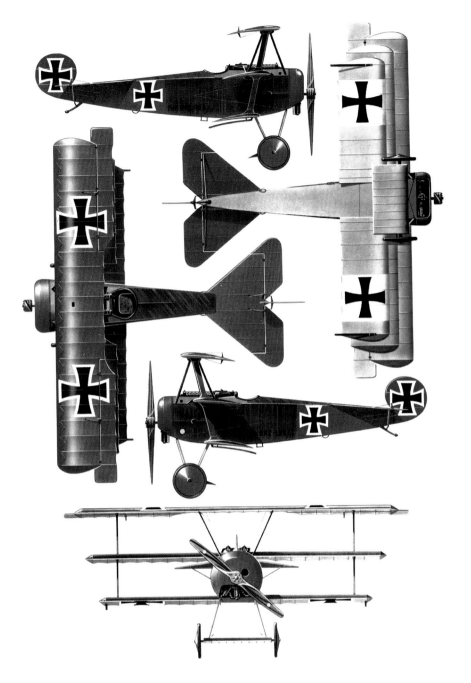

포커 DR.1
초기의 포커 삼엽기는 연속적인 충돌로 인해 이미지가 손상되었다. 안토니 포커 자신도 놀랍다고 표현할 정도로 이 기종이 많은 칭송을 받은 데는 리히트호펜과 베르너 포스(Werner Voss) 같은 훌륭한 조종사의 역할이 컸다. 포커는 많이 생산되지 않았다.

비미 능선(Vimy Ridge)을 공격했다. 이와 유사한 전략은 전에도 시도했었지만 실패하고 또 실패했다. 그 결과 수많은 인명 피해로 프랑스군의 전력 약화를 불러와 폭동상태로까지 이어졌다.

구름 위에서 연합군 항공기는 정찰에 열중했다. 대규모 반격이 임박하자 정찰이 더욱 더 중요시 되었다. 하지만 이때 독일 공군력은 정점에 이르러 연합군 항공기 수백 대가 격추되었다. 그래서 '피의 4월'이라 불렸다.

알바트로스의 공격으로부터 유일하게 버텨낸 항공기는 겨우 140대가 제작되어 벨기에 해안을 따라 작전하고 있던 영국 해군항공단에 배속된 영국의 솝위드 삼엽기였다. '트라입하운드(Tripehound)'로 알려진 조종사들은 여전히 독일군에 비할 수 없었지만, 적어도 더 좋은 무기가 곧 보급될 것이라는 희망이 다가오고 있었다.

증가하는 손실

적진을 넘어서는 트렌차드 공세작전은 지상에서의 연합군 작전과는 달리 조금도 약해지지 않고 지속되었다. 피해도 증가하기 시작했다. 항공기의 열세와 전술의 부재로 인해, 1917년 4월 중순 신참 조종사들의 평균 수명은 17일에 불과했다.

"내가 뒤를 돌아보자, 작은 정찰기가 불을 내뿜으며 엄청난 속도로 우리를 향해 하강하는 것이 보였다. 적기가 기관총을 발사하며 우리 항공기 후미로 접근하자 관측사는 필사적으로 사격했다. 적기가 다시 우리 후미로 접근하려고 하여 나는 급선회하며 사격했다. 그때 적기는 급강하할 기세였고 내 항공기로부터 30야드(27미터) 정도 떨어져 있었다. 나는 스플릿-아스(Split-arse) 기동으로 적기를 떨쳐 냈다. 우리는 적기의 후미를 향해 또 한 차례의 기관총 세례를 퍼부었다. 우리는 복엽기에 16발의 총탄을 맞고서야 편대로 복귀할 수 있었다. 그들은 우리를 가만 놔두지 않았으며 지상으로부터도 포탄 파편을 맞아야 했다."

– 버나드 라이스(Bernard Rice)

지상공세는 너무 많은 것을 기대한 것에 비해 거의 소득이 없었다. 엄청난 대가를 치르고 아주 작은 소득만 얻었을 뿐이었다. 프랑스군은 폭동 직전이었고 영국군은 탈진한 상태였다. 니벨은 파면되었다.

4월 29일에 전투는 종국으로 치달았다. 리히트호펜은 4대의 항공기를 독일 영공에서 격추했다. 1917년 4월 한 달 동안 리히트호펜은 총 21대를 격추했다.

다. 전술과 성능이 우수했던 그들의 항공기는 적을 벗어나지 못하게 했다. 독일 공군은 이제 적기 격파율이 최고조에 이르렀다.

같은 달 프랑스의 새로운 육군 지휘관 로베르 조르주 니벨(Robert Georges Nivelle)은 무뚝뚝한 조제프 조프르(Joseph Joffre)로부터 지휘권을 넘겨받았다. 조프르는 전선을 지키는 데만 주력해 돌파구를 마련하는 데는 실패했다. 하지만 새롭게 지휘를 맡은 니벨은 이에 대한 답을 내놓았다. 약 7,000문의 포가 위치한 적 후방을 조심스럽게 폭격한 다음 70만 명의 예비군을 포함한 대규모 병력으로 진격하여 확실한 돌파구를 만든다는 계획이었다. 이 공세에 앞서 영국군과 영연방군으로 구성된 제1·3·5군은 아라스(Arras)와

수평선의 불빛

연합군에 새로 개발된 항공기가 배치되었고 이로 인해 전력이 균형을 이루게 되었다. 보다 강력한 항공기 엔진에 대한 요구는 에스파냐에 거주하던 스위스 기술자 비르키트(Birkigt)에 의해 일부분 해결되었다. 그는 이 혁명적인 일체형(monobloc design) 엔진 히스파노-수이자(Hispano Suiza) 기술을 프랑스 정부에 제공했다. 실린더는 V8형으로 설계하고, 블록은 알루미늄합금으로 만들었으며, 움직이는 부분들은 모두 엔진케이스 안에 다 집어넣어 매우 우수하고 잘 균형 잡힌 설계를 보여주었다. 첫 모델은 150마력이었지만 후에는 220마력으로 향상되었다. 1917년 초기에 영국 항공기공장에 비르키트 엔진을 장착한 S.E5a가 첫선을 보였는데, 시속 210킬로미터 이상 속도를 낼 수 있었다. 몇 차례 곡절을 겪은 후에 이 항공기는 영국 육군항공대의 새

로운 주력기로 자리매김했다.

그와 거의 동시에 프랑스의 전투비행대도 똑같은 엔진을 장착한 스파드(SPAD) XIII를 인수하기 시작했다. 프랑스 제조업계는 1917년 1월부터 전쟁이 끝날 때까지 총 2만 대의 히스파노-수이자 엔진을 생산했다. 영국과 미국에서는 더 많은 수량을 면허생산했다.

마침내 연합군은 성능과 화력에서 독일군과 대등하거나 능가하는 전투기를 보유하게 되었다. 그러나 독일의 항공산업은 아직은 패배하지 않았다. 1917년 약간 변형된 포커 Dr.1 삼엽기가 등장했다. 이 항공기의 상승속도 및 기동력은 경이로웠다. 비록 420대만 생산되었음에도 불구하고 이 항공기는 매우 좋은 성과를 내었다. 리히트호펜은 그의 승리 대부분을 주로 알바트로스 D.III를 타고 이륙했지만, 이제는 이 붉은 Dr.1과 친숙해졌다. 전투기의

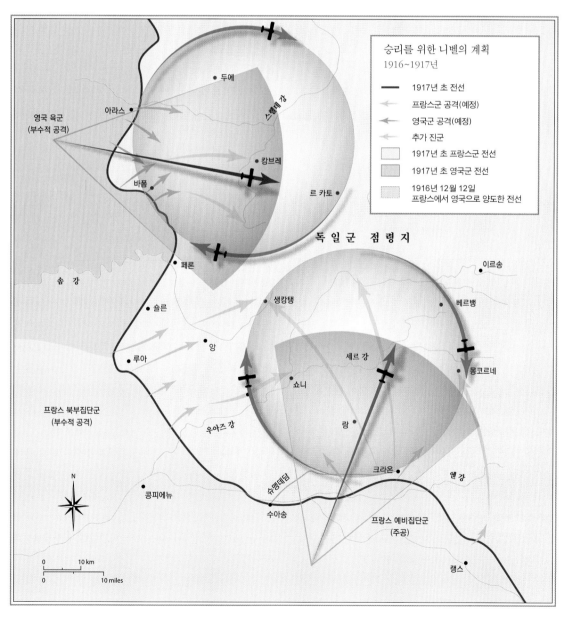

승리를 위한 니벨의 계획
1916~1917년

── 1917년 초 전선
← 프랑스군 공격(예정)
← 영국군 공격(예정)
← 추가 진군
    1917년 초 프랑스군 전선
    1917년 초 영국군 전선
    1916년 12월 12일
    프랑스에서 영국으로 양도한 전선

1917년부터 연합군 지상공격을 지원하는 폭격기의 역할이 급증했다. 프랑스는 브레게 Br XIV를 이용한 전술·전략폭격을 선도했다.

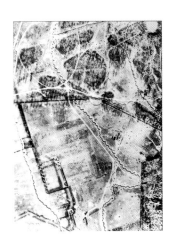

메신(Messines) 능선
항공사진의 중요성이 강조되면서 정찰기를
보호하기 위해 전투기의 호위가 필요했다.
이는 공중전을 발전시키는 중요한 계기가
되었다.

전술도 끊임없이 발전했다. 전투비행대대는 통상 '그룹'을 형성하여 임무를 수행했다. 리히트호펜은 제1전투비행단(Jagdgeschwader 1)을 조직하여 직접 지휘했다. 이는 제4·6·10·11전투비행대대로 구성되었다. 지상에서나 공중에서 기동군은 어디든지 위협받는 전선으로 긴급 전개할 수 있도록 풍부한 물자와 장비를 보급받았다. 항상 텐트를 숙소로 쓰며 이동하는 모습은 마치 비행 곡예단 같았다.

주도권 장악 시도

니벨의 치명적인 공격 실패 이후 영국은 주도권을 쥐고 새로운 공세에 나섰다. 이 공격은 전기를 마련하지는 못했으나 영국군을 극한 상황에 처하지 않게 하려는 특별한 목적을 가진 계산된 공격이었다. 영국군은 비미 능선을 따라 공격했고 프랑스군은 베르됭에서 역습을 가했다.

6월 7일, 독일군 전선을 따라 매설한 지뢰가 폭발했다. 제3차 이프르(Ypres) 전투는 그렇게 시작했다. 100만 파운드의 폭약이 한 번에 폭발하자 그 소리를 런던에서도 들을 수 있을 정도였다. 파스샹달(Passchendaele)로 더 잘 알려진 이 전투는 1917년 11월까지 제한된 승리를 거두기 위한 투쟁이었다.

그것은 1917년 영국군의 마지막 노력이었다. 하지만 헤이그(Haig) 원수가 이끄는 최고사령부는 다른 구상을 가지고 있었다. 새로운 무기인 전차를 시험하기 위해 조용한 장소를 선정했다. 캉브레 전선은 독일군이 비교적 얇게 배치되어 있었고, 무엇보다 포화가 적어 새로운 병기를 시험하기에 좋은 지역이었다. 또 그때까지 수백만 장의 항공사진을 찍은 곳이어서 아주 정밀한 표적지도 제작도 가능했다. 정확한 지도 좌표에 따라 야포를 발사하여 적 진지를 파괴할 수 있었다. 각 야포에 일일이 표적을 지정할 필요도 없었다. 잠시 동안의 포격 이후 지상공격기(Ground-attack aircraft) 및 전투기의 호위를 받으며 전차를 앞세우고 그 뒤를 보병이 따랐다. 이 캉브레 공격으로 파스샹달에서 3개월 반 동안 획득한 만큼의 땅을 단 하루 만에 점령했다.

서부전선에서의 항공전은 동부전선과 이탈리아 전선에 중대한 영향을 미쳤다. 동맹국 중 기술적으로 가장 발전한 독일은 지속적으로 영국과 프랑스의 개발에 맞먹거나 또는 이들을 능가하는 기술을 개발하라는 엄청난 압박에 시달리고 있었다. 러시아나 오스트리아-헝가리가 서부전선에 배치한 것과 같은 수준의 공군력을 개발하는 것은 불가능했다. 러시아는 1914년까지 몇 대밖에 운행하지 못했지만 4발 엔진을 장착한 항공기 시코르스키 일리야 무로메츠(Sikorsky Ilya Muromets)를 개발했다. 그러나 러시아 제국의 전반적인 기술 부족과 항공산업의 낙후는 항공

대 조직을 위한 항공기 개발·생산·수송 능력을 형편없이 악화시켰다. 붕괴 일로에 있던 오스트리아-헝가리 제국도 러시아보다 나을 것이 없었다. 이처럼 심각한 문제에도 불구하고, 러시아 제국은 1914년 가장 많은 군용 항공기를 보유한 국가였다. 다시 말하면 국가를 침체시킨 것은 조직이었다. 효율성이 떨어지는 단발 항공기를 많은 장군들이 선호한 이유는 빠르게 생산할 수 있다는 점 때문이었다. 대부분의 국가에서 이는 대단히 큰 문제였다. 동부전선에서는 병력 대 전장의 비율이 서부전선과는 완전히 달랐다.

군대는 광대한 지역에서 기동하고 위협은 속속 증가하여, 소수의 항공기가 별 역할을 할 수 없었다. 1914년 독일군은 타넨베르크 전투에서 러시아군을 패퇴시켰다. 하지만 1914년 가을부터 1915년 봄 사이에 러시아는 오스트리아-헝가리에 거의 재기할 수 없을 정도로 심각한 패배를 안겨주었다. 독일군의 유일한 대응은 러시아군의 진격을 저지하는 것뿐이었다.

남동부로의 진격

독일과 오스트리아는 1915년 봄까지 고를리체(Gorlice)-타르누프(Tarnów)에서 공격준비를 완료했다. 러시아는 조직이 와해되고 탈진하여 불리한 형국이었다. 특히 항공대는 더 말할 것도 없었다. 독일-오스트리아군은 적의 상태를 볼 수 있었지만 러시아는 그렇지 못했다. 독일군 최고사령부에는 이러한 기세를 타고 러시아에 대한 대대적인 공세를 취하기를 원하는 사람도 있었지만 팔켄하인은 이에 동의하지 않았다. 그는 베르됭 전투에 투입하기 위해 병력을 서부전선에 배치해 공세작전을 중단했다. 오스트리아는 동맹국들과 협의하지도 않고 병력을 이탈리아 전선으로 이동시켰다. 예기치 않게 휴식기를 맞이한 러시아군은 기적적으로 회복했다.

러시아는 브루실로프 공세(Brusilov Offensive)로 알려진 전투에서 250대에 불과한 항공기를 효과적으로 운용했다. 그들은 오스트리아-헝가리군의 배치를 조심스럽게 촬영했다. 제1차 세계대전 당시 몇 안 되는 러시아군 에이스 중 한 사람인 알렉산드르 카자코프(Aleksandr Kazakov)는 수차례 승리를 쟁취했다. 그는 1915년 5월 모란-솔니에 전투기로 그의 승리를 기록하기 시작했고 1916년 중반 제1전투비행전대(Combat Air Group)를 지휘했다. 하지만 1917년, 그가 최후의 승리를 쟁취한 루마니아(Rumania)에서 얻은 부상으로 조종사로서의 경력은 끝나고 만다. 그는 20회의 공중전 승리를 기록했다.

러시아 제국의 마지막 큰 전투가 시작되었다. 압박을 받은 독일과 오스트리아는 동쪽으로 진격을 서둘러, 결과

적으로 프랑스와 이탈리아에서 그들의 전력은 약해졌다. 그러나 러시아에 혁명이 일어났다. 기진맥진한 부대들은 혁명의 기운에 휩쓸려 갈가리 찢어졌다. 단지 소수의 충성스런 사단만이 전선을 고수했다.

오스트리아군은 러시아군에 직면했을 뿐만 아니라 1915년 5월부터는 알프스 국경을 따라 이탈리아군과도 대치하고 있었다. 이탈리아는 1911~1912년 오스만 제국과의 전쟁에서, 세계 최초로 공군력을 공격적으로 전개했다. 1915년 이탈리아군 항공대(Corpo Aeronautico Militare)는 카프로니(Caproni) Ca.3 폭격기를 포함해 100여 대의 항공기를 보유하고 있었다. 이 괄목할 만큼 효과적인 항공기는 1915년 8월 20일 처음으로 작전에 투입되었다. 이탈리아군은 요새화한 오스트리아군 진지를 공격하는데 많은 에너지를 소모했다. 믿음직한 카프로니 폭격기들은 오스트리아군 후방에 있는 사회기반시설과 주요 철도 교차점을 공격했다.

동맹국인 독일의 지원을 받아 오스트리아는 고드빈 브루모프스키(Godwin Brumowski)와 같은 조종사들이 이끄는 비교적 효과적인 전투기부대를 창설했다. 브루모프스키는 리히트호펜의 가르침을 따랐고, 자신의 알바트로스 D.III 항공기도 리히트호펜의 것과 마찬가지로 붉은색으로 칠했다. 브루모프스키는 궁극적으로 35회 승리를 기록했다. 그의 활약으로 이탈리아 폭격기 조종사들은 야간에만 비행해 공격의 정확도가 떨어졌다. 이탈리아 장군 줄리오 두에(Giulio Douhet)는 제1차 세계대전 이전에도 공군력을 예견하고, 적의 사기를 말살하는 폭격기의 능력을 강조했다. 불행히도 1915~1918년 당시 기술력과 알프스 산맥은 너무나 큰 장애물이었다.

1918년 3월 동맹국과 러시아의 볼셰비키 정부는 브레스트리토프스크 조약을 체결했다. 이 조약으로 독일은 춘계공세를 준비하기 위해 많은 병력을 서부전선으로 파견할 수 있었다.

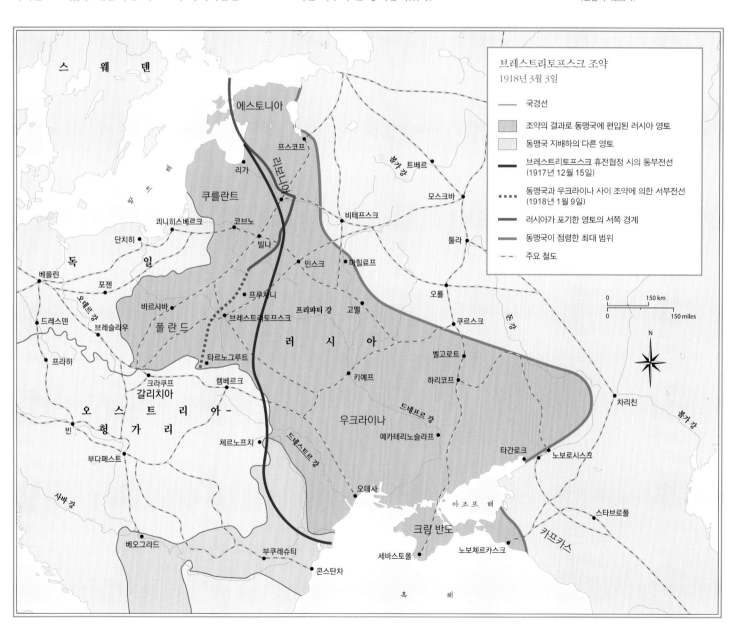

브레스트리토프스크 조약
1918년 3월 3일

—— 국경선

■ 조약의 결과로 동맹국에 편입된 러시아 영토

□ 동맹국 지배하의 다른 영토

━━ 브레스트리토프스크 휴전협정 시의 동부전선 (1917년 12월 15일)

····· 동맹국과 우크라이나 사이 조약에 의한 서부전선 (1918년 1월 9일)

━━ 러시아가 포기한 영토의 쪽 경계

━━ 동맹국이 점령한 최대 범위

--- 주요 철도

폭격기 : 1916~1918

최초의 공중폭격 임무는 1911년 11월 1일 리비아 전역에서 터키를 상대로 이루어졌다. 이탈리아와 터키의 전쟁에서 이탈리아의 작은 항공대를 지휘했던 줄리오 두에가 이 작전을 지휘했다. 그는 항공 이론을 선도한, 철저한 전략폭격의 신봉자였다.

더 나은 항공전략을 위한 투쟁

1869년생인 줄리오 두에는 모데나 군사대학(Accademia Militare di Modena)을 졸업한 후, 이탈리아 육군의 베르살리에리(Bersaglieri) 군단 보병장교로 임명되었다. 육군에 있는 동안 그는 토리노 공과대학에서 과학기술을 공부하고 1900년대 초에는 독일 참모본부에 근무하기도 했다. 독일에서 그는 비행선과 항공기의 개발과 전쟁에서 그것들이 얼마나 효과적으로 사용되는가를 목격했다.

이탈리아-터키 전쟁에서의 역할로 두에는 이탈리아 참모본부에서 이 전쟁의 교훈을 종합 정리하는 임무를 맡게 되었다. 그의 제안 중에는 폭격이 항공대의 첫 번째 임무가 되어야 한다는 것이 포함되어 있었다. 두에는 당대 가장 영향력 있는 군사이론가로 많은 추종자들에게 존경을 받는 인물이었다.

유럽에서 전운이 감돌자 이탈리아의 부실한 전쟁대비에 불안했던 두에는 상부의 허가도 없이 친구인 잔니 카프로니(Gianni Caproni)에게 3발 엔진 장거리 폭격기 몇 대를 주문했다. 이탈리아 최고사령부는 이를 모욕으로 받아들였다. 또한 이는 공군력에 대한 두에의 생각과 공군을

분리·독립시키려는 아이디어가 너무 급진적이라고 생각한 군 지도부가 그를 항공대 지휘관에서 해임하여 보병사단으로 전보 발령하는 구실이 되었다. 그러나 그가 허가도 없이 주문한 카프로니 Ca.3 항공기는 매우 효율적인 것으로 입증되었다. 이 3발 엔진 장거리 폭격기는 당시로서는 시대에 앞선 장비였다. 약 269대가 생산되어 이탈리아군 항공대에 납품되고 그중에 몇 대는 프랑스군에게 공급되었다.

보병부대로 추방당했음에도 불구하고 두에는 공군력에 대한 글을 계속 쓰면서 이탈리아군의 전투력 증강, 그중에서도 공군력 개선에 지속적인 관심을 보였다.

"현재까지는 지상에서만 활동했지만, 우리에게 있어 하늘은 지상이나 해양보다 더 중요한 또 하나의 전장이 될 것이다. 바다를 접하지 않은 국가는 있을지언정 하늘을 접하지 않은 국가는 이 세상에 없다."

– 줄리오 두에

그와 동시대에 동쪽으로 수백 마일 떨어진 곳에서 또 하나의 혁명적인 항공기가 하늘을 날고 있었으니, 바로 러시아의 항공기 설계가 이고르 시코르스키(Igor Sikorsky)가 개발한 4발 엔진 항공기 일리야 무로메츠였다. 이 항공기는 그 당시로서는 상상을 초월하는 성능을 발휘하여 항속거리가 400킬로미터에 이르고 상당량의 폭탄도 실어 나를 수 있었다. 독일과 오스트리아-헝가리에게는 다행스럽게도 러시아 최고사령부는 그 가치를 인식하지 못하고 극히 적은 수의 항공기만 개발하여 배치했다. 그러나 독일은 이 항공기의 가치를 알아차렸다.

1915년 5월 이탈리아에 전쟁이 도래했을 때에 이탈리아 육군의 무능력에 충격을 받은 두에는, 이탈리아군의 무기력함을 공군력으로 극복할 수 있다고 상관들과 정부를 설득하려 노력했다. 그는 이탈리아군의 무능력과 부실한 전쟁준비에 대한 그의 주장을 굽히지 않아 결국 군법회의에 처해져 1년간 옥고를 치르게 되었다. 두에는 투옥 중에도 공군력에 관한 저술을 계속했다. 그의 주장은 적의 중심에 대한 전략폭격으로 적을 굴복시켜야 한다는 것이었다. 1917년 풀려난 그는 항공사령관으로 다시 군에 복귀했다. 1918년 이 직책에서 물러난 뒤 두에는 저술활동을 계속하여 마침내 1921년 그의 위대한 작품『제공권

카프로니 Ca.3
Ca.3과 같은 카프로니 폭격기는 트리에스테 시와 항구를 포함하여 아드리아 해 연안의 목표에 전략폭격을 수행했다. 1917년 11월 초, 오스트리아군이 이탈리아의 카포레토를 점령하고 포르데노네(Pordenone)에 있는 카프로니 기지를 휩쓸자 전략폭격작전은 중단되었다.

(The Command of the Air)』을 출판했다. 이 책에서 두에는 "앞으로 공군력은 적에게 있어서 지상군이나 해군보다도 더 강력한 군사력이 될 것"이라고 주장했다. 경계가 없는 무한한 하늘에서 적의 침공을 방어한다는 것이 거의 불가능에 가까웠고, 따라서 공군력은 기본적으로 공세전력이 되었다. 적의 중심, 도시, 공장과 주민에 대한 폭격은 적을 굴복을 강요할 수 있다. 공세적인 개념에 충실했던 영국의 휴 트렌차드는 이에 동의했다. 후에 독일군도 이에 동조했다.

독일의 증강하는 공군력

초기 독일군 최고사령부의 많은 이들에게 비행선은 장거리 폭격기로 손색이 없는 것처럼 보였다. 1914~1915년에 비행선의 항속거리 및 화물 탑재량은 그 당시 운용하던 항공기들보다 훨씬 뛰어났다. 독일의 육군과 해군은 영국을 폭격하는데 비행선을 사용했고, 이 두 군 간에는 상당한 경쟁이 있었다. 1915년 5월 31일 런던을 처음으로 폭격한 것은 육군의 비행선이었다. 비행선에 의한 공습은 제1차 세계대전이 끝날 때까지 지속되었다. 하지만 엄청난 비용과 증대하는 위험성 때문에 독일군 최고사령부는 영국폭

격에 항공기를 주로 사용할 것을 구상하게 되었다.

빌헬름 지게르트(Wilhelm Siegert) 소령은 1914년 10월 육군 최고사령부(Oberste Heeresleitung: OHL)에 접근해, 벨기에 오스탕드 인근에 있는 소규모 비행부대의 지휘관이 되었다. 독일군의 진격은 중지되고 해협에 접한 프랑스 항구는 연합군의 수중에 남아 있었다. 지게르트 소령의 작은 비행부대는 영국 본토의 주요 표적까지 도달할 능력이 없기 때문에 프랑스의 칼레나 불로뉴 같은 해안 도시 폭

시코르스키 일리야 무로메츠
강력한 일리야 무로메츠 시리즈를 보유한 러시아 제국은 교전국 중 처음으로 중(重)폭격기의 잠재력을 인식한 국가였다. 8정의 기관총으로 중무장한 4발 엔진의 알리야 무로메츠는 1917년 러시아 공산혁명으로 활동을 중단할 때까지, 3년간 450회 임무를 수행하며 65톤의 폭탄을 투하했다. 그 기간 동안 손실은 단 3대에 불과했다.

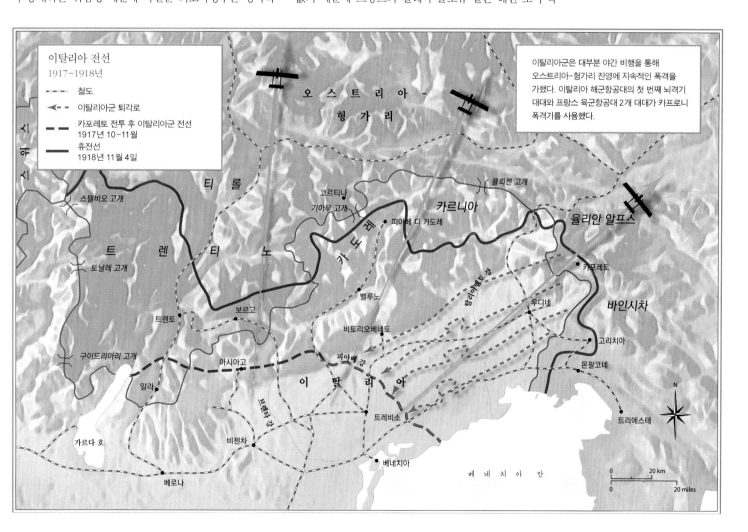

격에 나섰다. 영국 해안까지 도달하지 못하는 항공기 성능에 자극을 받은 독일은 러시아의 일리야 무로메츠 항공기 및 이탈리아의 카프로니 폭격기에도 영향을 받아, 산업계에 보다 강력한 항공기의 제작을 주문했다. 그 첫 항공

기가 1915년에 등장했다. 독일군 최고사령부는 공군력의 중요성을 인식하고 에른스트 폰 회프너(Ernst von Hoeppner) 장군을 공군 사령관에 임명했다. 이제 장거리 항속이 가능한 새로운 폭격기가 등장하자, 지게르트의 구상은 폐기되거나 재검토되었다.

공군력의 실전 운용

1917년 봄 첫 폭격기 대대가 작전에 투입되었다. 고타(Gotha) G.IV 폭격기로 장비된 이 첫 번째 폭격대대에 이어 창설된 제2폭격대대는 고타보다 더 큰 항공기 체펠린-슈타켄(Zeppelin-Staaken) R형 폭격기로 장비했다. 지게르트가 지휘했던 옛 부대는 이제 최고사령부 직할 제1폭격비행단(Kampfgeschwader der Obersten Heeresleitung 1), 일명 카골(Kagohl) 1로 알려졌다. 오스탕드 인근에 위치했던 원래 기지 근처에 곤트로데(Gontrode), 생드니베스트렘(St Denis-Westrem), 마리아케르케(Mariakerke) 같은 새로운 비행장이 들어섰다. 하웁트만 에른스트 브란덴부르크(Hauptmann Ernst Brandenburg)가 이 새로운 부대의 지휘관으로 선정되었고, 그의 집중 훈련으로 폭격기 승무원들은 작전 투입이 가능해졌다.

1917년 5월 25일 첫 번째 영국 폭격 임무를 위해 고타 폭격기들이 이륙했다. 목표지점인 런던에 도달하기 전에 재급유를 위해 착륙한 벨기에 해안 니우뮌스테르(Nieuwmunster)에서 항공기 2대는 기술적 문제로 복귀하고, 나머지는 계획대로 출격했다. 에식스 해안을 횡단한 21대의 고타 폭격기는 버넘온크라우치(Burnham-on-Crouch) 상공 3,660미터 부근에서 구름기둥을 만났다. 구름기둥이 시야를 가리는 이런 상황에서는 런던 폭격이 불가능하다는 것을 깨달은 편대는 기수를 남으로 돌려 켄트로 향했다. 표적에 대한 폭격 여부는 이제 그날의 날씨에 달렸다. 포크스턴(Folkestone) 항에서 일어난 결과가 가장 엄청났다. 브란덴부르크가 신호를 보낸 후, 이 작은 항구도시 포크스턴은 원래 런던을 목표로 한 폭격을 그대로 받아야 했다. 폭격기들이 5톤 이상의 폭탄을 퍼부어 포크스턴은 전례 없이 큰 공습피해를 입었는데, 95명이 사망하고 195명이 부상당했다. 영국의 대공포가 폭격기를 향해 공격을 퍼부었지만 그 포탄들은 너무 낮은 고도에서 폭발하고 말았다. 74대의 전투기가 출격했지만 적에게 손상을 주지는 못했다. 단 1대의 고타 폭격기가 바다에 추락했는데 아마도 엔진 고장이 원인이었을 것으로 추정되었다.

6월 5일에 22대의 폭격기가 2차 공습에 나섰다. 목표는 템스 강 어구의 시어니스(Sheerness)와 셰피(Sheppey)에 위치한 해군 공창이었다. 이때에는 영국 전투기들의 요격으로 고타기 1대가 격추당했다. 6월 13일 브란덴부르크는

공습하의 영국
1914~1917년

● 독일 항공기 공격 지역
● 독일 비행선 공격 지역

독일의 타격부대
1917년 독일은 고타 G.IV 및 G.V 같은 자체 개발한
여러 대의 중(重)폭격기를 보유하고 있었다.

고타 폭격기 편대를 이끌고 다시 한 번 영국 폭격에 나섰다. 20대의 항공기가 출격했는데, 템스 강 어구의 해군 시설을 폭격하는 동안 3대는 기술적인 문제로 복귀했다. 나머지 폭격기들은 오전 11시 32분경에 런던 동쪽에 도달했다. 몇 개의 폭탄을 선창에 투하했지만 그들의 주표적은 리버풀 거리의 철도역이었다. 여기에 거의 2톤이나 되는 폭탄을 투하했다. 가장 치명적인 폭탄은 런던 동부 인구밀집지역의 한 학교에 떨어졌는데 이로 인하여 16명의 어린 학생이 사망했다. 전체적으로 총 162명이 사망하고 432

명이 부상당했다. 이는 격분한 영국민이 결속하는 결과를 가져왔다. 약탈 및 시위는 거의 없었고 두에나 다른 항공전략가들이 주장했던 것처럼 사기가 꺾이지도 않았다.

방어를 강화해야 할 필요에 의해 2개 비행대대가 서부전선에서 소환되었다. 이는 휴 트렌차드 소장에게는 골칫거리가 되었는데, 공세정책을 유지하느라고 여기저기에 비행부대가 산개해 있었던 것이다. 영국의 방어는 효과가 있어서, 전투기들이 독일 폭격기를 요격하거나 최소한 주표적으로부터 격퇴하는 능력을 발휘하기 시작했다.

주간 고타 공습
카골 3의 주된 공격

←　1917년 5월 25일 5.1톤 투하:
　　사망 95, 부상 195

←　1917년 6월 13일 4.3톤 투하:
　　사망 162, 부상 432

←　1917년 7월 7일 4.3톤 투하:
　　사망 57, 부상 193

←　1917년 8월 12일 2.1톤 투하:
　　사망 32, 부상 46

●　독일군 비행장

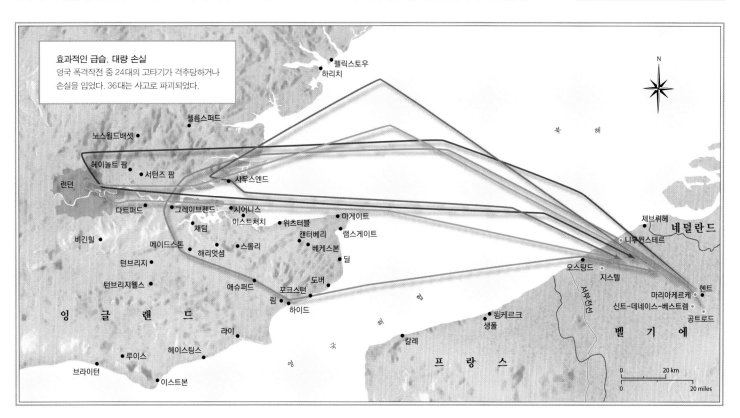

효과적인 급습, 대량 손실
영국 폭격작전 중 24대의 고타기가 격추당하거나
손실을 입었다. 36대는 사고로 파괴되었다.

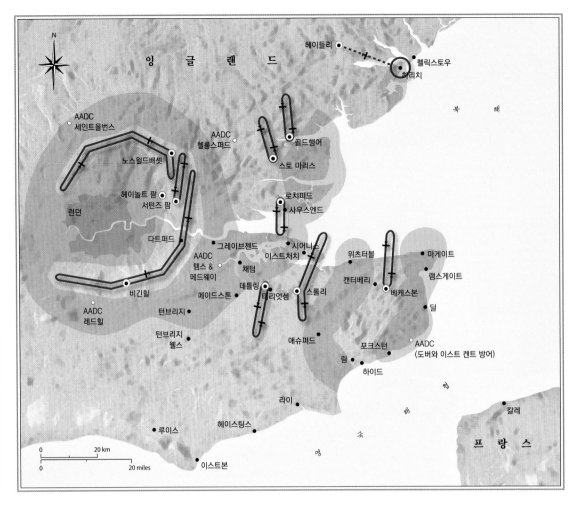

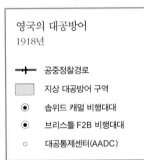

영국의 대공방어

영국 육군항공대와 해군항공대의 본토 방어 전투대대는 1917년의 급습에 맞서 새로운 전략을 개발했다. '전투대기' 신호인 짧은 경적이 3회 울리면 조종사와 정비공들이 항공기로 달려가 시동을 걸었다. 엔진을 가동한 후 조종사는 조종석에 앉아 다음 명령을 기다렸다. '출격' 명령이 떨어지면 항공기들은 이륙하여 대형을 갖추고, 자신이 맡은 지역으로 날아가 지상의 통제에 따랐다.

영국의 대공방어
1918년

✛ 공중정찰경로

▨ 지상 대공방어 구역

◉ 솝위드 캐멀 비행대대

◉ 브리스틀 F2B 비행대대

○ 대공통제센터(AADC)

출자를 늘리다

영국지도부는 항공전을 새로운 수준으로 격상시켜야만 했다. 영국의 육군참모총장 윌리엄 로버트슨(William Robertson) 경은 통합된 항공사령부를 창설할 필요성을 느꼈다. 로이드조지(Lloyd George) 총리의 도움으로 얀 스뮈츠(Jan Smuts) 대장을 새로운 항공조직위원회 위원장으로 임명했다. 육군과 해군으로 분리되어 산재해있는 항공대들을 단일 부대로 통합해야 한다는 인식이 매우 신속하게 확산되었다. 새롭게 조직된 지휘구조가 자리를 잡았고, 런던에는 이제 더이상 폭격기나 비행선의 쉬운 표적이 되지 않도록 포괄적인 방공망이 형성되었다. 이에 독일 폭격기들은 야간 공습으로 전환했다. 반면에 영국은 특별 대공포 구역과 방공 기구망을 구축했다. 그 덕에 아군 전투기들이 초계 구역을 설정할 수 있었다.

한편, 독일군은 원래 동부전선에서 운용할 목적으로 거대한 항공기 체펠린-슈타켄 R형을 개발했다. 제501비행대대가 영국공습을 강화하기 위해 벨기에로 전개했다. R형 폭격기는 고타 항공기와 야간에 비행했는데, 그중 1대가 고타 항공기 2대의 호위를 받으며 1917년 9월 29일 밤에 런던에 도착했다. 영국은 지속해서 방공망을 강화하

면서 벨기에 서부에 위치한 독일군 폭격기 비행장을 공격했다.

프랑스는 전략폭격의 중요성을 신속하게 인식하고, 1916년부터 독일 라인란트(Rheinland)에 있는 표적들을 강력한 전투기의 호위를 받는 우수한 브레게 Br XIV(Breguet Br XIV) 폭격기로 폭격했다. 그러나 영국은 전쟁 초기부터 장거리 폭격기 개발에 주력했다. 그 결과 핸들리 페이지(Handley Page) O/100를 개발하는데, 이는 1914년 12월 '독일을 폭격해 마비시키는 항공기 개발' 요구에 기초한 것이었다. 핸들리 페이지는 1916년 11월 서부전선의 영국 해군항공대 제3비행단에 배치되어 작전에 들어갔다. 이듬해 봄부터 핸들리 페이지로 편성한 제3비행단 소속 2개 비행대대(제14·16비행대대)가 독일의 유보트 기지와 철도역, 산업중심지 등 주요 군사시설을 공격하는 야간 폭격 임무에 투입되었다.

트렌차드는 서부전선의 일상적인 전투 병력을 차출하는 데는 반대했지만 전문적인 폭격기 부대를 구성하는 데에는 마지못해 동의했다. 신형 항공기 핸들리 페이지 O/400으로 장비한 폭격기 부대를 1917년 말까지 구성할 예정이었다. 새로운 폭격기 부대는 1917년 10월 17

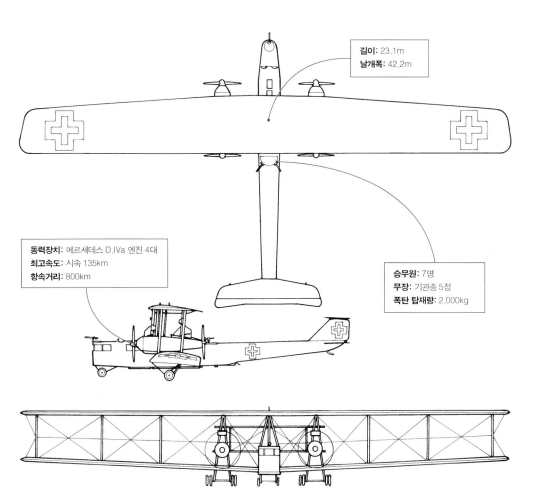

길이: 23.1m
날개폭: 42.2m

동력장치: 메르세데스 D.IVa 엔진 4대
최고속도: 시속 135km
항속거리: 800km

승무원: 7명
무장: 기관총 5정
폭탄 탑재량: 2,000kg

체펠린-슈타켄 R.VI
거대한 R.VI은 밀폐된 조종석을 갖춘 첫 번째 군용기였으며, 1947년 하워드 휴즈(Howard Hughes)가 H-4 허큘레스 '스프루스 구즈(Spruce Goose)'를 만들기 이전에는 가장 큰 목제 항공기였다.

일 야간에 8대의 DH.4 경폭격기로 독일의 자르브뤼켄 (Saarbrücken)에 있는 철강공장을 처음으로 폭격했다. 영국 공군의 독립에 대한 스뮈츠의 권고로, 첫 독일 본토 공습이 1918년 4월에 실시되었다. 1917년 10월에 제41비행단은 각기 쌍발 엔진 장착 O/400 폭격기로 장비한 3개 비행대대 전력으로 공격을 시작했다. 5월에는 5개 비행대대로 증가했고, 육군과 해군의 항공전력을 결합하여 새로 구성한 영국 공군의 일부가 되었다.

트렌차드가 공군 사령관으로서 새로운 군을 지휘하게 되었다. 그는 폭격전략을 적극 추진했는데, 실상 대부분의 작전은 영국 육군을 지원하는 전술적 수준의 임무였다. 그러나 드해빌런드 DH.17과 일명 '베를린 폭격기'로 불리는 핸들리 페이지 V/1500 같은 장거리 폭격기가 새롭게 생산되었다. 이 항공기들이 전쟁이 종료되기 전에 배치되었더라면 독일의 대도시는 집중 폭격의 고통을 당했을 것이다.

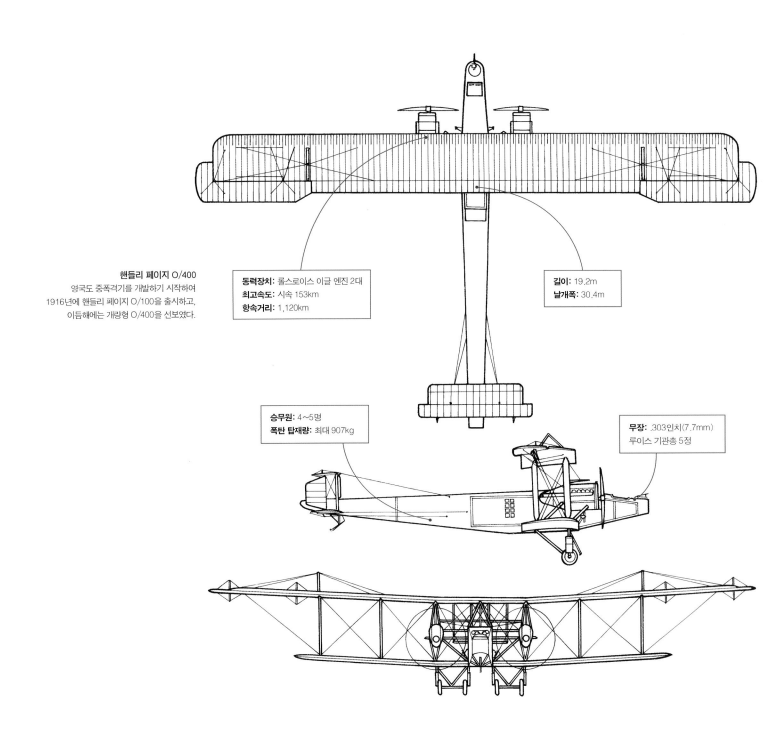

핸들리 페이지 O/400
영국도 중폭격기를 개발하기 시작하여 1916년에 핸들리 페이지 O/100을 출시하고, 이듬해에는 개량형 O/400을 선보였다.

동력장치: 롤스로이스 이글 엔진 2대
최고속도: 시속 153km
항속거리: 1,120km

길이: 19.2m
날개폭: 30.4m

승무원: 4~5명
폭탄 탑재량: 최대 907kg

무장: .303인치(7.7mm) 루이스 기관총 5정

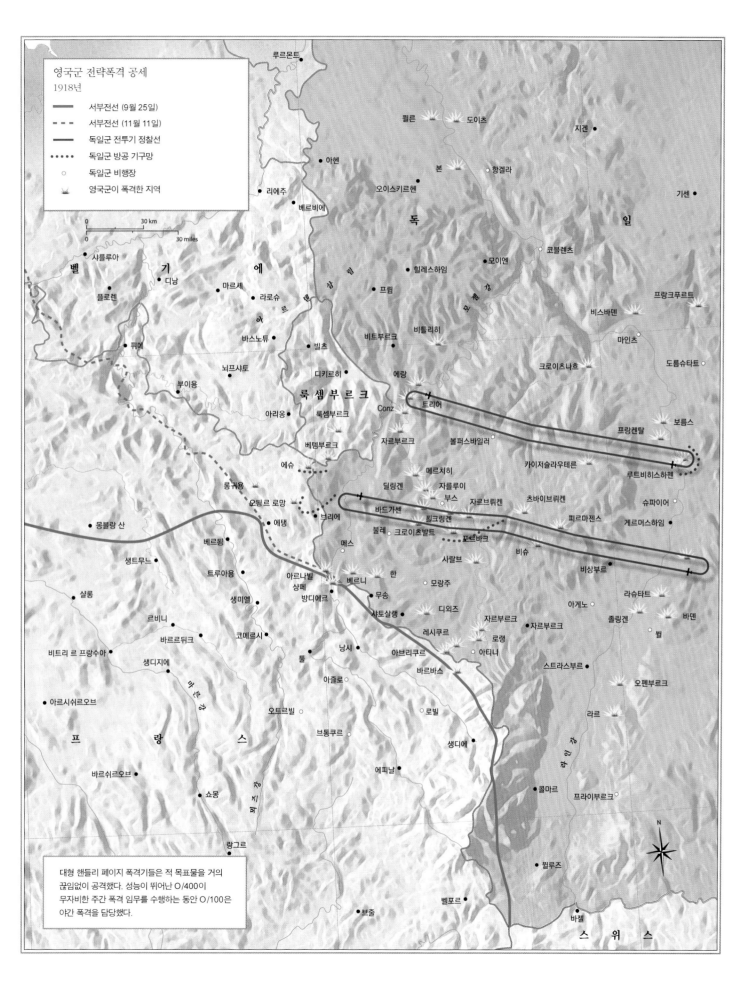

영국군 전략폭격 공세
1918년

　　　　서부전선 (9월 25일)
　- - - -　서부전선 (11월 11일)
　━━━━　독일군 전투기 정찰선
　• • • •　독일군 방공 기구망
　○　　　독일군 비행장
　※　　　영국군이 폭격한 지역

0　　　　　30 km
0　　　　　　　30 miles

루르몬트

퀼른　도이츠　　지겐

아헨　　본　항겔라

리에주　오이스키르헨　　기센

베르비에

독　　일

샤를루아　　샹겔라

벨　기　　에　　마르셰　　라로슈　힐레스하임　모이엔　코블렌츠

디낭

플로렌　　　바스노튜　빌츠　비트부르크　비틀리히　프랑크푸르트

뷔메　뇌프샤토　　디키르히　에랑　　비스바덴

부이용　　룩셈부르크　　트리어　　마인츠

아리옹　룩셈부르크　Conz　크로이츠나흐　도름슈타트

베템부르크　자르부르크　볼퍼스바일러　보름스

에슈　메르치히　자를루이　카이저슬라우테른　프랑켄탈

롱귀용　　딜링겐　부스　　루트비히스하펜

오퇴르 로망　브리에　바드가센　자르브뤼켄　츠바이브뤼켄　슈파이어

에탱　필크링겐　피르마젠스　게르머스하임

몽블랑 산　불레　크로이츠발트　포르바크　비슈

베르됭　메스　　　사랄브　비상부르

생트무느　아르나빌　베르니　한　모랑주　라슈타트

샬롱　상페　방디에르　무송　디외즈　아게노　바덴

생미엘　샤토살랭　자르부르크　졸링겐　빌

르비니　코메르시　낭시　레시쿠르　로랭　자르부르크

바르르뒤크　아브리쿠르　아티니　스트라스부르

비트리 르 프랑수아　툴　바르바스　오펜부르크

생디지에

아르시쉬르오브　아즐로　로빌　라르

오트르빌　생디에

브통쿠르

프　랑　　스　　에피날

랑그르　뮐루즈

쇼몽　콜마르　프라이부르크

벨포르

브줄　바젤

스　위　스

대형 핸들리 페이지 폭격기들은 적 목표물을 거의
끊임없이 공격했다. 성능이 뛰어난 O/400이
무자비한 주간 폭격 임무를 수행하는 동안 O/100은
야간 폭격을 담당했다.

63

미국의 참전 : 1917

1917년 4월 6일 미국이 독일에 선전포고 했을 때 미 육군항공대는 300대도 안 되는 항공기만을 보유하고 있었으며, 그나마 전투기는 1대도 없었다. 1,100명의 병력 중 자격을 갖춘 조종사는 35명에 불과했다. 1917년 7월 항공법(Aviation Act)을 통해 전쟁에 대규모 자금 투입과 병력 모집이 가능하게 되었다.

독일의 유보트 군사작전은 영국의 해외 영토와 동맹국, 특히 대서양 건너 미국으로부터 영국으로 오는 물자공급을 차단하기 위해 기획되었다. 단기적 성과는 있었지만 이는 궁극적으로 독일에 역효과를 가져왔다. 미국 대통령 우드로 윌슨(Woodrow Wilson)은 독일이 미국 상선을 공격하는 것이 미국의 독일에 대한 선전포고를 정당화한다고 선언했다. 상당한 상선을 잃은 미국은 1917년 4월 여객선 루시타니아(Lusitania)가 공격당해 168명의 미국인이 사망한 이후 연합군 측에 가담했다.

그 전까지 군사적인 측면에서 해군을 제외한 미군의 역할은 미미했다. 하지만 이제 유럽 주요 전쟁에 참전할 명분이 없었던 미국의 대대적인 기동이 가능하게 되었다.

자원입대

미국은 1917년까지는 공식적으로 전쟁에 참여하지 않았지만 실제로는 미국 야전 앰뷸런스 서비스(American Ambulance Field Service)* 처럼 전쟁 초기부터 미국인의 역할은 매우 적극적이었다. 후에 모험적인 영국인 노먼 프린스(Norman Prince)의 지휘하에 미국인 자원입대자들이 프랑스 공군 산하에 비행대대를 구성하고 1916년 4월 16일부터 작전에 투입되었다. 총 209명의 미국인 조종사가 프랑스 공군에 자원입대했다. 대부분은 프랑스의 뷔크(Buc)에서 블레리오(Blériot) 항공기로 정규 훈련을 받았는데, 그들 중 31명만이 라파예트 비행대대(Escadrille Lafayette)원으로 전입하고 나머지는 다른 프랑스 대대로 편입되었다.

"프랑스 훈련학교에는 편안한 침대가 없었다. 우리는 매일 아침 날이 밝기 전에 기상해 커피를 흉내 낸 미지근한 치커리 한 컵으로 11시 첫 식사시간까지 버텼다. 주간에는 블레리오 단엽기로 알려진 공포스럽고 신기한 발명품이 우리를 기다리고 있는 벌판에서 차례를 기다리며 벌벌 떨고 있어야 했다."

미국 원정군의 일부로 메이슨 패트릭(Mason Patrick) 소장이 지휘하는 비행단이 창설되었다. 원정군을 지휘한 존 J. 퍼싱(John J. Pershing) 대장은 원래 260개의 전투비행대대 창설을 요구했으나 후에 202개 대대로 감소했다. 이를 다시 101개의 정찰비행대대, 27개의 야간 폭격비행대대, 14개의 주간 폭격비행대대, 60개의 전투비행대대로 구분

했다. 이들은 프랑스에서 조직한 3개 야전군(16개 군단)과 긴밀히 협력했다. 전쟁이 발발했을 때 미국의 공군력은 하찮은 수준이었고 항공산업 사정도 이와 비슷했다. 그래서 미국 정부는 영국과 프랑스에 대량의 항공기를 주문했다. 여기에는 정찰과 폭격을 위한 DH.4와 삼손(Salmson) 2, 그리고 전투기로서 니외포르 28, 스파드 XIII, S.E.5를 포함하고 있었다. 가능한 많은 회사와 연계하여 면허생산도 계획했으나 그다지 성공적이지 못했다.

유럽의 생산기술은 생산과 조립 과정에서 많은 기능공을 필요로 했는데 이는 생산라인이 왕도였던 미국의 대량생산 방식과 맞지 않았다. 또한 생산 공장에서는 군수 체제로 전환할 시간이 거의 없었다. 이러한 모든 어려움에도 불구하고 순전히 미국 기술로 개발된 180마력의 리버티 엔진이 장착된 약 4,000대의 DH.4가 생산되었다. 미 의회는 단일 목적으로는 최대 규모인 6억 4,000만 달러의 공군력 증강 예산안을 1917년에 통과시켰다.

마침내 유럽으로

정찰 임무를 띤 제1비행대대가 1917년 8월 미국의 첫 전투비행대대 보다 먼저 프랑스에 도착했다. 1918년 2월 미 비행단은 전투에 돌입해 다섯 번째 전투에서 첫 승리를 거두었다. 제3차 엔 전투(Battle of the Aisne) 및 생미옐(Saint-Mihiel) 전투, 뫼즈-아르곤 공세(Meuse-Argonne operation) 때는 지상군을 결정적으로 지원했다.

프랑스 라파예트 비행대대에서 비행했던 미국인 조종사들은 미 비행단 제103비행대대로 흡수되었다. 1918년 11월 11일까지 서부전선에서 7개의 폭격비행대대, 18개의 정찰비행대대, 20개의 전투비행대대가 운용되었다. 작전 수행을 위해 항공기들이 독일군 전선 후방 257킬로미터까지 침투했다. 그들은 적기 756대와 적의 기구 76대를 파괴했다고 주장했다. 이 같은 작전성과로 31명의 에이스가 탄생했는데, 그중에는 적기 26대를 격추한 에디 리켄배커(Eddie Rickenbacker)도 있었다. 미 비행단은 작전 중 항공기 289대, 기구 48대, 승무원 237명을 잃었다. 전쟁이 끝날 때까지 완비된 비행장, 군수지원, 정비 및 훈련을 위한 인프라를 충분히 갖춘 185개의 미군 비행대대가 전체 전선에 주둔해 있었다.

* 1914년 독일군이 프랑스를 침공하자 파리의 미국인들이 부상병을 파리 외곽의 미국 병원으로 운반하기 시작했다. 1915년에는 지원자만 2,000여 명에 이르는 독립기구로 발전했다.

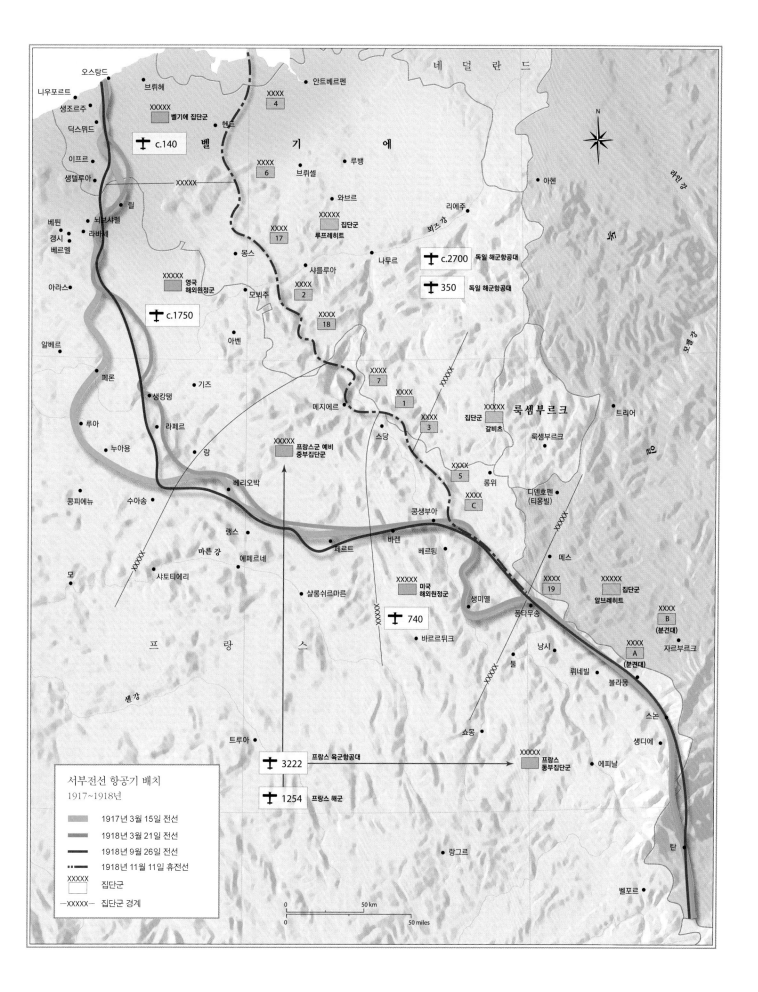

네덜란드

오스탕드
니우포르트
생조르주
딕스뮈드
브뤼헤
안트베르펜

XXXX
4

XXXXX
벨기에 집단군
헨트

✈ c.140
벨
기
에

이프르
생텔루아
릴

XXXX
6
브뤼셀
루뱅

아헨

라인 강

베튄
캉시
베르멜
뇌브샤펠
라바세

와브르
리에주

XXXXX
집단군
루프레히트

XXXX
17

✈ c.2700
독일 해군항공대

아라스

XXXXX
영국
해외원정군
몽스
샤를루아
나무르

✈ 350
독일 해군항공대

뫼즈 강

✈ c.1750

XXXX
2
모뷔주

알베르
페론
기즈
아벤

XXXX
18

생캉탱
루아
라페르

XXXX
7

XXXX
1
메지에르

누아용
랑

XXXXX
프랑스군 예비
중부집단군

XXXX
3
스당

XXXXX
집단군
갈비츠
룩셈부르크

트리어

콩피에뉴
수아송
베리오박

XXXX
5
롱위

룩셈부르크

모
랭스
마른 강
에페르네
페르트
바렌
콩생부아

XXXX
C

디덴호펜
(티옹빌)

샤토티에리

베르됭

XXXXX
미국
해외원정군
생미엘

메스

XXXX
19

XXXXX
집단군
알브레히트

✈ 740

샬롱쉬르마른
바르르뒤크

퐁타무송

XXXX
B
(분견대)

자르부르크

프
랑
스

낭시

XXXX
A
(분견대)

툴
뤼네빌
블라몽

세 강

스논
생디에

트루아

쇼몽

XXXXX
프랑스
동부집단군
에피날

✈ 3222 → 프랑스 육군항공대

✈ 1254 프랑스 해군

서부전선 항공기 배치
1917~1918년

- 1917년 3월 15일 전선
- 1918년 3월 21일 전선
- 1918년 9월 26일 전선
- 1918년 11월 11일 휴전선
- XXXXX 집단군
- —XXXXX— 집단군 경계

랑그르

탄

벨포르

0 — 50 km
0 — 50 miles

최후의 전투 : 1918

1917년 전쟁이 막바지에 이르자 무력증에 빠진 러시아의 차르 정권은 불신임을 당해 혁명으로 전복되었다. 새롭게 구성된 임시민주정부는 서방 동맹국가에 대한 그들의 의무를 지키려고 노력했다. 6월에 브루실로프 공세를 시작하면서 케렌스키(Kerensky)가 이끄는 정부는 오직 전쟁에서의 승리만이 러시아에서 그들의 통치명분을 살려준다고 생각했다. 공세는 상당히 유리해 보였지만 시간이 지나면서 불리해졌다. 러시아는 실패하여 분열되었다. 권력은 볼셰비키(Bolsheviki)에게로 넘어갔다. 그들의 원래 계획은 유럽 전역으로 혁명을 확산시키며 전쟁을 끝내는 것이었다. 그들은 이 목적을 달성하는 데에는 실패하지만 적어도 러시아의 주요도시에서 권력을 잡았다. 러시아에서 권력을 장악하기 위해서는 그 어떤 대가를 치루더라도 독일과의 평화가 필수적이었다. 브레스트리토프스크 조약 체결로 광대한 영토를 독일과 오스트리아-헝가리에 할양했다. 이것으로 러시아는 연합군 방어선에 의한 압박을 일정 부분 해소할 수 있었다. 동부전선에서 어느 정도 평화가 구축되자 동맹국은 중심 전력을 타 전선으로 집중할 수 있게 되었다.

플랑드르에서 영국군의 공격에 직면해있던 독일은 1917년 10월 이탈리아 전선을 공격했다. 많은 병력이 오스트리아-헝가리 전선을 보강하기 위해 이동했으며 카포레토(Caporetto)에서 시작된 공세는 이탈리아군을 괴멸시켰다. 독일군은 129킬로미터나 전진했으나 영국군과 프랑스군이 피아베(Piave) 강을 따라 포진하고 있던 이탈리아군을 지원했다.

프랑스 캉브레에서 독일군 사령부는 많은 신형 전차를 앞세운 영국군의 공격으로 이탈리아 전선에서의 공격을 중단할 수밖에 없었다. 이탈리아군은 전세가 유리하게 전환될 때까지 공격을 감행할 방법이 없었고, 프랑스군은 봄에 있었던 니벨의 공세 결과 아직도 불안정한 상태에 있었다. 미국은 군대를 계속 훈련시키면서 유럽으로 파견할 병력을 신고 있었는데 이 미군 전력이 유럽 전장에서는 결정적인 군사력이 되었다. 하지만 독일의 관점에서 보면 1918년의 주적은 영국군이었다.

절실한 생산력 증대 요구

미군은 전선에 갓 투입된 상태였지만 독일군 사령부로서는 미국의 거대한 산업 잠재력을 의식하지 않을 수 없었다. 1917년 중반에 독일은 '아메리카 프로그램'이라고 명명한 계획에 착수했다. 한 달에 항공기 2,000대와 엔진 2,500대를 생산하는 것으로, 이는 프랑스, 영국, 미국의 증대하는 생산에 대응하기 위함이었다. 산업계에 증대하는 압박은 항공기의 가치를 증대시켰다. 이는 또한 독일의 산업노동자들의 사기에도 압박을 가했다. 전쟁에 대한 열정은 식었고 파업이 일어났으며 장인정신도 쇠락했다. 1917년에 독일은 1만 3,977대의 항공기와 1만 2,029대의 엔진을 생산했다. 같은 기간에 프랑스와 영국은 2만 8,781대의 항공기와 3만 4,755대의 엔진을 생산했다. 독일에게 더욱 불리한 것은 이제 미국의 공장에서도 항공기가 생산되기 시작했다는 점이었다.

1918년 첫 몇 개월 동안에 독일 산업계의 항공기 생산량은 월 1,100대에 미치지 못했다. 독일군 항공대의 벽에는 표어가 붙었다. 훈련을 생략하든가 아니면 전선의 군사력 유지를 위한 편제를 보류하든가 그것도 아니면 공중 통제를 위한 어떤 시도도 이제는 불가능해졌다는 것을 점차 인식해야 한다는 것이었다. 장기적인 방어정책이 필요했다. 독일과 오스트리아-헝가리가 비록 동유럽의 많은 부분을 통제했다고 하더라도 이는 대부분이 빈곤한 농업지대였고 산업적인 면에서 독일의 전쟁수행에 전혀 도움이 되지 못했다. 이탈리아가 패배했다 하더라도 서부전선의 전황은 미군이 개입하면서 연합군에 비해 수적 열세에 처해 상황은 더욱 나빠졌다. 독일군이 더 이상 승리하지 못하게 된 것은 1918년 봄부터였다. 이 시기에 동맹국은 약간의 이점을 갖고 있었다. 독일은 브레스트리토프스크 조약 이후에 동유럽의 광활한 영토를 지배했기 때문에 서

부전선으로 계속해서 대규모 군대를 보낼 수 있었다. 이로써 독일군은 192개 사단으로 169개 사단을 보유한 연합국보다 우위에 서게 되었다.

3월 21일 서부전선에서 '마이클 작전'이 시작되었다. 아라스와 생캉탱(St Quentin) 지역에서 영국의 제3·5군을 공략하는 작전이었다. 독일 육군은 새로운 전술을 개발했는데, 기습을 위해 기관총으로 무장한 특수돌격대가 적의 강한 지점을 우회하여 전선을 돌파하면 후속 지원제대가 이를 수습하며 전진하는 전법이었다. 새롭게 조직된 전투비행대대(Schlachtstaffeln)의 작전을 지휘하고 지상의 군수보급로와 포진지 및 저항군 거점들을 공격하고 또 그 진척상황을 계속해서 지상군사령관에게 보고할 목적으로 지상공격기로 무장된 전투비행단(Schlachtgeschwader)이 재조직되었다. 전투그룹은 일정부분의 전선을 맡아 병기 및 연료를 지속해서 보충하는 일을 담당했다. 지상군 사령관들은 고속으로 기동하는 '하늘의 야포'를 보유하게 되었고, 전선에 퍼져있는 예하부대의 동향을 수시로 보고받았다. 연합군도 이와 유사한 전술을 구사하게 되었다.

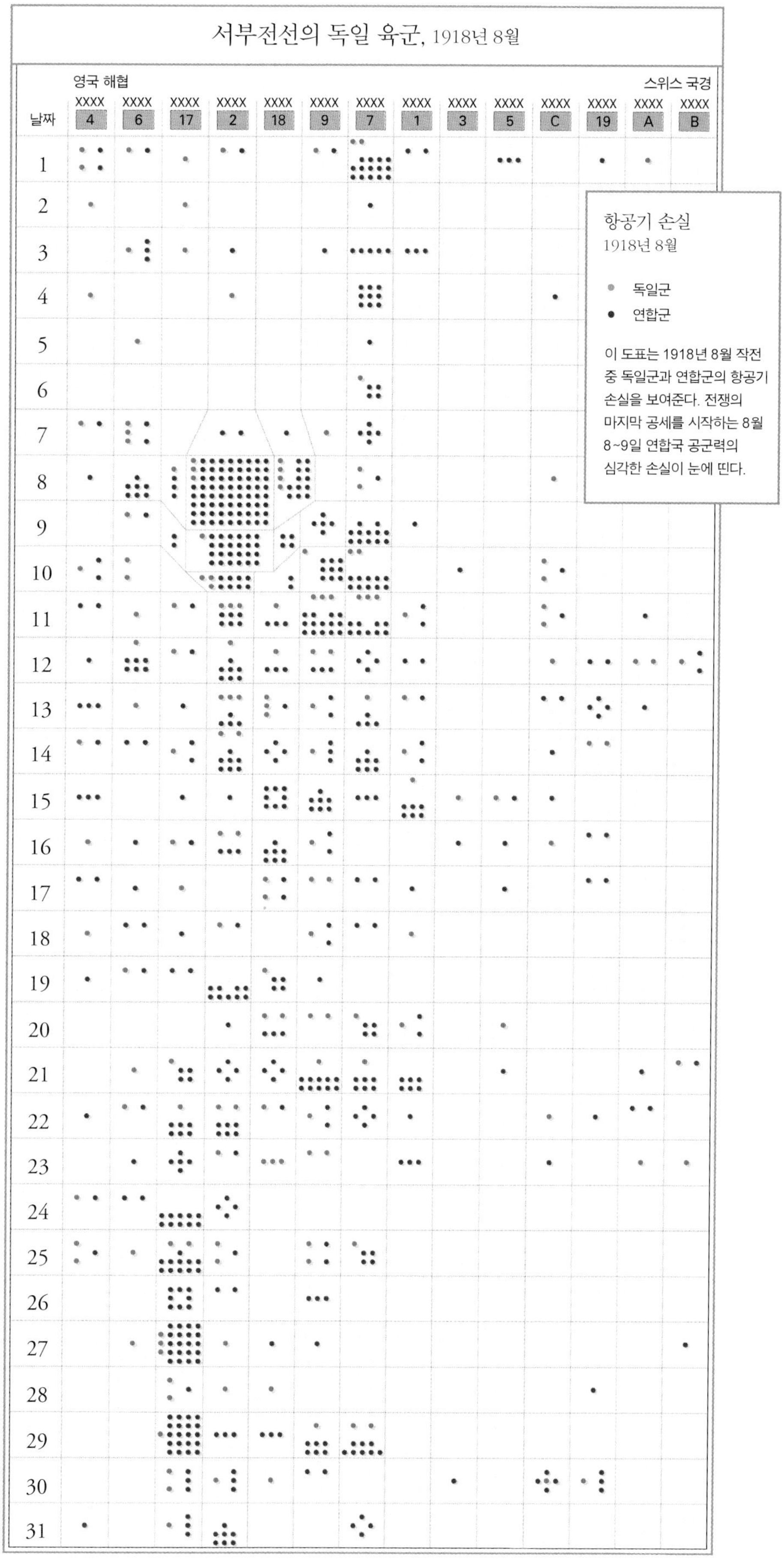
서부전선의 독일 육군, 1918년 8월
영국 해협
스위스 국경
날짜
XXXX 4
XXXX 6
XXXX 17
XXXX 2
XXXX 18
XXXX 9
XXXX 7
XXXX 1
XXXX 3
XXXX 5
XXXX C
XXXX 19
XXXX A
XXXX B
1 2 3 4 5 6 7 8 9 10 11 12 13 14 15 16 17 18 19 20 21 22 23 24 25 26 27 28 29 30 31
항공기 손실
1918년 8월
독일군
연합군
이 도표는 1918년 8월 작전 중 독일군과 연합군의 항공기 손실을 보여준다. 전쟁의 마지막 공세를 시작하는 8월 8~9일 연합국 공군력의 심각한 손실이 눈에 띈다.

솜을 향한 진군

독일의 공군력은 1917년 말 2,270대에서 1918년 3월에 3,670대로 증강되었다. 1918년 초에 새로운 포커 D.VII이 실전 배치되었다. 연합군 조종사에게 이 항공기는 평균 수준의 조종사가 조종하면 위험한 적기였고, 숙련된 조종사가 조종하면 세상의 마지막 순간을 맞게 될 정도로 강력한 항공기였다. 독일은 솜을 향해 남서부로 공격할 계획이었으나 영국군과 벨기에군이 집중 배치되어 있는 북서쪽으로 진로를 바꾸었다. 작전은 처음에는 순조로웠다. 연합군의 전선에 거대한 돌출부가 형성되었다. 그러나 4월 4일까지 독일군의 군수지원은 이 같은 공세에 따라가지 못해 보급품이 바닥을 드러냈다. 연합군은 최고사령부를 재조직하고 사단들을 배치해 전선을 유지하게 되었다. 4월 9일 루덴도르프(Ludendorff)• 는 제2차 공세를 개시했다. 죠제트(Georgette)•• 는 초기에 일부 승리를 거두었지만, 4월 17일 영국군은 역습을 가해왔다.

이 기간 동안에 독일 공군은 한 달 만에 조종사의 약

• 힌덴부르크 원수의 참모장으로 솜 전투에 참전했으나 공략에 실패하여 사직하고, 그 후 히틀러의 뮌헨 폭동에 가담한 후 국회의원이 되었다.

•• 루덴도르프의 공세 당시 4개의 서로 다른 공격이 진행되었는데, '죠제트'는 연합군의 정면을 돌파해 영국군을 포위해 솜 강에서 철수시키려는 목적을 가진 암호명 '마이클 작전'의 보조 공격의 암호명이다.

브레게 BR XIV
의심의 여지없이 Br XIV 2인승 정찰폭격기는 제1차 세계대전 중 루이 브레게가 만든 최고의 비행기다. 1917년 봄 프랑스 육군항공대(Aeronautique Militaire)에 첫 비행기가 배치된 이래 이 기종은 강하고 믿음직하다는 평판을 얻었다.

치명적 낙하
낙하산이 지급되기 전 조종사들은 조종석에서 불타며 살아남기 보다는 탈출하여 죽음을 택했다. 독일군이 처음으로 낙하산을 지급했다. 독일 항공기들은 통상 더 많은 중량으로 더 좋은 위치를 점할 수 있는 강력한 엔진출력을 보유했다.

* 프랑스 북부 샤토티에리(Château-Thierry) 서북방의 삼림.

** 전투에서 사망자가 가장 많이 발생하는 지역.

14퍼센트를 잃었는데, 이는 훈련소에서 배출하는 조종사 수보다 많았다. 또한 4월에는 만프레트 폰 리히트호펜이 솜 강에서 멀지 않은 모를랑쿠르 리지(Morlancourt Ridge)의 공중전에서 전사했다. 리히트호펜의 죽음은 애초에 알려졌던 것처럼 영국군 제209비행대대 로이 브라운(Roy Brown) 대위가 아닌 호주군 기관총 사수에 의해 격추된 것으로 최근 연구에서 규명되었다. 루덴도르프 원수는 리히트호펜의 죽음은 독일군 10개 사단이 전멸한 것만큼이나 사기를 저하시켰다고 기술했다.

5월 27일 프랑스군이 반격해왔다. 독일군은 1914년 이후 서부전선에서 하루 기록으로는 최고인 21킬로미터를 진군했다. 그들은 6월 3일에 1914년 8~9월의 격전장이었던 마른 강에 도달했다. 하지만 전에도 그랬듯 독일군은 공세를 지원할 군수능력이 따라주지 못해 결국 공세는 중단되었다.

그 다음은 미국의 차례였다. 제1사단은 5월 28일 카티니(Catigny)에서, 제2사단은 6월 2일 벨로(Belleau)* 숲에서 역공을 가했다. 독일군은 6월 9일에서 7월 15일 사이에 두 차례 공세를 취했으나 전투력이 소진되었다. 공세로 인해 독일은 100만 명의 사상자와 많은 우수한 조종사들, 그리고 2,900대의 항공기를 잃었다.

형세 역전

이제 연합군이 공격할 차례가 되었다. 7월 18일 프랑스군은 마른 강을 건너 공격을 개시했다. 8월 2일 프랑스군은 수아송까지 진군했다. 8월 8일 영국의 제4군과 프랑스 제1군은 알베르(Albert) 남부를 공격했다. 그 작전은 대성공이었는데 특히 영국과 호주군의 공격성과는 괄목할 만했다. 항공사진으로 주방어선을 식별할 수 있었다. 항공기의 지원을 받으며 전차를 앞세운 보병이 진군했고, 이는 전격전

의 효시가 되었다. 부대가 아군과 적군의 중간지대인 킬링존(Killing zone)** 을 통과하자 독일군의 방어선은 붕괴했다. 루덴도르프는 그날이 "독일군 최악의 날"이었다고 회고했다.

독일군이 퇴각하자 독일 전투비행단은 연안에서 연합군의 폭격기에 대응하여 싸웠다. 그들은 연합군의 공습으로부터 솜 강의 교량을 방어하는 데는 성공했다. 특히 포커 D.VII로 무장한 그들은 공격군에게 심한 타격을 가했다. 40킬로미터의 전선을 따라 365대의 독일군 항공기가 1,900대 이상의 연합군 항공기를 상대로 결사적으로 싸웠다.

9월 12일 루덴도르프는 퇴각을 계획하고 새롭게 편성된 미 제1군은 생미엘 돌출부를 공격했다. 독일군은 8·9월 두 달간 많은 사상자에도 불구하고 치열한 공중전을 펼쳤다. 미 제1주간폭격전대는 첫날에 생미엘 돌출부 상공에서 31명의 승무원을 잃었다. 하지만 공세적인 비행은 실질적으로 독일군의 정찰을 무력화시켰다. 미 공군의 에이스인 제27비행대의 프랭크 루크(Frank Luke)는 기구 격추 전문가로 18일간 독일군 기구 17대를 파괴했다. 독일군 최고사령부는 이 사실을 은폐했다.

연합군의 공세는 전 전선에서 독일군을 퇴각시키며 지속되었다. 독일군 항공대도 후퇴를 거듭하면서 부실한 비행장으로 철수했으며 그만큼 전투력도 약화되었다. 3월과 11월 사이에 독일 공군력은 3,700대에서 2,700대로 감소했다. 항공기 생산량의 감소는 악화되는 독일의 상황을 나타내주었다. 11월까지 독일은 8,055대의 항공기와 9,000대 이상의 엔진을 생산했다. 같은 기간 동안에 영국과 프랑스는 연합국의 수요를 충족시키기에 충분한 5만 6,376대의 항공기와 6만 6,651대의 엔진을 생산했다. 미국의 야심찬 계획은 아직 큰 성과로 나타나지는 않았지만 1919년까지 의미 있는 결과를 가져올 것으로 기대되었다.

항공의 세계는 상상을 초월할 정도로 변화했다. 1914년에는 대부분 항공기의 역할을 정찰로 국한하여 인식했다. 하지만 1918년 무렵에는 항공기 없는 전쟁은 상상조차 할 수 없게 되었다. 베르사유 조약에서조차 일반적인 항공기가 언급되었고 특히 1918년 여름에 개발된 포커 D.VII도 특별히 명기되었다. 제1차 세계대전의 주요 참전국들은 겨우 몇 백대의 항공기와 승무원들로 전쟁을 시작했지만 종전 시에는 수천 대의 항공기와 승무원을 보유하고 있었다. 항공전은 이제 돌이킬 수 없는 대세가 되었다.

1920년에 이르러 유럽 지도는 상당히 많이 바뀌었다.
동맹국과 오스만 제국에서 독립한 폴란드,
체코슬로바키아, 유고슬라비아 등의 신생국이 탄생했다.

노르웨이해

덴마크령 페로 제도

핀란드

■ 레닌그라드

■ 헬싱키
■ 탈린
에스토니아

오슬로 ■ ■ 스톡홀름

■ 리가
라트비아

덴 마 크   리투아니아
코펜하겐 ■   ■ 카우나스   소 련
글래스고 ● ● 에든버러   북 해
단치히 ■ ■ 쾨니히스베르크
■ 민스크

● 더블린   영 국
● 리버풀   아이슬란드   ■ 함부르크
                                    바르샤바 ■   ■ 브레스트리토프스크
● 버밍엄   암스테르담 ●   ■ 베를린
브리스톨 ●   폴 란 드
            네덜란드
런던 ●   브뤼셀 ● 독   일   ■ 크라쿠프   ■ 리보프
칼레 ● 벨기에   ■ 빈니차
    룩셈부르크   프랑크푸르트 ■   ■ 프라하
                파리 ●   체 코 슬 로 바 키 아

대 서 양   프 랑 스   베른 ■ ■ 빈   ■ 부다페스트
                            스위스   오스트리아   헝가리   루 마 니 아
                        리옹 ●   부쿠레슈티 ■
            ● 보르도   ● 밀라노   트리에스테 ■
                                            ■ 베오그라드
                        ● 제노바   ■ 베네치아
                                    자다르 ■   유 고 슬 라 비 아   불 가 리 아
            마르세유 ●   모 나 코   산마리노 ■   ■ 소피아
    안도라   아
                                            드   알
바르셀로나 ●   코르시카   이   리   아   바
포르투갈   ● 로마   탈   아   니
리스본 ●   마드리드 ●   리   그 리 스
        스 페 인   발레아레스 제도   아
카디스 ●   사르데냐   ● 나폴리
    지브롤터(영국령)   아테네 ■
탕헤르 ●   시칠리아
                    지   중   크레타
        알 제 리 (프랑스령)   튀 니 지   몰타
                    (프랑스령)   해

양 세계대전 사이

찰스 킹스포드 스미스
1928년 찰스 킹스포드 스미스(Charles Kingsford Smith)가 '남십자성(Southern Cross)'이란 명칭의 포커 F.ⅦB-3m 항공기로 첫 태평양 횡단비행에 성공했다. 도중에 여러 곳을 경유하며 뇌우를 뚫고 비행하는 모험 끝에, 브리즈번(Brisbane)의 이글팜(Eagle Farm)에 착륙했다. 총 비행시간 83시간 38분, 총 비행거리는 11,890킬로미터였다.

• 미국에서 처음 개발된 호텔 상품으로 호텔비에 세끼 식사를 포함하는 가격구조.

개조된 폭격기
제1차 세계대전 종료 이후 몇 대의 핸들리 페이지 O/400 폭격기가 수송기로 개조되었다. 그 예로 사진의 항공기는 1919년 4월 30일 신문과 11명의 승객을 싣고 크리클우드(Cricklewood)를 출발하여 3시간 후에 맨체스터에 착륙했다.

1919년 6월 28일에 체결한 베르사유 조약은 독일과 연합국 간 모든 전쟁의 공식적인 종결을 선언한 평화조약이었다. 몇몇 전투는 1919년 11월 11일까지 지속되기도 했다. 조약은 독일에게 항공기의 제작을 금지한 것은 물론, 막대한 분담금을 부과했다. 하지만 민간용 항공기까지 금한 것은 아니었다. 또한 새로운 질서에서 독일을 배제하지도 않았다. 종전 시 연합군 총사령관이었던 프랑스의 페르디낭 포슈(Ferdinand Foch) 원수는 이 조약이 '20년간의 휴전'에 불과하다고 간단히 언급했다.

전쟁의 잿더미에서

평화가 도래하자 수천 대에 이르는 항공기가 남아돌아 폐기되고 매매되거나 방치되었다. 당시 막 생산된 영국제 전투기 S.E.5(기관총 제외)는 5파운드면 살 수 있었다. 커티스 제니(Curtiss Jenny) 생산라인은 폐기되었다. 미화 300달러면 그 생산라인을 구입할 수도 있었다. 수년 전만 해도 조종사가 모자랐지만 이제는 수천 명의 조종사와 다수의 항공 전문 인력이 남아돌았다. 전쟁을 경험한 많은 퇴직 조종사들은 시민생활로 돌아가는데 어려움을 겪었다. 미국에서 곡예비행사들은 각종 축제와 쇼의 중심이 되기도 했다. 그들은 북미 전역의 소도시에서 항공기의 경이로움을 선보였다. 창조적이며 모험적인 생각이 항공기의 새로운 개념에 쏠리기 시작했다. 항공기가 폭탄을 싣고 수백 마일을 비행했다면 왜 사람을 운송하지 못하겠는가?

제1차 세계대전 이전에는 독일 델락(DELAG) 항공사의 비행선이 수천 명의 승객을 안전하게 실어 날랐다. 1913년 플로리다(Florida)에서는 처음으로 예약 항공서비스가 시작되었다. 하지만 영국 항공수송관광회사(British Company Aircraft Transportation and Travel Ltd.)가 런던-파리 간 정기 항공운송을 처음 시작한 것은 1919년 8월 25일의 일이었다. 이후 대륙의 다른 수도로의 항공운송은 급속히 증대했다. 대부분의 유럽 국가들은 초기에 항공회사에 보조금을 지원했지만 영국은 좀 더 오래 걸렸다. 민간 기업들이 수차례 실패한 후에 살아남은 4개의 회사가 1924년 3월 13일 '임페리얼 항공사'라는 이름으로 통폐합되었다. 영국과 멀리 떨어진 식민지 국가들과의 전략적인 항공연결망 구축이 목적이었다. 제1차 세계대전이 종전된 지 한 달 후에 베를린 폭격을 위해 만들었던 핸들리 페이지 V/1500 폭격기는 특수 장비를 장착하고 영국을 이륙하여 인도에 착륙했다. 그것은 영국 공군이 만들어낸 많은 선구적 업적 중의 첫 성과였다.

몰타(Malta)와 카이로(Cairo), 동서아프리카를 경유해 남아프리카까지 가는 항로가 열렸다. 프랑스 조종사들은 여러 식민지 거점도시와 연결되는 아프리카의 중심인 다카르(Dakar)까지 비행했다. 네덜란드는 중동과 인도를 거쳐 동아시아로 가는 항로를 개척했다. 베르사유 조약에 의해 해외 식민제국이 붕괴된 독일은 소련을 거쳐 중국으로 가는 항로를 개발했다. 독일과 러시아는 그들이 증오하는 베르사유 조약의 난관을 뚫기 위해 1930년대 초까지 우호적인 관계를 유지했다. 유럽 국가들이 식민지 경영에 몰두하는 사이에 미국은 대서양을 상대로 도전하기 시작했다.

대서양의 유혹

전쟁 전, 항공에 관심이 많은 영국 일간지 《데일리 메일》의 소유자 노스클리프(Northcliffe) 경이 북미와 영국 사이의 대서양을 처음으로 횡단하는 사람에게 1만 파운드의 상금을 내걸었다. 그 당시 영국에 속한 아일랜드를 착륙지로 선호했다. 1914년에 영국과 미국에서 각각 1명씩 지원자가 나섰지만 제1차 세계대전의 발발로 중단되었다. '아메리칸계획'• 을 만든 글렌 커티스(Glenn Curtiss)는 1918년에 새롭고 좋은 품질의 비행정을 생산했다. 첫 번째 커티스 NC-1는 400마력 견인형 리버티 엔진 3개를 장착했다. NC-2, 3, 4 모델이 차례로 개발되었는데 이들은 모두 4대의 똑같은 엔진으로 작동되었다. 복엽기로 설계된 이 항공기는 날개폭 38미터, 보트 모양의 동체길이 13.7미터, 실내폭은 3미터였다. 이 항공기는 유럽에서 미 해군의 작전을 지원하기 위해 만들어졌다. 하지만 이 항공기가 현지에 배치되기 이전에 전쟁은 종료되었다.

하지만 장거리 비행에 관한 관심이 없어지지는 않았다. 미 해군 항공국은 대서양횡단분대를 설치하는데 이는 전적으로 대서양 횡단비행의 장애물을 연구하고 그 탐험대를 조직하는 부서였다. 1919년 이 부서는 전폭적인 지원을 받았다.

비행정의 최대 비행거리는 2,366킬로미터였으므로, 이제 대서양 횡단에는 문제가 없었다. 아조레스(Azores) 제도를 경유하는 항로가 선택되었다. 각 비행정에는 2명의 조종사와 2명의 항법사, 1명의 무선통신사와 1명의 예비조종사 등 6명의 승무원이 탑승했다. 예비조종사는 유사시 정비 업무까지 수행했다. 4대의 항공기에는 각각 6,094리터의 연료가 항공기 동체 중앙에 실려 있었다. 트레퍼시(Trepassey) 만, 뉴펀들랜드(Newfoundland), 아조레스를 잇는 항로선상에 50대 이상의 전함이 배치되었다. 그러나 출발 직전에 NC-2는 기술적인 문제로 철수했다.

대서양 횡단비행 성공

5월 16일 커티스 NC-1·3·4는 아조레스를 향해 이륙했다. 야간에는 항로상에 배치된 전함들이 탐조등을 비추고 조명탄을 발사하여 항로를 안내했다. 17일 아침에 NC-4의 항법사가 마침내 아조레스 제도의 맨 서쪽에 위치한 플로레스(Flores) 섬을 발견했다. 그는 아조레스 제도에서 가장 큰 섬인 상미겔(São Miguel) 섬으로 항로를 잡았다. 하지만 짙은 안개로 인하여 2,229킬로미터를 비행한 끝에 파이알(Faial) 섬에 착륙하게 되었다. 사흘 후에 NC-4는 상미겔에 도착한 후 그곳에서 일주일을 체류해야 했다. 5월 27일에 NC-4는 1,489킬로미터 떨어진 리스본(Lisbon)을 향해 이륙했다. 이 마지막 항로 비행에 9시간 43분을 소요하며 대서양 횡단비행은 완료되었다. 기장은 리드(A.C. Read) 중령이었고 그 외의 승무원은 힌튼(W. Hinton) 중위, 브리즈(J.W. Breese) 중위, 스톤(E. Stone) 중위, 로드(H.C. Rodd) 소위, 항해보조사 로즈(E.S. Rhoads) 준위였다. 다른 항공기 NC-1

* 뉴펀들랜드 섬 남동부에 위치한 만.

개척 비행
로스(Ross)와 키스 스미스(Keith Smith) 형제는 1919년 최초로 영국-호주 횡단비행에 성공했다. 28일간 비커스 비미로 비행하여 목적지에 도착했고 호주 수상으로부터 1만 파운드의 상금을 받았다. 피에르 반 라이네벨드(Pierre van Ryneveld) 중령과 퀸틴 브랜드(Quintin Brand) 대위도 비미로 비행하여 런던에서 케이프타운까지의 비행 기록을 세우며 비슷한 액수의 상금을 받았다. 이 4명의 조종사는 모두 그들의 업적으로 작위를 받았다.

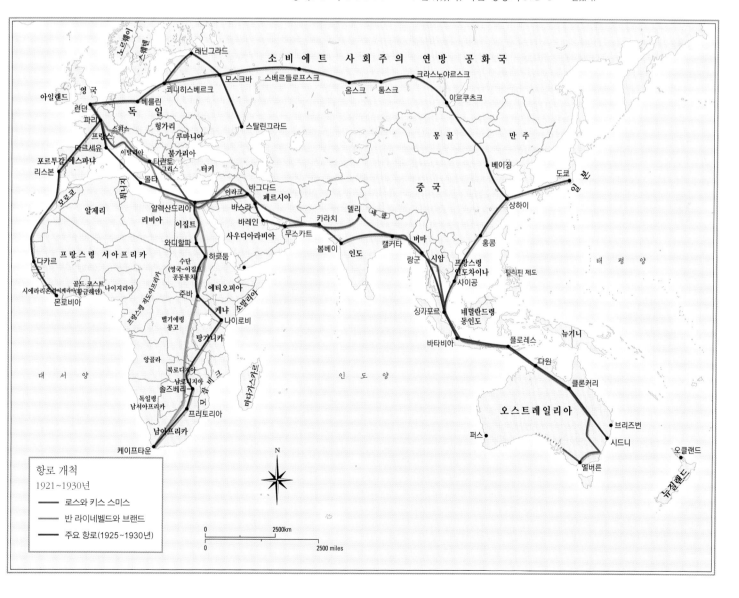

항로 개척
1921~1930년

— 로스와 키스 스미스
— 반 라이네벨드와 브랜드
— 주요 항로(1925~1930년)

0 ____ 2500km
0 ____ 2500 miles

커티스 NC-4
1919년 5월 27일 미 해군 제1수상비행단의 A.C. 리드(Read) 소령이 지휘한 NC-4 항공기가 처음으로 대서양 횡단비행에 성공했다. 이 항공기는 미국 뉴펀들랜드를 이륙하여 아조레스를 거쳐 포르투갈의 리스본에 착륙했다. 함께 비행한 NC-1과 NC-3는 목표지점에 조금 못 미쳐서 착륙했다. 성공한 NC-4 항공기는 리스본에 열흘간 머물다 영국 플리머스를 향해 떠났다.

반된 후 열렬한 환영을 받았다.

NC-4는 리스본을 이륙해 북쪽으로 향했다. 약간의 실수가 있었지만 5월 31일 마침내 영국에 도착한다. 총 비행시간은 53시간 58분으로, 트레퍼시 만에서 영국의 케터워터(Cattewater)까지 총 6,952킬로미터를 비행했다.

논스톱 비행

그로부터 2주 후에 영국의 존 알콕(John Alcock) 대위와 아더 위튼 브라운(Arthur Whitten Brown) 중위에 의해 첫 번째 논스톱 대서양 횡단비행이 이루어졌다. 그들의 항공기는 전쟁 말기에 생산된 비커스 비미(Vickers Vimy) 폭격기였다. 2대의 롤스로이스(Rolls-Royce) 이글 VIII 엔진이 장착된 이 항공기는 시속 160킬로미터로 비행할 수 있었다. 모든 군사용 장비가 제거되고 대신에 추가 연료탱크가 부착되었다. 이 항

은 짙은 안개 속에 착륙하다가 아조레스 산맥에 충돌했다. 항공기는 바다에 가라앉았으나 승무원은 지나던 상선에 의해 구조되었다. NC-3는 예정된 장소에 착륙했지만 그곳에서 이륙하는데 실패하고 거친 파도에 항공기의 날개가 상하여 겨우 인근 섬의 폰타델가다(Ponta Delgada)까지 운

대서양 모험
대서양 횡단비행은 제1·2차 세계대전 사이의 '황금기(Golden Age)'에 달성되었다. 리드의 횡단비행과 알콕, 브라운, 린드버그의 선구적인 논스톱 비행 후에 또 다른 업적이 탄생했다. 클래런스 체임벌린(Clarence Chamberlin)은 첫 승객 운송에 성공했고 폰 휘네펠트는 대서양 동쪽에서 서쪽으로 첫 논스톱 비행에 성공했으며, 밝은 노란색으로 칠한 '카나리아새(Oiseau Canari)'를 타고 비행한 아솔랑(Assolant)은 처음으로 대서양 횡단에 성공한 프랑스 조종사였다. 호주까지의 항로를 개척한 킹스포드 스미스는 대서양을 자신의 마지막 도전으로 여겼다. 대서양 횡단은 윌콕슨(Wilcockson), 베넷(Bennett), 코스터(Coster)가 1938년 7월 20~21일에 첫 상업비행에 성공하면서 정점에 이르렀다.

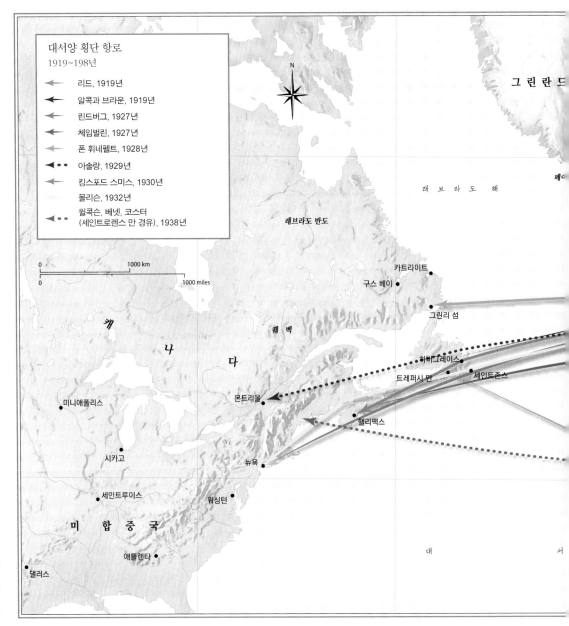

대서양 횡단 항로
1919~198년

← 리드, 1919년
← 알콕과 브라운, 1919년
← 린드버그, 1927년
← 체임벌린, 1927년
← 폰 휘네펠트, 1928년
◄•• 아솔랑, 1929년
◄ 킹스포드 스미스, 1930년
 몰리슨, 1932년
◄•• 윌콕슨, 베넷, 코스터
 (세인트로렌스 만 경유), 1938년

0   1000 km
0   1000 miles

그린란드

래브라도 해

레브라도 반도

퀘벡

카트라이트

구스 베이

그린리 섬

캐　나　다

하버그레이스
트레퍼시 만
세인트존스

미니애폴리스

몬트리올

핼리팩스

시카고

뉴욕

세인트루이스

워싱턴

미 합 중 국

애틀랜타

댈러스

대　　서

공기는 3,936킬로미터를 비행하기에 충분한 총 3,274리터의 연료를 탑재했다.

1919년 6월 14일 오후 4시 13분에 알콕과 브라운은 뉴펀들랜드의 비행장을 이륙했다. 보온병에 담긴 커피, 샌드위치, 초콜릿 등을 싣고 동쪽을 향해 대서양 상공을 비행했다. 그들은 함선에서 울리는 사이렌소리를 들으며 세인트존스(Saint John's)•를 통과했다. 육지를 떠난 지 얼마 안 되어 그들은 짙은 안개 속으로 빠져들었다. 무선 송수신기용 발전기가 고장 났고 최신 보온 비행복도 작동되지 않았지만 순풍을 타고 비행하여 평균속도는 증가했다. 그들은 항공기 속도계가 얼어붙고 라디에이터 커버와 보조날개 부착장치가 얼음으로 뒤덮인 공포스러운 상황을 극복하며 비행했다. 알콕이 조종간을 잡고 있는 동안 브라운은 여섯 번이나 항공기 밖 날개 위로 올라가 엔진 덮개의

연료지시계를 덮고 있는 얼음을 제거해야 했다.

새벽이 다가올 무렵, 항공기는 3,353미터 상공을 비행하고 있었다. 브라운이 육분의(Sextant)로 그들이 아일랜드 서쪽에 있음을 알아냈다. 알콕은 구름층 사이를 뚫고 강하하여 시정(視程)이 아주 좋은 해상 61미터까지 강하했다.

비커스 비미
1919년 6월 15일. 조종사 존 알콕 대위와 항법사 아더 위튼 브라운 중위가 비커스 비미를 타고, 뉴펀들랜드의 레스터 비행장에서 골웨이(Galway)의 클리프덴까지 첫 번째 대서양 논스톱 횡단비행에 성공했다. 그들에게는 《데일리 메일》의 상금 1만 파운드와 기사 작위, 세상의 선망과 항공역사에 길이 남을 업적이 주어졌다.

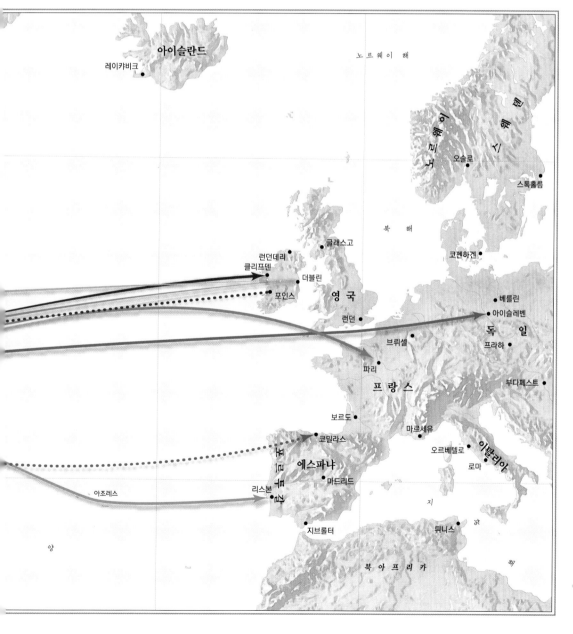

• 뉴펀들랜드 섬 동쪽의 도시.

마침내 클리프덴(Clifden)의 높은 라디오방송국 탑이 나타났다. 조종사들은 착륙하기에 적합한 땅으로 보이는 곳에 착륙했지만 그곳은 불행히도 진흙탕이었으며, 항공기는 진흙에 처박혀 물구나무 선 채 착륙했다. 알콕과 브라운은 안전벨트를 매고 있어서 다치지 않고 구조되어 라디오방송국 직원들의 환대를 받았다. 그들은 당당하게 노스클리프 경에게서 상금 1만 파운드를 받았고, 그중 2,000파운드를 비행을 지원해준 정비사들에게 나누어 주었다.

미국의 국가적 영웅

가장 유명한 대서양 횡단비행은 뉴욕에서 파리까지 논스톱 단독비행에 성공한 찰스 A. 린드버그(Charles A. Lindbergh)의 비행이다. 린드버그는 항공우편항로를 여러 번 비행한 숙련된 비행사였으며 육군의 예비역 조종사 자격도 가지고 있었다. 그는 오랫동안 꿈꾸었던 대서양 횡단비행에 필요한 1만 5,000달러를 기부하도록 세인트루이스(Saint Louis)의 여러 기업을 설득했다. 그리고 적당한 항공기를 찾아 나서서 결국 샌디에이고(San Diego)의 작은 기업 라이언 항공사(Ryan Airlines)와 60일 이내에 비행에 적합한 항공기를 설계·제작하도록 합의했다. 이미 성능이 충분히 입증된 라이트 휠윈드(Wright Whirlwind) J-5 엔진을 장착한 단순하고 날씬한 고익(高翼) 항공기였다. 린드버그는 후원자들에 대한 감사의 표시로 새 비행기의 이름을 '세인트루이스의 정신(Spirit of St Louis)'이라고 명명했다. 린드버그는 이 항공기로 샌디에이고에서 세인트루이스를 거쳐 뉴욕으로 가는 시험비행을 계획했다.

린드버그는 미국 서부시간으로 1927년 5월 10일 오후 3시 55분에 샌디에이고의 록웰 비행장(Rockwell Field)을 이륙했다. 그는 해발 3,810미터인 로키(Rocky) 산맥을 정상보다 152미터 높은 고도로 넘었다. 린드버그는 세인트루이스의 램버트 비행장(Lambert Field)에서 하루를 쉰 후, 현지시간으로 5월 12일 오후 5시 33분에 뉴욕에 착륙했다. 대륙 횡단비행을 끝낸 후 항공기는 정밀검사를 받았다. 시험과 개선이 이루어지고 일주일 뒤 비행하기에 좋다는 일기예보가 발표되었다. 항공기는 마지막 점검을 위해 루스벨트 비행장(Roosevelt Field)의 긴 활주로로 옮겨졌다. 항공기 연료탱크에는 1,703리터의 연료가 주입되었다. 감수해야 할 극단의 위험을 염두에 두면서 린드버그는 작은 항공기의 엔진을 가속시켰고 항공기는 활주로를 미끄러져 가기 시작했다. 5월 20일 오전 7시 52분. 샌디에이고에서 항공기를 설계한 지 겨우 12주 만이었다. 그는 전선줄을 겨우 6미터 간격으로 통과하고, 뉴펀들랜드를 향해 북동쪽으로 비행해 대서양 항로에 올랐다.

린드버그가 구름층과 어둠을 뚫고 북동쪽으로 계속 비행하자 날이 밝았다. 그는 작은 어선을 발견하고 자신의 위치를 파악하고자 선회했지만 통신에는 실패했다. 비행을 계속한 지 1시간 후에 그는 아일랜드 남서쪽 끝을 통과했고, 그 후 영국 상공을 지나 영불 해협과 프랑스의 셰르부르 항 상공을 통과했다. 짙어가는 어둠 속에서 파리의 불빛이 지평선상에 보이기 시작했다. 그는 르 부르제(Le Bourget) 비행장 상공에서 착륙지점을 확인하고 1927년 5월 21일 오전 10시 24분에 착륙했다. 33.5시간 동안 5,809킬로미터를 비행한 끝에 린드버그는 일시에 미국의 영웅이자 국가의 상징으로 떠올랐다.

반대 방향으로의 비행

비록 영국의 비행선 R34가 1919년 7월 동쪽에서 서쪽으로 대서양을 횡단했지만, 항공기가 이 방향으로 대서양을 횡단한 것은 1928년 4월 13일 융커스 W33 '브레멘(Bremen)'이 처음이었다. 귄터 폰 휘네펠트(Günther von Hünefeld)와 헤르만 쾰(Hermann Köhl)이라는 2명의 독일인과 아일랜드인 제임스 피츠모리스(James Fitzmaurice)는 더블린(Dublin) 인근의 발도넬 비행장(Baldonnel Airfield)에서 이륙하여, 래브라도 해안의 그린리(Greenly) 섬까지 비행했다. 다른 훌륭한 조종사들인 에이미 존슨(Amy Johnson)과 짐 몰리슨(Jim Mollison) 또한 대서양을 횡단했다. 또 일련의 특별한 비행이 실현되었다. 1920~1930년대에 장거리 수상기 개발을 선도하고 있던 이탈리아는, 사보이아-마르케티(Savoia-Marchetti) S.55 항공기 24대로 구성한 편대가 이탈리아 항공장관인 이탈로 발보(Italo Balbo) 장군의 지휘 아래 왕복비

찰스 린드버그
1927년 5월 21일 '세인트루이스의 정신'으로 명명한 라이언 단엽기가 어둠 속에서 파리의 르 부르제 비행장에 착륙했다. 수줍고 앳돼 보이는 청년 찰스 린드버그가 뉴욕에서 파리까지 평균 시속 163킬로미터로 비행하여 역사의 한 장을 기록한 것이다. 첫 번째 단독 대서양 횡단비행은 린드버그의 명성과 비극으로 가득 찬 파란만장한 경력의 시작이었다.

행을 하는 야심찬 결정을 내렸다.

이 같은 비행의 가능성은 이미 1927년 이탈리아의 프란체스코 데 피네도(Francesco de Pinedo) 대위가 수상기 '산타 마리아(Santa Maria)'로 실험한 적이 있었다. 3명의 승무원을 태우고 이탈리아의 오르베텔로(Orbetello)를 이륙한 사보이아-마르케티 수상기는 다카르와 카보베르데(Cabo Verde) 섬을 경유하며 남대서양을 횡단하고, 남아메리카의 해안을 따라 리우데자네이루(Rio de Janeiro)까지 비행했다. 그런 다음 항공기는 미국을 향해 북쪽으로 기수를 돌렸다. 그러나 항공기는 항로를 이탈하여 헤매다 애리조나(Arizona)에서 불타버렸다. 새로운 산타 마리아 II가 그 자리를 대신했다. 동일한 승무원들이 탑승하여 시카고, 몬트리올(Montreal)을 거쳐 퀘벡(Quebec)을 향해 비행했다. 그런 다음 그들은 1919년에 미국인이 횡단했던 것과 똑같은 항로를 따라 아조레스를 거쳐 리스본을 지나 로마로 귀환하여 열광적인 환영을 받았다. 1930년 12월 17일 발보 장군은 14대의 수상기를 지휘하여 리우데자네이루까지 똑같은 항로를 따라 비행했는데 그중 10대가 안전하게 목적지까지 도착했다. 오직 1대만이 완전히 파손되고 승무원이 사망하면서 실패했다.

이탈리아인의 북대서양 횡단은 전 세계의 이목을 집중시켰다. 수차례의 이륙실패 끝에 편대는 드디어 1933년 7월 1일 이륙했다. 항공기들은 유사시에 비상착륙을 할 수 있는 호수와 강을 따라 비행했다. 마침내 조이데르(Zuider) 해에 도달한 편대는 암스테르담 인근에 착륙했다. 항공기 중 1대가 파손되어 그 대체기가 즉시 파송되었다. 그들은 암스테르담에서 북아일랜드의 런던데리(Londonderry)로 향했고, 며칠 후에는 아이슬란드의 레이캬비크(Reykjavik)에 도착했다. 그곳에서 다시 래브라도의 카트라이트(Cartwright)로 비행하고, 뉴브런즈윅(New Brunswick)의 셰디악 만(Shediac Bay)을 거쳐 몬트리올에 도착했다. 편대는 마침내 7월 16일 세계박람회에 맞추어 시카고에 도착했다. 그 수상기들은 장장 9,799킬로미터의 여정을 성공적으로 완수한 것이다.

이탈리아 승무원들은 어디를 가든 환대

받았다. 편대는 발보 장군이 프랭클린 루스벨트(Franklin Roosevelt) 대통령과 오찬을 함께한 뉴욕을 출발해 귀환 길에 올랐다. 그들은 악천후로 예정된 항로보다 훨씬 남쪽으로 비행하게 되었고, 8월 8일에야 아조레스 제도에 도착했다. 불행히도 1대의 항공기가 이륙 중에 뒤집혔지만 나머지 항공기 23대는 리스본에 도착했다. 8월 12일에는 편대에 속한 항공기 모두 로마에 도착했다. 전 세계가 이 놀라운 위업을 목격하고, 이탈리아인의 자긍심은 하늘을 찔렀다.

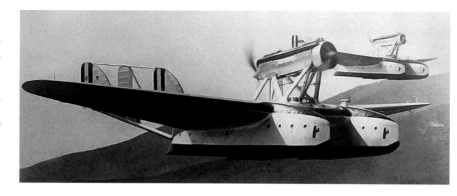

사보이아-마르케티 S.55
1926년 사보이아-마르케티 S.55는 속도, 고도, 거리 및 대양 횡단비행 방식 등 최소한 14개의 세계비행기록을 수립했다.

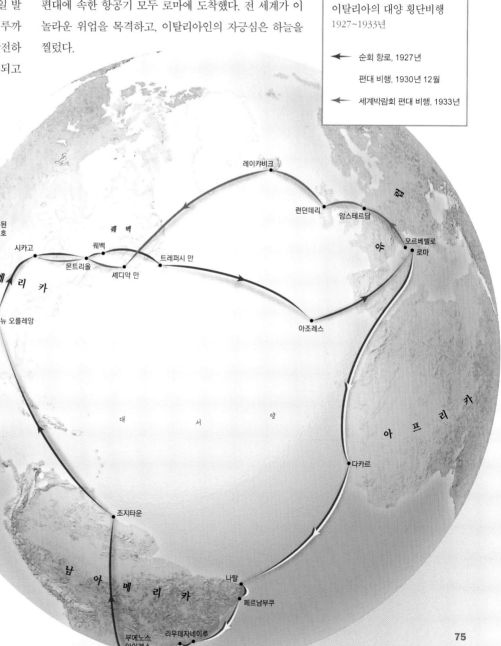

이탈리아의 대양 횡단비행
1927~1933년

← 순회 항로, 1927년

　 편대 비행, 1930년 12월

← 세계박람회 편대 비행, 1933년

레이카비크
런던데리
암스테르담
오르베텔로
로마
시카고
퀘벡
트레퍼시 만
몬트리올
셰디악 만
화재로 파손된 산타마리아 호
뉴 오를레앙
아조레스
북 아 메 리 카
멕시코 만
대　서　양
아 프 리 카
다카르
조지타운
남 아 메 리 카
나탈
페르남부쿠
부에노스 아이레스
리우데자네이루
산투스

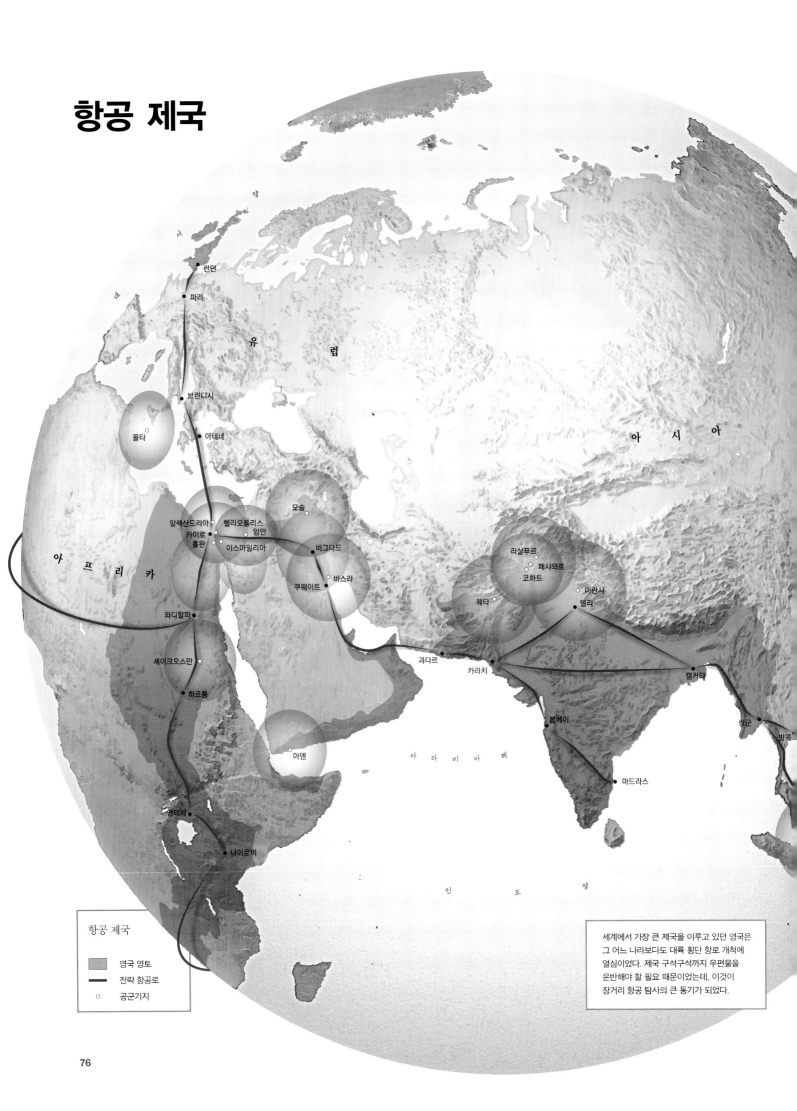

항공 제국

런던
파리
브린디시
몰타
아테네
유 럽
아 시 아
아 프 리 카
알렉산드리아
카이로
훌완
헬리오폴리스
암만
이스마일리아
모술
바그다드
쿠웨이트
바스라
와디할파
셰이크오스만
하르툼
리살푸르
페샤와르
코하트
퀘타
미란샤
델리
과다르
카라치
봄베이
캘커타
랑군
방콕
아덴
아 라 비 아 해
마드라스
엔테베
나이로비
인 도 양

항공 제국

영국 영토

전략 항공로

공군기지

세계에서 가장 큰 제국을 이루고 있던 영국은
그 어느 나라보다도 대륙 횡단 항로 개척에
열심이었다. 제국 구석구석까지 우편물을
운반해야 할 필요 때문이었는데, 이것이
장거리 항공 탐사의 큰 동기가 되었다.

제1차 세계대전 참전국은 혹독한 대가를 치렀다. 엄청난 인명 손실만이 아니고 경제적·재정적으로 각 국가는 파탄에 이를 지경이었으며, 이는 장기간에 걸쳐 영향을 미칠 것이 분명했다. 영국에서는 제1·2차 세계대전 사이의 기간 중 공군은 심각한 예산감축을 겪었고 항공기의 개발은 자금난을 겪으며 위태롭게 지속되었다. 정치적 통찰력이 있는 휴 트렌차드 경은 종전 이후에도 공군 참모총장으로 재직하면서 미래의 위협에 대비해 육군과 해군으로부터 재원을 할당받고자 투쟁했다. 그는 군의 주된 역할은 본토와 해외에서 국익을 보호하고 또 국가정책을 지원할 수 있는 전략폭격에 있으며, 또한 광대한 지역을 감시하고 주도하기 위해 항공기를 운용하는 것은 제한된 재원을 경제적으로 사용하는 것이라고 주장했다. 제1차 세계대전의 결과로 체결된 평화조약에 따라 영국은 이라크를 장기간 통치하게 되었다. 영국 공군은 이라크의 민족분규를 종식시키기 위한 임무를 수행했는데 이는 지상군을 동원했을 경우에 비해 훨씬 더 경제적이었다. 1920년대에 영국 공군은 또한 무법지대나 다름없는 인도 북서부로 파견되었다. 경폭격기에 의한 응징공습은 한시적이긴 했지만 질서를 바로 잡는데 효과적이었다.

트렌차드의 지휘하에 공군예산의 많은 부분은 본토와 식민지에서 비행장과 관련 인프라를 건설하는데 투입되었다. 이는 팽창주의가 막 시작된 1930년대 말에 가서야 현명한 투자였음이 입증되었다. 1933~1935년에 영국은 증대하는 위협에 당면했다. 유럽 대륙에서는 독일, 지중해 및 홍해에서는 이탈리아, 동아시아에서는 일본이 있었다. 경제적 침체에 빠져 있는 영국과 그 식민제국의 위험은 명확했다.

한편 임페리얼 항공사의 사업은 계속되었다. 유럽 내에서, 그리고 보다 중요한 식민지국가 간의 연결항로를 개척하는 임무가 부여되었다. 운용 첫 해에 새로운 항공기 핸들리 페이지 W8F가 민간 항공사에 소개되었는데 이 항공기는 그해 승객 1만 1,395명과 우편물 21만 2,380개를 운송하는 실적을 올리는데 기여했다. 그 후 10여 년 동안 거의 모든 식민지를 연결하는 항로가 개척되었다. 괄목할 만한 항공기는 4발 엔진 복엽기 핸들리 페이지 HP.42로, 승객들에게 부드럽고 편안한 비행과 기내의 여유로운 공간에서 풀코스 식사를 제공했다. 8대가 제작된 이 항공기는 160만 킬로미터를 운항하는 동안 단 1명의 인명 손실도 없었다.

또 다른 목적

유럽 동부의 신생국 소비에트 연방도 1923년에 항공운송회사 더브롤렛(Dobrolet)을 설립했다. 새로운 수도인 모스크바(Moskva)와 신흥공업도시 니즈니 노브고로드(Nizhny Novgorod)를 잇는 항로를 비행한 것이 그 첫 번째 운항이었다. 이렇듯이 항공사의 운항, 특히 국제노선의 운항은 국가정책과 철학의 도구로서 기여했다. 1921년에 유럽에서 경시당하던 두 나라, 독일과 소련은 합작하여 러시아로부터 서부로 운항하는 항공사를 설립했다. 1927년 5월 1일 동프로이센의 쾨니히스베르크(Königsberg)에서 모스크바까지 운항하는 정기노선이 취항했다. 이는 유럽에서 천대받던 두 나라가 모든 면에서 급속도로 가까워지는 계기가 되었다. 독일은 모스크바 인근의 리페츠크(Lipetsk)에서 새로운 항공기를 비밀리에 개발하고 시험했고, 이 대가로 소련은 독일의 기술을 배우게 되었다.

프랑스도 식민지들을 연결하기 위한 항로 개척에 나섰다. 미국에서도 북·중·남아메리카를 잇는 새로운 항공사가 취항했다. 유럽에서는 이탈리아가 지중해와 북아프리카에 야심을 드러냈는데, 이는 영국과 여타 영향력이 적은 국가들의 이해에 직접적인 도전이었다.

휴 트렌차드
1919년 공군 참모총장이던 공군 대장 휴 트렌차드는 공군의 독립을 단단히 결심한다. 그는 공군력을 제국의 경찰로써 사용해야 한다고 주장하면서 제1차 세계대전 후 폐지 위기에 처한 공군을 살리기 위해, 그리고 공군을 엄청난 무기로 키우기 위해 싸웠다.

핸들리 페이지 HP.42
핸들리 페이지 HP.42 여객기는 1931년부터 유럽과 영국의 해외 항로에서 운항되었다. 임페리얼 항공사 등장 이전에 유럽의 항공서비스는 암스트롱 휘트위스 아르고지(Armstrong Whitworth Argosy)와 핸들리 페이지 W.8 항공기로 운항했다.

해양 항공

해양에서의 공군력은 일본이 중국 칭다오(靑島)에 위치한 독일의 극동 기지를 습격하기 위해 수상기 모함인 와카미야(若宮)를 배치한 1914년부터 시작했다. 영국 또한 노르트홀츠와 쿡스하펜에 위치한 독일의 비행선 기지를 공격하기 위해 그와 비슷한 함정을 배치했다. 1918년 4월, 당시 세계 최고 해군력을 자랑하던 영국은 서부전선에 위치한 130곳이 넘는 해안과 비행장을 3,000대에 달하는 항공기와 103대의 비행선으로 뒤덮었다. 그 달에 세계 최초의 독립 공군인 영국 공군(Royal Air Force)이 창설되었다. 엄밀히 말하자면 영국보다 며칠 먼저 핀란드 공군(Finnish Air Force)이 창설되었으나, 그 규모는 단 1대의 항공기와 단 1명의 조종사에 불과해 제대로 된 공군이라 말하기 어려웠다.

최초의 항공모함

전투기가 바다에서 출격 하려면 수상기 모함을 통한 해군의 지원을 받아야만 했다. 모든 항공기는 모함 한쪽 측면에서 윈치에 이끌려 바다로 내려진 다음 이륙했으며, 작전을 수행하기 위해 좋은 날씨에서만 출격할 수 있었다. 전투기가 모함의 지원을 필요로 하듯이 함대 또한 전투기의 보호를 필요로 했다. 1917년 솝위드 전투기들은 모함 포탑 위에 설치한 평평한 갑판 위에서 이륙을 시도했다. 그 결과 전투기의 단독 출격이 이루어져 1918년 8월 독일의 체펠린 비행선을 격추할 수 있었다.

바다 위에서 이륙을 하면서 전투기 조종사들은 한 가지 문제에 직면했다. 바로 불시착 시 아군 모함을 찾는 일이나 임무 완료 후 근처 비행장까지 날아가야 하는 일이었다. 그래서 빠른 구축함으로 예인하여 이동 비행장 역할을 하도록, 1917년 7월 순양함 퓨리어스(HMS Furious)를

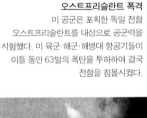

임시방편으로 개조하여 배치했다. 8월에 영국 해군의 에드윈 H. 더닝(Edwin H. Dunning) 중령이 역사상 최초로 그의 솝위드 펍 전투기를 타고 퓨리어스 앞갑판에 성공적으로 착륙했다. 그 이후 항공기의 손쉬운 이착륙을 위해 퓨리어스의 상부 구조가 완전히 바뀌었다. 원양 여객선을 개조한 아거스(HMS Argus)는 항공기 이착륙을 위한 거의 완전한 길이의 갑판을 보유한 첫 번째 함선이었다.

그 다음으로 미완성인 전함을 개조한 이글(HMS Eagle)은 1918년 6월에 취역했다. 이후 1919년 9월에 최초로 항공모함 목적으로 개발된 허미즈(HMS Hermes)가 선을 보였다. 그즈음 영국 해군은 신생 공군에 모든 항공전력을 넘겨주었다. 하지만 미국과 일본 해군은 여전히 항공전력을 유지하고 있었기 때문에, 영국 해군의 개혁은 해상 공군력에 있어서 주도권을 빼앗기는 상황을 만들고 말았다.

영국 공군은 그들의 핵심 역할을 잠재적인 혹은 실존하는 적대전력을 폭격하는데 맞추었다. 재정적으로 불안정한 상황이었기 때문에 낡은 구식 전투기를 수리해서 쓰는 등 재정을 최대한 아껴 추가로 2척의 항공모함을 1928년과 1930년에 제작할 수 있었다. 영국의 첫 '현대적' 항공모함인 아크 로열(Ark Royal)은 1935년에 건조하기 시작해 1938년에 완성되었다. 이 함선의 탑재량은 2만 7,700톤으로, 이는 구식 전투기를 약 60대 실을 수 있는 정도였다.

항공모함의 발전

미국은 2척의 순양전함(Battle Cruiser) 선체를 이용해 자국의 첫 번째 항공모함을 제작했다. 새러토가(USS Saratoga)는 1925년 4월에, 렉싱턴(USS Lexington)은 10월에 취역했다. 두 항공모함 모두 전쟁 물자를 제외한 선박 자체 무게가 3만 3,000톤에 다다른다고 발표했는데, 모든 화물을 적재한 무게(만재톤수)는 3만 7,600톤과 4만 3,000톤이었다. 이 빠르고 큰 함선들은 항공기를 65대가량 싣고 8인치(203밀리미터) 포를 포함해 중순양함(重巡洋艦)과 동일한 수준의 무기를 탑재했다. 이때까지 항공모함의 역할이 명확히 정의되지 않았지만, 미 해군은 1920년대 후반부터 대규모 비행 연대와의 작전훈련에 이 두 항공모함을 운용했다.

항공모함 건조는 자금 조달이 원활하지 못한 상황에도 불구하고 눈에 띄는 기술적 진전을 보였다. 항공모함의 버팀목을 강화하고 전투기의 날개를 접는 등의 여러 가지

시도를 통해 함대에 수용할 수 있는 전투기 수가 대폭 증가한 것이다. 공중에서 함대를 향해 어뢰를 발사하거나 폭탄을 투하하는 '급강하 폭격(Dive bombing)' 같은 새로운 전략을 개발하고, 전투기와 항공모함의 합동작전 수행은 필수가 되었다.

일본 해군 또한 항공모함 개발에 뛰어들었다. 상선을 개조해 만든 첫 항공모함 호쇼(鳳翔)를 1922년부터 작전에 투입하고, 1927년에는 순양전함을 개조한 아카기(赤城), 1928년에는 전함 선체로 만든 가가(加賀)를 건조했다. 아카기와 가가는 크기가 매우 크고 중무장한 함선으로 90대 이상의 항공기를 싣고 총 무게가 약 4만 톤에 이르렀다. 제1차 세계대전 당시 연합군에 속한 일본은 이들 항공

모함을 이끌고 태평양을 가로질러 독일로부터 영토를 빼앗고, 일본에서 멀리 떨어진 지역에서 지배권을 유지하기 위해 항공모함의 지원을 받는 공군력을 강화했다. 또한 일본의 항공기 설계자들은 장거리 특성을 갖춘 항공모함 전용 항공기를 개발하는데 많은 시간을 할애했다.

1920년대와 1930년대에는 항공모함 기동작전을 통해 항공기가 완전 무장한 전함을 파괴하는 사례도 생겼다. 1921년 미군 폭격기 조종사 윌리엄 미첼(William Mitchell) 준장은 독일 구식 전투함인 오스트프리슬란트(Ostfriesland)를 격침했다. 이후로 벌어질 해양 전투에서는 전투함 대 전투함의 전쟁이 아니라 전투기 대 전투함 식의 전쟁으로 발전할 것이 분명했다.

독일 공군의 창설

제1차 세계대전이 끝나면서 독일이 서명한 베르사유 조약은 프로이센의 군국주의를 응징하고 제거하려는 목적으로 산업·경제적 기반들을 무력화하고, 전쟁을 일으킬 수 있는 국가 능력 역시 약화시켰다. 반면에 이는 전쟁배상금과 영토 상실로 더 이상 제국이라고 부를 수 없는 독일을 어떻게 해서든 다시 세계 강국의 위상으로 돌아가도록 하겠다는 많은 독일인의 결단을 촉진시켰다.

독일의 임시 공군

1918년 독일 항공대는 약 2만 대의 항공기를 보유했다. 하지만 베르사유 조약으로 인해 이들 항공기 및 독일 전투함대 대부분을 연합국에게 이양하고, 병력도 약 10만 명으로 대폭 감축해야 했다. 그리고 조약 체결 이후 독일에서는 합법적으로 공군 창설이 불가능했고, 나아가 군수 제품과 군사용 항공기를 제작·수입하는 것조차 금지당했다. 하지만 연합국은 독일의 민간 항공기에 대해서는 크게 신경 쓰지 않았다. 독일의 민간 항공 분야는 전쟁 전에도 있으나마나 했고 조약에조차 제대로 명시되지 않아서, 조약 체결 후 불과 6개월이 지난 때부터는 민간 항공기 제작이 가능해졌다.

독일은 국방부(Reichswehrministerium)를 유지해도 좋다는 연합국의 허가를 받은 후 주요 군 간부들을 조심스럽게 원래의 위치에 돌려놓았다. 그 다음 합법적인 겉모습 뒤에서 육군 통수부(Truppenamt)라는 이름 아래 활동을 금지당한 참모들을 소집했다. 교활하고 유능한 한스 폰 젝트(Hans von Seeckt) 장군이 이를 지휘했는데, 그는 모든 방법을 동원해 아주 조심스럽고 비밀스럽게 독일의 군대를 키워나갔다. 젝트는 제1차 세계대전 당시 카골 3의 지휘관으로 활동하며 1917년 영국에 대한 고타기 공습을 진두지휘했던 하웁트만 에른스트 브란덴부르크(Hauptmann Ernst Brandenburg)를 교통부 산하 민간 항공부서 책임자로 임명했다. 독일 국방부의 보호 아래 독일의 민간 항공은 비약적으로 발전했다. 민간 항공제조업의 성장 도모를 위해 독일 회사들은 공장을 우방국에 지어서 독일에서 받았던 감시와 구속을 피했다. 일례로 하인켈(Heinkel)은 스웨덴에 공장을 설립했고 융커스(Junkers) 공장은 터키와 스웨덴에 위치했다. 1924~1926년에는 독일에서 합법적인 활동을 서서히 늘려가기 시작했다. 1924년 빌리 메서슈미트(Willi Messerschmitt)는 바바리안 항공기 제조회사(Bavarian Aircraft Company)에 스카우트되어 경비행기를 만들게 되고, 제2차 세계대전에서 독일의 가장 강력하고 핵심적인 전투기 메서슈미트 Bf 109를 제작하게 되었다.

더 크게, 보다 낮게

베르사유 조약으로 대형 상업 항공기도 제작하지 못했던 독일은 1926년 모든 제한이 풀리자, 그때까지 발생한 손실을 메우고자 설계와 생산 능력을 급진적으로 발전시켰다. 같은 해 독일은 제1차 세계대전 당시 조종사 에르하르트 밀히(Erhard Milch)의 주도하에 국영 항공사인 도이체 루프트한자(Deutsche Luft Hansa)를 설립했다. 밀히는 새로운 조종사 훈련 과정을 도입하고 여러 지상 시설과 장비를 구축했다. 운영 첫해 항공사는 베를린과 모스크바를 잇는 항로를 개설했고, 이후 남아메리카까지 항로를 확장했다. 1928년 도이체 루프트한자는 큰 이윤을 내며 유럽의 가장 유능한 항공사로 성장했다. 모스크바로 가는 항로는 1923~1924년 젝트가 극비리에 소련 정부와 계약을 체결할 때 매우 유용하게 사용되었다. 독일은 모스크바에서 남동쪽으로 438킬로미터 정도 떨어진 리페츠크에 지은 기지에서 연합군의 감시를 피해 새로운 전투기나 무기 등을 시험하고 새로운 전략을 개발할 수 있었다. 여기서 매우 비밀리에 '사악한 독일군'이 만들어 지고 있었다.

동시에 독일 정부는 국민들이 항공 분야에 관심을 갖게 유도하는 정책을 펼쳤다. 우선 1920년에 창설하여 1929년에 이르러서는 5만 명의 회원을 거느린 독일 항공스포츠협회(Deutscher Luftsportverband)가 글라이더를 이용해 대중에게 항공 경기를 소개했다. 이 같은 행사는 독일이 다시 전투기를 운영할 때 필요한 조종사를 양성하기 위한 목적이 있었다.

1929~1930년, 세계 경제가 공황에 시달리고 있을 때 항공산업과 항공사에 대한 독일 정부의 보조금도 절반이나 삭감되었다. 헤르만 괴링(Hermann Göing)은 1923년 실패로 끝난 아돌프 히틀러(Adolf Hitler)의 뮌헨 폭동(München Putsch)을 지원하고, 나치당의 충실한 당원이 되어 독일 의회(Reichstag) 의원으로까지 선출되었다. 그 후 히틀러가 통치권을 장악한 1933년에 괴링은 항공장관직도 맡았다. 괴링은 인기가 있었고, 선전부는 제1차 세계대전 당시 조종사로서 그가 거둔 승리를 부각하여 대중을 선동했다. 밀히가 계속해서 정부를 지원하도록 한 인물도 괴링이었다. 그는 항공분야 전력을 강화하기 위해 밀히가 원하는 대로 묵묵히 따랐다. 서구 열강이 국방 예산을 계속 삭감하는 것과는 다르게 독일의 훈련과 연구는 다른 영향을 거의 받지 않고 진전되었다.

1932년 2월, 국제연맹(League of Nations)이 주재한 제네바 군축회의가 열렸다. 독일 대표단은 이 회의의 목적이 독일의 재무장을 막는 데 있다는 것을 알아챘다. 1933

BF-109V-4 시제기
BF-109V-4 시제기는 최초로 엔진 뒤쪽에 MG17 기관총을 장착하고 프로펠러 사이로 발사했다.

헤르만 괴링
제1차 세계대전에서 22회의 공중전 승리를 거둔 '에이스' 헤르만 괴링은 리히트호펜 비행단의 마지막 지휘관이었다. 1933년 국가사회주의 정부가 수립되면서 그는 공군 장관에 임명되어, 독일 공군 창설에 능력을 발휘한다.

년 3월, 국제연맹이 일본이 만주(滿洲, Manchuria)에 세운 괴뢰국가인 만주국(滿洲國)을 인정하지 않자 일본은 연맹에서 탈퇴했고, 회의를 더 이상 지속하는 것은 무의미해졌다.

나치의 부상과 새 공군

1932년 7월 31일 나치당의 당수 아돌프 히틀러(Adolf Hitler)가 독일의 권력을 잡고 1933년 1월 30일 새로운 총리로 선출되었다. 1934년 독일은 국제연맹에서 탈퇴하며 징병제를 도입했다. 기존의 국방부를 폐지하고 전쟁부(Ministry of War)와 국방군 총사령관직을 새로 창설했다. 같은 해 파울 폰 힌덴부르크(Paul von Hindenburg) 대통령이 서거했다. 옛 독일도 그와 함께 사라졌다. 아돌프 히틀러와 그의 혁명 동지인 괴링은 전부터 비밀리에 진행해왔던 군사 조직을 재정비하는 일을 이어받아 나라를 쥐고 통치하기 시작했다.

1925년 작성한 젝트의 비망록에 따르면 독일 공군은 육군이나 해군으로부터 독립한 자유로운 조직이어야 했다. 하지만 이러한 젝트의 조언에도 불구하고 육군 장교 출신인 밀히가 초기 독일 공군의 발전에 큰 영향력을 끼쳤다. 첫 공군 참모총장인 베퍼(Wever)는 장거리 폭격기 부대의 도래를 내다봤다. 1936년 2대의 대형 4발 엔진 단엽기, 도르니에(Dornier) Do 19와 융커스(Junkers) Ju 89가 처녀비행에 나섰는데, 융커스 Ju 89는 시속 390킬로미터의 최고속도를 자랑하고 항속거리는 1,609킬로미터이며, 최대 4,000킬로그램의 폭탄을 실을 수 있었다. 영국 공군의 폭격기는 1941년 말까지 그 성능을 따라잡을 수 없었다. 베퍼는 1936년 6월 비행 사고로 목숨을 잃고, 그 후임으로 3년간 항공대에서 일한 경험이 있는 전직 육군 장교 알베르트 케셀링(Albert Kesselring)이 취임했다. 케셀링은 심사를 통해 불필요하다고 판단한 폭격기 2대를 없앴고, 결

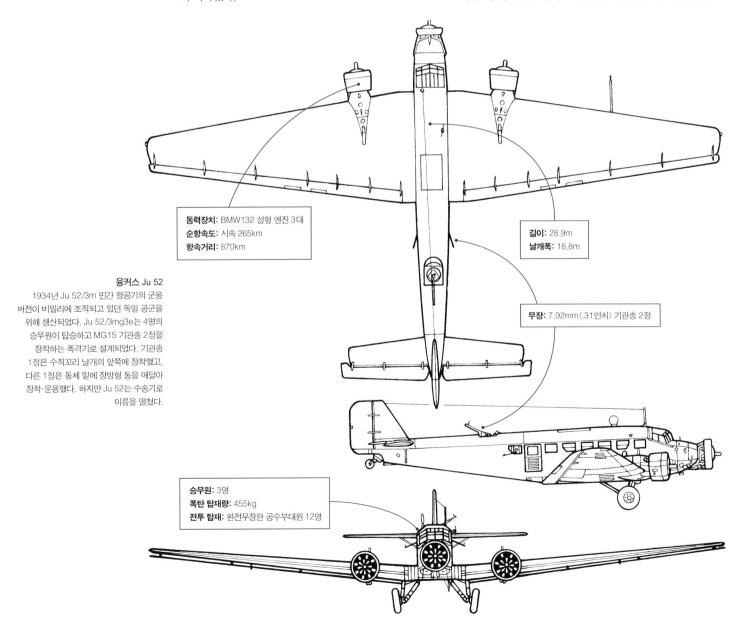

동력장치: BMW132 성형 엔진 3대
순항속도: 시속 265km
항속거리: 870km

길이: 28.9m
날개폭: 18.8m

무장: 7.92mm(.31인치) 기관총 2정

융커스 Ju 52
1934년 Ju 52/3m 민간 항공기의 군용 버전이 비밀리에 조직되고 있던 독일 공군을 위해 생산되었다. Ju 52/3mg3e는 4명의 승무원이 탑승하고 MG15 기관총 2정을 장착하는 폭격기로 설계되었다. 기관총 1정은 수직꼬리 날개의 앞쪽에 장착했고, 다른 1정은 동체 밑에 장방형 통을 매달아 장착·운용했다. 하지만 Ju 52는 수송기로 이름을 떨쳤다.

승무원: 3명
폭탄 탑재량: 455kg
전투 탑재: 완전무장한 공수부대원 12명

과적으로 독일 공군은 1차적인 전략 공격부대가 아닌 육군·해군을 전술적으로 지원하는 군사력으로 발전했다. 만약 독일 공군의 프로그램이 전략폭격대대를 갖출 정도로 발전했다면, 1940년 영국본토항공전(Battle of Britain)의 결과는 크게 바뀌었을 것이다.

공중비행

새로운 항공기가 생산되고 비행훈련학교에서 새로운 조종사들을 배출하기 시작했다. 1935년 3월 독일 공군 루프트바페(Luftwaffe)가 새로이 편성되고 괴링이 새 참모총장으로 임명되었다. 창설 당시 공군은 2만 명의 병력, 1,888대의 항공기, 그리고 매달 항공기 184대를 생산하는 공장 40개를 보유했다. 공장의 생산능력은 점점 증가하여 12월 무렵에는 한 달에 300대 이상을 생산할 수 있었다. 하인켈(Heinkel) He 111, 도르니에 Do 17, 메서슈미트 Bf 109, 융커스 Ju 87과 Ju 52 항공기의 생산량이 점차 증가했다. 이들 항공기는 에스파냐 내전(Guerra Civil Española)에서 첫선을 보였다. 독일의 히틀러와 이탈리아의 파시스트 당수 베니토 무솔리니(Benito Mussolini)가 프란시스코 프랑코(Francisco Franco) 장군의 국민군(Nationalist forces)을 지원한 것이다. 독일 공군 지원병들은 일찍이 모스크바 근교 리페츠크의 비행훈련학교와 관련 있던 후고 슈페를레(Hugo Sperrle) 소장이 지휘하는 콘도르 군단(Condor Legion)에서 복무했다. 군

작전 중인 슈투카
'슈투카(Stuka)'라는 단어는 독일어 '급강하폭격기(Sturzkampfflugzeug)'의 약어로서, 문자 그대로 '강하하는 전투기'로 해석할 수 있다. 슈투카는 제2차 세계대전 중 강하 폭격이 가능한 모든 독일 폭격기에 적용한 단어였음에도 불구하고, 주로 Ju 87을 지칭하는 단어로 굳어졌다. Ju 87은 투박한 형태의 생김새, 역갈매기 식의 주익, 그리고 무엇보다 목표를 향해 급강하할 때 발생하는 날개에 장착한 사이렌의 날카로운 경보음으로 유명했다.

단은 그 규모를 넘어서는 역할을 이룩했다. 최전방의 변화 무쌍함은 완벽한 유연성과 기동성을 갖춘 강한 군대를 만들어냈다.

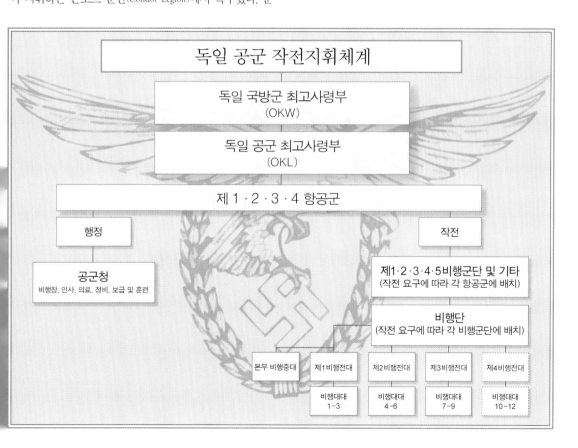

독일 공군 작전지휘체계

독일 국방군 최고사령부
(OKW)

독일 공군 최고사령부
(OKL)

제 1 · 2 · 3 · 4 항공군

행정

작전

공군청
비행장, 인사, 의료, 정비, 보급 및 훈련

제1·2·3·4·5비행군단 및 기타
(작전 요구에 따라 각 항공군에 배치)

비행단
(작전 요구에 따라 각 비행군단에 배치)

본부 비행중대 | 제1비행전대 | 제2비행전대 | 제3비행전대 | 제4비행전대

비행대대 1~3 | 비행대대 4~6 | 비행대대 7~9 | 비행대대 10~12

에스파냐 내전 : 1936~1939

1936년부터 영향력 없고 신뢰하기도 힘든 사회주의 정부가 에스파냐을 통치하기 시작했다. 선거에서 근소한 차이로 정치적 승리를 거머쥔 새 정부는 희망적인 미래를 국가의 목표로 삼고, 국가 재정과 영토를 재정비하기 위해 법률 등을 전반적으로 개정했다. 또한 새 정부가 들어서면서 정치적 동요를 최소화하기 위해 군의 규모를 대폭 축소했다. 이는 우파 진영의 지도자였던 프랑코 장군을 자극해 결국 내전을 유발했다. 국제사회는 각자의 이념에 따라 편을 갈라 원조했다. 소련은 공산주의-사회주의 정부의 공화군(Republicans)을, 이탈리아의 파시스트당과 독일은 프랑코 장군의 국민군(Nationalist)을 지지했다. 내전이 일어나자마자 양편 모두 전투기를 포함한 군사 원조를 받았다. 독일 정부는 에스파냐 내전을 새 전투기를 시험해보는 기회로 활용했다.

국민군을 향한 전폭적 지지

1936년 7월 17일 내전이 발발하고 며칠 지나지 않아 히틀러는 국민군 대변인을 직접 만난 후 프랑코 장군에게 융커스 Ju 52 수송기 20대를 숙련된 조종사와 함께 지원해주기로 약속했다. 단 하루 만에 3,000명 이상의 국민군 병력이 모로코(Morocco) 북부 테투안(Tetuan)에서 에스파냐 본토로 진출했다. 여전히 사회주의 정부에 충성하는 에스파냐 해군에 의해 해로가 막히자, 8~9월 1만 2,000명이 넘는 국민군 병력은 항공기를 이용해 해협을 건넜다. 이는 대규모 항공 수송을 통해 병력을 전장에 투입한 첫 번째 사례였다.

1936년 말, 독일은 하인켈 He 51 복엽기를 보유한 3개 전투비행대대를 원조했다. 빠른 속도로 구형으로 전락해 버린 이 전투기는 그와 비슷한 시기에 제조된 항공기를 상대로 몇 차례 승리를 거두었지만, 소련이 공화군에 지원한 신형 항공기를 상대로는 무용지물이었다. 독일은 또한 폭격기로 개조한 융커스 Ju 52로 구성된 4개 비행대대도 지원했다. 하지만 이 항공기들은 정밀폭격장치를 장착하지 않아 그다지 효율적이지 못했다.

매우 소중한 경험

에스파냐 내전 당시 이탈리아와 독일은 국민군에게 항공기와 함께 조종사도 지원했다. 특히 독일 공군 루프트바페는 조종사들이 실전 경험을 쌓게 하려고, 가능한 많은 인원을 교대로 전장에 투입했다. 이를 통해 루프트바페는 효과

폴리카르포프 I-15
소련은 대량의 폴리카르포프 I-15 복엽전투기를 에스파냐 공화국 공군에 제공했다. 개량형인 I-153은 독특한 날개 형태 때문에 '갈매기(Chaika)'라고 불렸으며 매우 훌륭한 전투기였다. 결과적으로 I-153은 작전 중 교전했던 거의 모든 항공기에게서 승리를 이끌어 냄으로써 그 가치를 증명했다.

사보이아-마르케티 SM.81
SM-81 피피스트렐로(Pipistrello: 박쥐)는
1935년 등장했을 때, 당시 이탈리아
공군이 보유하고 있던 다른 폭격기에 비해
괄목할 만한 발전을 이룬 기종이었다.
빠르고 잘 무장했으며, 훌륭한 항속거리를
보유함으로써 1935년 10월에 시작한
에티오피아에서의 군사작전에서 효과적으로
운용되었으며, 1936년 8월부터는 에스파냐
내전에서도 매우 유용하게 운용되었다.

적으로 훈련된 1만 9,000명의 병력을 보유하게 되었고, 훗날 이 같은 경험을 바탕으로 수천 명의 조종사와 승무원을 양성할 수 있었다. 그리고 결과적으로 제2차 세계대전의 시초였던 1939년 폴란드 전역과 1940년 서유럽 침공 당시 독일의 승리에 크게 기여했다.

아돌프 갈란트(Adolf Galland) 같은 독일군 에이스도 속속 등장했다. 그는 새롭고 혁신적인 전투기 전술을 지지하며, 종종 비행 중에 시가를 피우는 흥미로운 인물이었다. 그는 요기(Wingman)가 후미를 지키는 리더기를 활용한 '로테(Rotte)'라는 편대를 제안했다. 이는 요기가 리더 후방 어느 한쪽에서 약간 높게 비행하면서 리더를 호위하는 동안, 리더가 목표물 식별에 집중할 수 있게 해 주는 매우 효율적인 전술로, 지금까지도 여러 나라 공군에서 널리 사용하고 있다.

갈란트의 근무가 끝나자 또 다른 에이스 베르너 묄더스(Werner Mölders)가 자리를 대신했다. 묄더스는 갈란트가 개발한 전략을 보강하여 2개 이상의 로테 편대를 운용하는 '슈바름(Schwarm)'을 만들어냈다. 슈바름은 1940년 여

해협을 건너
일단 국민군 봉기가 시작되자 프랑코
장군에게는 세비야(Sevilla)의 국민군
거점에 안정적인 기지를 구축하는 것이
무엇보다 시급한 문제였다. 융커스 Ju 52
수송기들은 지브롤터 해협을 건너 모로코
주둔군을 수송하는 매우 귀중한 역할을
수행했다.

에스파냐 내전에서의
항공 수송
1936년 여름

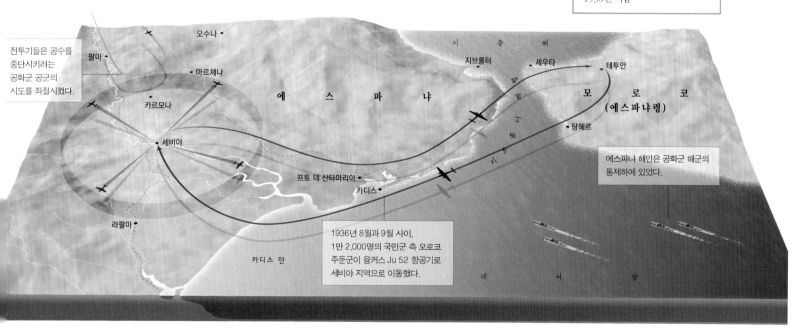

전투기들은 공수를 중단시키려는 공화군 공군의 시도를 좌절시켰다.

지 중 해

오수나

팔마

마르체나

카르모나

세비야

지브롤터   세우타   테투안

에 스 파 냐   모 로 코
(에스파냐령)

탕헤르

프토 데 산타마리아
카디스

에스파냐 해안은 공화군 해군의 통제하에 있었다.

라팔마

카디스 만

1936년 8월과 9월 사이,
1만 2,000명의 국민군 측 모로코
주둔군이 융커스 Ju 52 항공기로
세비야 지역으로 이동했다.

대 서 양

름의 영국본토항공전에서 잉글랜드 남부 상공을 횡단 비행하는 대규모 폭격기 편대를 호위하는데 이용되었다.

1937년 이탈리아 파시스트 정부는 카사 군단(Casa Legionara)을 조직하고, 이를 통해 프랑코 장군에게 3발 엔진을 장착한 사보이아-마르케티 SM.81 폭격기와 뛰어난 성능을 지닌 복엽전투기 피아트(Fiat) CR.32를 포함한 장비와 병력을 원조했다. 그 무렵 공화군은 소련을 비롯해 어느 나라에서든 가리지 않고 항공기를 수입했고, 그 대가를 금으로 지불했다. 그중에는 폴리카르포프(Polikarpov) I-16 라타(Rata) 단엽전투기도 포함되어 있었다. 크기는 작지만 빠른 속도와 훌륭한 무장을 갖춘 이 전투기는 곧

바로 국민군 복엽기를 상대로 우위를 차지했다. 하지만 1939년에 에스파냐 상공에서 활동하는 다른 항공기에 비해 단연 진보한 메서슈미트 Bf 109B가 모습을 드러내, 빠르게 전장을 장악하기 시작했다.

3년간의 잔혹한 내전은 많은 전략·전술의 시험장이었다. 독일군 지휘관들은 공군과 지상군 부대가 긴밀히 협조해야 성공적인 임무 수행이 가능하다는 것을 깨달았다. 공군은 폭격이나 기총공격을 가해 육군의 진격을 막는 방해 요소를 해치웠다. 이 협력 전술은 훗날 전격전 초기에도 사용되었다. 국민군은 여러 전투기 편대대형을 시험하여 2명의 조종사로 구성된 로테 대형을 기본 대형으로 채택했다.

에스파냐 내전

1939년 3월 프랑코 장군 측에 마드리드가 넘어가면서 종결된 에스파냐 내전에서 독일군은 공중전 전술에 대한 경험을 쌓았다. 같은 경험을 한 이탈리아는 이를 완전히 소화하는 데 실패했다. 공화군의 러시아식 교전 방법과 유사하게 이탈리아는 거대하고 기동이 어려운 편대대형으로 작전을 지속했다. 이는 개별 작전을 위한 기동공간이 없다는 단점으로 인해 희생을 감수해야 했다.

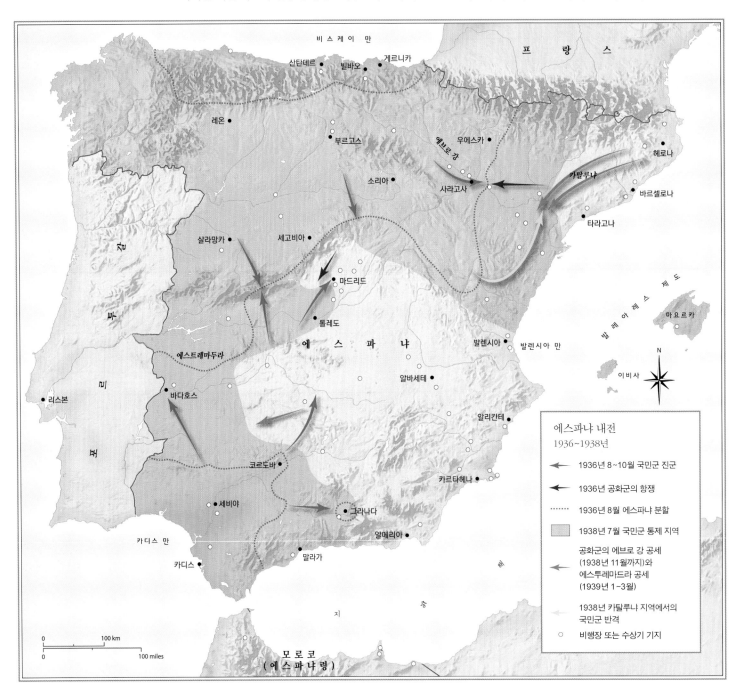

새로운 유형의 전쟁

공군 지휘관들은 부대가 집중된 곳과 적이 장악한 도시에 대해 전략폭격을 가했으며, 이러한 전략폭격은 에스파냐 북부 바스크(Basque) 지방의 마을 게르니카(Guernica)에 대한 악명 높은 공습으로 그 절정에 달했다. 원래는 마을 외곽에 있는 다리를 폭파하는 것이 공습 목표였지만, 콘도르 군단 소속 항공기 43대(하인켈 He 51 전투기의 호위를 받는 하인켈 He 111 중형 폭격기와 폭격기로 개조한 융커스 Ju 52 수송기)는 시장을 쑥대밭으로 만들었다. 가장 사람들의 왕래가 잦은 시간대에 폭탄을 떨어트려 많은 민간인을 살해했다. 첫 번째 폭격의 여파가 채 사라지기도 전에, 목표를 확인하지도 않고 두 번째 폭탄이 떨어져 마을을 더 파괴했다. 이 같은 공격의 결과로 1,500명 이상의 사망자가 발생했다.

오싹한 전조

국제사회가 충격과 격분을 금치 못한 게르니카 폭격은 앞으로 앞으로의 폭격이 군 병력뿐만 아니라 민간인도 공격 목표가 될 수 있으며, 전시폭격으로 도시가 화염에 휩싸일 것이라는 불길한 징조였다. 처음에 국민군과 독일 지원군은 공습 사실을 부인했으나, 머지않아 게르니카가 사회주의 활동 중심지로 공화군 병력의 거점이기 때문에 공격했다고 주장했다. 하지만 이 사건을 목격한 외신 기자들의 선명한 묘사로 진실이 밝혀졌다. 에스파냐 화가 파블로 피카소(Pablo Picasso)는 이 사건을 상징하는 그림을 그려 그날의 공포와 아픔을 대변했다.

빠른 시간 내에 연속해서 승리를 거머쥔 프랑코 장군의

국민군은 1939년 초 드디어 에스파냐의 통치권을 장악한다. 소련은 공화군에 1,000대 이상의 항공기와 조종사를 지원했다. 국민군의 경우 독일이 600대, 이탈리아가 660대의 항공기를 지원했고, 더불어 수천 명의 승무원과 지상요원도 보냈다. 에스파냐 내전에서 얻은 경험은 후일 전 유럽을 휩쓴 세계대전에서 결정적인 역할을 했다. 특히 독일 공군은 에스파냐 내전에서 쌓은 경험을 자국에서 가장 성공적으로 활용했다. 영국과 프랑스, 소련의 경우는 훨씬 뒤처져서 독일의 기술 수준을 따라 잡기까지 수년이 걸렸다.

에스파냐 내전의 폭격기
50여 대의 융커스 Ju 52/3mg4e 폭격기가 프랑코 장군의 군대를 지원하기 위해 에스파냐에 배치된 독일 콘도르 군단의 장비에 포함되었다.

피아트 CR.32
피아트 CR.32 복엽기의 총 생산대수는 1,212대로, 숫자상으로 그 시대의 가장 탁월한 복엽기였음을 증명했다.

일본의 중국 침공 : 1937~1941

일본 항공기술은 1918년에서 1930년 사이 상당한 진전을 보였다. 일본의 3대 기업인 미쓰비시(三菱)와 가와사키(川崎), 나카지마(中島)가 항공산업의 기반을 다졌다. 초기 생산품 대부분은 더글러스(Douglas)와 포커(Fokker) 같은 외국 항공기를 면허생산한 것이었다. 1920년 중반부터는 미국의 엔진 기술 도입에 힘입어, 일본에서 설계한 항공기를 일본제국 해군과 육군에 공급하게 되었다.

일본 정부 내에서는 우익 세력의 영향력이 점차 커졌다. 이웃국가인 중국에서 민족주의 세력인 국민당 주도 하에 이루어진 제1차 국공합작은 일본의 이익과 상반되는 듯 보였다. 일본은 아시아에서의 입지를 확고히 다지기로 결정한다. 1931년, 짧지만 강력했던 5개월간의 군사행동을 통해 일본은 중국 북동쪽에 위치한 만주를 지배하게 되었다. 일본 육군항공대는 대체로 육군을 지원하는 임무를 수행했으나 몇 차례 공대공 전투도 벌였다. 이를 통해 일본 육군항공대가 크게 성장할 수 있는 소중한 경험과 기술을 쌓을 수 있었다.

증가하는 공격과 침략

1931년부터 간헐적인 교전을 벌여온 일본과 중국은 급기야 1937년 7월부터 본격적인 전쟁을 시작했다. 일본의 침략 목적은 중국을 지배하고 그곳의 풍부한 자원을 손에 넣는 것이었다. 그해 8월에 시작해 이듬해 말까지 이어진 공

중전에서는 중국 공군이 완패했다. 중국은 항공산업 기반이 전혀 없어 항공기를 생산하거나 수리할 만한 능력이 없었고, 소수의 수입 항공기는 공중전을 오래 지속하지 못했다. 중국군의 강력한 저항에도 불구하고 일본은 제공권을 완전히 장악했다.

적 전투부대 위로 높이 비행하며 산업단지와 군수시설에 폭격을 가했고, 충칭(重慶)과 우한(武漢)을 비롯한 중국 주요 도시를 파괴했다. 여기에 일본 해군이 가세하여, 항공모함에서 이륙한 함재기가 상하이(上海)와 광저우(廣州) 같은 연해 지역 도시를 공격했다. 민간인을 대상으로 한 첫 번째 대규모 공습으로 수백만 명이 죽거나 다치고 거주지를 잃었다.

"문명 세계에서 이러한 습격이 벌어졌다는 소식에 느낀 공포는 엄청나 말로 형용할 수 없다. 군사목표는 뒷전이고, 시민을 무분별하게 살해하는 것이 주목적이 되어 버렸다."

– 크랜본(Lord Cranborne), 영국 외무차관

일본의 진주만 공격으로 전쟁이 제2차 세계대전으로 발전하는 1941년까지, 중국은 홀로 일본을 상대로 싸웠다.

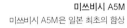

미쓰비시 A5M
미쓰비시 A5M은 일본 최초의 함상 단엽전투기로, 일본이 외국 디자인에 의존해 오던 방식을 탈피한 최초의 전투기라는데 의미가 있다. A5M 전투기는 중국 전역에서 광범위하게 운용되었으나, 필리핀 제도의 다바오(Davao) 공격을 제외하고 제2차 세계대전 중 연합군을 상대로 한 전투에는 운용되지 않았다.

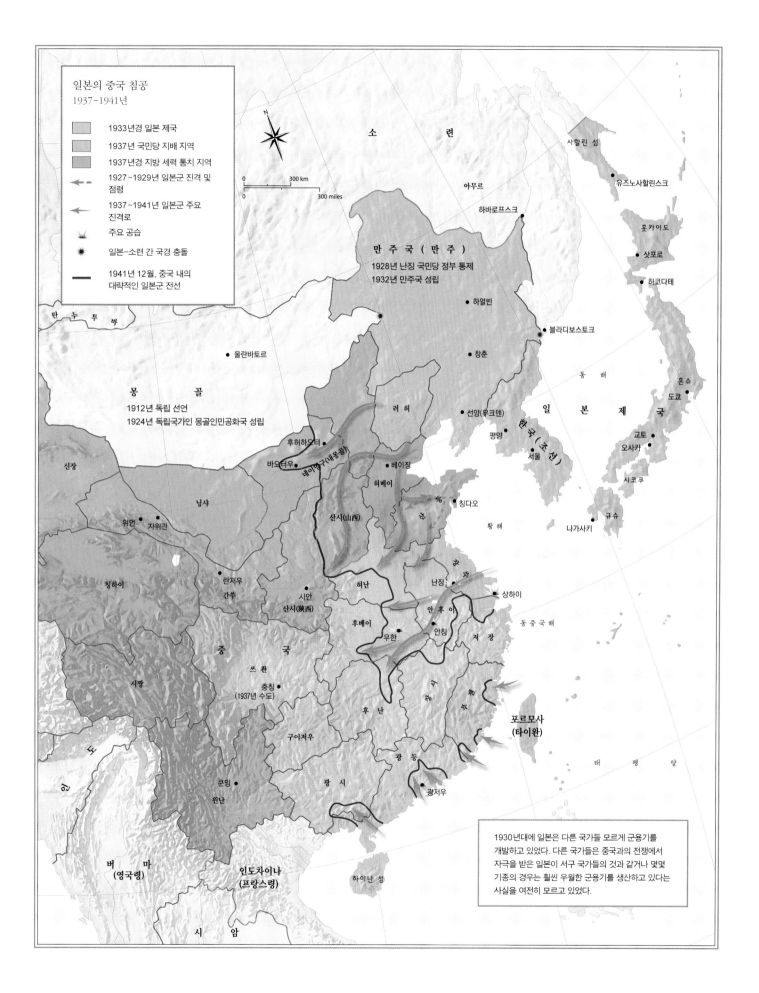

일본의 중국 침공
1937~1941년

1933년경 일본 제국

1937년 국민당 지배 지역

1937년경 지방 세력 통치 지역

1927~1929년 일본군 진격 및 점령

1937~1941년 일본군 주요 진격로

주요 공습

일본–소련 간 국경 충돌

1941년 12월, 중국 내의 대략적인 일본군 전선

1930년대에 일본은 다른 국가들 모르게 군용기를 개발하고 있었다. 다른 국가들은 중국과의 전쟁에서 자극을 받은 일본이 서구 국가들의 것과 같거나 몇몇 기종의 경우는 훨씬 우월한 군용기를 생산하고 있다는 사실을 여전히 모르고 있었다.

클리퍼 : 장거리 쾌속 비행정, 1934~1939

편안한 항공기
더글러스 DC-2 항공기는 항공기 여행객을 위해 새로운 공간을 도입했는데, 무엇보다 편안함에 중점을 두었다. 사진은 승객들이 DC-2 항공기의 넓은 여객실에서 식사를 즐기는 모습.

DC-2
TWA 항공사는 DC-2 항공기의 첫 번째 구매고객이 되어 32대의 항공기를 구입했다. 아래 사진은 캔사스 시티(Kansas city) 상공에서 촬영한 것이다.

19세기에는 기차가 북아메리카 대륙을 방방곡곡 누비고 다니며 여행과 상업의 중추 역할을 했다. 기차는 20세기에도 여전히 상품과 원자재를 실어 날랐지만, 여객 운수의 최고 자리는 항공 수송이 차지하게 되었다.

새로운 교통수단의 탄생

오늘날과 비슷한 형태의 현대적인 여객기가 처음 비행을 한 것은 1933년 2월 8일이었다. 당시 첫 비행을 한 보잉(Boeing) 247은 모든 부품을 금속으로만 제작하고 이착륙 장치를 기체 안으로 집어넣게끔 설계한 저익 캔틸레버 단엽기(low-wing cantilever monoplane)로, 프랫 앤 휘트니(Pratt & Whitney)에서 제작한 550마력 성형(星形) 엔진 2개를 장착했다. 또한 10명의 승객을 태우고 시속 240킬로미터 이상의 속도로 비행할 수 있었다. 보잉 247의 출현으로 융커스, 포커, 포드(Ford) 등의 회사에서 생산한 이착륙장치 고정식 3발 항공기는 금세 구식이 되었다. 보잉 247을 운영한 회사는 유나이티드 항공사(United Airlines)로 발전했다. 이 회사에서는 보잉 247을 대륙 횡단 항로에 배치했는데, 중간에 5~6번 기착하고도 미국을 가로지르는 데 20시간 밖에 걸리지 않았다. 이는 기존의 3발 항공기보다 7시간이나 빠른 것이었다.

트랜스 콘티넨털 앤드 웨스턴 항공사(Transcontinental and Western Air Inc.: TWA) 또한 보잉 247의 구입을 희망했으나 제시간에 비행기를 받을 수 없자, 더글러스 항공사(Douglas Aircraft Company)에 상세한 요구 사양에 따라 항공기를 발주했다. 그렇게 제작한 DC-1(Douglas Commercial 1)은 1933년 7월에 첫선을 보여 TWA에 인도되었다. 곧이어 DC-1은 로스앤젤레스에서 뉴욕까지 13시간 4분 만에 비행하는 기록을 세웠고, TWA사는 28대를 추가 주문했다. 가변 피치 프로펠러(variable-pitch propeller)와 고성능 엔진을 장착한 업그레이드 버전인 DC-2는 14명의 승객을 태울 수 있었다. DC-2는 네덜란드 국영 항공사인 KLM에서 운영했고, 1934년에는 영국-호주 비행 경기대회에 출전해 우승을 차지했다. 이때 세운 기록은 경주용으로 특별 제작한 드해빌런드 코멧(de Havilland Comet)보다 겨우 몇 시간 더 걸렸다.

DC-2에 뒤이어 등장한 더글러스 DC-3은 아마도 20세기 중반의 가장 상징적인 항공기 중 하나일 것이다. 이 항공기는 전 세계를 잇는 항공 노선을 개척하고, 후에 선보이는 4발 대형 여객기의 등장을 선도했다. DC-3은 군사용인 C-47을 포함하여 1만 4,000대 이상 제작되었다.

국제적인 상업 항로 개척

미국 우편국의 도움으로 미국 국내선 시장이 발달한 것처럼 국제선도 비슷한 과정을 거쳤다. 1927년 상업 비행 시장의 앞날을 내다본 전직 미 해군 조종사이자 사업가인 주안 트립(Juan Trippe)은, 몇몇 부유층 인사와 함께 아메리카 항공사(Aviation Corporation of America)를 설립했다. 이 회사는 쿠바와 우편배달 계약을 맺고 있던 팬아메리칸 항공사(Pan American Airways), 일명 팬암(Pan Am)의 경영권을 획득하고, 이후 트립의 경영 아래 카리브 해(Caribbean Sea)를 가로질러 남아메리카로 향하는 새로운 노선을 개설했다. 1929년 1월 9일, 처음으로 승객을 태운 팬암 비행기가 플로리다 주 마이애미(Miami)를 출발하여, 영국령 온두라스(British Honduras)의 벨리즈(Belize)와 니카라과(Nicaragua)의 마나과(Managua)를 거쳐 푸에르토리코(Puerto Rico)의 산후안(San Juan)까지 비행했다. 중간에 두 번 하룻밤씩 기착한 것을 포함하여 56시간 동안 3,200킬로미터를 비행했다.

팬암은 점진적으로 신항로를 개설하고 경쟁사를 인수하며 사업을 확장했다. '클리퍼(Clipper)'라는 이름의 비행

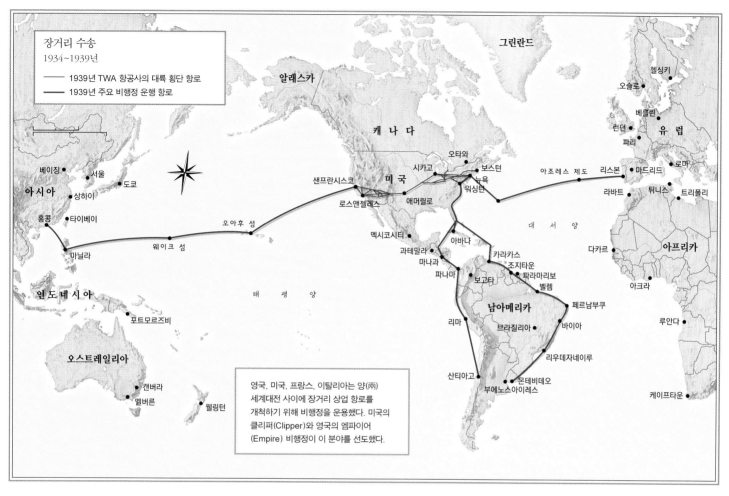

장거리 수송
1934~1939년

—— 1939년 TWA 항공사의 대륙 횡단 항로
—— 1939년 주요 비행정 운행 항로

영국, 미국, 프랑스, 이탈리아는 양(兩)
세계대전 사이에 장거리 상업 항로를
개척하기 위해 비행정을 운용했다. 미국의
클리퍼(Clipper)와 영국의 엠파이어
(Empire) 비행정이 이 분야를 선도했다.

정이 팬암의 거의 모든 항로를 운항했다. 홍보를 위해 트립은 대서양 횡단비행으로 유명한 비행사 찰스 린드버그를 기술 고문으로 임명했다. 언론이 한바탕 소동을 벌이는 와중에도 린드버그는 부인과 함께 카리브 해와 중앙아메리카의 도서(島嶼) 지역에서 비행을 즐겼다. 트립은 그의 빈틈없는 경영 및 마케팅 능력을 활용해 사실상 미 정부의 거의 모든 우편 계약을 승인 받았고, 미 정부는 외교 정책상 팬암을 육성하기 시작했다.

팬암은 또한 전 해양을 아우르는 것에 대한 야망을 품고 있었다. 이를 가능케 하려면 광대한 태평양을 가로지를 수 있을 만큼 장거리 비행이 가능한 새로운 항공기가 필요했다. 트립은 새로운 항로를 개척하는 데 사용할 목적으로 1934년 시코르스키(Sikorsky) S-42와 마틴(Martin)의 M-130 비행선을 사들였다. 새로 개발한 무선 방향 탐지기는 광활한 태평양에서 섬을 찾아내는데 유용하게 쓰였다.

1935년 11월 22일, 마틴 M-130 차이나 클리퍼(China Clipper)가 샌프란시스코(San Francisco)에서 우편물을 싣고 마닐라(Manila)로 향했는데, 항공기가 안전하게 이착륙하는지 직접 보기 위해 수많은 군중이 모이는 진풍경을 연출했다. 1936년 10월 21일에는 처음으로 각자 항공료

799달러를 지불한 승객 15명을 태운 비행기가 태평양을 횡단했다.

유럽 국가들은 이 새로운 시장에서 자신의 몫을 챙기기 위해 혈안이 되어 있었다. 이러한 유럽 국가들과의 항공 운항권 협상이 쉽지 않아 1939년 5월까지 대서양 횡단 비행은 지연되었다.

보잉 314
보잉 314 항공기는 비행정 기술에 있어 가장 진보한 기종이었다. 팬암은 6대를 주문하여 1939년 5월 20일 1대를 인수했으며, 이름을 '양키 클리퍼(Yankee Clipper)'라 지었다(후에 팬암의 유명한 호출명이 되었다). 보잉 314 항공기는 뉴욕과 프랑스 마르세유 사이의 우편 배달 서비스를 개시했다.

영국과 프랑스의 군사력 보강

레지널드 미첼
레지널드 미첼이 디자인한 슈퍼머린사의 경주용 수상기는 고속의 항공역학과 고출력의 엔진 개발에 큰 기여를 함으로써 10년 간 국가가 가장 위험한 순간에 처해 있을 때 도움을 주었다.

제1차 세계대전을 치르면서 참전국은 모두 큰 피해를 입었는데 특히 프랑스의 경우가 심각했다. 프랑스와 영국은 전쟁으로 인해 많은 부채를 떠안았고, 이는 두 나라 경제에 큰 부담을 안겨주었다. 병력을 대폭 감축하면서 항공산업에 대한 지원도 취소했다. 1918년 영국과 프랑스에서는 수만 명이 항공산업이 종사하고 있었지만, 1920년에는 그 수가 큰 폭으로 감소했다. 몇몇 기업은 항공산업에서 완전히 철수했는데, 일례로 히스파노-수이자는 항공기용 엔진 생산을 중단하고 고급 승용차 시장에 뛰어들었다.

세계대전 후 재정비

프랑스와 영국 모두 식민지 정책으로 인해 국방 예산은 매우 부족한 수준이었다. 프랑스 육군과 영국 해군은 자신들에게 충분한 예산을 확보하기 위해 큰 영향력을 행사했다. 프랑스 항공전력은 이때까지 육군의 지휘하에 있었고, 1934년에야 공군으로 독립했다. 영국에서는 1918년에 공군이 독립했으나, 예산 축소로 인해 육군과 해군이 각자 자신들의 지휘 아래 공군을 운영해야 한다고 압박했다. 공군 참모총장 휴 트렌차드는 공군을 지키고 발전시키려 최선을 다했으나, 1920년 당시 영국의 영공방어는 1918년 생산된 솝위드 스나이프(Sopwith Snipe) 비행기로 구성한 단 1개 비행대대에 의지하는 실정이었다.

대다수의 항공기 제조사들은 적은 수량의 상업 항공기 생산으로 간신히 연명했다. 하지만 1920~1922년 비록 적은 수이기는 하지만 새로운 군용기 개발 계약을 체결하고, 그 후 10년 동안 영국과 프랑스는 한정된 재정 상

호커 허리케인
호커 허리케인은 영국의 첫 번째 신형 단엽전투기였으며 롤스로이스 멀린 엔진을 장비하고, 무장은 0.303인치 콜트 브라우닝 기관총을 운용했다. 아래의 사진은 1936년 11월 6일에 첫 비행을 한 K5083 시제기이다.

태에서 최소한의 항공기 구입 계약을 통해 항공산업이 순조롭게 발전하도록 노력했다. 1935년, 독일의 재무장이 확실해지면서 새로운 독일 공군 루프트바페가 두 날개를 활짝 피기 시작했다. 독일 전역의 공장에서는 끊임없이 새로운 항공기를 생산했다. 초반의 여러 조짐을 무시하던 영국 정치가들은 마지못해 증가하는 독일의 위협에 대항하기 위한 대책을 강구했다.

1935년 영국과 프랑스 공군은 여전히 1920년대 중반에 만든 복엽기를 타고 비행했는데, 이 비행기는 기관총을 최대 4정밖에 장착하지 못했다. 영국은 신속히 새로운 항공기가 필요하다고 판단하고, 호커 사(Hawker Company)에 3,012대의 항공기를 발주했다. 호커 사는 그중 1,582대를 다시 다른 항공기 제작사에 하청을 주었다. 이 계약으로 인해 항공산업은 활기를 되찾고, 추가인력 고용, 새로운 장비 구입 및 새 공장 건설도 이어졌다.

프랑스 또한 쇠약한 프랑스 항공산업의 회복을 위해 항공기를 발주했다. 하지만 16년의 공백으로 항공기 제조사들은 규정 시간 안에 항공기를 제작하는 것이 불가능했다. 프랑스 공군(Armée de l'Air) 장관인 피에르 코(Pierre Cot)는 국방과 관련한 군용 항공기 생산은 민간 기업에만 맡기기에는 너무 중요한 사안이라고 선언하고, 1936년 7월에는 프랑스 정부가 직접 항공산업에 뛰어들어 항공기를 생산하는 작업에 착수했다. 마침내 6개의 국유 항공기 생산회사를 설립했고, 이곳에서 모란-솔니에 MS.406 전투기와 블로크(Bloch) 210 폭격기 같은 새로운 항공기를 생산했다.

영국 공군은 1935년부터 생산을 시작한 글로스터 글래디에이터(Gloster Gladiator)를 비롯하여 구식 복엽전투기를 고수했다. 호커 사의 시드니 캠(Sydney Camm)은 여러 차례 영국 항공성(Air Ministry)과 논의를 거친 후, 더비(Derby)에서 생산한 롤스로이스 엔진 P.V. 12[후에 멀린(Merlin)이라고 이름 붙임]를 장착한 단엽기를 제안했다. 이 항공기 날개에는 면허생산한 콜트 기관총 8정을 장착할 수 있었다. 이 항공기는 퓨리(Fury) 복엽기를 토대로 하여 금속제 골조에 캔버스 천으로 덮어서 제작하도록 설계되었다. 이 새로운 항공기는 호커 허리케인(Hawker Hurricane)으로 불렸다. 같은 시기 슈퍼머린 사(Supermarine Company) 또한 같은 엔진과 동일한 사양의 무장을 장착한 단엽기를 제작하기 시작했다. 레지널드 미첼(Reginald Mitchell)이 설계한 새로운 전

투기는 기체를 모두 금속으로 제작했다. 슈퍼머린 스핏파이어(Supermarine Spitfire)는 성능이 우수하고 타원형의 날개와 빼어난 디자인을 자랑하며, 가장 상징적인 전투기로 자리매김했다.

　호커 허리케인은 1935년 11월 6일, 슈퍼머린 스핏파이어는 1936년 3월 5일 첫 비행을 했다. 성공적인 비행을 선보이자 첫 주문으로 호커 허리케인 500대와 슈퍼머린 스핏파이어 310대를 수주했고, 이후 주문량은 계속 늘어났다. 호커 허리케인은 1937년 12월부터, 슈퍼머린 스핏파이어도 1년 후인 1938년 12월부터 운용되었다.

새로운 폭격기

새로운 폭격기도 등장했다. 1936년 6월 15일 비커스 웰링턴(Vickers Wellington)이 첫 비행을 했고, 엿새 뒤에는 핸들리 페이지 햄던(Handley Page Hampden)이 하늘을 날았다. 새로운 폭격기 중 가장 규모가 큰 암스트롱 휘트워스 휘틀리(Armstrong Whitworth Whitley)는 쌍발 엔진을 장착하고 긴 항속거리와 폭탄 탑재능력을 자랑했다. 영국 공군이 새로운 폭격기를 절실히 바라고 있어서, 휘틀리는 당초 예정일보다 이른 1936년 3월에 첫 비행을 했다. 그해 말까지 휘틀리, 햄던, 웰링턴 등의 폭격기를 520대 발주하여, 1937년 3월부터 비행대대에 배치하기 시작했다.

　영국 공군은 전력 확장 계획에서 폭격기가 가장 큰 부분을 차지하게끔 로비를 벌였다. 하지만 연례 위게임(War game)에서 영국방공사령부(Air Defence of Great Britain: ADGB) 소속 전투비행대대가 폭격기 편대를 요격해 방어에 성공했다. 레이더와 제대로 된 지휘통제시스템을 갖추기 훨씬 전인 1932년 벌어진 훈련에서, 1918년에 수립한 작전체계를 사용하여 주간 공격의 50퍼센트, 야간 공격의 25퍼센트를 방어해냈다.

암스트롱 휘트워스 휘틀리
휘틀리 시제기가 1936년 3월 17일 비행했으며, 뒤이어 1937년 3월에 제10비행대대에 34대의 휘틀리 Mk I을 인도했다. 영국 공군은 전쟁이 발발했을 때 207대의 휘틀리 폭격기를 보유하고 있었다.

　1937년까지 영국에서 생산한 신형 폭격기는 소수에 불과했고, 1938~1939년이 되어서야 비로소 적절한 숫자의 폭격기를 대대에 배치했다. 프랑스의 상황도 이와 비슷했지만, 약 1년 후인 1939~1940년에는 보다 좋은 성능의 항공기를 공군에 배치할 수 있었다. 불행히도 두 나라 군은 쓸모없는 구식 항공기를 계속 생산했다. 대표적으로 페어리 배틀(Fairey Battle) 경(輕)폭격기는 전투 현장에 나타나자마자 바로 공격당해 그 모습을 하늘에서 찾아볼 수 없었다.

　영국에서는 특히 1939년 9월까지 속도가 빠른 단엽 전투기가 쇠퇴한 복엽기를 대체하고, 발전한 영공방어 체계를 구축했다. 폭격기는 목표물에 명중할 수 있는 시스템을 체계화하지 못했음에도 불구하고, 숙달된 기량과 맹목적 확신에 의지하여 많은 숫자로 불어났다.

스핏파이어 생산라인
수천 대의 스핏파이어 전투기가 버밍엄(Birmingham) 근처 캐슬브러머지(Castle Bromwich)에 위치한 공장에서 생산되었다. 그곳에서 신기록 달성으로 유명한 비행사 알렉스 헨쇼(Alex Henshaw)의 지휘 아래 시험비행도 이루어졌다.

세계 각국의 공군 : 1939

* 발트 해 동쪽 연안에 있는 에스토니아, 라트비아, 리투아니아의 세 공화국을 통틀어 이르는 말. 이 세 국가는 러시아 혁명을 계기로 제정 러시아에서 독립했으나 1940년 다시 소련에 편입되었고, 1991년에 소련이 해체되면서 모두 독립국이 되었다.

1939년에 세계에서 가장 강력한 공군력을 지닌 국가는 소련으로, 항공기를 약 2만 대 보유하고 있었고 그중 7,000대 이상은 소련의 서쪽 지역에 배치되어 있었다. 다른 군과 마찬가지로 공군 역시 그 당시의 정치적 문제에 휘말려 있었다. 소련은 제1차 세계대전 당시 파멸한 러시아 황실의 운명을 피하고 신생 국가의 생존을 보장하기 위해 오래 전부터 만반의 준비를 해왔다.

소련의 산업은 1920년대 후반 비약적으로 발전했는데 항시 군사적 긴급 상황을 염두에 두었다. 타자기와 트랙터 생산 공장에서 전시에는 항공기와 전차를 생산했다. 수년 동안 독일과 소련은 리페츠크에 위치한 비밀 기지에서 협력해왔지만, 궁극적으로 이들 두 국가는 전체주의(全體主義, Totalitarianism)의 양 극단에서 점점 더 강력한 국가로 성장하고 있었다.

커져가는 경계선

에스파냐 내전은 소련과 독일이 전투기와 전략을 시험해볼 수 있는 계기가 되어, 각기 수천 명의 '지원병'이 참여해 직접 전쟁 경험을 쌓았다. 더욱이 소련 공군은 만주 국경에서 일본과 전쟁을 치르고 1939년에 핀란드와 대적하면서 더 많은 경험을 얻었다. 하지만 1930년대 후반 소련 내의 정치적 분위기는 효율적인 군 운영에 영향을 미쳤다. 이오

시프 스탈린(Iosif Stalin)은 추방 작업에 착수하여 경험 많은 장교들을 공공연하게 비난하며 여러 핑계를 만들어 체포했다.

1939년 8월 11일 소련은 독일과 전쟁을 할 경우에 대비해 140개 사단으로 상호방위체계를 구성하는 것에 대해서 영국·프랑스와 함께 여러 차례 회담을 진행했다. 영국은 전쟁이 발발하면 즉시 16개 사단을 전장에 배치할 수 있다고 주장했지만, 실제로는 본 회담을 진행하는 시기에 단지 6개 사단만을 보유하고 있었다. 프랑스는 마지노선(Maginot Line) 주둔 병력을 90개 사단에서 100개 사단으로 증대시킬 수 있도록 참호를 팠다. 회담 진행 중에 독일은 소련에게 전혀 새로운 관계를 제안해왔다.

8월 14일, 독일과 소련 사이에 불가침 조약을 맺자는 의견이 제기되었다. 히틀러는 1939년 9월 1일로 계획한 폴란드 침공이 소련과의 전쟁을 야기하지는 않을지 알고 싶어 했다. 결국 정치적·외교적 협상 이후 8월 23일에 불가침 조약이 성립되었다. 독일은 서(西)폴란드를, 소련은 발트 3국*을 포함한 동(東)폴란드를 차지하기로 하여 폴란드의 운명도 결정되었다. 독일은 이제 동쪽에서의 공격에 대한 두려움 없이 서쪽으로 관심을 돌릴 수 있었다.

당시 최신 전투기 3,750대로 구성된 독일 공군은 세계에서 가장 뛰어나고 경험 많은 군으로 여겨졌다. 매달 공장에서는 300~400대의 전투기를 쏟아냈고, 1,100명 이상의 조종사를 배출했다. 9월에는 전체 병력의 70퍼센트가 폴란드가 위치한 동쪽으로 향했다.

다른 유럽 국가들

프랑스에서는 많은 수의 최신 전투기를 생산했지만, 프랑스 공군은 제대로 전쟁 준비를 하지 못한 상태였다. 프랑스 공군이 보유한 210개 비행대대 중 단 119개만이 전투에 참가할 수 있었는데, 이것도 40대 연령의 예비역 조종사들을 투입하고서야 가능했다. 프랑스 전역에 흩어져 있는 비행장에 신형 전투기를 배치했으나, 미국에서 생산한 구식 항공기 또한 여전히 비행하고 있었다. 더욱이 육군과 공군의 경쟁의식으로 프랑스의 방어 능력은 현저히 저하했다.

영국도 마지못해 공군을 확장하고, '그림자 공장(Shadow Factory)' 계획 아래 주요 자동차 공장을 개조해 비행기 기체와 항공 엔진을 생산했다. 영국 공군은 승무원을 충분히 확보하고 있었지만, 새로운 조종사와 승무원을 훈

더글러스 TBD 디배스테이터
더글러스 TBD 디배스테이터(Douglas TBD Devastator) 항공기는 전투기의 공격에 매우 취약했으며, 태평양 전쟁 초기 전장에서 엄청난 숫자의 항공기가 손실되는 아픔을 겪었다.

런시켜 공급하는 것이 숙제로 남아있었다. 공군의 확장을 위해 매달 700대 이상의 비행기를 생산했고, 필요한 경우 미국에서 공수해왔다.

이탈리아 공군(Regia Aeronautica)도 규모를 확장하여 1939년에 이르러 약 3,000대의 비행기를 소유했다. 승무원들 또한 1935년에 있던 에티오피아 전쟁과 에스파냐 내전 당시 프랑코의 국민군을 지원하는 자원병 부대의 일원으로 참가하여 주요 전투에서 경험을 쌓았다. 공군의 역할은 지중해 중부의 제공권을 장악하여 북아프리카에 위치한 이탈리아 속령을 잠재적인 적으로부터 지키고, 이곳으로 향하는 보급로를 지원하는 것이었다. 이탈리아의 전투기들은 매우 구식이었으나 속속 새로운 전투기가 배치되었다. 특히 폭격기는 즉각 운용할 수 있는 전력이었다.

동방의 저편

극동에서는 일본이 1933년부터 중국에서 제국주의 팽창 전쟁을 벌였고, 1939년 이전에 중국 영공을 지배하기 시작했다. 1939년 5월부터 9월, 일본은 만주와 몽골 경계지방에서 군사행동을 벌였다. 유목민이 연루된 뜻하지 않은 사건으로 소련과의 대규모 무력충돌로 발전했다. 일본의 나카지마 Ki-27 전투기는 소련군의 폴리카르포프 I-15를 패퇴시키고, 폴리카르포프 I-16 단엽기를 상대로도 우위를 고수했다. 일본군의 규율과 훈련 상태에 대해서는 서방에 잘 알려지지 않았지만, 1939년 말 일본 해군과 육군의 항공전력은 유능한 승무원과 함께 우수한 성능의 전투기를 약 2,500대 유지할 만큼 강력해졌다.

1939년까지 미국 정부뿐만 아니라 프랑스와 영국에서 새로운 항공기를 발주한 덕에, 미국 항공산업은 여러 해에 걸쳐 새로운 공장과 생산라인을 만들며 비약적으로 발전했다. 1937년에 이르러 보잉 B-17 장거리 폭격기 같은 신형 항공기가 비행을 시작하고, 커티스 P-40 워호크 (Curtiss P-40 Warhawk)는 1939년에 생산을 중단했다. 미 공군은 약 5,000대의 항공기를 보유하고 있었으나, 그중 실전에서 사용 가능한 것은 1,500대 정도에 불과했다. 미국은 새로운 설비를 갖추고 후일 보잉 B-29 슈퍼포트리스 (Superfortress)로 알려진 항공기 개발을 시작했다. B-29는 6년 뒤 제2차 세계대전을 종식시키는 데 큰 역할을 했다.

유럽 공군 전투서열, 1939년 9월 1일

독일

제2·3항공군(서부전선)
26개 전투비행단 : 336대(메서슈미트 Bf 109D, 109E)
5개 구축비행전대 : 180대(메서슈미트 Bf 109C, 109D, 110)
9개 폭격비행전대 : 280대(하인켈 He 111, 도르니에 Do 17, 융커스 Ju 88)
3개 슈투카비행전대 : 100대(융커스 Ju 87)
예비전력 : 26개 전투비행단, 신규 육성 및 훈련 중인 전력

프랑스

4개 전투비행대대 : 225대(모란-솔니에 MS.406)
2개 전투비행대대 : 100대(커티스 호크 75A)
13개 폭격비행대대 : 155대(블로크 MB.210)
나머지 240대의 폭격기는 대부분이 블로크 200과 아미오(Amiot) 143 같은 폐기 직전의 구형이었다. 5대의 리오레 에 올리비에(Lioréet Olivier) 451 항공기가 가장 현대적이었다. 또한 포테즈(Potez) 63과 뮈로(Mureaux) 115/7 기종 59대는 정찰 및 감시용으로 운용되었다.

영국

영국 공군 전투기 사령부
16개 비행대대 : 347대(호커 허리케인 Mk I)*
10개 비행대대 : 187대(슈퍼마린 스핏파이어 Mk I)*
2개 비행대대 : 24대(글로스터 글래디에이터 Mk II)
7개 비행대대 : 63대(블렌하임 Mk IF)
* 예비기 포함

영국 공군 폭격기 사령부
15개 비행대대 : 158대(비커스 웰링턴)
5개 비행대대 : 73대(암스트롱 휘트워스 휘틀리)
10개 비행대대 : 169대(핸들리 페이지 햄던)
12개 비행대대 : 168대(브리스틀 블렌하임 Mk I, IV)
16개 비행대대 : 340대(페어리 배틀)

영국 공지합동 사령부
5개 비행대대 : 60대(웨스트랜드 라이샌더)

영국 공군 연안 사령부
10개 비행대대 : 120대(아브로 앤슨)
3개 비행대대 : 36대(록히드 허드슨)
4개 비행대대 : 40대(쇼트 선더랜드 Mk I)

폴란드

추격여단(바르샤바 대공방어)
4개 비행대대 : 48대(PZL P.11c)
1개 비행대대 : 8대(PZL P.7A)

육군항공대
8개 비행대대 : 100대(PZL P.11c)
2개 비행대대 : 24대(PZL P.7A)

폭격기 여단
4개 대대 : 36대(PZL P.37 워시(Łoś))
5개 대대 : 45대(PZL P.23 카라시(Karaś))

벨기에

3개 항공연대
9개 비행대대 : 150대(페어리 폭스(Fairey Fox))
2개 비행대대 : 20대(르나르(Renard) R.31)
1개 비행대대 : 15대(글로스터 글래디에이터)
2개 비행대대 : 23대(피아트 CR.42)
1개 비행대대 : 11대(호커 허리케인)
1개 비행대대 : 14대(페어리 배틀)

네덜란드

육군 항공여단
36대(포커 D.XXI)
9대(포커 TV)
25대(포커 G.I)
55대(다양한 종류의 정찰기)

폴리카르포프 I-16
폴리카르포프 I-16은 단엽의 켄틸레버 주익과 접이식 이착륙 장치를 갖춘 최초의 전투기이다.

전격전의 등장 : 폴란드, 1939

전격전 폭격기
Ju 87 슈투카 폭격기는 폴란드 전역에서 지상군 지원 임무를 띠고 비행하기 전, 이미 상당한 정확도를 가지고 병참선을 공격하는 활약을 보였다.

지도 않았고 모든 비행대대에서 최신 비행기를 사용한 것도 아니었지만, 루프트바페는 제 역할을 톡톡히 수행했다.

적에게 에워싸인 폴란드

폴란드는 영토의 삼면이 독일에 둘러싸이고 동쪽으로는 별로 사이가 좋지 않은 소련과 국경을 맞댄 불리한 위치에 있었다. 폴란드는 공격을 받으면 대부분의 중공업 시설이 모여 있는 서부를 최대한 방어하기로 결정했다. 그로써 전쟁 발발 시 폴란드를 지원하기로 약속한 영국군과 프랑스군이 움직일 시간을 벌 수 있을 것이라 생각한 것이다. 하지만 결국 군사 지원은 이루어지지 않았다. 국경 방어계획의 일환으로 폴란드는 병력을 분산시켜 1,600킬로미터에 달하는 전선에 얇게 배치했다. 어찌됐든 독일 공군은 비행기로 넘어와서 폴란드의 수송체계와 통신선을 파괴하고, 군수품과 예비전력의 지원을 막고 지휘 계통을 교란했다.

독일의 폴란드 침공은 비교적 적은 사상자를 내며 빠른 승리를 거머쥘 수 있는 신속 공격 전략을 세계에 선보였다. 《타임(Time)》지의 한 기자는 이 사건을 '전격전(電擊戰, Blitzkrieg)'으로 묘사했다. 독일군이 사용한 신속하고 날카로운 전략에서는 공군력이 핵심 요인이었다. 군수품이 충분하

독일 공군의 첫 과제는 제공권을 장악하는 것이었다. 독일이 국경에 병력을 증강하는 것에 경각심을 느낀 폴란

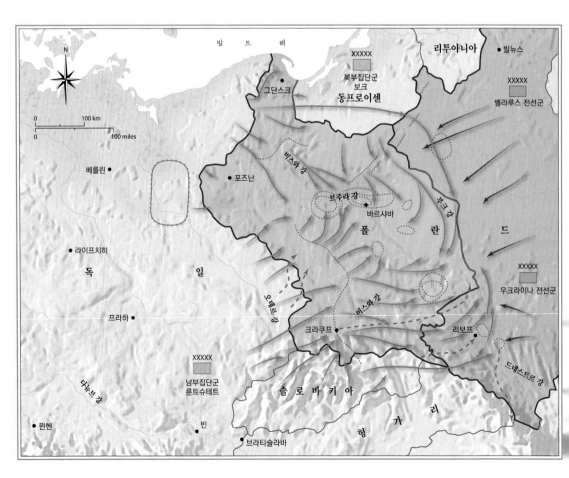

대규모 전력
1939년 8월 31일, 폴란드군과 맞서 싸울 독일 공군의 전력은 648대의 폭격기, 219대의 급강하폭격기, 30대의 지상공격기, 210대의 전투기, 그리고 정찰기, 수송기, 기타 항공기 474대로 구성되었다. 이 전력은 제1·4항공군에 분산 배치되었다.

폴란드 침공
1939년 9월 1~28일

← 독일군 진격로
← 소련군 진격로
←-- 폴란드군 퇴각로
— 폴란드 국경
∿∿∿ 폴란드군 방어선
⊥⊥⊥ 독일군 야전 진지
⋯⋯ 폴란드군 진지
— 독일-러시아 분계선
XXXXX 집단군

드군은 신속하게 비행장을 건설하고 전투기를 분산 배치하라고 명령했다. 독일이 폴란드를 침략한 1939년 9월 1일 당시 폴란드군 비행장을 급습한 독일 공군은 오직 몇 대의 전투기만 발견했다. 독일 공군을 막기 위해 전투기가 출격한 후, 지상에 남아 있다 파괴된 항공기는 대부분 훈련용 비행기와 수송기였다. 공중전에서 낡은 폴란드군 비행기는 비참하게 패했지만, 독일군을 놀라게 하기에는 충분했다.

독일이 폴란드를 침공한 날 아침, 미에치스와프 메드베츠키(Mieczysław Medwecki) 대위와 그의 요기 조종사인 브와디스와프 그니시(Władysław Gnyś)는 크라쿠프(Kraków)가 공격당한 후에 자신들의 PZL P.11을 타고 이륙했다. 그들은 이륙하자마자 융커스 Ju 87 2대의 공격을 받았고, 메드베츠키는 격추당해 사망한다. 이 전쟁 중 독일 공군이 공대공 전투에서 거둔 첫 승리였다. 그니시가 뒤를 쫓으며 사격했지만 두 비행기는 공격을 모면하고 도망쳤다. 혼자 정찰을 계속하다가 우연히 2대의 도르니에 Do 17을 만난 그니시는 높은 고도의 이점을 살려 급강하 공격으로 2대 모두 격추했다. 이는 제2차 세계대전에서 연합국이 거둔 첫 번째 승리였다. 그니시는 영국 공군에 합류하려고 루마니아를 거쳐 탈출하기 전에 한 번 더 승리를 거두었다. 폴란드군 항공기 손실은 대부분 서둘러 지은 비행장에 착륙할 때 발생했다. 수송체계는 난잡하고 비행기에 교체할 예비 부품은 거의 보유하고 있지 않았다. 겨우 비행할 수 있었던 폴란드군 비행기들은 독일 공군의 Do 17과 슈투카에 대적했으나 곧 메서슈미트 109나 110 호위기와 충돌했다. 폴란드군에서는 여전히 구식 P.11이 압도적으로 많았다. 전쟁 초기의 접전에서 살아남은 소수의 조종사들은 중립국이었던 루마니아로 도피했고, 그들 중 많은 수는 복수하기 위해 영국 공군에 합류했다. 몇몇은 후일 영국본토 항공전에서 최상의 기록을 남겼다.

변화하는 중요성

독일 공군의 주요 역할은 지상군 지원으로 바뀌었다. 지상군의 신속한 진격을 돕기 위해 융커스 Ju 87과 퇴역을 앞둔 헨셸(Henschel) Hs 123이 적의 방어거점 및 밀집해 있는 저항 세력을 폭격하고, 소이탄 공격으로 방어하는 폴란드군에 많은 출혈을 강요했다. 슈투카 공격이 있을 때마다 '예리코(Jericho)의 트럼펫'이라고 불리는 사이렌이 울려 폴란드군의 사기를 심하게 꺾어놓았다.

슈투카는 또한 정확하게 조준하여 철갑탄을 투하하는 방식으로 해상 목표물에 대한 공격도 수행했다. 폴란드 구축함 비츠케르(Wicker)는 기뢰부설함과 함께 침몰했다. 이

는 전쟁이 지중해와 영국 해협 너머로 번지리라는 불길한 징조였다.

독일군이 빠른 진격으로 측면을 과도하게 노출시키자, 폴란드군은 이를 이용하여 브주라(Bzura) 강에서 독일군의 통신선을 공격해 진격을 멈추게 만들었다. 독일군은 폭격기를 통해 이 문제를 해결했다. 모든 다리를 파괴하고 퇴로를 봉쇄하여 폴란드인을 가둔 뒤, 끊임없는 폭격을 가해 전쟁을 끝냈다.

9월 17일에는 소련군이 동쪽에서 침략하여 폴란드의 운명을 매듭지었다. 강력한 독일군과 소련군을 막을 가망이 없었다. 거의 모든 병력을 서쪽에 배치한 덕에, 침공에 맞설 만한 부대나 항공기가 없었던 폴란드 동부는 빠른 시간 내에 러시아에 점령당했다.

9월 말 독일군은 폴란드의 수도인 바르샤바 근교에 도달했다. 히틀러는 이 역사적인 도시를 폭격해 완전히 파괴하라는 명령을 내렸다. 도르니에와 하인켈 폭격기가 차례로 폭탄을 떨어트려 건물을 파괴했는데, 결국 도시의 절반 이상이 폐허로 변하고 수많은 사망자가 발생했다.

10월 6일, 모든 폴란드군의 저항이 멈추었다. 독일군은 손쉽게 승리한 것처럼 보였으나, 사실은 쉽게 대체할 수 없는 숙련된 승무원을 비롯한 많은 사상자를 낳았다. 또한 한 달 사이에 비축한 군수품의 30퍼센트를 소모하여 지휘관들을 낙담하게 했다.

슈투카 조종사는 평균 고도 3,650미터에서 비행하며 목표물을 정하고 급강하로 진입하기 위해 횡전을 시작한다.

강하용 브레이크를 작동시키면서 슈투카는 60~90도 강하각으로 목표물을 향해 강하한다.

조종사들은 고도 460미터 부근에서 폭탄을 투하했으며, 항공기는 투하조건이 맞을 때 자동으로 폭탄을 떨어뜨리는 장치도 갖추었다.

슈투카는 다양한 종류의 폭탄을 운반했는데, 250킬로그램짜리 재래식 폭탄 2발, 550킬로그램짜리 폭탄 1발 또는 대인 소형폭탄 등을 운반했다.

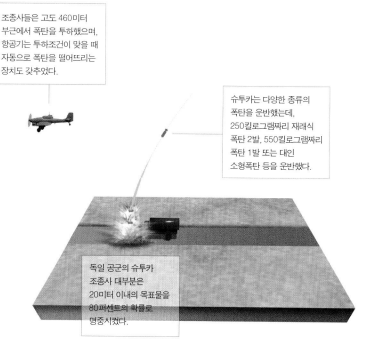

독일 공군의 슈투카 조종사 대부분은 20미터 이내의 목표물을 80퍼센트의 확률로 명중시켰다.

스칸디나비아 : 핀란드, 1939~1940

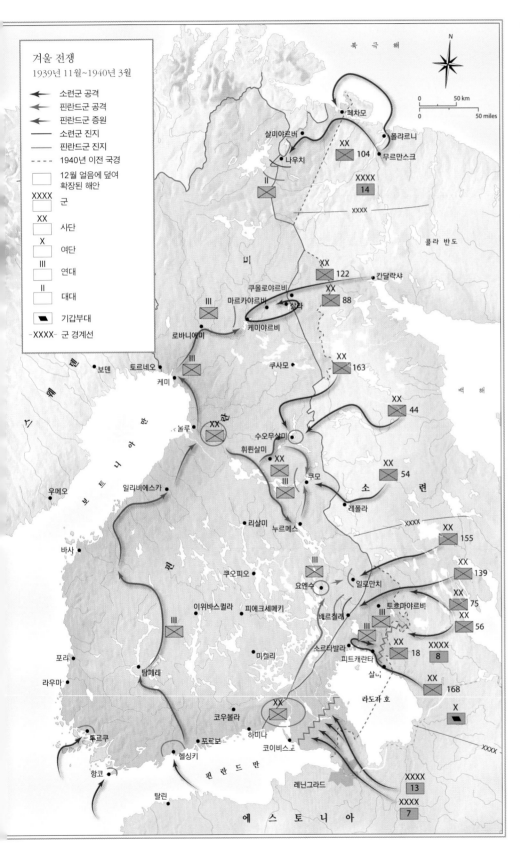

소련의 북쪽 국경선을 강화해야 한다고 생각한 스탈린은 1939년부터 핀란드에 관심을 보였다. 스탈린은 핀란드의 항코(Hanko) 항을 30년 동안 임차하려 했지만, 카렐리야(Kareliya) 자치공화국의 일부 영토를 보상으로 제시했음에도 핀란드와의 회담은 잘 진행되지 않았다. 1917년부터 자주국가로 독립한 핀란드 사람들은 소련에 조심스럽게 접근하려 했으나, 스탈린은 교섭이 수포로 돌아가자 무력을 동원하려고 계획했다.

완강한 방어태세

핀란드 방어체계는 소수의 특수부대(specialist unit)가 지원하는 10개 육군 사단으로 구성되었는데, 이들 사단은 장비도 제대로 갖추지 못하고 자동화무기는 물론 대포와 가장 중요한 대전차 무기도 부족했다. 각 사단은 1918년 이전에 사용하던 30여 문의 대포를 가지고 있었으나 탄약이 매우 부족했다. 그러나 핀란드군은 이러한 장비부족을 훈련과 사명감으로 대신했다. 핀란드군은 특별히 숲이 우거지고 눈이 뒤덮인 지역에서 기동훈련을 했다. 이 병력은 숙련된 장교와 부사관의 지휘 아래 핀란드의 자주독립을 위해 의욕적으로 전쟁에 참여했다.

핀란드 방어를 책임진 지휘관 칼 구스타프 만네르하임(Carl Gustaf Mannerheim)은 1930년대 초부터 라도가(Ladoga) 호수와 핀란드 만(Gulf of Finland) 사이 65킬로미터에 이르는 지역에 방어선을 구축했으며, 핀란드 최대 인구밀집지역 수비를 담당하는 지상군에 대한 공격을 대비해 주요 도로를 차단했다. 카렐리야 지협을 따라 현대식 토치카와 대전차호(對戰車壕)를 만들어 설치했다. 이 지역은 방어하기에는 최적의 위치였지만, 대규모로 몰려드는 소련군을 무기한 막는 것은 불가능했다. 방어선은 단지 지원군이 도착할 때까지 시간을 끌 목적으로 설치한 것에 불과했다.

이에 대적하는 소련군 병력은 1,500대의 전차, 폴리카르포프 I-15와 I-16을 포함한 여러 종류의 항공기 750여 대를 보유한 26개 사단으로, 그 수가 무려 120만에 달

겨울 전쟁
1939~1940년의 겨울 전쟁 동안 붉은 군대가 소수의 핀란드군에게 입은 피해는 소련 최고사령부에 큰 충격을 주었다. 이는 리더십과 장비의 결함 때문으로, 소련은 1941년 6월 독일이 침공할 때에는 이를 바로잡았다.

했다. 이들 병력은 소련-핀란드 국경을 따라 배치되었다. 쌍발 엔진 항공기인 일류신(Ilyushin) DB-3F와 투폴레프(Tupolev) SB-2로 구성된 소련 폭격기 부대는 소수만 에스토니아(Estonia)에 남겨두고 대부분은 레닌그라드(Leningrad) 부근에 집중되어 있었다. 이들의 주목표는 핀란드군 방어선과 핀란드 남부의 인구밀집지역이었다. 소련의 맹공격에 직면한 핀란드 공군은 항공기를 145대밖에 보유하고 있지 않았다. 포커 D.XXI 비행대대 2개와 구형 브리스틀 불독(Bristol Bulldog) 비행대대 1개로 전투기 부대를 구성하고, 브리스틀 블렌하임(Blenheim) Mk.1 비행대대 2개로 폭격기 부대를 구성했다. 소련군이 침략하기 하루 전, 핀란드군은 최전선에 약 55대의 항공기를 배치했다.

경험 많은 장교들의 부재

월등히 많은 병력에도 불구하고 소련은 곧 큰 문제에 직면했다. 항공기와 기갑부대, 보병부대 사이의 소통이 원활하지 않고 군수지원도 제대로 이루어지지 않았다. 소련의 원래 계획은 모든 전선에서 병력을 전진시켜 핀란드를 완전히 점령하는 것이었으나, 만네르하임은 예비전력을 배치하지 않고도 여유 있게 카렐리야 지협에 구축한 방어선에서 소련군의 전진을 봉쇄했다. 이 같은 상황은 스탈린이 이전에 단행했던 대숙청(Great Purge)* 으로 소련군에 경험 많은 지휘관이 부족한 데서 발생했다.

소련은 다수의 항공기를 보유한 이점마저 제대로 살릴 수 없었다. 겨울에는 해가 떠 있는 시간이 짧아서 주간 비행은 몇 시간만 가능했고, 이는 전력 운용에 있어 큰 손실로 이어졌다. 핀란드군에 대적하는 전차들도 대장갑무기를 거의 가지고 있지 않은데다 기갑전에 대한 지식이 부족하여 큰 차질을 빚자, 그제야 소련군은 경험 많은 장교가 부재한 상황의 심각성을 실감했다. 핀란드군은 휘발유를 넣은 병에 기름을 넣고 불을 붙여 던지는 화염병 같이 즉석에서 만들 수 있는 무기를 사용했다. 소련군은 전차를 보병부대와 별도로 운영했는데, 이는 핀란드군이 야간에 몰래 접근해 비교적 쉽게 공격할 수 있도록 해주었다. 핀란드 북부에서는 소련군이 페차모(Petsamo) 항을 점령한 후 나우치(Nautsi)를 향해 남쪽으로 이동, 핀란드를 북극해로부터 차단했다.

핀란드의 역습

1월 6일 핀란드군이 동부전선 전체에 걸쳐 역습을 단행, 도로망을 이용해 이동하는 소련 병력의 주위와 후방을 스키부대로 공격했다. 이 같은 전술로 저항하는 소련군을 고립시켜 한 부대씩 차례대로 격파할 수 있었다. 소련군은 4

개 사단에 달하는 큰 손실을 입었고, 핀란드군은 항공기를 비롯해 소련군이 사용하던 무기와 장비를 빼앗아 다시 사용했다. 공중에서도 핀란드군은 제공권을 장악하고 있었다. 같은 날 소련군의 일류신 DB-3 폭격기 8대가 우티(Utti) 지역을 급습했으나 모두 격추당했다. 그중 6대는 요르마 사르반토(Jorma Sarvanto) 중위라는 단 1명의 조종사가 격추한 것이었다.

2월 초 전차-보병 합동작전에 대한 철저한 훈련 후, 소련군은 만네르하임선(Mannerheim Line)을 다시금 공격하기 시작하여 2월 11일에 이를 통과했다. 핀란드군은 두 번째 방어선까지 후퇴했지만 소련군의 대규모 공격에 이마저도 부서지고 말았다. 소련군은 비푸리(Viipuri) 서쪽의 얼어붙은 바다를 건너 핀란드군 전선 후방을 가격했다. 영국이 핀란드에 글로스터 건틀릿(Gloster Gauntlet) 24대와 글로스터 글래디에이터 전투기 30대, 블렌하임(Blenheim) IV 폭격기 11대를 지원했고, 프랑스에서 모란-솔니에 MS.406 전투기 30대, 이탈리아에서 소수의 피아트 G.50도 보냈지만 그 수가 너무 적고 또 너무 늦게 도착해 도움이 되지 않았다. 더 이상 가망이 없다고 판단한 만네르하임은 핀란드 정부에 소련과의 화해를 촉구했다.

소련은 항코 항은 물론 비푸리와 라도가 호수의 북쪽 일부를 포함한 카렐리야 지협을 요구했다. 핀란드 국민은 영국과 프랑스의 개입을 기대했지만 결국 핀란드 정부는 1940년 3월 12일 모스크바 협정에 서명한다. 핀란드 침략으로 소련은 12만 6,000명 이상의 병력을 잃었고, 동상과 부상 등으로 인한 손실은 30만 명 이상에 달했다. 물질적 피해 또한 상당했으나 가장 중요한 것은, 상대적으로 열세인 핀란드군에게 승리하지 못하고 이 같은 피해를 봤다는 점이었다. 소련군은 전쟁이 끝나자마자 조직 개편을 실시했고, 전쟁에서 얻은 교훈은 나중에 독일군을 상대할 때 큰 도움이 되었다.

커티스 호크 75A
독일군은 28대의 커티스 호크(Curtiss Hawk) 전투기를 핀란드에 제공했다. 이 전투기들은 1940년 독일이 프랑스를 침략했을 때 포획한 것이었다. 핀란드 조종사들은 이 기종으로 러시아에 대해 190회의 승리를 기록했다고 주장했다.

* 소련에서 스탈린 정권 중기인 1930~1938년 일어난 반스탈린과 숙청 사건.

스칸디나비아 : 덴마크와 노르웨이, 1940

메서슈미트 BF110
긴 항속거리를 보유한 Bf 110 전투기는 동맹국 전투기와의 조우가 가장 적은 노르웨이에 대한 작전에 이상적인 기종이었다.

글로스터 글래디에이터
노르웨이군과 영국 공군의 글래디에이터 전투기는 전장에서 전투를 수행했다. 비록 구식 항공기였지만, 여전히 침략자들과 어떻게 해서든 대응할 수 있었다.

독일은 히틀러가 계획한 제국 확장을 실현하기 위해, 성장산업을 부채질할 수 있는 원자재(原資材)를 필요로 했다. 가장 긴급히 필요한 원자재는 중립국인 스웨덴에서 수입하는 철광석이었다. 철광석은 노르웨이 항구 나르비크(Narvik)로 옮겨진 후, 그곳에서 배에 적재하여 독일 북부의 항구로 운송되었다. 프랑스와 영국 모두 철광석의 중요성에 대해 인식하고 있었기 때문에 철광석 공급을 누가 통제하느냐 하는 경쟁을 시작했다. 철광석을 차지하기 위한 독일의 계획은 노르웨이를 침략하는 것이었는데, 본 계획을 실행하기 위해서는 덴마크와의 관계를 처리하는 것이 우선이었다.

중립국가인 덴마크는 소수의 육군 및 그보다 더 적은 수의 공군과 해군을 보유하고 있었다. 그렇기 때문에 독일 국방군(Wehrmacht)에게 덴마크 침공은 어렵지 않은 임무였다. 1940년 4월 9일 새벽 독일군은 공격을 개시했고, 슐레스비히(Schleswig) 북부에서 약간의 저항에 부딪쳤지만 곧 그 지역을 점령했다. 덴마크 해군은 항구를 지키는 데 주력하여 독일군 병력수송선이 코펜하겐(Copenhagen)에 들어오는 것을 무력하게 허용하고 말았다. 이 함대 작전이 진행되는 사이 최초의 공수부대 작전이 이루어졌다. 독일의 정예 공수부대 팔쉬름예거(Fallschirmjäger)가 매드네소(Madneso) 요새와 유틀란트(Jutland) 북부의 올보르(Aalborg)의 공항을 순식간에 접수했다. 오전 중에 수도인 코펜하겐이 점령당하자 덴마크 정부는 휴전을 요구했다. 이로써 독일의 덴마크 점령은 성공적으로 이루어졌다.

노르웨이를 위한 싸움

핀란드와 소련이 교전을 시작할 무렵, 프랑스와 영국은 노르웨이 북부 나르비크 항으로 원정군을 보낼 계획을 세웠다. 항구를 안전하게 보호하고 스웨덴에서 유입되는 철광석의 흐름을 통제하기 위해서였다.

나치는 그들의 기선을 제압했다. 독일군이 덴마크를 비교적 쉽게 점령하는 동안 다른 일부 연합부대는 노르웨이로 향했다. 독일군은 노르웨이 영공과 해상에 전개하여 기습을 강행했다. 믿음직한 융커스 Ju 52로 이동한 독일 공수부대가 스타방에르(Stavanger)와 오슬로(Oslo)의 공항을 차지했다. 이 두 공항은 더 많은 병력과 군수물자를 공수하기 위해 반드시 차지해야 하는 곳이었다. 남부의 크리스티안산(Kristiansand)에서부터 최북단의 나르비크까지 노르웨이의 해안 도시들도 모두 점령했다. 쌍발 엔진 장거리 전투기인 메서슈미트 Bf 110의 공중지원으로 노르웨이 공군의 소수의 글로스터 글래디에이터도 비교적 쉽게 제압할 수 있었다. 항구들을 지키던 노르웨이군은 독일군에 제압당했지만, 어뢰 공격과 오스카르보르그(Oscarsborg) 요새에서 가한 포격으로 독일 순양함 블뤼허(Blücher)를 오슬로피오르(Oslofjord) 협만에서 침몰시키는 전공을 세웠다.

군이 이처럼 저항하는 사이 노르웨이 정부는 내륙으로 후퇴하고, 노르웨이 왕 호콘 7세(Haakon VII)에게서 군 지휘권을 넘겨받은 오토 루지(Otto Ruge) 장군은 싸우면서 후퇴하여 독일군의 전진을 더디게 만들어, 다른 나라에서 지원군이 도착할 때까지 시간을 버는 계획을 세웠다. 지원군은 '영국해외원정군(British Expeditionary Force: BEF)'이라는 이름으로 트론헤임(Trondheim) 항 남쪽의 노르웨이군을 증강하기 위해 파견되었지만, 항구에 대해 어설픈 공격을 시도했다 실패한 후 철수했다. 이후 모든 연합군은 노르웨이 북쪽에 주둔했다.

북쪽에서 연합군은 독일군을 나르비크 부근에서 몰아내기 위해 노력했고, 특히 영국 해군은 그 지역에서 독일 해군을 몰아내는데 큰 역할을 해냈다. 영국 공군 제263비행대대 소속 글로스터 글래디에이터 18대가 영국 해군 항공모함 커레이저스(HMS Courageous)에서 이륙했다. 이들은 온달스네스(Andalsnes) 부근의 얼어붙은 호수에서 작전을 펼쳤다. 하지만 거의 모든 전투기가 독일 공군에 의해 얼음 위에서 격추당해 작전은 실패로 돌아갔다. 4월 25일 남아 있던 몇 대의 전투기마저 파괴되자 승무원들은 재무장을 위해 철수했지만, 영국 해군항공대(Fleet Air Arm) 제803비행대대 소속 블랙번 스쿠아(Blackburn Skua)가 출격하여 베르겐(Bergen) 부근에서 독일 순양함 쾨니히스베르크(Königsberg)를 침몰시키는 귀중한 승리를 장식했다.

연합군은 그때까지 그들의 전력을 나르비크 지역에 집중했다. 지상군이 상황을 안정시키는 동안, 글래디에이터를 새로 공급받은 제263비행대대는 호커 허리케인으로 장비한 제46비행대대와 함께 보되(Bodø) 지역에서 작전을 펼쳤다. 노르웨이 남부와 중부에서 위력을 펼치는 동안, 독일군은 공습을 강화하며 연합군을 최북단에 묶어 두었다.

줄어드는 관심

프랑스와 노르웨이군은 5월 28일 나르비크 항을 탈환했다. 하지만 독일이 벨기에, 네덜란드, 프랑스를 침략하자 노르웨이는 처음 생각했던 것보다 그 중요성이 줄어들었고, 연합군은 다른 곳으로 눈을 돌리게 되었다. 6월 초부터 영국 해군은 노르웨이에서 철수하기 시작했고, 노르웨이 왕과 정부 역시 영국 런던에 망명하여 전쟁이 끝날 때까지 머물렀다.

독일은 이번 전쟁으로 5,500명의 병사와 260대의 항공기를 잃는 등 큰 피해를 입었다. 결정적으로 신형 전함을 2대 잃었는데, 독일 함대는 절대로 완벽하게 회복하기 어려울 것처럼 보였다. 영국 또한 독일 순양전함 그나이제나우(Gneisenau)와 샤른호르스트(Scharnhorst)에 의해 침몰한 항공모함 글로리어스(HMS Glorious)에서 사망한 1,500명을 포함하여 약 4,000명에 달하는 병력을 잃었다. 노르웨이군은 1,800명을, 프랑스군은 약 500명의 병력을 잃었다.

승산 없는 싸움
노르웨이 전쟁은 처음부터 연합군에게 승산이 없었다. 독일군이 제공권을 장악하여 영국 해군은 노르웨이 연해에서 효과적으로 활동하기 어려웠고, 연합군은 지휘통제 및 보급망도 제대로 조직화하지 못했다.

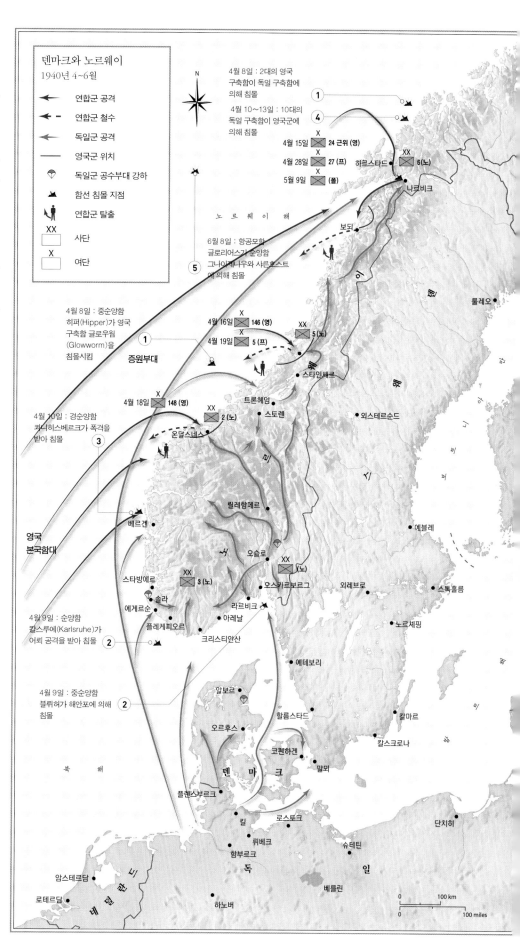

덴마크와 노르웨이
1940년 4~6월

→ 연합군 공격
←-- 연합군 철수
← 독일군 공격
— 영국군 위치
독일군 공수부대 강하
함선 침몰 지점
연합군 탈출
XX 사단
X 여단

4월 8일 : 2대의 영국 구축함이 독일 구축함에 의해 침몰 ①
4월 10~13일 : 10대의 독일 구축함이 영국군에 의해 침몰 ④
4월 15일 24 근위 (영)
4월 28일 27 (프)
5월 9일 (폴)
하르스타드 6 (노)
나르비크
보되
6월 8일 : 항공모함 글로리어스가 순양함 그나이제나우와 샤른호르스트에 의해 침몰 ⑤

4월 8일 : 중순양함 히퍼(Hipper)가 영국 구축함 글로우웜(Glowworm)을 침몰시킴 ①
4월 16일 146 (영)
4월 19일 5 (프)
5 (노)
스타인셰르
증원부대
트론헤임
스토렌
외스테르순드
룰레오

4월 10일 : 경순양함 쾨니히스베르크가 폭격을 받아 침몰 ③
4월 18일 148 (영)
2 (노)
온달스네스
영국 본국함대
릴레함메르
예블레

베르겐
스타방에르
3 (노)
솔라
에게르순
플레케피오르
오슬로
(노)
오스카르보르그
라르비크
아레날
크리스티안산
외레브로
스톡홀름
노르셰핑

4월 9일 : 순양함 칼스루에(Karlsruhe)가 어뢰 공격을 받아 침몰 ②
예테보리
할름스타드
칼마르
칼스크로나

4월 9일 : 중순양함 블뤼허가 해안포에 의해 침몰 ②
알보르
오르후스
덴 마 크
코펜하겐
말뫼
단치히

플렌스부르크
킬
로스토크
뤼베크
함부르크
슈테틴
일
독
암스테르담
베를린
로테르담
하노버

노르웨이 해
북해

0 100 km
0 100 miles

서유럽 침공 : 1940

1939년 9월 27일, 폴란드가 항복한 후 히틀러는 서구 열강을 침공하겠다는 의지를 강하게 내비쳤다. 같은 해 10월 9일에는 육군 최고사령부(Oberkommando des Heeres: OKH)에서 '황색 작전(Fall Gelb)'이라는 공격의 청사진을 만들었다. OKH가 제시한 작전은 프랑스 북부에서 영국과 프랑스 연합군에 대적하기 위해 네덜란드와 벨기에 해안가를 따라 안전한 기지를 마련하는 것이었는데, 히틀러는 이 작전이 충분치 못하다고 생각했다. 공격은 악천후로 계속 지연되다가 1940년 1월 9일, 공격 계획 사본을 가진 소수의 독일 장교가 벨기에에 불시착하면서 결국 취소되었다.

육군 최고사령부(OKH)의 에리히 폰 만슈타인(Erich von Manstein) 장군이 새로운 계획, 일명 '낫질(Sichelschnitt) 작전'을 입안했고, 여기에 히틀러의 의견을 수렴하여 프랑스군과 영국군을 포위하는 최종 계획을 수립했다. OKH는 1940년 2월 24일을 기점으로 상세한 계획을 마무리지었다.

마지노선 방어

연합국은 프랑스-독일 국경 방어를 마지노선에 의지하고 있었다. 프랑스는 이 방어선을 구축하는 데 엄청난 자금을 쏟아 부었다.

연합군은 프랑스군 94개, 영국군 12개, 네덜란드군 9개, 벨기에군 22개 사단으로 이루어졌고 독일군은 136개 사단을 보유하여 양쪽의 전력은 비슷했다. 독일군은 2,500대의 전차를 10개 사단에 집중시켜 전차 3,000대를 여기저기 분산 배치한 연합군보다 훨씬 효과적으로 운용

할 수 있었다. 독일군은 또한 육군을 지원하기 위해 3,200대가 넘는 신형 항공기를 배치했다. 연합군은 겨우 2,000여 대의 항공기를 운용했는데, 그나마도 대부분은 성능이 의심스러웠다. 낫질 작전에서 가장 중요하게 작용한 요인은 독일군의 '전격전' 교리였다. 연합군은 방어전 훈련에만 치중하여, 지휘부는 명확한 지휘통제 체계가 결여되어 있었다.

1939년 9월 영국과 프랑스는 각각 45만 명과 300만 명의 병력을 동원했으며, 영국은 그중 30만 명을 해외원정군(BEF)으로 프랑스에 파견했다. 이 원정군은 영국군 전차부대와 기동부대의 대부분을 포함하고 있었다. 9월부터 영국군은 스위스에서부터 마지노선과 벨기에 국경을 따라 영국 해협으로 이어지는 '최전방'에 위치했다.

총성 없는 전쟁이 몇 달 흐른 후 히틀러는 서구 열강을 공격할 준비를 갖추었다. 히틀러는 분명 독일이 벨기에와 프랑스의 북쪽으로 공격해올 것이라는 연합국의 예상을 간파하고 계획을 세웠다. 만슈타인이 제시한 계획은 네덜란드와 벨기에를 관통하는 공격으로 연합군 병력을 북쪽에 묶어두고, 그 사이 기갑부대가 아르덴(Ardennes) 삼림을 뚫고 해안으로 향해 연합군 주력을 거대한 포위망 안에 가두는 것이었다.

페도르 폰 보크(Fedor von Bock) 장군이 정규보병사단 29개로 구성된 B집단군을 이끌고 벨기에와 네덜란드를 침공하자 연합군이 방어에 나섰고, 게르트 폰 룬트슈테트(Gerd von Rundstedt) 장군의 A집단군은 기갑사단을 포함한

드와틴느 D.520
드와틴느(Dewoitine) 전투기는 의심할 바 없이 1940년 당시 프랑스 최고의 전투기였다. 하지만, 납품이 느려 프랑스 전투에서 영향을 미치기에는 너무 늦었다. 후에 비시 프랑스 전력으로 시리아에서 연합국과의 전투에 동원되었다.

44개 사단으로 이루어져 아르덴을 공격하기에 충분한 전력을 보유하고 있었다. 17개 사단으로 구성된 C집단군은 빌헬름 리터 폰 레프(Wilhelm Ritter von Leeb) 장군의 지휘 아래 스위스와 룩셈부르크 사이 프랑스군 전력을 마지노선에 묶어두었다.

프랑스군은 독일군보다 강하지는 않지만 규모 면에서는 비슷했다. 이 같이 규모가 크다는 이점은 단점이 되어 지휘체계에 혼선을 가져와 모리스 가믈랭(Maurice Gamelin) 장군이 변화하는 상황에 늦게 반응하게 만들었다. 프랑스군은 또한 마지노선에 강한 자신감을 보이며 이 방어벽이 절대 뚫리지 않을 것이라고 굳게 믿고 있었다. 영국은 프랑스 방어 전력의 사기를 북돋아 주기 위해 10개 사단으로 구성된 원정군을 파병했다. 연합군은 1914년에 있었던 상황을 토대로 독일군 주력이 벨기에로 진격해올 것이라고 예상하고 이곳에서 방어 기동을 수행했다. 영국군과 프랑스군은 함께 다일 계획(Dyle plan)을 실시하는데, 이 작전은 다일 강에서 브뤼셀(Brussel) 바로 동쪽의 와브르(Wavre)를 잇는 선까지 연합군 주력을 전진시키는 것이었다. 1940년에 이 선은 네덜란드의 마스(Maas) 강* 까지 확장되어, 영국 해협 연안과 프랑스-벨기에 국경을 잇는 긴 선을 형성했다.

5월 10일 오전, 독일 공수부대가 벨기에 지하요새 에방 에마엘(Eben-Emael) 지붕에 글라이더를 착륙시키면서 공격을 개시했다. 뫼즈(Meuse) 강과 알베르 운하(Albert Canal)가 만

나는 전략거점에 위치한 다리를 방어하는 포탑을 전투공병이 성형(成形) 폭탄을 사용해 파괴하는 동안, 공수부대가 강하하여 재빨리 다리를 함락했다. 만 하루가 채 지나기도 전에 제4기갑사단이 도착해 교두보를 강화했다. 남은 벨기에 병력은 여전히 정복당한 요새를 지키는데 급급했다. 이 작전은 독일군의 희생이 단 6명에 불과해, 이 전쟁을 통틀어 가장 성공적인 공수작전으로 기록되었다.

아르덴 습격

연합군을 벨기에 북쪽에 위치한 방어선으로 유인하는 만슈타인의 계획은 성공적이었다. 룬트슈테트가 이끄는 독일군은 스당(Sedan)에서 뫼즈 강을 지나는 다리를 통해 아르덴 숲 속으로 들어갔다. 독일 기갑부대는 소수의 적만 만나며 우거진 숲 속을 뚫고 전진했다. 독일군이 제공권을 확보하고 있었기에 프랑스와 영국군은 대규모로 집결해 대항할 기회가 없었다. 5월 12일 저녁, 7개 기갑사단이 북쪽의 디낭(Dinant)에서부터 남쪽의 스당까지 전진하기 위한 모든 준비를 갖추었다. 5월 13일 하인츠 구데리안(Heinz Guderian) 장군은 대규모의 항공기가 호위하는 가운데 휘

---

* 프랑스 동북부 랑그르(Langres) 고원에서 시작하여 벨기에, 네덜란드를 거쳐 북해로 흘러 들어가는 강. 프랑스어로는 '뫼즈 강'이라 부른다.

하인츠 구데리안
명석한 전략가인 하인츠 구데리안 장군은 1940년 5월 서부에서 제19군단을 이끌고 공격했다. 현대 지상군에서도 여전히 핵심적인 전력으로 자리 잡고 있는 기갑부대 창설은 군사상에 그가 남긴 유산이다.

치명적인 타격
1940년 5월 13~14일, 독일군은 프랑스 스당에서 프랑스 전선을 돌파했다. 영국 공군의 공습전력이 모든 전장에 파견되었고, 블렌하임 폭격기는 이 지역의 가교와 군 병력을 공격했다. 71대의 항공기가 참전하여, 39대가 대공포와 전투기에 의해 격추되었다.

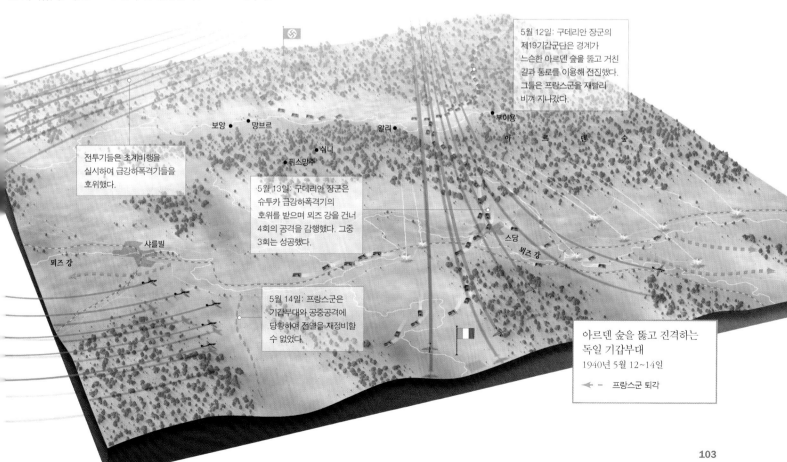

5월 12일: 구데리안 장군의 제19기갑군단은 경계가 느슨한 아르덴 숲을 뚫고 거친 길과 통로를 이용해 전진했다. 그들은 프랑스군을 재빨리 비껴 지나갔다.

전투기들은 초계비행을 실시하여 급강하폭격기들을 호위했다.

5월 13일: 구데리안 장군은 슈투카 급강하폭격기의 호위를 받으며 뫼즈 강을 건너 4회의 공격을 감행했다. 그중 3회는 성공했다.

5월 14일: 프랑스군은 기갑부대와 공중공격에 당황하여 전열을 재정비할 수 없었다.

보양 · 망브르 · 알리 · 부이용 · 아 르 덴 숲
· 쉬니
· 뫼스망주
샤를빌
뫼즈 강
스당
뫼즈 강

아르덴 숲을 뚫고 진격하는 독일 기갑부대
1940년 5월 12~14일

← - 프랑스군 퇴각

하 부대에 뫼즈 강을 건너라는 명령을 내렸다. 슈투카 폭격기의 급강하 폭격은 샤를 욍치제르(Charles Huntziger) 장군이 지휘하는 프랑스 제2군을 공포에 떨게 만들었다. 날이 저물 때쯤 첫 번째 독일 기갑사단이 넓이 5킬로미터, 깊이 7킬로미터의 교두보를 구축했다. 프랑스군은 늦게 반격을 개시하여 제3기갑사단이 독일 전진 부대에서 가장 약한 측면을 공격하려 했으나 저지당하고, 대신 얇은 방어선에 분산 배치되었다. 독일의 교두보를 파악한 연합군은 페어리 배틀(Fairey Battle) 경폭격기를 보내 독일 제1기갑사단이 강을 건널 때 사용하는 부교(浮橋)를 파괴하려고 시도했으나, 재앙에 가까운 손실만 입고 말았다.

독일 지휘관들은 뫼즈 강에서 많은 피해를 입은 프랑스군을 공격하는데 시간을 낭비하지 않고 영국 해협을 향해 서쪽으로 방향을 전환했다. 프랑스군 지휘관들은 적의 주된 목표가 파리인지 영국 해협인지 확신하지 못해 당황했다. 프랑스는 젊고 유능한 전략가인 샤를 드골(Charles de Gaulle) 대령이 이끈 몽코르네(Montcornet) 근처에서의 공격을 제외하고는 이렇다 할 역습을 하지 못했다. 하지만 이 공격마저 우세한 독일군에 의해 격퇴 당했다. 구데리안의 기갑부대가 5월 19일에 영국 해협에 도착하며 330킬로미터에 달하는 열흘간의 전진에 마침표를 찍었다. 연합군의 주요 전투부대는 프랑스 북부와 벨기에의 거대한 포위망 안에 갇혀 옴짝달싹 못하며 패배가 거의 확실시 되었다.

반격과 탈출

연합군은 5월 24일 독일 제2기갑사단의 측면을 치는 반격을 시도했지만, 하루 만에 독일군에 의해 공격 개시 이전의 위치로 쫓겨났다. 그 무렵 기갑부대 지휘관들에게 충격적인 소식이 전해졌다. 병참선을 전선과 연결하고 프랑스의 나머지 지방을 공격할 전력을 보존하기 위해, 히틀러가 모든 기갑부대에 전진을 멈추라는 명령을 내린 것이다. 또한 히틀러는 공군을 이용하면 쉽게 육군을 제압할 수 있을 것이라고 예상하며, 영국해외원정군(BEF)을 격멸하는 역할을 괴링의 루프트바페에 맡겼다.

연합군에게는 철수가 큰 과제였는데, 특히 위급한 상황에서 신속하게 병력을 철수시켜야 했다. 영국해외원정군(BEF) 지휘관 고트 경(Lord Gort)은 해안으로 침투하는 독일 보병부대를 막기 위해 아 강(Aa River), 스카르프(Scarpe) 강, 이제르(Yser) 강 운하를 따라 방어선을 구축했다. 영국 수상 처칠은 버트럼 램지(Bertram Ramsay) 해군 중장을 해상 철수작전 책임자로 임명하고, 영국 남부 해안에서 사정을 하든, 빌리든, 빼앗든지 간에 수단과 방법을 가리지 말고 3~10미터 크기의 선박을 구하라는 명령을 내렸다. 대부분 선주들이 조종하는 이들 선박들은 폭격을 뚫고 해안가에 당도하여 포위당한 병력을 구출했다. 이후 여드레에 걸쳐 수적인 열세에도 불구하고 루프트바페의 공격을 막은 공군의 도움 아래, 영국 해군 함정과 여러 선박들로 33만 8,226명의 병사를 구했다.

구출작전이 끝날 때쯤인 5월 28일 벨기에가 항복하면서, 프랑스는 단신으로 독일군에 맞서 싸워야 했다. 독일 국방군은 광산이 몰려 있는 솜(Somme)과 엔(Aisne) 지역으로 관심을 돌렸다. 프랑스군이 필사적으로 대적했지만 독일군은 이를 격퇴하고, 6월 14일 파리에 입성했다. 프랑스는 6월 22일 휴전협정에 서명했다.

연합군이 패한 가장 중요한 요인은 전략적 항공작전의 부재였다. 전쟁의 첫 번째 결정적 순간이었던 1940년 5월, 프랑스군 최고사령부가 보복이 두려워 폭격기 투입을 꺼렸기에, 영국 공군은 한정된 자원만으로 독일군 공격에 정면으로 맞서야 했다.

반면에 공중전에서 프랑스 공군의 기여는 중요했다. 프랑스에 주둔한 영국 공군은 1940년 6월 24일까지 총 578대의 항공기를 잃었다. 프랑스 공군은 892대를 잃었는데, 그중 3분의 1은 지상에서 격추되었다. 연합군 측은 적기 1,735대를 격추했다고 주장했지만, 이 수치는 터무니없이 과장한 것이었다. 독일 공군은 사고로 파손되거나 전투 중 심하게 손상을 입은 것을 제외하고 총 543대를 손실했다고 밝혔다.

페어리 배틀
영국의 공중폭격 부대의 페어리 배틀 비행대대는 프랑스 전투에서 끔찍한 사상자 발생으로 힘겨워했다. 아래의 사진은 제218전투비행대대와 3명의 승무원들이다. 이 대대는 1940년 5월 14일 뫼즈 강의 다리를 공격하는 단 한 번의 임무에서 11대 중 10대의 항공기를 잃었다.

프랑스 함락
1940년 5월 10일부터 6월 22일까지 6주간 전쟁사상 가장 신속하고 충격적인 전쟁이 벌어졌다. 독일군은 대규모 공중지원 아래 전차를 앞세운 전광석화와 같은 돌격으로 기갑전에 대한 새로운 교리를 확립했다. 만일 프랑스 저항군이 조직적인 지휘력을 갖추고 사기도 높았다면, 이 전술은 아마도 성공하기 어려웠을 것이다.

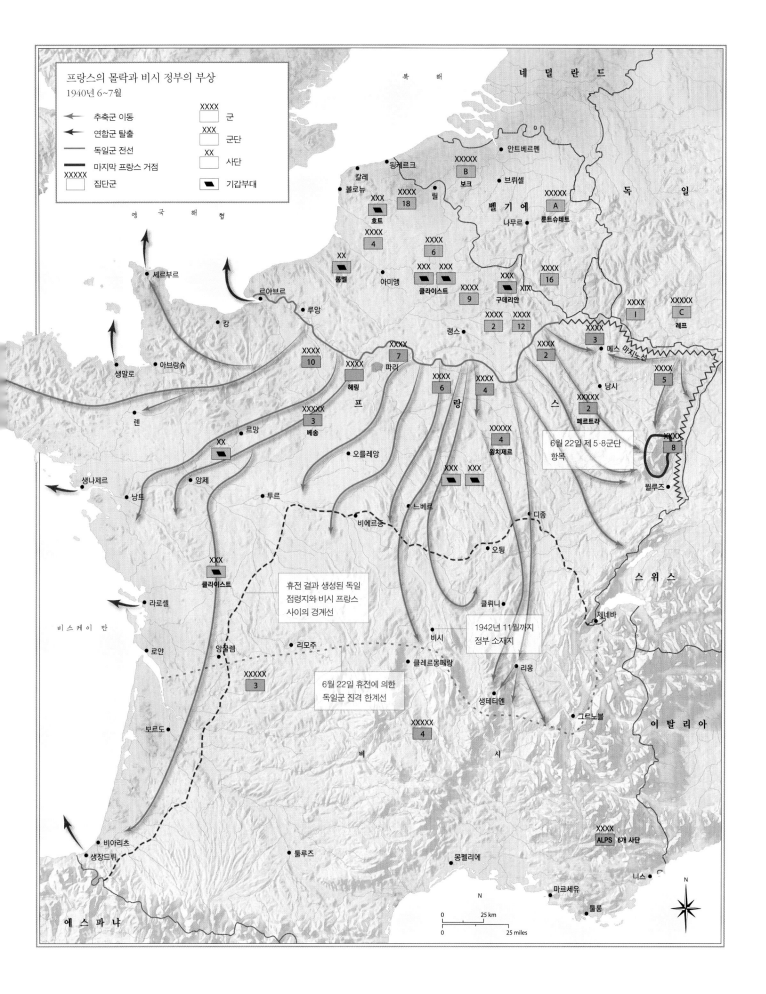

프랑스의 몰락과 비시 정부의 부상
1940년 6~7월

추축군 이동
연합군 탈출
독일군 전선
마지막 프랑스 거점
XXXXX 집단군

XXXX 군
XXX 군단
XX 사단
기갑부대

네덜란드
북 해
독 일
영국해협
벨기에
안트베르펜
됭케르크
칼레
불로뉴
릴
브뤼셀
룬트슈테트
B 보크
A
나무르
호트
XXXXX 18
XXX 4
XXX 6
롬멜
아미앵
클라이스트
구데리안
16
XXXXX C 레프
셰르부르
르아브르
루앙
랭스
1 메스 마지노선
5
캉
아브랑슈
10
XXXX 7
파리
XXXX 6
XXXX 4
2
XXXX 2
3
낭시
페르트라
생말로
헤링
XXXX 3
베송
XX
렌
르망
XXXXX 4 윙치제르
6월 22일 제5·8군단 항복
8
뮐루즈
생나제르
낭트
앙제
오를레앙
투르
느베르
디종
스위스
클라이스트
비에르종
오탱
라로셸
비스케이 만
로안
앙굴렘
클뤼니
제네바
리모주
비시
클레르몽페랑
리옹
생테티엔
그르노블
이탈리아
휴전 결과 생성된 독일 점령지와 비시 프랑스 사이의 경계선
1942년 11월까지 정부 소재지
6월 22일 휴전에 의한 독일군 진격 한계선
XXXXX 4
비
시
보르도
비아리츠
생장드뤼
툴루즈
몽펠리에
에스파냐
ALPS 6개 사단
니스
마르세유
툴롱
N
0 25 km
0 25 miles
N

영국본토항공전 : 1940 . 6~10

히틀러가 빠르게 유럽 대륙을 장악한 후, 독일에 대적할 적은 영국밖에 남지 않았다. 하지만 독일 해군은 영국에 비해 현저한 약체였으므로, 히틀러는 영국 공격을 쉽게 결정하지 못했다. 영국을 격퇴할 수 있는 유일한 방법은 독일 공군과 비교적 작은 규모의 독일 해군(Kriegsmarine)으로 침략 함대를 호위하여 영국 해군을 몰아내고 영국 공군에게 승리를 거두는 것뿐이었다. 당시 영국 수상 윈스턴 처칠(Winston Churchill)은 다가오는 독일과의 격전에 대비하여 공군 내에 전투기 사령부(Fighter Command)를 신설하고, 아직 검증되지도 않은 레이더 조기경보시스템을 전투가 벌어질 시기에 맞추어 남부 해안에 설치했다.

헤르만 괴링이 지휘한 독일 공군은 전쟁 초기부터 쉴 새 없이 작전을 수행하고, 프랑스 및 저지대 국가와의 교전에서 입은 큰 손상에서 회복하는 상태였음에도 자신감이 넘쳤다. 무기는 실전에서 시험을 마쳤고, 조종사들도 수많은 전투 경험과 더불어 많은 전술을 익혔다.

새로운 무기: 레이더

전쟁이 발발하기 하루 전 영국 공군 전투기 사령부에는 800대에 달하는 전투기가 출격을 준비하고 있었다. 그중 640대는 일급 전투기 슈퍼머린 스핏파이어와 호커 허리케인으로, 두 종류의 전투기는 모두 8정의 기관총을 장착하고 깜짝 놀랄만한 화력을 갖추고 있었다. 또한 그들의 방어 체계는 비범한 인물인 공군 대장 휴 다우딩(Hugh Dowding)이 고안하고 추진한 지휘통제 체계였다. 이 시스템은 훗날 '레이더(Radio Direction And Ranging: RADAR)'라고 이름 붙여진 신형 무선 방향 탐지 기술을 이용했는데 영국 남부 해안 여기저기에 흩어져 있는 일련의 탑에서 라디오 전파를 내보내면, 항공기와 같은 물체에 부딪쳐 반사된 전파를 분석해 물체의 위치와 고도는 물론 공격 방향까지도 알 수 있었다. 또한 방공군단(Royal Observer Corps) 병사들이 두 눈과 쌍안경으로 관측한 정보를 보충해 지휘사령부에 보고했고, 다시 이를 지역사령부에 통보하여 비행대대에서 적절한 작전을 수행하도록 명령을 하달했다. 이 시스템 덕분에 영국 공군 항공기는 충분한 여유를 가지고 이륙할 수 있었고, 유리한 고도에서 다가오는 적을 맞을 수 있었다.

또한 항시 경계 비행을 하느라고 조종사들

다우딩 시스템
제2차 세계대전이 발발했을 때, 영국은 세계에서 가장 훌륭하고 앞선 대공방어 체계를 구축하고 있었다. 소위 '다우딩 시스템(Dowding System)'이라 불린 이 체계는 1917~1918년에 구축한 방공망을 기반으로 하고 있었지만, 지금은 값을 매길 수 없을 만치 중요한 레이더를 포함하고 있었다.

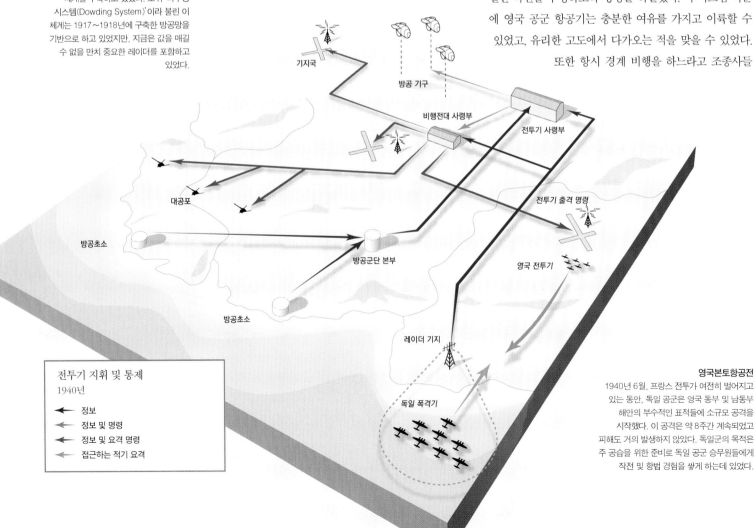

전투기 지휘 및 통제
1940년

→ 정보
→ 정보 및 명령
→ 정보 및 요격 명령
→ 접근하는 적기 요격

기지국
방공 기구
비행전대 사령부
전투기 사령부
대공포
전투기 출격 명령
방공초소
방공군단 본부
영국 전투기
방공초소
레이더 기지
독일 폭격기

영국본토항공전
1940년 6월, 프랑스 전투가 여전히 벌어지고 있는 동안, 독일 공군은 영국 동부 및 남동부 해안의 부수적인 표적들에 소규모 공격을 시작했다. 이 공격은 약 8주간 계속되었고 피해도 거의 발생하지 않았다. 독일군의 목적은 주 공습을 위한 준비로 독일 공군 승무원들에게 작전 및 항법 경험을 쌓게 하는데 있었다.

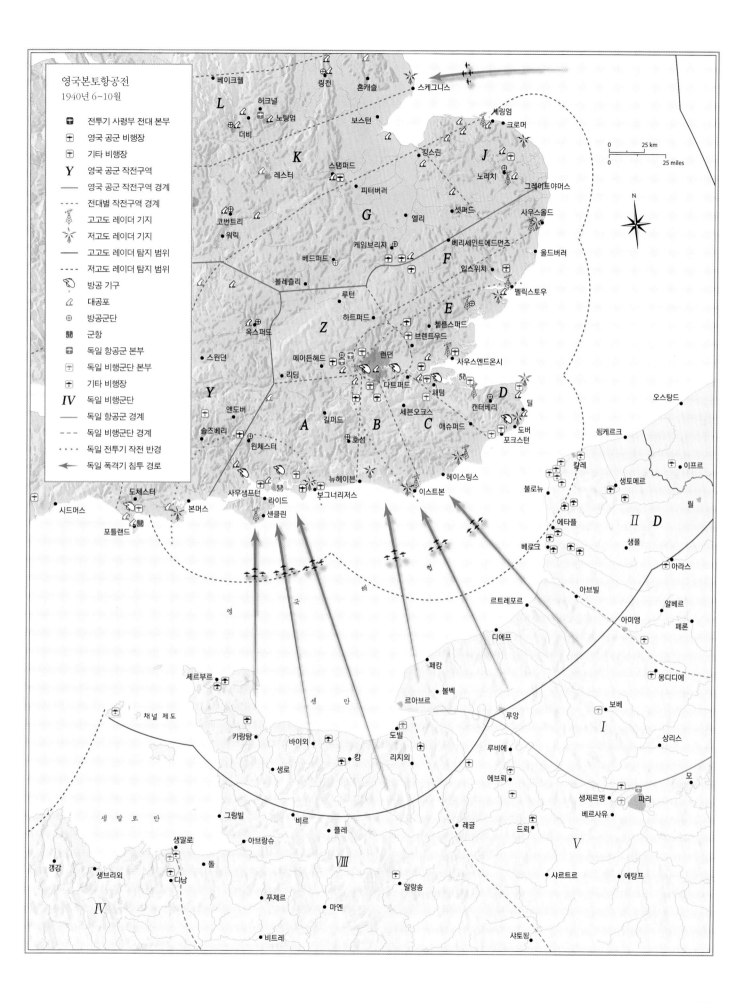

영국본토항공전
1940년 6~10월

전투기 사령부 전대 본부
영국 공군 비행장
기타 비행장
Y 영국 공군 작전구역
영국 공군 작전구역 경계
전대별 작전구역 경계
고고도 레이더 기지
저고도 레이더 기지
고고도 레이더 탐지 범위
저고도 레이더 탐지 범위
방공 기구
대공포
방공군단
군항
독일 항공군 본부
독일 비행군단 본부
기타 비행장
IV 독일 비행군단
독일 항공군 경계
독일 비행군단 경계
독일 전투기 작전 반경
독일 폭격기 침투 경로

0   25 km
0   25 miles

N

베이크웰 링컨 혼캐슬 스케그니스
L 허크널 세링엄 크로머
더비 노팅엄 보스턴
킹스린 J 노리치
K 스탬퍼드 그레이트야머스
레스터 피터버러 셋퍼드 사우스올드
G 엘리
코번트리 케임브리지 베리세인트에드먼즈 올드버러
워릭 F 입스위치
베드퍼드 펠릭스토우
블레츨리 E
루턴 첼름스퍼드
하트퍼드 브렌트우드
옥스퍼드 Z 런던 사우스엔드온시
스윈던 메이든헤드 다트퍼드 D 오스탕드
리딩 채텀 딜
Y 앤도버 길퍼드 B 세븐오크스 캔터베리 됭케르크 이프르
솔즈베리 A 호섬 C 애슈퍼드 도버 칼레 생토메르
윈체스터 포크스턴 불로뉴 II D 릴
뉴헤이븐 헤이스팅스 에타플 생폴
도체스터 사우샘프턴 보그너리저스 이스트본 베로크 아라스
시드머스 라이드 아브빌 알베르
포틀랜드 본머스 샌클린 아미앵 페론
셰르부르 르트레포르 몽디디에
디에프 보베
채널 제도 페캉 I 상리스
카랑탕 볼벡 루비에 모
바이외 도빌 르아브르 에브뢰
강 리지외 루앙 생제르맹 파리
생로 생제르맹 베르사유
V
그랑빌 비르 드뢰
생말로 플레 마옌 샤르트르 에탕프
갱강 생브리외 디낭 돌 VIII 알랑송
IV 푸제르 샤토됭
마엔
비트레

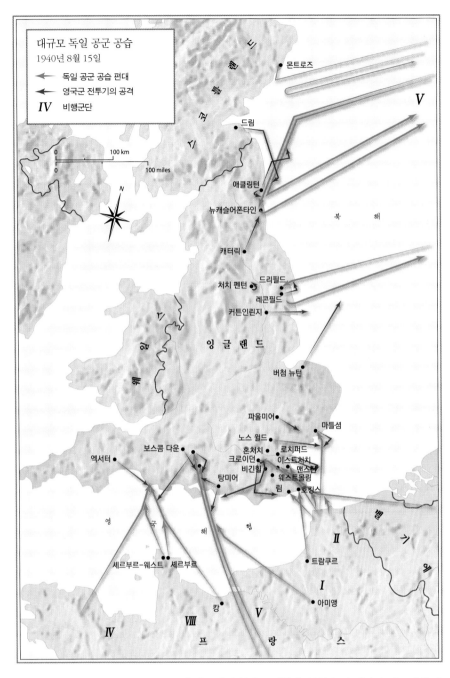

대규모 독일 공군 공습
1940년 8월 15일

→ 독일 공군 공습 편대
→ 영국군 전투기의 공격
IV 비행군단

대규모 공격
1940년 8월 15일, 독일이 영국 북쪽과 남쪽 지역의 목표물에 대한 대규모 폭격을 시행함에 따라 영국본토항공전에서 최대 규모의 전투가 발생했다. 북쪽에서는 위르겐 슈툼프(Jürgen Stumpff) 장군의 제5항공군이 영국 전투기와 조우하여 심각한 손실을 입고 고전을 면치 못했다. 독일은 단 하루 동안의 피해로는 최고기록인 71대의 항공기를 잃었다. 이에 반해 영국은 28대만 잃었다.

이 전력을 낭비하지 않도록 일조했다.

첫 교전에서 양측은 큰 교훈을 얻었는데, 특히 격추된 조종사나 승무원을 구하기 위한 해상 구조 전담 부대를 창설할 필요성을 느꼈다. 독일 공군은 적군보다 이러한 사실을 먼저 인지하고 구조대를 조직하기 시작했다. 또한 영국 공군 볼턴 폴 디파이언트(Boulton-Paul Defiant)와 독일 공군 슈투카의 결함이 처음으로 드러났다. 두 전투기 모두 방향 조종이 쉽고 속도가 빠른 편이었지만, 디파이언트는 전방 사격 장비가 없어서 메서슈미트 Bf 109의 전방 공격에 쉽게 격추당했고, 슈투카는 상대적으로 느리고 민첩하지 못해 허리케인과 스핏파이어의 손쉬운 먹잇감이었다.

두 번째 교전의 시작

8월 초 교전은 두 번째 국면에 접어들었다. 독일 공군은 영국 공군의 비행장, 관제소, 항공산업이 밀집해 있는 지역을 향해 총공격을 펼쳤다. 또한 이때 처음으로 제5항공군(Luftflotte V)이 영국 동부 지역을 공격하기 위해 노르웨이의 기지를 떠났다. 단발 엔진 항공기인 Bf 109는 항속거리가 충분하지 못해 임무 수행에 부적합했기에, 대신 Bf 110을 사용했다. 하지만 영국군의 방어는 놀랍도록 강했으며 Bf 110은 영국 전투기에 대적할 상대가 되지 못했고, 다른 모든 독일 항공기도 공중에서 격추되었다. 제5항공군은 더 이상 주간에는 공격하지 못하고 한데 집결한 폭격기들과 함께 날이 지기를 기다렸다.

독일은 구역 통제를 담당하고 있는 영국 비행장을 공격 목표로 삼았는데, 특히 영국 공군 제11비행전대가 주둔하는 비행장에 대한 공격이 치명적이었다. 비긴힐(Biggin Hill) 비행장이 폭격을 당했을 때는 담당 공역이 극심한 혼란에 빠졌다. 하지만 레이더가 바로 작동해 영국 공군의 항공기를 적재적소에 배치하여 운용함으로써 더 이상의 손실을 막을 수 있었다. 독일은 막대한 손실을 입자 단거리 전투기인 메서슈미트 Bf 109마저 전투에 참가시켰고 폭격기를 호위할 때 대열을 좁혀 비행하라고 주문했다. 하지만 이 작전으로 높은 고도에서 기습공격을 감행하는 독일 공군의 능력이 현저히 저하하고, 전투기나 폭격기 모두 우세를 점할 수 없게 되었다. 기관총을 장착한 허리케인을 이용해 무리지어 다니는 폭격기를 공격하는 동안, 기동성이 뛰어난 스핏파이어가 전투기를 상대했다.

계속해서 영국 공군 비행장을 공격하며 런던에 압박을 가하는 독일 공군이 전쟁을 주도하는 것처럼 보였다. 하지만 독일 공군이 런던에 가한 공격은 영국 공군의 베를린 공습을 촉발했다. 9월 초 괴링은 영국의 주요 도시를 폭격하도록 명령했고, 런던은 엄청난 공격에 맞닥뜨렸다.

이 과로하지 않아도 되었다. 독일은 이 레이더 시스템에 대해서 일찍부터 알고 있었으나 크게 신경 쓰지 않았기 때문에 이에 대한 공격은 간과하고 있었다. 우선 이 무선탑(Radio tower)은 현대식 전기 케이블 타워(Electrical cable tower)와 모습이 흡사해 폭격이 쉽지 않았다. 만일 폭탄이 표적에 명중하지 못하고 지상에 떨어지면, 그 폭발로 인한 충격파가 부근의 건축물을 전부 파괴할 수 있었다.

전쟁은 7월 첫째 주에 독일 공군이 레이더 기지를 포함한 해안의 표적, 특히 영국 해협의 해군을 공격하여 영국의 방어력을 시험하는 것으로 시작했다. 이는 또한 영국 공군을 전투에 끌어들여 파괴하려는 목적도 가지고 있었다. 하지만 영국군의 레이더가 진가를 발휘하여 영국 공군

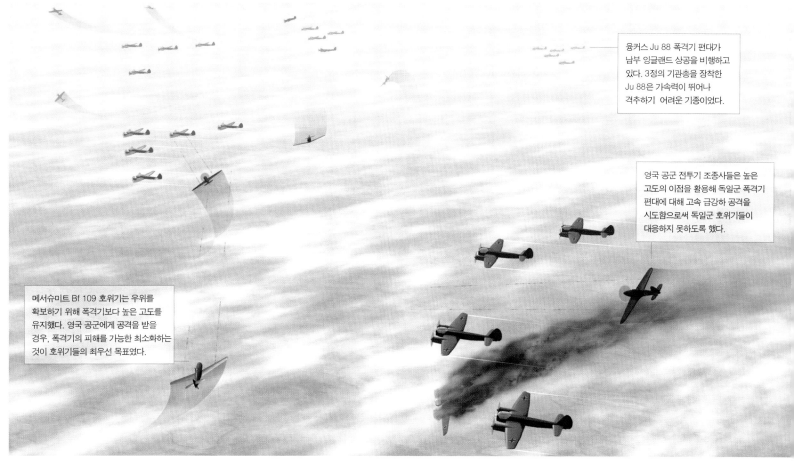

융커스 Ju 88 폭격기 편대가 남부 잉글랜드 상공을 비행하고 있다. 3정의 기관총을 장착한 Ju 88은 가속력이 뛰어나 격추하기 어려운 기종이었다.

영국 공군 전투기 조종사들은 높은 고도의 이점을 활용해 독일군 폭격기 편대에 대해 고속 급강하 공격을 시도함으로써 독일군 호위기들이 대응하지 못하도록 했다.

메서슈미트 Bf 109 호위기는 우위를 확보하기 위해 폭격기보다 높은 고도를 유지했다. 영국 공군에게 공격을 받을 경우, 폭격기의 피해를 가능한 최소화하는 것이 호위기들의 최우선 목표였다.

전쟁 종료

독일군이 목표를 변경하자 영국군은 공격으로 입은 손실을 만회할 시간을 벌 수 있었다. 그래서 더 안전하고 피해를 입지 않은 비행장에서 독일 공군과의 공중전에만 집중할 수 있게 되었다. 영국 공군 제12비행전대 지휘관인 트래퍼드 리-맬러리(Trafford Leigh-Mallory) 소장은 제11비행전대 지휘관 키스 파크(Keith Park) 소장의 전술에 대해 이의를 제기했다. 리-맬러리는 2~3개 비행대대를 합쳐 하나의 '빅 윙(Big Wing)'을 형성해, 독일군의 보머 스트림(Bomber stream)* 전력을 공격하는 전술을 제안했다. 대형을 갖추어 공격하는 데는 많은 시간이 걸렸다. 이는 제한적 성과만을 거둘 수 있었으며 소수의 편대를 지속적으로 보내 독일 폭격기가 폭격을 끝낸 후 기지로 돌아갈 때 공격하는 키스 파크 소장의 전술과 크게 다를 바가 없었다. '빅 윙'은 일단 대형을 형성한 후에야 공격이 가능했는데, 그때는 이미 폭격기들이 목표물에 폭탄을 투하하고 귀환하는 중이었다.

런던 상공에서의 전투로 독일군은 막심한 손해를 입었고, 그로 인해 히틀러는 9월 17일, 영국 침략을 무기한 연기하기로 결정했다. 9월 말까지 독일 공군은 몇 차례 야간 공습을 가하는 것으로 만족해야 했다. 영국본토항공전은 영국의 승리로 끝났고, 다음과 같은 불후의 명언을 남겼다.

"인류 역사상 이렇게 많은 사람이 이렇게 적은 사람들에게 이렇게 많은 빚을 진 적은 없었다."

— 윈스턴 처칠

독일은 더 이상 영국을 공격하려고 시도하지 않았기 때문에, 이후 전쟁이 지속되면서 영국은 제3제국의 중심부를 공격할 거점 역할을 하게 되었다. 또한 나치 독일을 무찌르려는 영국의 결의를 전 세계에 확신시켜주었다. 히틀러의 관심은 생활권(Lebensraum)** 을 확장하기 위해 동유럽 침공으로 옮겨갔다.

전투기 공격

거의 언제나 수가 부족했지만, 영국 공군 전투기들은 레이더의 '눈'에 힘입어 공격에 적합한 위치를 선점하는 이득을 얻을 수 있었다.

* 기존의 밀집편대 대형과 달리 폭격기가 간격을 충분히 벌려, 1대씩 길게 늘어진 대형으로 폭격하는 전술.
** 나치가 주장한 정치적·경제적 발전에 필요한 영토.

영국본토항공전, 1940년 7월 10일 ~ 10월 31일

영국	독일 / 이탈리아
지휘관	
휴 다우딩	헤르만 괴링
전력	
단좌전투기 754대 복좌전투기 149대 폭격기 560대 해상초계기 500대 총: 1,963대	단좌전투기 1,107대 복좌전투기 357대 폭격기 1,380대 정찰기 569대 해상초계기 233대 총: 4,074대
사상자 및 손실	
영국 공군: 조종사 및 승무원 사망(전투기 사령부): 544명 항공기 손실: 전투기 1,023대 폭격기 376대 해상초계기:148대(연안 사령부) 총: 항공기 1,547대 파괴	독일 공군: 조종사 및 승무원 사망: 2,500명 항공기 손실: 전투기 873대 폭격기 1,014대 총: 항공기 1,887대 파괴

폭격 : 영국과 독일, 1940~1941

던디 •

• 글래스고

• 에든버러

스코틀랜드

덴마크와
노르웨이에서 출격한
독일 제5항공군

• 뉴캐슬어폰타인
• 선덜랜드

북동부

• 미들즈브러

북서부

요크

N

• 블랙풀
• 블랙번

북부

리즈

헐

• 맨체스터

• 셰필드

• 리버풀

독일 제2항공군

중북부

• 스토크온트렌트
더비

노팅엄

• 울버햄프턴

• 레스터

• 버밍엄

• 코번트리

노리치

동부

중부

• 노샘프턴

웨일스

• 케임브리지

입스위치

• 옥스퍼드

• 루턴

• 스완지

남부

런던

• 카디프
• 브리스톨
바스

리딩

사우스엔드온시

턴브리지웰스

남동부

• 사우샘프턴

• 엑서터

본머스

포츠머스

브라이턴

독일 제3항공군

독일 제2항공군

• 플리머스

0   50 km

0   50 miles

대공습
1940년 9월~1941년 5월

- - - 크니케바인 전파 발신 방향,
        1940년 11월 14~15일

─── 민방위 지역 경계

웨일스   민방위 지역

         소개 지역

         접전 지역

         중립 지역

      ☀ 대규모 폭격 지역

'대공습(Blitz)'으로 알려진 독일의 폭격작전은 1940년 8월 24일 밤에 시작했다. 독일은 공장, 조선소, 정유시설 등 영국의 전쟁 수행에 도움이 될 만한 모든 종류의 산업 시설에 폭격을 가했고, 주택가도 이를 피하지 못했다. 1940년 8월부터 독일이 러시아를 공격하기 위해 다수의 폭격기를 동부전선으로 이동시킨 1941년 5월까지 영국 주요 도시는 예외 없이 폭격을 당했다.

영국은 독일이 공격해올 것이라고 어느 정도 예상하고 있었기 때문에 얼마간 준비를 했다. 대부분의 시민들은 방독면을 마련해 놓고 있었고, 훈련받은 민방위대원이 모든 거리를 순찰하며 소등을 실시했다. 밤이 되면 독일 폭격기들의 목표를 정확하게 파악하지 못하도록, 공장이나 주택, 심지어는 가축우리에서도 한 줄기 불빛도 새어나오지 않았다. 영국은 유례없는 대규모 피난계획을 세워 아이들과 젊은 여성들을 주요 도시에서 비교적 안전한 시골로 이송하고, 요충지에는 방공기구, 탐조등, 대공포를 배치했다. 이러한 장비의 수가 많이 부족하여 영국 남동부와 런던에 주로 배치했다. 특히 슈퍼머린 스핏파이어와 호커 허리케인 전투기에 장착하는 멀린(Merline) 엔진을 생산하는 더비(Derby)의 롤스로이스 공장 같은 지방의 중요한 생산 시설은 42문의 대공포로 지키고 있었다.

8월 한 달간 독일 공군은 런던에 모든 전력을 집중시키며 주간 공습을 감행했지만, 예상보다 많은 항공기를 잃고 나서 9월 중순에 이르러서는 야간 공습만 실시했다.

런던 대공습과 크니케바인 전파 발신기
크니케바인 전파 발신기(Knickebein Radio Transmitter)를 통해 적 해안의 목표물을 빠르게 식별하고, 공격에 대한 방책을 강구할 수 있었다. 코번트리 공습 이후 영국군은 전파 교란을 고안했고, 이는 적 폭격기 부대가 벨파스트 대신 더블린을 공격하게 하는 효과를 발휘했다.

야간 공격은 정확하지는 않지만 공장은 물론 가정집까지 광범위하게 공격할 수 있었다. 영국은 미리 방어 계획을 세웠음에도 불구하고 이러한 공격으로 심한 피해를 입어 그 여파가 상당했다. 플리머스(Plymouth) 같은 지방도시 주민들이 매일 밤 폭격을 피해 교외에서 야영을 한 것은 물론이고, 런던에서도 시민들이 밤마다 지하도를 피난처 삼아 잠을 청하며 독일 습격자로부터 몸을 숨겨야 했다. 이런 노력에도 불구하고 9월 말까지 약 7,000명의 민간인이 죽고, 수천 명이 부상을 입었으며, 수만 명이 집을 잃고 노숙자가 되었다.

더욱 강해진 독일의 공격
1940년 11월 14일 밤, 독일군의 '패스파인더(Pathfinder)' 폭격기들은 지향성 전파를 이용해 목표물까지의 비행경로를 파악하고, 영국이 전쟁을 수행하는 데 중요한 산업도시인 코번트리(Coventry)를 공격했다. 비행경로를 안내하는 패스파인더 폭격기 뒤로 400대가 넘는 폭격기가 따라와서 이미 한 번 공격을 받은 도시 위에 고성능 폭탄 503톤과 3만 개 이상의 소이탄을 투하했다. 이로 인해 수백 명이 사망하고 1,200명이 넘는 사람들이 크게 다쳤으며 수천 명이 집을 잃고 방황했다. 또한 수천 채의 건물이 무너지거나 크게 훼손되었다. 하지만 이러한 다수의 인명 피해에도 불구하고 며칠 후에 공장들은 생산을 재개했고, 국민들의 사기도 빠르게 회복되었다. 독일의 폭격은 영국의 전의를 꺾지 못했다. 영국인은 자부심과 투지를 지니고 단결하여 독일에 맞섰다.

1940년 크리스마스까지, 영국의 거의 전 지역에 걸쳐 공습이 이루어졌다. 글래스고(Glasgow), 벨파스트(Belfast), 리버풀(Liverpool), 셰필드(Sheffield)는 심각한 타격을 입었고, 런던은 아예 성한 부분이 없었다. 크리스마스 직후인 12월 29일 밤에 130대 이상의 폭격기가 런던 중심부 길드홀(Guild Hall)과 세인트폴 대성당(St. Paul's Cathedral) 부근을 폭격했다. 성당은 무사했지만 주변을 둘러싸고 있던 집, 사무실, 역사적인 교회들은 재로 변했다. 수백 년 된 건물들이 역사의 뒤안길로 사라졌다.

이러한 절망적인 상황에서도 영국은 살아남았다. 피해를 복구한 공장들에서 폭격기의 고도와 방향을 예측할 수 있는 레이더 유도 대공포(Radar-directed Gun)를 포함한 새로운 물자를 생산하여 충당할 수 있었다. 마침내 영국 야간 전투기들도 레이더를 장착하고 습격해오는 독일 폭격기에 반격을 가하기 시작했다. 소방대와 응급구조대도 많은 경험을 쌓으며 날로 능숙해졌고, 폭발물 처리반은 불발탄을 처리하는 위험한 임무에 노련하게 대처했다. 영국은 독일의 가차 없는 폭격에도 굴복하지 않겠다는 강한 의지를 보였다.

영국의 대응

제2차 세계대전이 발발할 당시 영국 공군은 브리스틀 블렌하임, 핸들리 페이지 햄던, 비커스 웰링턴과 암스트롱 휘트워스 휘틀리 등 네 종류의 폭격기를 운용했는데 모두 큰 기계적 결함 없이 빼어난 디자인을 자랑했다. 블렌하임은 최대 454킬로그램, 휘틀리는 최대 3,630킬로그램에 달하는 폭탄을 탑재할 수 있었다. 단거리 폭격기인 브리스틀 블렌하임은 비행거리에 제한이 있었지만 다른 세 종류의 폭격기는 독일 동부지역을 제외한 전 지역을 공격할 수 있었다. 영국 공군 폭격기 사령부는 언제나 자기방어에 유리한 주간 편대대형을 펼치며 폭격작전을 수행하려 했고, 제4비행전대의 휘틀리 비행대대들만 야간 폭격을 훈련했다.

1939년 9월 1일 미국 대통령인 프랭클린 D. 루스벨트(Franklin D. Roosevelt)는 무고한 시민들이 다칠 수 있는 폭격작전에 대한 규제를 제안했다. 프랑스와 영국은 그 자리에서 동의했고 독일은 폴란드 전역이 거의 끝나가는 9월 18일이 되어서야 루스벨트의 의견에 동의했다. 그동안 영국 공군은 부두에 정박하지 않은 독일 선박을 공격했다. 폭격기들은 독일로 날아가 저공비행을 하며 선전 전단을 뿌렸다. 많은 공군 지휘관들은 이를 시간 낭비로 치부했지만, 실제 폭격 작전에 대비해 적의 영토에서 어떻게 공격해야 할지 미리 경험을 쌓는 계기가 되었다. 또한 전쟁 발발 시 즉시 투입할 수 있을 만큼 항공기를 생산하고 승무원을 훈련시킬 시간을 벌 수 있었다.

프랑스를 점령한 후 독일은 에스파냐 국경으로부터 노르웨이 북단에까지 이르는 대서양 해안을 지배하게 되었다. 영국본토항공전에서 영국 공군의 폭격기 사령부는 독일 산업시설에 대한 공격보다 영국 해협에 집중되어 있는 독일군 함대의 폭격을 우선시 했다. 하지만 그럼에도 소수의 영국 폭격기들이 매일 밤 독일로 날아가 유류 관련 시설을 먼저 공격했다. 거의 모든 야간 공습에서 영국군 편대는 각기 다른 항로를 통해 여러 목표물을 공격했

값비싼 보복
독일의 표적들에 대한 영국 공군의 초기 야간 폭격작전은 단기(單機)로 이루어졌다. 전쟁 초기 몇 달 동안의 편대 폭격은 엄청난 비용이 들었다.

는데, 폭격기 조종사들은 항법장치와 조종술의 결합으로 어려움을 겪었지만 달빛에 비친 강과 주요 지형지물을 보고 정확한 목표를 찾아 공격할 수 있었다.

독일의 대공포대와 탐조등이 제 역할을 톡톡히 해냈지만, 영국의 폭격기는 더 높은 고도에서 공격해왔다. 하지만 높은 고도에서는 목표물을 정확하게 식별하는 것이 어려웠기 때문에 몇몇 항공기에 카메라를 장착하고, 가장 뛰어난 승무원들을 배당했다. 영국 공군 폭격기 사령부에는 낙관론이 팽배했다.

비커스 웰링턴
반스 월리스(Barnes Wallis)가 디자인했다. 기하학적 구조가 특징으로 매우 튼튼했으며 엄청난 양의 전투 손상을 견딜 수 있도록 설계되었다. 1940년 영국 공군에게 가장 중요한 폭격기였다.

나치 점령하 유럽 폭격
1940~1942년
25~1,000톤 폭탄
1,000~3,000톤 폭판

해상초계 : 1940~1941

유럽에서 전쟁이 발발하자, 독일 해군은 제1차 세계대전에서 실패했던 전략을 사용했다. 이 전략은 대부분 영국군으로 이루어진 연합군 함대가 1년 동안 매달 75만 톤씩 침몰하는 경우 영국에 식량 공급이 제대로 이루어 지지 못해 결국 굶주림 때문에 항복할 것이라는 계산을 토대로 세워졌다. 한편 섬나라인 영국은 해상초계기보다는 장거리 대형 폭격기 생산에 집중했다.

수면 아래의 적

독일의 해군 계획자들은 전략의 목표를 달성하기 위해 강력한 잠수함인 유보트 350척을 이용해 연합군 함대를 격침하고 싶어 했다. 하지만 이는 어뢰나 전투기 또는 함정 등을 이용한 적의 공격에 쉽게 노출될 위험이 있었기 때문에 단지 57척의 유보트만으로 영국과의 전쟁을 시작했다. 이에 맞서 영국에서는 대잠수함 능력을 갖춘 12척의 전함과 순양전함, 6척의 항공모함과 58척의 순양함, 200척이 넘는 구축함이 출동을 준비했고, 또한 프랑스 해군을 원조하기 위해 모든 준비를 갖추었다. 하지만 프랑스 해군이 먼

저 처리할 임무는 지중해에서 이탈리아 함대에 맞서 싸우는 것이었다.

1939년 9월까지 독일 해군은 대서양에 2척의 수상 습격대를 보낸 것을 제외하고는 '서양 진입로(Western Approaches)'로 알려져 있는 영국 해협에서 100마일(약 160 킬로미터) 이상 전진하지 못했다. 북해와 영국 해협은 독일 유보트 작전의 주요 무대였다. 이 지역을 지나는 대부분의 연합국 선박이 공격 목표였는데, 1939년 9월부터 1940년 6월까지 702척의 상선이 침몰했다.

제2차 세계대전이 시작되자 영국은 최상급 비행정인 쇼트 선더랜드(Short Sunderland) 몇 대를 해상초계작전에 투입했다. 이 비행정은 엠파이어급(Empire-class) 비행정을 개조한 항공기로 영국 전역을 아우르며 13시간 동안 비행이 가능했다. 1941년부터는 레이더를 탑재하며 성능이 더 좋아졌고 여러 차례 해상 구조작전도 수행하는 발군의 기량을 과시했다.

독일이 유보트를 사용해 노르웨이를 점령하고 1940년 7월에 프랑스를 상대로 승리하자 대서양에서 유보트

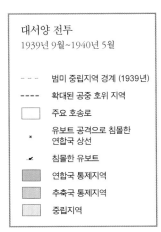

중부대서양의 간극
중부대서양의 간극(Mid-Atlantic Gap)은 독일 잠수함에게는 이상적인 사냥터였다. 독일 잠수함에 대적할 만한 연합군 해상 호위전력이 없었기 때문이다. 중부대서양 간극 지역의 문제는 장거리 초계기를 운용하고 나서야 비로소 사라졌고 상선의 손실도 줄어들었다.

대서양 전투
1939년 9월~1940년 5월

- – – – 범미 중립지역 경계 (1939년)
- – – – – 확대된 공중 호위 지역
- ☐ 주요 호송로
- ✕ 유보트 공격으로 침몰한 연합국 상선
- ⚓ 침몰한 유보트
- ▨ 연합국 통제지역
- ▨ 추축국 통제지역
- ☐ 중립지역

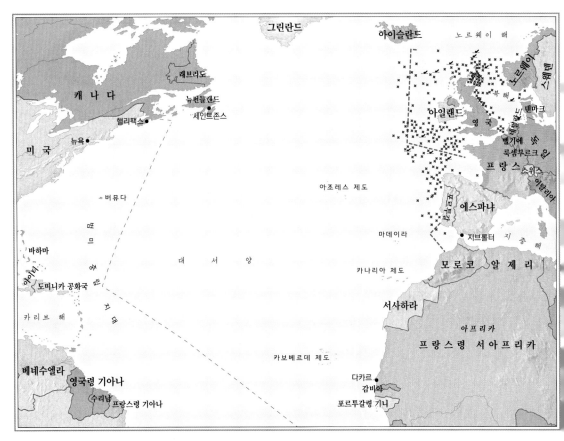

의 역할이 많이 변하게 되었다. 유보트를 주 전력으로 한 작전이 프랑스 서쪽 로리앙(Lorient)에서 처음으로 시행되었으며 유보트 정찰 노선을 750킬로미터 정도로 줄이며 장시간 동안 운용했다. 전쟁 발발 후 독일은 총 25척의 유보트를 잃었음에도 불구하고 생산량의 증가로 인해 총 51척의 유보트를 가용할 수 있었다.

독일은 유럽의 서해인 대서양은 물론 북해와 비스케이 만(Bay of Biscay)에서 작전 수행을 위해 유보트와 함께 도르니에 Do 18 비행정과 하인켈 He 115 수상기를 출격시켰다. 1936년 첫 비행을 마친 세련된 디자인의 4개의 엔진을 장착한 장거리 전투기 포케불프 Fw 200 콘도르(Focke-Wulf Fw 200 Condor)가 대서양을 비행했다. 1940년 8월 독일의 한스 가이세(Hans Geisse) 중령의 지휘하에 KG 40은 보르도 인근 비행장에서 작전을 시작했다. 이 비행기의 주 임무는 대서양까지 날아가 정찰을 수행하여 연합국 호송선의 위치를 파악하여 보고하는 것이었다. KG 40은 정찰 임무 외에도 공격을 가할 대상이 있으면 바로 폭격이 가능해 8월과 9월 사이 KG 40 15대는 총 9만 톤에 달하는 연합군 함정을 격침했다.

공중에서의 반격

대부분의 연합군 수송 선박들은 호위함 1~2척의 보호를 받았다. 호위함은 전적으로 대잠수함 작전을 목적으로 했기 때문에 대공능력은 취약했다. 강력한 전투기와 잠수함을 보유한 독일이 공중에서는 물론 수면 아래에서도 거의 확실한 승기를 잡았다. 수천 명 이상의 연합국 해군 장병이 목숨을 잃었고 영국으로 운송되는 화물들은 가라앉았다.

영국은 전쟁 당시 항공모함을 운용하지 않았기 때문에 임시방편으로 상선에서 이륙할 수 있도록 전투기를 개조해 사용했다. 호커 사(社)의 전투기인 호커 시허리케인(Hawker Sea Hurricane)이 선정되어 개조된 후 이용되었다. 이 작전의 한 가지 단점은 전투기가 일단 이륙을 하면 상선에 다시 착륙이 불가능해 연합군 함대 근처에 불시착하거나, 만약 근처에 연합군이 없을 시에는 육지까지 날아가 착륙을 해야 한다는 것이었다. 연합군은 1941년 8월 3일에 독일을 상대로 첫 승리를 거두었다. 영국 해군항공대 조종사인 에버렛 중위(R. W. H. Everett)는 호커 시허리케인을 타고 해군 보조함 맵린(Maplin)에서 이륙해 시에라리온(Sierra Leone)에서 영국으로 향하는 호송함대를 감시하던 독일 전투기 포케불프 Fw 200 콘도르를 격추했다. 에버렛은 전투가 끝난 후 바다에 불시착해 안전하게 구조되어 수훈십자훈장(Distinguished Service Cross)을 받았다. 이후 비행기 이륙이 가능한 갑판을 가지고 있는 상선들이 개발되

어 항공모함으로 발전해 조종사들이 바다에서 안전하게 이·착륙하는 것이 가능해졌다.

1941년 4월에 독일에 의한 영국 상선의 격침은 정점에 달했으나 호송 체계가 발전하면서 침몰하는 선박은 감소하기 시작했다. 매월 7,500톤의 배를 파괴하려는 독일의 계획은 실현되지 못했다. 영국은 식량 배급제도를 도입해 전쟁기간 동안 수입물량을 반으로 줄이며 해상운송을 통제했고 다수의 해상초계기를 작전 대대로 배치했다. 그중에는 콘솔리데이티드 PBY 카탈리나(Consolidated PBY Catalina)가 포함되었다. 선더랜드보다 느리고 무기도 많이 장착하지 않았으나 안정적인 장거리 항공기였기 때문에 다른 비행정보다 많이 생산되었다. 영국의 호위는 한층 효력을 발휘하게 되었고 캐나다 해군과의 연합작전으로 유보트가 정찰기의 작전 범위를 넘어서는 대서양 밖으로 나오지 못하도록 했다. 유보트가 서쪽으로 이동하면서 미국 상선과 조우할 위험성이 증가하자, 미 해군 전함의 활동도 늘어났다. 미 전함은 영국으로 향하는 상선을 호위하기 시작했는데 이는 미국이 영국의 생존을 돕기로 결정했다는 의지의 표현이었다. 독일 육군을 소련 국경선에 집결시키며 히틀러는 미국과의 문제를 피하며 유보트가 대서양에서 임무를 완수하기를 원했다. B-24 리버레이터 해상 폭격기가 개발되기 전인 1942년 말까지 대서양 중앙은 정찰기 범위 밖이었기 때문에 '빈 공간'으로 남겨졌다.

쇼트 선더랜드
첫 생산된 쇼트 선더랜드 Mk I 은 1938년 6월에 싱가포르의 제230대대에 배치되었고, 전쟁 발발 후 영국의 대잠 활동에 있어 매우 훌륭한 공헌을 했다. 1939년 9월 21일에는 어뢰로 격침된 상선 켄징턴 코트(Kensington Court)의 선원 34명 전원을 구출했다.

포케불프 Fw 200
장거리 해상정찰기인 포케불프 Fw 200 콘도르는 1940~1941년 사이 대서양과 북해 지역의 연합군 상선에게 제일 위협적인 존재였다. 이 항공기는 유보트가 격침한 배들보다 용적톤수가 훨씬 큰 상선들을 격침했다.

지중해 연안 : 1940~1942

북아프리카 전선으로 보급품을 운송하는 보급로를 확보하기 위해 지중해의 지배는 연합국과 추축국 모두에게 필수적이었다. 영국으로서는 아시아의 식민지와 통행하는 가장 빠른 길인 수에즈 운하의 개방을 유지하는 것 또한 주요한 관심사였다.

프랑스 함대와의 협상
1940년 여름 프랑스가 독일에게 항복하자, 영국은 독일이 어마어마한 프랑스 해군을 인수하여 연합군과 비슷한 해군력을 보유하게 될 것이라고 예상했다. 이 같은 상황이 발생하지 않도록 미리 조치를 취해야 했다. 알제리 해안 메르 엘 케비르(Mer-el-kevir) 항구에는 2척의 구식 전함과 근대식 됭케르크(Dunkerque)와 스트라스부르(Strassboug)가 정박해있었다. 영국은 프랑스를 설득해 함대를 영국 해군에게 인도하여 영국 함대와 함께 독일 해군의 힘이 미치지 않는 영국 기지나 프랑스의 카리브 해 기지로 옮기려고 프랑스와 협상을 벌였다. 만약 협상이 결렬될 시 영국은 프랑스 함대를 모두 파괴할 생각이었다. 프랑스와의 협상이 지지부진해지면서 선택의 여지가 없어지자 1940년 7월 3일, 영국 함대는 프랑스 선박을 향해 포격을 시작했다. 전함 브르타뉴(Bretagne)는 연료통을

페어리 소드피시
'망태기(Stringbag)'로 널리 불렸던 페어리 소드피시는 시대착오적인 형상을 하고 있었다. 하지만 이런 구식 디자인은 소드피시가 수행해야 하는 주요 임무에 매우 적합했다. 소드피시의 견고한 골격구조는 항공모함 작전에 이상적이었다. 소드피시는 제2차 세계대전 내내 북대서양에서 인도양에 이르는 여러 지역에서 단연 돋보이는 수훈을 세웠다.

타란토 전투
타란토에 대한 공격으로 항공모함은 단순히 함대의 부속물이 아니라 유연성과 기동성을 발휘하는 해군력의 실질적 수단임을 처음으로 증명했다. 이는 미래의 해군 항공 작전에 지대한 영향을 미치게 된다.

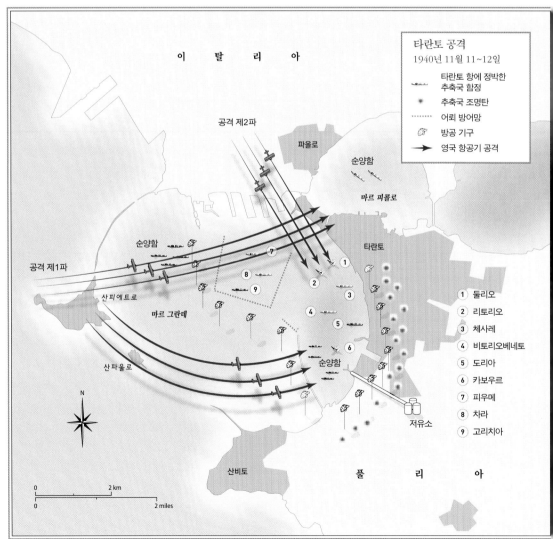

이 탈 리 아

타란토 공격
1940년 11월 11~12일

- 타란토 항에 정박한 추축국 함정
- 추축국 조명탄
- 어뢰 방어망
- 방공 기구
- 영국 항공기 공격

공격 제2파
파올로
순양함
마르 피콜로
타란토
공격 제1파
순양함
산 피에트로
마르 그란데
산 파올로
순양함
저유소

1. 둘리오
2. 리토리오
3. 체사레
4. 비토리오베네토
5. 도리아
6. 카보우르
7. 피우메
8. 차라
9. 고리치아

산비토
풀 리 아

0   2 km
0   2 miles

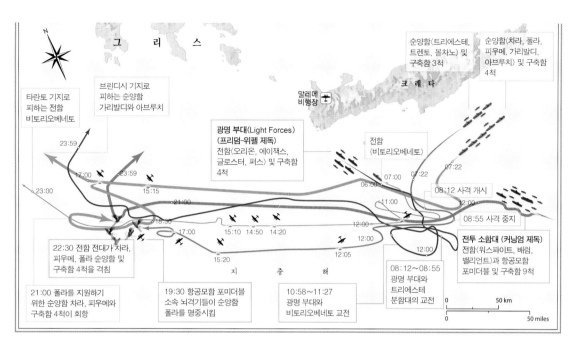

강타한 포격으로 폭발했다. 뎅
케르크와 스트라스부르가 크게
손상을 입었고, 옆에 있던 구축
함 2척은 침몰했다. 스트라스부
르는 툴롱(Toulon)에 위치한 프
랑스 기지로 겨우 도망쳤다. 이
틀 뒤, 영국은 복엽기인 페어리
소드피시(Fairey Swordfish)를 출격
시켜, 피해 입은 프랑스 전함을
모두 파괴하고 치명적 손상을
당한 뎅케르크를 좌초시켰다.
이번 공격으로 인해 1,297명의
프랑스 선원이 목숨을 잃고 프
랑스와 영국은 최악의 관계가
되었지만 영국의 단호함은 미국
에 강한 인상을 남겼다.

타란토 항구 습격

11월 11일 밤, 많은 군사전략가들이 불가능하다고 여겼지
만 영국은 해군항공대 소속 항공기로 타란토(Taranto) 항구
에 정박해있던 이탈리아 전함들을 공격했다. 몰타에서 정
찰을 실시한 결과 항구에는 5척의 전함(영국 공군에 의하면 여
섯 번째 전함은 나중에 입항했다고 함)과 7척의 중순양함(重巡洋
艦), 2척의 경순양함(輕巡洋艦), 8척의 구축함이 있는 것을
확인했다. 이탈리아의 압도적인 전력은 언제든 영국 수송
함에 일격을 가해 몰타와 이집트에 있는 영국군의 물자 공
급을 어렵게 만들 수 있었다. 이탈리아의 전력에 맞서 싸우
기 위해 항공모함 일러스트리어스(HMS Illustrious)에서 이륙
한 21대의 전투기가 두 그룹으로 비행했다. 어뢰와 폭탄으
로 무장을 한 소드피시는 얕은 물을 가르며 공격할 수 있
는 특수한 어뢰를 사용해 정박한 배를 향해 공격을 퍼부었
다. 2대의 항공기와 승무원을 잃었지만 소드피시는 이탈
리아 전함인 리토리오(Littorio)를 정확하게 세 번 맞추고 다
른 두 전함은 1발씩 명중시켰다. 이탈리아 해군은 영국의
성공적인 급습에 경각심을 가지며 남은 함대를 모두 이탈리
아 북쪽의 안전한 항구로 이송했다. 이번 공격으로 인해 큰
피해를 입은 리토리오는 4개월 동안 작전이 불가능했다. 단
21대의 구식 전투기로 수행한 영국의 급습은 영국 해군이
일시적으로나마 지중해에 힘을 행사할 수 있게 된 주요 계
기가 되었다. 이 전략은 일본에 큰 영향을 미쳐, 일본은 훗날
미국의 진주만을 공격할 때 이 전략을 발전시켜 사용했다.

마타판 곶 전투

1941년 3월 27일부터 29일 사이에 펠로폰네소스 반도에
서 이탈리아의 전함과 영국 해군 사이에 마타판 곶 전투
(Battle of Cape Matapan)로 잘 알려진 맹렬한 전투가 벌어졌다.
그리스령 크레타 섬의 남부에 기지를 둔 영국 해군 헨리
프리덤-위펠(Henry Pridham-Wippell) 제독의 전력은 영국 해
군의 순양함 3척과 호주 순양함인 퍼스(HMAS Perth), 그리
고 몇 척의 호위용 구축함으로 이루어져 있었다. 이집트의
알렉산드리아에는 항공모함 포미더블(HMS Formidable)과 3
척의 전함, 그리고 기함인 워스파이트(HMS Warspite)로 이
루어진 앤드류 브라운 커닝엄(Andrew Browne Cunningham) 제
독의 전력이 주둔해 있었다. 커닝엄은 울트라(ULTRA)◆ 감
청을 통해 이탈리아의 안젤로 야치노(Angelo Iachino) 제독이
지휘하는 근대식 전함 비토리오베네토(Vittorio Veneto)가 연
합군 병력을 그리스로 수송하는 선박을 잡기 위해 동쪽으
로 이동한다는 정보를 입수했다. 그리고 위펠 제독은 이탈
리아군이 크레타 섬 남쪽으로 접근하고 있다는 것을 알아차
렸다. 이탈리아 군은 영국군이 도피할 것이라고 예상하고 멀
리서부터 공격을 감행하며 영국군을 추격하려 했다. 하지만
영국 전함들이 따라붙자 이탈리아의 순양함은 공격을 포기
하고 비토리오베네토로 돌아갔다. 그 지역에 결집해 있던 커
닝엄의 군대는 퓨리어스와 크레타에 있는 영국 공군의 육상
기지에서 폭격기를 발진시켰다. 결국 독일군 지상 기지의 공
중 호위를 받으며 비토리오베네토는 이탈리아의 안전지역
으로 귀항했다.

영국의 2차에 걸친 공중공격으로 비토리오베네토는

마타판 곶 전투
1941년 3월 27~29일

말레메 비행장의 블렌하임
폭격기와 항공모함 포미더블의
뇌격기에 의한 영국군의 공습

영국군 함정의 이동 경로

추축군 함정의 이동 경로

마타판 곶
마타판 곶 전투는 영국 지중해함대의
압도적인 승리였다. 이는 이탈리아 함대의
이동과 재배치 정보를 영국 해군성에 경고해
준 울트라(ULTRA) 감청과 해군의 공중 전력
덕분이었다.

◆ 1941년부터 독일의 통신을 감청하
기 위해 영국 군사 정보국에서 채택한
신호체계.

115

손상을 입었으나 수리 후에 운용이 가능했다. 하지만 다른 순양함인 폴라(Pola)는 영국의 세 번째 공격으로 심각한 손상을 입었다. 폴라를 호위하던 구축함과 순양함의 병력이 철수하자 비토리오베네토는 타란토를 향했다. 영국은 야간에 폴라와 이를 지키던 다른 호위함에 단거리 급습을 실시해 순양함 피우메(Fiume)와 차라(Zara)를 격침했다. 이탈리아 구축함들이 역습을 시도했으나 이 중 2척마저 침몰하고 말았다. 영국은 폴라를 알렉산드리아로 견인하지 않고 어뢰 공격을 가했다. 이 전투 이후 이탈리아는 다시는 지중해 동쪽으로 진출하지 않았다.

몰타 습격

몰타는 이탈리아와 북아프리카를 잇는 전략거점이었으며 몰타에서 발진한 항공기와 선박들은 적의 병참선을 끊을 가능성을 갖고 있었다. 이탈리아는 영국과의 전쟁을 선포하자마자 몰타에 폭격을 가했다. 당시 몰타의 방어전력은 구식 복엽기인 글로스터 시 글래디에이터(Gloster Sea Gladiator)와 대공포가 전부였다. 영국은 어떠한 대가를 치러서라도 몰타를 지켜야 한다고 판단하고 방어에 모든 노력을 경주했다. 호커 허리케인과 몇 대의 마틴 메릴랜드(Martin Maryland) 정찰기, 비커스 웰링턴 중형 폭격기가 8월에 몰타에 도착했다. 영국은 몰타에서 이탈리아의 주요 목

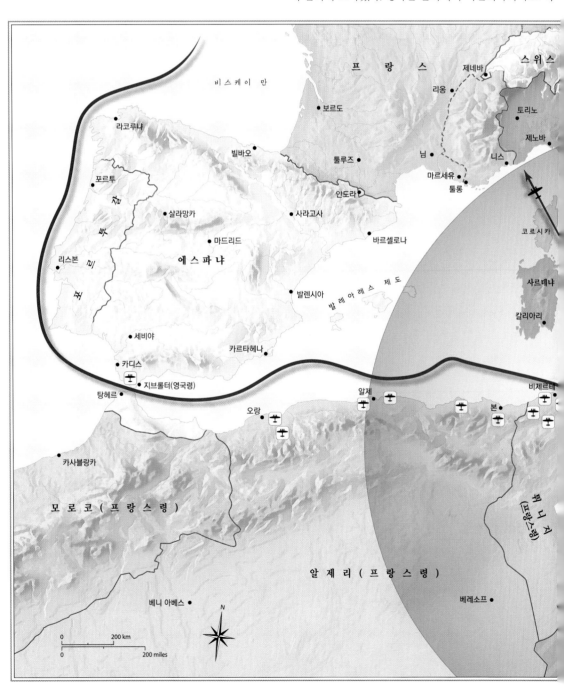

전략적 목표
몰타 섬은 지중해에서 승리하는데 매우 중요한 관문이었다. 지중해 전쟁 초기 몇 주 동안 몰타 섬은 비교적 쉽게 추축국에 의해 점령되었을 수도 있었다. 하지만 히틀러는 남쪽 측면의 안전을 확보하기 위해 크레타 섬에만 집중했다

116

표물과 추축국이 주둔한 북아프리카에 급습을 가했다.

1941년 6월 독일 공군은 튀니지로 항해하던 독일아프리카군단을 호위하기 위해 제10비행군단(Fliegerkorps X)을 파견했다. 웰링턴 폭격기가 독일 공군과 이탈리아 공군기지를 급습하자 독일의 제10비행군단은 몰타의 비행장과 주요 시설을 파괴하며 엄청난 공격을 했다. 결국 소규모의 영국 폭격기 부대는 북아프리카의 기지로 철수해야 했다. 영국의 호송선단이 왔지만 엄청난 손실만 입어 몰타에 거주하는 사람들은 식량난에 시달려야 했다. 잠시 공격이 중단되자 퓨리어스에서 슈퍼머린 스핏파이어 61대를 방어전력으로 지원했지만 음식과 유류, 의약품의 조달

이 가장 시급한 문제였다. 연합군은 1942년 8월 내내 3척의 항공모함과 2척의 전함, 32척의 구축함으로 이루어진 엄청난 해군전력의 호위를 받는 14척의 상선으로 페데스탈(Pedestal: 받침돌) 작전을 완수했다. 단지 5척의 수송선만이 살아남았다. 상선을 방어하느라 1척의 항공모함, 2척의 순양함, 1척의 구축함을 잃었다. 전쟁이 연합국의 우세로 기울자 몰타의 포위망이 느슨해졌다. 영국은 몰타 주민들의 용기를 인정하여 영국 최고의 시민훈장인 조지 십자훈장(George Cross)을 수여했다.

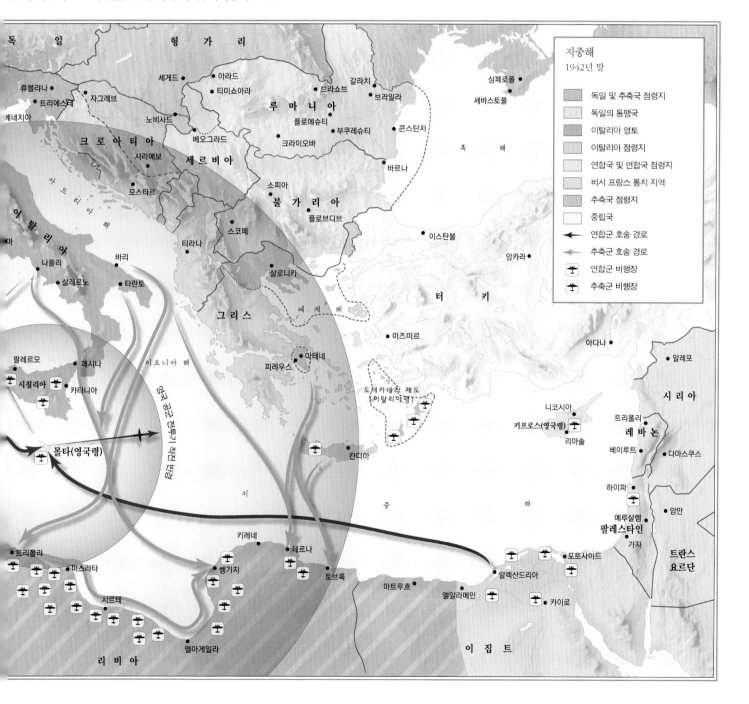

발칸 반도 : 크레타 섬 함락

발칸 반도
1941년 4월 6~21일
← 독일군 이동 경로

유럽의 대부분을 정복한 히틀러는 관심을 동쪽으로 돌렸다. 히틀러는 독일 국민을 위한 생활권(Lebensraum)을 획득하기 위해 소련 정복을 간절히 염원했다. 그는 국민들에게 제공할 식량을 위해 우크라이나의 광대한 평원과, 팽창하는 제3제국과 기동성을 갖춘 독일군에게 연료를 공급할 캅카스의 유전지대를 얻기 위해 동방 진출 계획을 추진했다. 하지만 계획을 실행하기도 전 추축국 중 하나인 이탈리아가 그리스를 정복하는데 실패하고 알바니아(Albania)에서 퇴각하자 곤경에 빠졌다. 만약 연합국이 그리스에 상륙할 경우 러시아로 가는 병참선과 루마니아의 유전지대까지 위협 받을 수 있었기 때문에 히틀러는 우선적으로 남쪽 측면의 안전을 확보해야 했다.

유고슬라비아 정복이 최우선 과제였다. 히틀러는 반파시스트 쿠데타에 의해 전복될 때까지 힘없는 유고슬라비아 정부를 협박해 목적을 달성했다. 독일의 무력간섭은 1941년 4월 6일 베오그라드(Beograd)에 대규모 공습으로 시작되었고 같은 시기에 독일군은 그리스 국경을 가로지르며 휩쓸었다. 공격은 4월 14일 유고슬라비아가 항복할 때까지 계속되었다.

연합군, 크레타 섬으로 후퇴하다

마침내 독일이 그리스를 침공하자 그리스 공군을 위해 영국은 구형 브리스틀 블렌하임 3개 대대와 글로스터 글래디에이터 2개 대대를 지원했다. 또한 전력 확장을 위해 이집트로

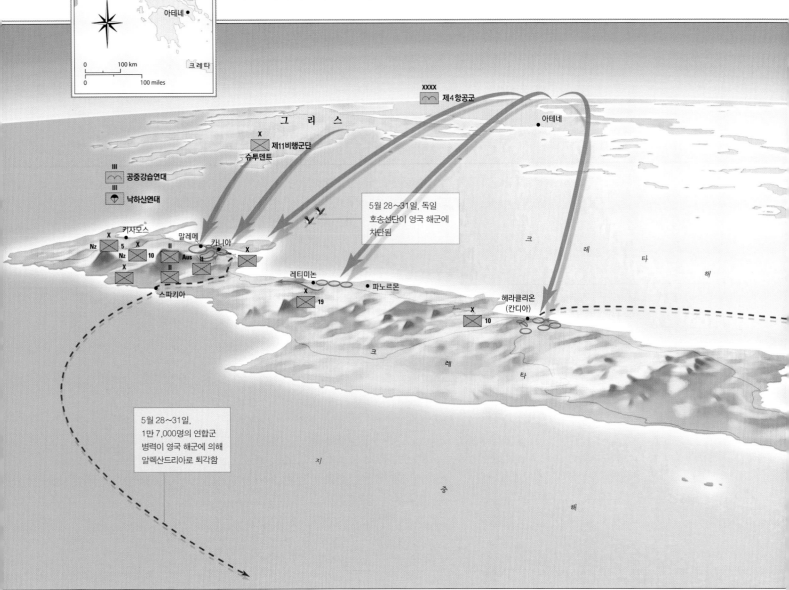

부터 추가로 호커 허리케인 3개 대대를 지원했다. 이 전력에 맞서 싸우기 위해 독일은 1,200대의 전투기로 구성된 독일 제4항공군(Luftflotte IV)을 출격시켰다. 그리스 북쪽 산악지대에서는 연합군의 기병부대로 방어하고 영국 공군과 그리스 공군은 협동하여 독일 제4항공군을 향해 완강히 저항했지만 워낙 강력했던 독일 전력에 의해 결국 연합군은 크레타 섬으로 후퇴했다. 몇 대의 전투기는 마지막 순간까지 남아 연합군의 대피를 도왔다.

그리스 본토는 결국 추축국 손에 넘어갔다. 추축국의 다음 목표는 크레타 섬이었다. 이 섬을 지배하면 지중해 동쪽을 통제할 수 있는 힘을 얻을 수 있었기 때문에, 히틀러는 하루 빨리 크레타 섬을 차지하고 싶어 했다. 크레타 섬의 방어 전력은 호주와 뉴질랜드의 연합군대인 앤잭(ANZAC)과 영국군 1개 여단, 그리고 본토에서 퇴각한 그리스 부대가 전부였다. 이들 부대는 장비도 제대로 갖추지 못했지만 정신력으로 중무장하고 사력을 다해 방어 준

1941년 크레타 섬
독일 공수부대는 크레타 섬 전투에서 25%가 사망하거나 부상당하면서도 엄청난 응징을 가했다. 이후 그들은 몰타를 제외하고 다른 주요 작전에는 투입되지 않았다. 사진은 융커스 Ju 52가 헤라클리온(Heraklion) 근처에서 화염에 휩싸여 추락하는 모습이다.

비를 갖추었다. 전투기들은 그리스에서 이집트로 퇴각을 하거나 그리스에 남아 연합군의 대피를 도왔기 때문에 크레타 섬에는 전투기가 한 대도 없었다. 5월 20일 메서슈미트 Bf 109와 Bf 110의 호위 아래 700대의 융커스 Ju 52에 예인된 여러 대의 DFS 글라이더가 팔쉬름예거와 그들이 사용할 무기를 싣고 크레타로 향했다. 공수부대의 목표는 크레타 동북부 비행장 인근 여러 지점에 강하하는 것이었다. 이들의 안전을 위해 제10산악사단이 많은 병력을 지원했다.

피로 얼룩진 승리

팔쉬름예거의 1차 강습은 느린 낙하로 인해 기관총과 소총으로 무장하며 기다리고 있던 연합군에 의한 처참한 대량 학살로 이어졌다. 개인 무기를 갖지 않고 강하한 대원들은 낙하 후 무기를 보관하고 있는 컨테이너까지 빠른 속도로 이동해야 했다.* 대원들은 공격 기술과 집념, 전투의지만으로 전진했다. 독일은 비행장을 점령했고 융커스 Ju 52에서 다수의 병력이 강하했다. 연합국 최고사령관은 크레타 방어선 후방에 몇 대의 허리케인을 배치하면 독일이 공세를 멈출 것으로 생각했지만 그것은 희망에 불과했다. 독일이 공군력을 강화하자 연합군은 후퇴했다. 많은 논란 끝에 영국 해군은 크레타에서 퇴각했다. 그리스 부대는 끝까지 남아 저항하고 독일군이 다른 지역까지 추격하지 못하게 발목을 잡았다. 독일은 이 전쟁으로 남부 측면을 강화해 히틀러의 바르바로사(Barbarossa) 작전이 가능해졌다.

* 당시 팔쉬름예거는 기술상의 이유로 무기를 적재한 컨테이너를 투하하고, 비무장으로 강하한 대원들이 컨테이너로 이동해 화기를 소지하는 방식으로 운영했다.

메르쿠르 작전(Merkur Operation)
크레타 섬 전투는 공중 호위가 없는 해군 전력이 공중공격에 얼마나 취약한가를 보여주었다. 영국 해군은 3척의 순양함과 6척의 구축함을 잃었다. 전함 2척, 항공모함 1척, 순양함 6척, 구축함 7척은 다양한 수준의 피해로 고생했다.

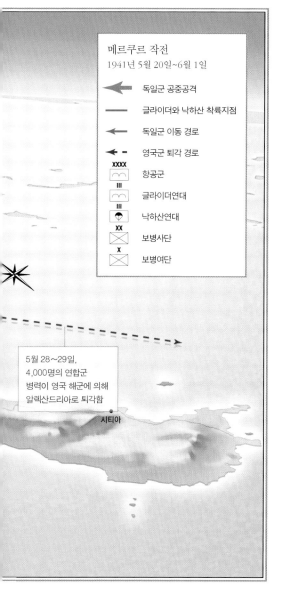

메르쿠르 작전
1941년 5월 20일~6월 1일

➡ 독일군 공중공격

— 글라이더와 낙하산 착륙지점

← 독일군 이동 경로

◄- 영국군 퇴각 경로

XXXX 항공군

Ⅲ 글라이더연대

Ⅲ 낙하산연대

XX 보병사단

X 보병여단

5월 28~29일, 4,000명의 연합군 병력이 영국 해군에 의해 알렉산드리아로 퇴각함

시티아

바르바로사 작전과 모스크바 폭격

독일이 그리스를 장악한 후 영국을 패배시키겠다는 의지가 약화하면서 히틀러는 우크라이나와 서부 러시아의 광활한 평원, 그리고 석유가 있는 남부 러시아에 관심을 집중했다. 하지만 그는 본질적인 실수를 저질렀다. 도처에서 전쟁을 수행하고 있던 독일군의 러시아 공격은 야심찼지만 피하고 싶은 힘든 과업이었다. 독일이 북아프리카에서 보인 전투력은 러시아 진군에 필요한 엄청난 군사력에 비하면 일부분에 불과했다. 그럼에도 히틀러는 이에 굴하지 않고 장군들 및 지휘관들에게 빠르고도 강력한 공격을 촉구했다. 러시아의 길고도 혹독한 겨울 날씨 때문에 독일군의 공격이 수렁에 빠지기 전까지 이 전략은 성공적으로 보였다. 바르바로사 작전은 5월에 시작해야 했으나 먼저 발칸반도 남쪽 측면을 안정시켜야 했고, 그리스에서 이탈리아군의 비효율적 전투와 증가하는 보급문제로 인해 1941년 6월 하순에야 비로소 실행할 수 있었다.

독일이 광활한 대륙을 소유한 소련에게 완벽한 승리를 거두기 위해선 다른 전투에서 미리 경험했던 전격전을 통해 국경을 방어하는 소련군 부대를 빠르게 제압하고 모스크바까지 순식간에 돌진해야 했다. 히틀러는 러시아의 주요 산업시설을 손상 없이 확보하면서 모스크바 진출 이전에 레닌그라드를 점령할 것을 명했다. 이 같은 간섭 때문에 러시아 침략전쟁은 실패를 자초했다.

독일 공군의 임무

독일 공군의 첫 임무는 소련 항공전력을 파괴하고 제공권을 장악하는 것이었다. 그 뒤 이전 전투에서 효과가 입증되었듯 지상군을 지원했다. 히틀러는 지상군을 빠르게 전진시켜 소련의 발달된 군수공장을 장악할 생각이었기 때문에 예전처럼 산업단지가 몰려있는 곳에 폭격을 가하지는 않았다. 핀란드와의 겨울 전쟁에서 드러난 소련군의 문제점과 1930년대 스탈린의 대숙청으로 소련 군부 내에 유능한 사령관 수가 부족하다는 점으로 인해 독일은 낙관적인 전망을 했다.

독일은 동프로이센에 임시 활주로를 건설하고 비밀리에 독일 공군을 지속적으로 증강했다. 1941년 6월 21일 야간에 잠자는 거인 러시아와 맞설 1,000대의 폭격기와 급강하폭격기, 이들을 호위할 600대의 전투기를 마지막으로 점검했다.

날이 밝자 독일 공군이 소련 공군력을 초토화했고, 독일 육군은 당황한 소련군을 제압하며 폴란드 동부의 평원을 뒤덮었다. 대부분의 소련 비행대는 일렬로 가지런히 집결해 있어 독일 전투기들이 쉽게 파괴할 수 있었다. 결국 거의 모든 소련 전투기들은 이륙도 못해보고 지상에서 파괴되었고 이륙에 성공한 몇 대마저 곧 한 줌의 재로 변했다. 날이 어두워질 때까지 소련은 1,200대에 달하는 전투기를 잃었다. 이런 상황이 며칠간 계속되자 최전선에는 소련 비행기가 남아있지 않았다. 독일 공군은 비교적 적은 피해를 입으면서 4,000대 이상의 적 항공기를 파괴한 것으로 추산했다. 계획대로 진행되는 것으로 보였다.

지상에서는 독일 기갑부대의 협공으로 수십만의 소련군이 괴멸했다. 민스크(Minsk) 점령 시 25만 명이 전사했으며 같은 수의 병사가 생포되었다. 8월 초에 북으로는 레닌그라드가 독일 선봉부대의 시야에 들어왔고 남으로는 키예프를 포위하며 65만의 소련군을 생포했다.

독일은 전투에서 계속 승리하며 수십만 명에 달하는

소련의 항공기 승무원
소련 조종사들이 휴식을 취하며 도미노 게임을 하고 있는 모습. 뒤에는 폴리카르포프 I-16가 대기하고 있다. 폴리카르포프 I-16는 바르바로사 작전 시행 초기에 소련 항공전력의 대부분을 차지했다.

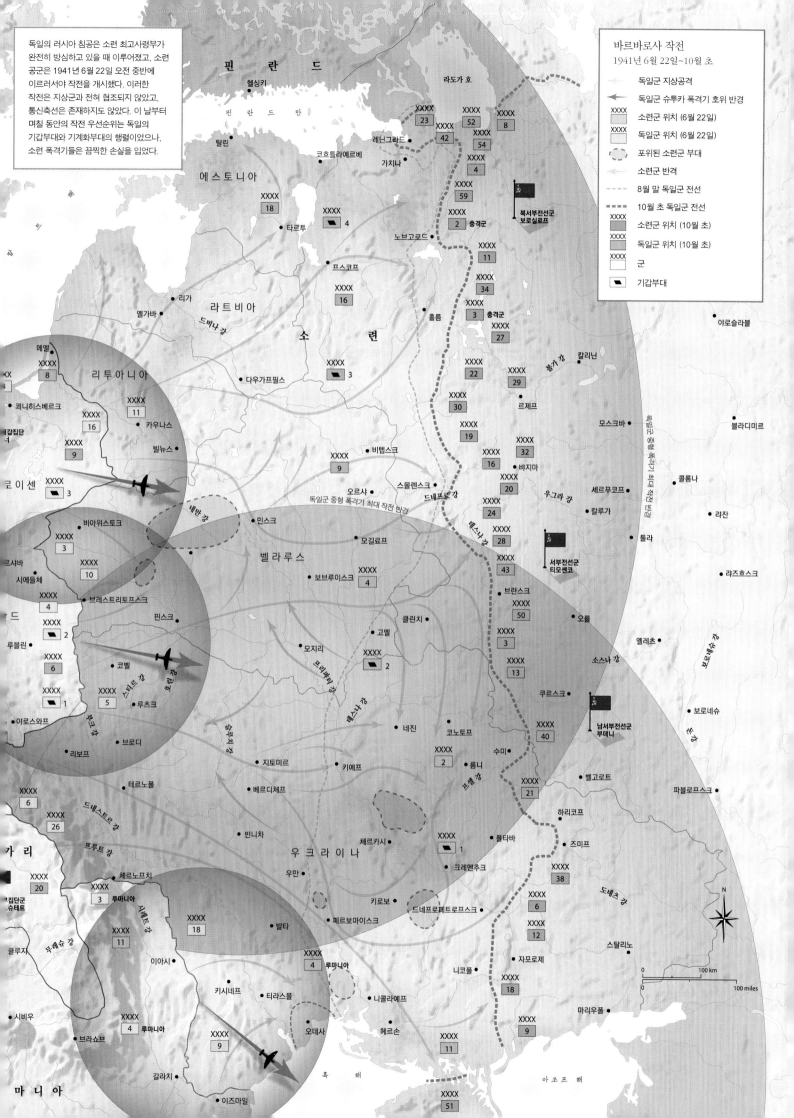

독일의 러시아 침공은 소련 최고사령부가 완전히 방심하고 있을 때 이루어졌고, 소련 공군은 1941년 6월 22일 오전 중반에 이르러서야 작전을 개시했다. 이러한 작전은 지상군과 전혀 협조되지 않았고, 통신축선은 존재하지도 않았다. 이 날부터 며칠 동안의 작전 우선순위는 독일의 기갑부대와 기계화부대의 행렬이었으나, 소련 폭격기들은 끔찍한 손실을 입었다.

바르바로사 작전
1941년 6월 22일~10월 초

→ 독일군 지상공격
➤ 독일군 슈투카 폭격기 호위 반경
XXXX 소련군 위치 (6월 22일)
XXXX 독일군 위치 (6월 22일)
포위된 소련군 부대
소련군 반격
8월 말 독일군 전선
10월 초 독일군 전선
XXXX 소련군 위치 (10월 초)
XXXX 독일군 위치 (10월 초)
XXXX 군
기갑부대

핀 란 드
헬싱키
핀 란 드 만
탈린
에 스 토 니 아
코흐틀라예르베
타르투
리가
라 트 비 아
드비나 강
옐가바
다우가프필스
프스코프
소   련

라도가 호
레닌그라드
가치나
노브고로드
홀름

북서부전선군
보로실로프

야로슬라블

칼리닌
볼가 강
르제프
모스크바
블라디미르
콜롬나
세르푸코프
칼루가
우그라 강
툴라
랴잔
랴즈흐스크

메멜
리 투 아 니 아
쾨니히스베르크
카우나스
빌뉴스
기갑집단
네만 강
프 로 이 센
비아위스토크
바르샤바
시에들체
브레스트리토프스크
핀스크
루블린
코벨
스티르 강
루츠크
야로스와프
브로디
리보프
테르노폴
부크 강
드네스트르 강

민스크
벨 라 루 스
모길료프
보브루이스크
프리퍄티 강
고멜
모지리
네진
코노토프
키예프
베르디체프
데스나 강
지토미르
우 크 라 이 나
빈니차
우만
체르카시
페르보마이스크
키로보
크레멘추크
드네프로페트로프스크

비텝스크
오르샤
스몰렌스크
드네프르 강
독일군 중형 폭격기 최대 작전 반경

서부전선군
티모센코
브랸스크
클린치
롬니
수미
프룔 강
롬니
폴타바
즈미프

북서부전선군
독일군 중형 폭격기 최대 작전 반경
독일군 중형 폭격기 최대 작전 반경

남서부전선군
부됸니
쿠르스크
소스나 강
오룔
옐레츠
파블로프스크
보로네슈
돈 강
보루 강

벨고로트
하리코프
도네츠 강
스탈리노
마리우폴

가   리
집단군
슈테트
루마니아
체르노프치
시레트 강
이아시
키시네프
티라스폴
니콜라예프
헤르손
니코폴
자포로제
프루트 강
무레슈 강
클루지
발타
오데사
갈라치
이즈마일
시비우
브라쇼브
루마니아
마   니   아
흑 해
아조프 해

XXXX 23
XXXX 52
XXXX 8
XXXX 42
XXXX 54
XXXX 4
XXXX 59
XXXX 2 충격군
XXXX 18
XXXX 4
XXXX 16
XXXX 3
XXXX 11
XXXX 34
XXXX 3 충격군
XXXX 27
XXXX 22
XXXX 29
XXXX 30
XXXX 19
XXXX 32
XXXX 16
XXXX 20
XXXX 24
XXXX 28
XXXX 9
XXXX 43
XXXX 50
XXXX 3
XXXX 13
XXXX 40
XXXX 2
XXXX 21
XXXX 38
XXXX 6
XXXX 12
XXXX 18
XXXX 9

XXXX 8
XXXX 16
XXXX 9
XXXX 3
XXXX 3
XXXX 10
XXXX 4
XXXX 2
XXXX 6
XXXX 1
XXXX 5
XXXX 6
XXXX 26
XXXX 20
XXXX 3
XXXX 18
XXXX 11
XXXX 4
XXXX 9
XXXX 11
XXXX 51

0   100 km
0   100 miles
N

소련의 대공포
대공포는 독소전쟁 초기부터 소련의 붉은 군대에 충분하게 지원되었다. 대공포 부대는 붉은 군대 중에서도 가장 잘 훈련되고 장비도 잘 갖춘 정예부대였으며, 전쟁이 끝날 때까지 질적·양적 측면에서 모두 계속적인 발전을 이루었다.

포로를 수용해야 했기 때문에 결국 그들의 물자 및 자원은 한계에 다다랐다. 또한 독일군이 러시아 중심부로 전진을 하면 할수록 병참선이 길어졌고, 전투기도 장거리를 비행해 소중한 연료를 낭비했다. 독일의 지휘관들은 서유럽에서 작은 국가들만 상대로 전쟁을 치르며 소규모 전투에 익숙했기 때문에 처음으로 대륙의 큰 나라와 싸우며 러시아가 얼마나 광활한지 다시금 깨닫게 되었다. 전방에 가설한 임시 활주로가 부실해 많은 전투기와 조종사들도 희생되었다. 적과 싸우다 희생되는 병력보다 착륙 중 사고로 인해 사망하는 병력이 많아지자 최전선의 전력은 점점 고갈되어 갔다.

더딘 독일군의 전진

7월 말에 이르러 최전방까지 물자 및 식량 조달이 원활히 이루어지지 않자, 소련이 튼튼한 방어선을 구축하지 못했음에도 불구하고 독일군의 전진이 급격히 느려지기 시작했다. 물자공급은 북쪽과 남쪽 최전방에 가장 우선적으로 이루어졌으며 식량이 조달되고 나서야 전진할 수 있었다. 레닌그라드(Leningrad)는 핀란드 군이 카렐리야(Kareliya) 지협으로 내려와 수개월간 주위를 둘러싸 포위된 상태였다. 우크라이나는 원활한 식량공급으로 안전했으나 이미 50만 이상의 병력이 생포된 뒤였다.

7월 초에 모스크바 폭격 명령이 떨어졌다. 첫 임무에서 100대가 넘는 폭격기가 모스크바 상공을 날아가 다수의 고성능 폭약과 소이탄을 투하했다. 모스크바의 거의 모든 건축물은 나무로 되어있었기 때문에 독일은 이번 폭격

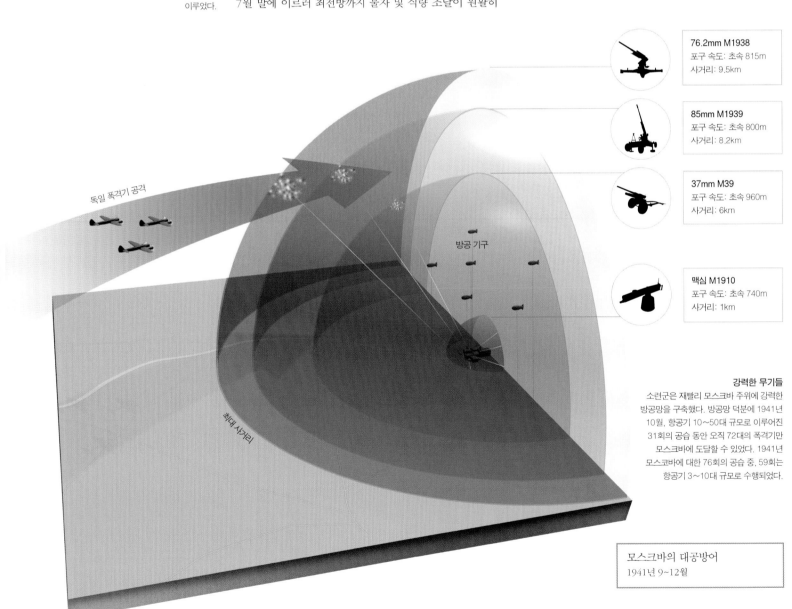

독일 폭격기 공격

방공 기구

최대 사거리

76.2mm M1938
포구 속도: 초속 815m
사거리: 9.5km

85mm M1939
포구 속도: 초속 800m
사거리: 8.2km

37mm M39
포구 속도: 초속 960m
사거리: 6km

맥심 M1910
포구 속도: 초속 740m
사거리: 1km

강력한 무기들
소련군은 재빨리 모스크바 주위에 강력한 방공망을 구축했다. 방공망 덕분에 1941년 10월, 항공기 10~50대 규모로 이루어진 31회의 공습 동안 오직 72대의 폭격기만 모스크바에 도달할 수 있었다. 1941년 모스코바에 대한 76회의 공습 중, 59회는 항공기 3~10대 규모로 수행되었다.

모스크바의 대공방어
1941년 9~12월

미코얀-구레비치 MIG-3
제12국제공항에서 한 무리의 MiG-3 전투기들이 모스크바 방어 작전을 위해 대기하고 있다. 소련 에이스 중 두 번째로 좋은 기록을 보유한 에이스 알렉산드르 포크리슈킨(Aleksandr Pokryshkin)은 총 59회의 승리 중 20회의 승리를 MiG-3으로 획득했다.

으로 인해 도시 전체에 큰 화재가 일어나길 바랐다.

하지만 모스크바의 대공방어 능력은 매우 뛰어났다. 탐조등과 전투기가 지역 전체를 지키고 있어 도시를 공격하기 위해선 먼저 이 장애물들을 뛰어 넘어야 했고, 이어서 도시 내·외곽에 설치된 800문에 달하는 대공포를 피해야 했다. 또한 크렘린(Kremlin) 궁전과 같이 중요한 건물들은 특수하게 위장하여 공중에선 식별을 어렵게 만들어 피해를 줄이고 1930년 말에 도시 전체에 구축된 지하도는 피난처로 사용되어 인명 피해를 최소화할 수 있었다.

런던에서 있었던 대공습(Blitz) 만큼은 아니었지만 독일은 모스크바에 첫 공습을 시행한 후 밤마다 폭격을 가했다. 하지만 소련은 독일의 계속되는 공격에도 불구하고 민첩하고 능력이 뛰어난 긴급 구호대를 이용해 공격받은 곳을 빠르게 복구하여 일상생활을 가능하게 했다.

서서히 다가온 전쟁의 종식

11월 초에 독일군은 모스크바 가까운 곳까지 진군했으며 모스크바는 독일 폭격기의 사정권에 있었다. 하지만 군수 보급의 어려움으로 인한 물자 및 식량 부족과 임시 활주로에서 지속적으로 일어나는 비행사고는 여전히 심각한 문제였다. 반면에 소련 조종사들에게는 견고한 활주로와 따뜻한 임시숙소가 있었다. 주거지에서 멀리 떨어져 있어 폭격을 피할 수 있었기 때문에 시민들의 피해도 줄었다.

1월에 소련군의 반격이 시작되며 모스크바를 45킬로

미터 남겨둔 지점에서 독일군의 진격속도가 더뎌졌다. 독일군은 폭격기와 함께 후퇴했다. 얼어붙은 러시아 평원에서 독일은 전의를 상실했다. 부실한 임시 활주로와 불완전한 보급으로 인해 공중폭격과 지상군의 전술이 성공할 수 없었다. 이 전쟁은 실패할 운명이었다.

모스코바 폭격
모스크바의 대공방어 임무는 주간용 전투기만 보유하고 있던 제6전투기 군단(6th Fighter Air Corps)에 위임되었다. 소련 조종사들은 독일의 야간 공격을 격퇴하기 위해 큰 위험을 감수해야만 했다. 하지만 독일 폭격기들을 파괴했다는 그들의 주장은 과장된 부분이 많았다.

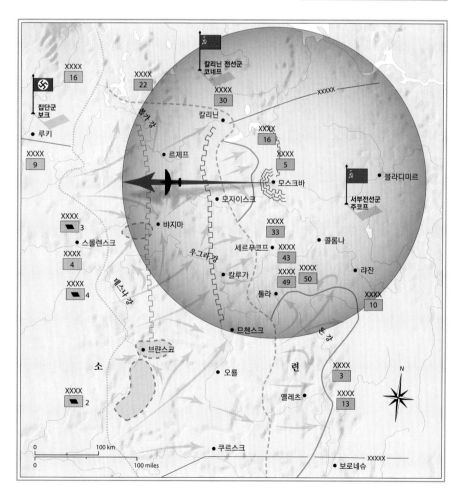

모스크바 폭격
1941년 9~12월

독일군 진격

◀ 소련 대공방어 범위

독일군 전선, 9월 30일

독일군 전선, 11월 15일

독일군 전선, 12월 5일

소련군 방어선

포위된 소련군 병력

XXXX 군

기갑부대

진주만 : 1941. 12

태평양 전쟁은 부족한 천연자원을 확보하기 위한 일본의 열망으로 시작되었다. 네덜란드령 동인도와 영국령 말레이(Malay) 반도에서 생산되는 자원, 특히 석유는 일본 산업에 필수적이었다. 당시 프랑스와 네덜란드는 이미 독일에게 항복한 상태였고 영국 또한 북아프리카에서 전력을 다해 전쟁을 하던 시기였기 때문에 극동지역의 연합국 식민지는 무방비 상태였다. 일본의 팽창을 막는 유일한 장애물은 미국의 강력한 태평양함대였다.

일본 해군과 비슷한 규모였던 미 태평양함대는 동남아시아의 자원 확보를 노리는 일본의 측면을 위협하는 심각한 장애물이었다. 하와이 오아후(Oahu) 섬의 진주만을 공격하여 무력화하는 것이 유일한 해법이었다. 이 공격으로 미국의 위협에서 벗어날 수 있으며 미국이 전력을 회복할 때까지 오랜 시간 동안 태평양 지역에서 일본의 영향력을 공고히 하고 자원을 확보하는 것도 가능했다.

미 태평양함대의 약화

야마모토 이소로쿠(山本伍十六) 제독이 진주만 공격 계획을 진두지휘했다. 그는 1930년대에 미국과 일하면서 거대한 미국의 군수산업이 일본 군수산업을 언제든 손쉽게 압도할 수 있을 것이라 깨닫고 공격을 구상했다. 야마모토 제독은 영국이 타란토에서 보여주었던 성공적인 전략을 분석한 결과, 진주만에 있는 미군의 수송선과 함대를 파괴하면 일본에게 승산이 있을 것이라고 판단했다. 수심이 얕고

기습공격
진주만에 대한 강력한 공격을 계획하는데 있어, 일본 연합함대 사령관인 야마모토 이소로쿠 제독은 약 1년 전에 있었던 영국의 타란토 공격에 큰 영향을 받았다. 하지만 일본의 공격은 미래 해군 기동함대의 핵심이 될 미 항공모함을 무력화하는데 실패했다.

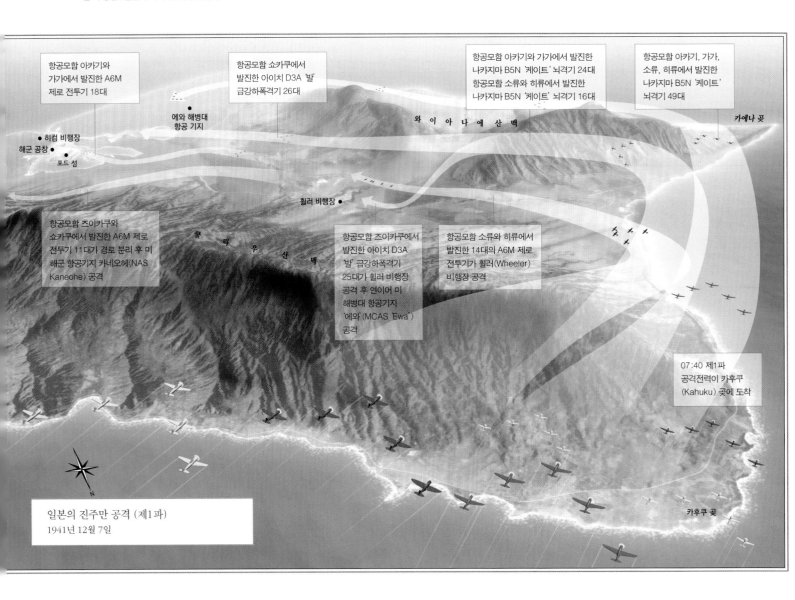

항공모함 아카기와 가가에서 발진한 A6M 제로 전투기 18대

항공모함 쇼카쿠에서 발진한 아이치 D3A '발' 급강하폭격기 26대

항공모함 아카기와 가가에서 발진한 나카지마 B5N '케이트' 뇌격기 24대 항공모함 소류와 히류에서 발진한 나카지마 B5N '케이트' 뇌격기 16대

항공모함 아카기, 가가, 소류, 히류에서 발진한 나카지마 B5N '케이트' 뇌격기 49대

에와 해병대 항공 기지

히컴 비행장

해군 공창

포드 섬

와 이 아 나 에 산 맥

카에나 곶

휠러 비행장

항공모함 즈이카쿠와 쇼카쿠에서 발진한 A6M 제로 전투기 11대가 경로 분리 후 미 해군 항공기지 카네오헤(NAS Kaneohe) 공격

코 올 라 우 산 맥

항공모함 즈이카쿠에서 발진한 아이치 D3A '발' 급강하폭격기 25대가 휠러 비행장 공격 후 연이어 미 해병대 항공기지 '에와'(MCAS 'Ewa') 공격

항공모함 소류와 히류에서 발진한 14대의 A6M 제로 전투기가 휠러(Wheeler) 비행장 공격

07:40 제1파 공격전력이 카후쿠(Kahuku) 곶에 도착

일본의 진주만 공격 (제1파)
1941년 12월 7일

카후쿠 곶

진흙 바닥인 진주만의 특성을 알고 있는 야마모토는 물에 빠지지 않고 수면 위를 날며 공격이 가능한 목제 수평키를 장착한 어뢰를 주문했다.

진주만 공격에 참여한 일본군은 하와이 침공 항로가 결정되기 전부터 일본 북부 쿠릴(Kuril) 열도에서 비밀리에 훈련을 했다. 아카기, 히류(飛龍), 가가, 쇼카쿠(翔鶴), 소류(蒼龍)와 즈이카쿠(瑞鶴) 등 6척의 항공모함으로 구성된 일본 함대는 2척의 전함과 2척의 중순양함, 여러 척의 구축함과 지원함정의 호위를 받았다. 일본의 실질적 공격전력은 총 430대의 전투기와 정찰기로 이루어져 있었다.

미군은 일본군의 의도를 인지하고 전 지역의 사령관들에게 경보를 발령해 경계태세를 계속 유지할 것을 지시했다. 하지만 진주만 기지의 미 육군 사령관은 일본군이 만약 기습공격을 감행하더라도 필리핀이나 웨이크(Wake)섬 또는 미드웨이(Midway) 섬에 작은 규모의 사보타주 기습을 가할 것이라고 오판하여, 기지 대공포에 탄약을 장전

제로 전투기
제12비행전대 소속의 미쓰비시 A6M2 레이센(零戰), 일명 제로(Zero) 전투기. 1940년 일본 해군에 납품된 직후 중국 상공에서 나타나기 시작했다.

하지도 않았다.

1941년 12월 7일 이른 새벽, 일본 함대는 공격태세를 갖추고 오아후를 향해 북서쪽으로부터 항해하고 있었다. 새벽 6시, 51대의 아이치(愛知) D3A '발(Val)' 급강하폭격기와 49대의 나카지마 B5N '케이트(Kate)' 뇌격기, 40대의 기타 뇌격기로 구성된 일본 공격 전력이 43대의 미쓰비시

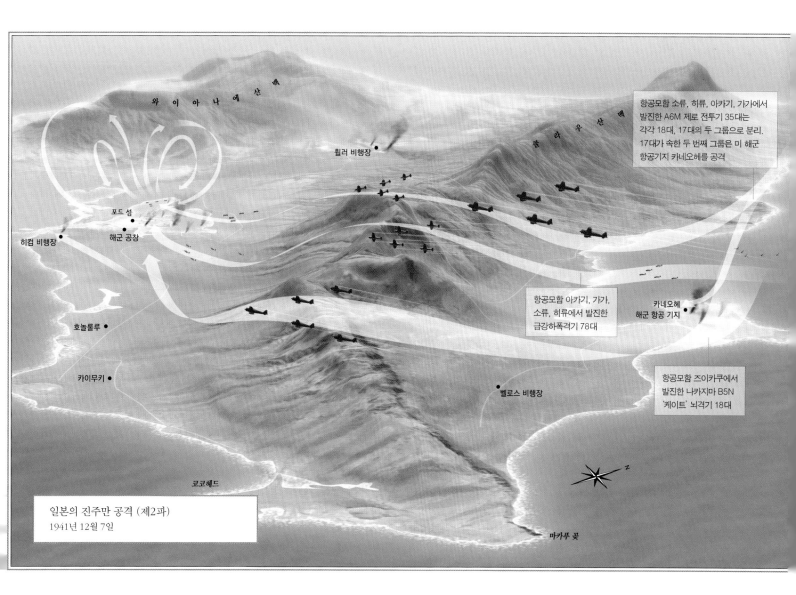

항공모함 소류, 히류, 아카기, 가가에서 발진한 A6M 제로 전투기 35대는 각각 18대, 17대의 두 그룹으로 분리. 17대가 속한 두 번째 그룹은 미 해군 항공기지 카네오헤를 공격

와이아나에산맥

휠러 비행장

콜라우산맥

포드 섬

히컴 비행장
해군 공장

항공모함 아카기, 가가, 소류, 히류에서 발진한 급강하폭격기 78대

카네오헤 해군 항공 기지

호놀룰루

항공모함 즈이카쿠에서 발진한 나카지마 B5N '케이트' 뇌격기 18대

카이무키

벨로스 비행장

코코헤드

일본의 진주만 공격 (제2파)
1941년 12월 7일

마카푸 곶

진주만, 전함 위치
1941년 12월 7일

만의 동쪽

4

5

1

2

3

6

7

8

9

14

10

15

16

11

12

13

만의 중앙

17

포드 아일랜드
(미 해군 항공기지)

18

19

21

20

23

22

24

25

26

27

35

36

39

41

42

44

48

50

34

37

38

49

33

51

32

40

47

46

52

만의 남동쪽

31

43

45

28

29

30

미 해군 공창

연료 탱크

N

0 _____ 550 m

0 _____ 600 yds

A6M '제로'(Mitsubishi A6M 'Zero') 전투기의 호위를 받으며 진주만에 첫 폭격을 개시했다. 일본 함대가 출발할 시점에는 안개와 구름이 긴 상태였지만 오아후 인근에 이르자 날씨가 좋아져 공격에 완벽한 상태가 되었다. 미군의 전파탐지기사(Radar Operator)가 함대의 접근을 인지하여 곧바로 당직장교에게 보고했지만, 당직장교는 미 본토에서 날아오는 B-17로 오판하여 어떤 조치도 취하지 않았다. 일본 조종사들은 미군 라디오 방송을 들으며 공격 목표를 향해 접근했다.

정확히 계산된 계획

일본은 많은 해군 장병들이 휴가로 인해 배를 떠나는 일요일을 공격일로 정했다. 오전 8시 직전 일본의 급강하폭격기는 목표물에 폭격을 가하기 시작했고 뒤를 이어 케이트 뇌격기가 미 함대에 어뢰 공격을 가했다. 한편 폭격기들을 호위하기 위해 출격했던 제로 전투기들 또한 미군의 반격

이 없자 인근 비행장을 공격했다. 미군 요격기와 항공기들의 저항이 없자(열쇠를 분실해 탄약고의 자물쇠를 부수느라 출격이 늦었다) 일본군 조종사들은 목표물을 차례로 날려버렸다.

일본의 어뢰 공격으로 인해 웨스트버지니아(USS West Virginia)와 캘리포니아(USS California)가 파괴되었고 뒤이어 연료탱크를 폭격당한 애리조나(USS Arizona)가 폭발하면서 1,200명의 승조원을 태운 채 침몰했다. 네바다(USS Nevada)는 안전한 외양(外洋)을 향해 전속력으로 항진했으나 항구 입구에 다다르기도 전에 공격당해 좌초했다. 일본 전투기와 폭격기들은 탄약·폭탄·어뢰를 사용한 첫 번째 공격을 성공적으로 마치고 함대로 귀환했다.

잠시 후 오아후 산맥 인근으로부터 두 번째 공격이 가해졌다. 생존한 미군은 협력하여 일본 항공기에 대항했다. 첫 공격으로 폭발한 잔해에서 분출하는 진한 연기 때문에 두 번째 공격은 첫 공격보다는 못했지만, 여전히 큰 피해를 입었다. 점심시간쯤 되어서 일본 항공기들은 공격을 멈추고 항공모함으로 귀환해 일본으로 향했다. 진주만에서 미군은 4척의 전함과 3척의 구축함을 잃고 4척의 전함과 2척의 순양함에 심각한 피해를 입었다. 전투기 188대가 지상과 공중에서 격추되었으며 총 2,335명의 미군과 민간인이 사망했다. 일본은 단 29대의 항공기와 승무원만을 잃었다.

진주만 공격으로 일본은 빛나는 승리를 거두었으나 이는 곧 미국의 참전을 불렀다. 기습 후, 일본군의 주 목표물이었던 미 항공모함은 전투기를 싣고 미드웨이로 피신하거나 본국으로 돌아가 수리를 받았다. 항구의 시설물은 공격당하지 않았기 때문에 진주만은 즉시 항구의 기능을 회복했다.

1. **군수지원함** 휘트니(Whitney) **구축함** 터커(Tucker), 커닝엄(Conyngham), 리드(Reid), 케이스(Case), 셀프리지(Selfridge)
2. **구축함** 블루(Blue)
3. **경순양함** 피닉스(Phoenix)
4. **구축함** 애일윈(Aylwin), 패러것(Farragut), 데일(Dale), 모니건(Monaghan)
5. **구축함** 패터슨(Patterson), 랠프(Ralph), 탤벗(Talbot), 헨리(Henry)
6. **군수지원함** 도빈(Dobbin) **구축함** 워든(Worden), 헐(Hull), 듀이(Dewey), 펠프스(Phelps), 맥도(Macdough)
7. **병원선** 솔러스(Solace)
8. **구축함** 앨런(Allen)
9. **구축함** 츄(Chew)
10. **구축함–소해정** 갬블(Gamble), 몽고메리(Montgomery) **경(輕)기뢰부설함** 램지(Ramsey)
11. **구축함–소해정** 트레버(Trever), 브리즈(Breese), 제인(Zane), 페리(Perry), 와스무스(Wasmuth)
12. **수리지원함** 메두사(Medusa)
13. **수상기 지원함** 커티스(Curtiss)
14. **경순양함** 디트로이트(Detroit)
15. **경순양함** 롤리(Raleigh)
16. **표적예인정** 유타(Utah)
17. **수상기 지원함** 탠지어(Tangier)
18. **전함** 네바다(Nevada)
19. **전함** 애리조나(Arizona)
20. **수리지원함** 베스틀(Vestal)
21. **전함** 테네시(Tennessee)
22. **전함** 웨스트버지니아(West Virginia)
23. **전함** 메릴랜드(Maryland)
24. **전함** 오클라호마(Oklahoma)
25. **유조함** 네오쇼(Neosho)
26. **전함** 캘리포니아(California)
27. **수상기 지원함** 애버셋(Avocet)
28. **구축함** 쇼(Shaw)
29. **구축함** 다운즈(Downes)
30. **구축함** 캐신(Cassin)
31. **전함** 펜실베이니아(Pennsylvania)
32. **잠수함** 캐셜럿(Cachalot)
33. **기뢰부설함** 오글라라(Oglala)
34. **경순양함** 헬레나(Helena)
35. **보조함** 아르곤(Argonne)
36. **화력지원정** 새크라멘토(Sacramento)
37. **구축함** 저비스(Jarvis)
38. **구축함** 머그포드(Mugford)
39. **보조함** 아르곤(Argonne)
40. **수리지원함** 라이걸(Rigel)
41. **유조함** 라마포(Ramapo)
42. **중순양함** 뉴올리언스(New Orleans)
43. **구축함** 커밍스(Cummings) **경기뢰부설함** 프레블(Preble), 트레이시(Tracy)
44. **중순양함** 샌프란시스코(San Francisco)
45. **구축함–소해정** 그리브(Grebe) **구축함** 슐리(Schley) **경기뢰부설함** 프루이트(Pruitt), 시커드(Sicard)
46. **경순양함** 호놀룰루(Honolulu)
47. **경순양함** 세인트루이스(St. Louis)
48. **구축함** 배글리(Bagley)
49. **잠수함** 나왈(Narwhal), 돌핀(Dolphin), 토톡(Tautog) **부속함** 손턴(Thornton), 헐버트(Hulbert)
50. **잠수함 지원함** 펠리아스(Pelias)
51. **보조함** 섬너(Sumner)
52. **보조함** 캐스터(Castor)

포드 섬의 대혼란
전함 애리조나가 연기를 뿜어내고 있는 가운데, 해상요원과 지상요원들이 포드 섬과 진주만의 피해복구와 화재진압을 위해 애쓰고 있다.

동남아시아의 몰락 : 1942

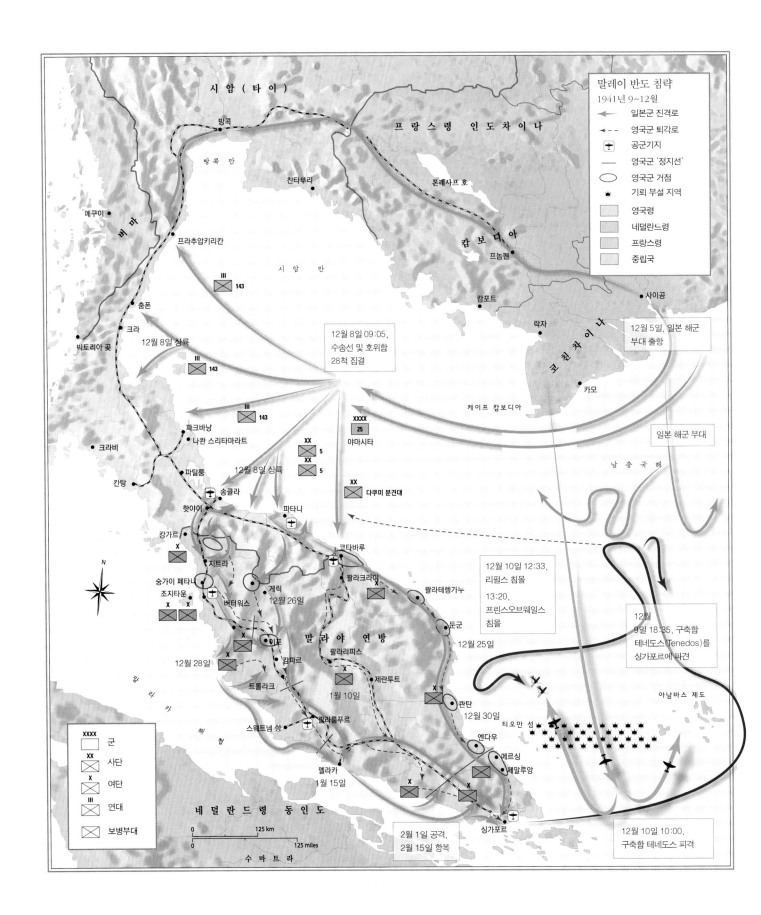

말레이 반도 침략
1941년 9~12월

← 일본군 진격로
◀--- 영국군 퇴각로
✈ 공군기지
— 영국군 '정지선'
◯ 영국군 거점
✹ 기뢰 부설 지역
영국령
네덜란드령
프랑스령
중립국

시 암 (타 이)

방콕

방콕 만

찬타부리

프 랑 스 령   인 도 차 이 나

톤레사프 호

캄 보 디 아

프놈펜

캄포트

락자

코 친 차 이 나

사이공

12월 5일, 일본 해군
부대 출항

카모

메구이

버 마

프라추압키리칸

시 암 만

III 143

춤폰

크라

12월 8일 상륙

빅토리아 곶

III 143

III 143

파크바낭

나콘 스리타마라트

크라비

파탈룽

12월 8일 상륙

칸탕

송클라

핫야이

파타니

12월 8일 09:05,
수송선 및 호위함
28척 집결

XXXX 25 야마시타

XX 5

XX 5

XX 다쿠미 분견대

케이프 캄보디아

일본 해군 부대

남 중 국 해

캉가르

지트라

코타바루

숭아이 페타니

게릭

쿠알라크라이

조지타운

버터워스

12월 26일

쿠알라테렝가누

둥군

12월 25일

12월 10일 12:33,
리펄스 침몰

13:20,
프린스오브웨일스
침몰

12월
9일 18:35, 구축함
테네도스(Tenedos)를
싱가포르에 파견

아남바스 제도

이포

말 라 야 연 방

캄파르

쿠알라피스

제란투트

쿠안탄

12월 30일

티오만 섬

12월 28일

트롤라크

1월 10일

쿠알라룸푸르

엔다우

메르싱

제말루앙

스웨트넘 항

12월 10일 10:00,
구축함 테네도스 피격

말 라 카

해 협

수 마 트 라

멜라카

1월 15일

싱가포르

2월 1일 공격,
2월 15일 항복

XXXX ☐ 군
XX ☒ 사단
X ☒ 여단
III ☒ 연대
☒ 보병부대

네 덜 란 드 령   동 인 도

0 ___ 125 km
0 ___ 125 miles

1941년 12월 8일 야마시타 도모유키(山下奉文)의 일본 제24군이 시암(Siam: 오늘날의 타이) 남부와 말레이 북부에 상륙했다. 이 지역에서 생산되는 천연자원은 일본 전시산업에 반드시 필요했다. 치열한 중국전투에서 검증된 육·해·공 부대들이 대규모 작전에 동원되었으나 이에 대항하는 연합군에는 경험이 없는 신병들뿐이었다.

싱가포르 함락

싱가포르에는 동남아시아에서 가장 크고 중요한 연합군 기지가 있었기 때문에 영국은 전력을 이곳에 집중했다. 전투기 전력으로 구식 브루스터 버펄로(Brewster Buffalo) F2A 전투기로 구성된 4개 비행대대를 배치했고, 폭격기 전력으로는 브리스틀 블렌하임 초기 모델로 구성된 4개 대대와 록히드 허드슨(Lockheed Hudson) 2개 대대, 어뢰를 장착한 구형 복엽기 비커스 윌더비스트(Vickers Wildebeest) 2개 대대를 파병했다. 소수의 다른 전투기를 포함해 총 362대에 이르는 전투기가 말레이 반도와 싱가포르를 방어했으나 이 중 바로 작전에 투입 가능한 전투기는 60퍼센트밖에 되지 않았다.

싱가포르에는 지상군이 6만여 명 주둔하고 있었고 영국·인도·호주·뉴질랜드에서 매주 증원군이 보강되었다. 그리고 해군 방어전력으로는 영국의 주력함인 순양전함 리펄스(HMS Repulse)와 프린스오브웨일스(HMS Prince of Wales)가 배치되어 소규모의 순양함과 구축함, 잠수함과 함께 작전을 수행했다. 12월 8일 프린스오브웨일스와 리펄스는 소수의 해군전력을 이끌고 일본군 수송선을 공격하기 위해 출항했다. 하지만 일본 공군에 의해 발견되어 연합군이 '넬(Nell)'이라 부르던 일본군 폭격기 미쓰비시 G3M2 60대와 G4M1 '베티(Betty)' 폭격기 26대에 의해 공격을 당했다. 결국 두 전함은 모두 침몰하며 해군 작전 수행 시 공군과의 협조가 얼마나 중요한지 여실히 깨닫게 해주었다. 이번 피해로 인해 태평양에서 일본 함대에 대적할 연합군의 주력 함정은 미 해군의 항공모함 3척밖에 남지 않았다.

경험이 풍부한 일본군은 말레이 반도를 따라 내려가며 선제공격을 가하여 미숙한 연합군 장병들을 상대로 승리를 거두었다. 공중에서는 뛰어난 능력을 지닌 미쓰비시 A6M2 제로 전투기의 호위 아래 일본 폭격기들이 임무를 수행했다. 일본군 폭격기는 항속거리, 속도, 작전 수행 능력이 매우 뛰어나 방어하는 연합군에게 큰 충격을 안겨

주었다. 연합군은 신속히 호커 허리케인 51대를 증강 배치했다. 허리케인 전투기들은 조립되어 검사를 마친 후 1942년 1월 20일, 비로소 전투에 참가할 수 있었다. 같은 날 허리케인 한 부대는 싱가포르를 공격하는 28대의 일본 폭격기와 8대의 공습기를 격추했다. 하지만 일본은 공격을 받은 뒤 곧바로 기동력이 뛰어난 제로 전투기와 함께 폭격기를 출격시켜 허리케인 전투기 5대를 격추해버렸다. 일본군의 경험과 굳은 의지는 영국이 얼마나 장병들을 훈련하는데 소홀했고 이번 전투를 서투르게 준비했는지를 여실히 보여주었다. 결국 일본군은 계속 전진하여 1942년 2월 15일 싱가포르를 함락하는데 성공하고 네덜란드령 동인도로 가는 길을 활짝 열었다.

강화하는 일본의 지배

4개월 만에 일본은 목표의 대부분을 이루었다. 버마(Burma)로 진출한 일본군은 필리핀과 동인도를 점령한 뒤 솔로몬(Solomon) 제도까지 장악했다. 미국 본토를 제외하면 세계에서 가장 큰 규모의 미 공군이 주둔하고 있던 필리핀에서 일본의 급습으로 B-17 폭격기가 지상에서 파괴되었다. 파괴된 B-17은 포르모사(Formosa: 타이완)에 있는 일본 공군기지에 대한 선제공격에 동원되지 않고 클라크 기지(Clark Field)와 주변 기지에 주기된 항공기였다. 12월 8일 오후 B-17 12대는 모두 파괴되었으며 3대는 수리를 할 수도 없을 만큼 심하게 훼손되었다. 또한 커티스 P-40은 500피트 이하 상공에서 기총공격을 당해 지상에서 파괴되었다. 일본은 단 한 차례의 공격으로 필리핀에 주둔한 미 항공전력을 50퍼센트 이상 파괴했으며 남은 전력마저 며칠 후 같은 운명을 걸었다. 일본 제국은 누구도 막을 수 없을 것 같았다.

브리스틀 블렌하임
말레이 반도의 영국 공군 3개 비행대대(제34·60·62대대)는 브리스틀 블렌하임 Mk I을 보유하고 있었다.

싱가포르 포위
일본군의 맹렬한 공습으로 싱가포르 시민들의 사기는 완전히 무너졌다. 싱가포르의 방어망은 말레이 반도가 아닌 해상에서의 공격을 예상하여 세운 것이었다.

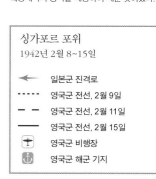

싱가포르 포위
1942년 2월 8~15일
← 일본군 진격로
······ 영국군 전선, 2월 9일
– – – 영국군 전선, 2월 11일
—— 영국군 전선, 2월 15일
✈ 영국군 비행장
⚓ 영국군 해군 기지

말레이 반도 침략
말레이 반도 침략 과정에서 일본군은 한 가지 이점을 갖고 있었다. 그들은 밀림을 방해물로 생각하지 않고, 필요할 경우 자신들에게 유리하게 이용했다. 일본군은 서방군대라면 받아들이기 힘들 정도로 소량의 식량만으로 연명했다.

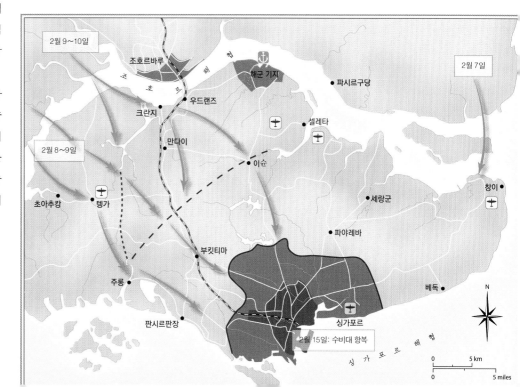

2월 9~10일
조호르바루
해군 기지
파시르구당
2월 7일
우드랜즈
크란지
셀레타
2월 8~9일
만다이
이순
초아추캉
텡가
세랑군
창이
부킷티마
파야레바
주롱
베독
판시르판장
싱가포르
2월 15일: 수비대 항복
싱가포르 해협
0 5 km
0 5 miles
N

산호해 전투 : 1942

동남아시아를 점령한 뒤에도 일본은 전진을 멈추지 않았다. 다음 목표는 호주 침공의 발판이 되는 파푸아 뉴기니(Papua New Guinea) 점령이었다. 파푸아 뉴기니를 침공 거점으로 삼아 일본 중형 폭격기의 전진기지로 이용할 셈이었다. 수도인 포트모르즈비(Port Moresby) 함락이 이 전투의 핵심이었기 때문에 뉴브리튼(New Bitain) 섬의 라바울(Raboul)과 카레잉(Kareing)에 침공군을 집결시켰다.

일본군 3개 호송선단이 항구를 떠나 제일 큰 호송선단은 파푸아 뉴기니의 수도로 향했고 다른 두 호송선단은 수상기 기지 건설을 위해 루이지아드(Louisiade) 제도에 있는 툴라기(Tulagi) 섬으로 향했다. 고토 아리토모(伍藤存知) 제독

의 지휘 아래 4척의 중순양함, 1척의 구축함과 경항공모함 쇼호(祥鳳)가 호위했다. 또 진주만 공격에 참전했던 2척의 항공모함 쇼카쿠와 즈이카쿠, 그리고 2척의 중순양함과 여러 척의 구축함이 항모강습부대(Carrier Strike Force)로 동원되었다. 다카기 다케오(高木武雄) 해군 중장이 지휘하는 이 함대는 구축함으로 연합국 전력을 유인한 후 포위해 파괴하는 임무를 띠고 있었다.

일본군을 향한 반격

일본은 항상 기습공격에 전적으로 의존했으나 이번에는 그럴 수 없었다. 연합국은 매직(MAGIC)이라 명명한 자국

산호해 전투

산호해 전투는 역사적으로 상대 함정과 접촉 없이 교전한 최초의 해전이었다. 미 항공모함 전력은 일본 호위항공모함 전력을 차단함으로써 일본군이 뉴기니의 포트모르즈비에 상륙하는 것을 저지했다.

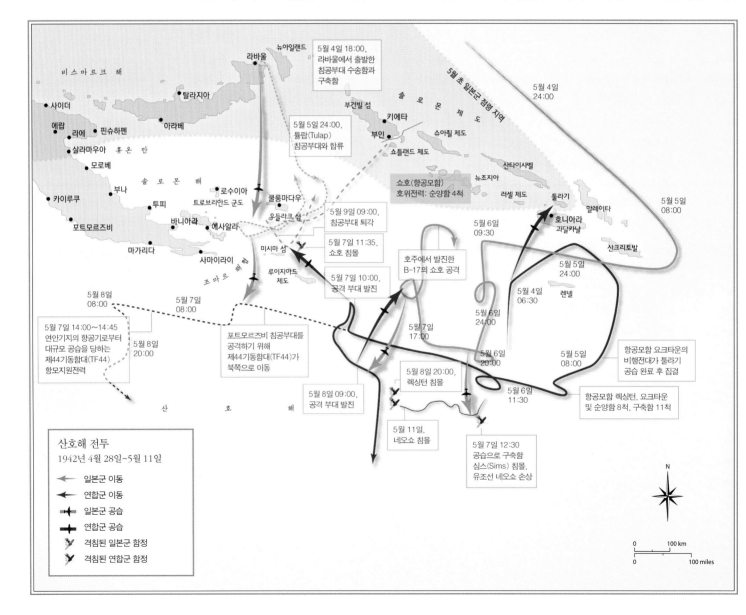

산호해 전투
1942년 4월 28일~5월 11일

→ 일본군 이동
← 연합군 이동
⊹ 일본군 공습
✛ 연합군 공습
⚓ 격침된 일본군 함정
⚓ 격침된 연합군 함정

더글러스 SBD 던틀리스
미드웨이 전투가 벌어지는 동안 항공모함
엔터프라이즈, 호넷, 요크타운에서 발진한
SBD 던틀리스 급강하폭격기들은 일본
항공모함 아카기, 가가, 소류를 격침하고,
항공모함 히류는 자침할 만큼 심각한 타격을
가하는 중요한 전과를 이루었다.

암호 해독 체계를 이용해 일본 해군의 암호 체계인 JN-25를 해독하여 일본의 기습공격 의도를 정확히 간파하고 대비책을 마련했다. 일본의 이동에 맞서 프랭크 잭 플레처(Frank Jack Fletcher) 해군 소장이 진두지휘하는 중형 항공모함 렉싱턴(USS Lexington)과 요크타운(USS Yorktown) 주위에 2개 기동함대를 배치하고, 호주군 존 크레이스(John Crace) 소장이 이끄는 세 번째 부대를 예비전력으로 확보해 두었다.

5월 3일 일본 선발대는 아무런 무력충돌 없이 툴라기 섬에 도착했으나 그 이튿날 요크타운에서 출격한 수색 정찰기에 발각되어 무자비한 공격을 받고 많은 사상자가 발생했다. 일본 구축함과 수송선 또한 공격을 받아 침몰했다. 미군 2개 강습부대는 과달카날(Guadalcanal)에서 남쪽으로 670킬로미터 떨어진 지점에서 합류해 포트모르즈비로 향하는 일본 주력군을 치기 위해 북서쪽으로 항해했다. 그들이 항해하는 동안 다카기 중장이 이끄는 일본 공격 전력은 유유히 동쪽으로부터 산호해(Coral Sea)로 들어왔다. 5월 7일 포트모르즈비 침공군이 산개했다는 정보를 입수한 플레처는 즉각 공격 명령을 내리며 쇼호가 주공격 목표임을 분명히 했다. 곧바로 미 해군 소속 더글러스 TBD 디배스테이터(Douglas TBD Devastator)는 쇼호에 어뢰 공격을 가했고 SBD 던틀리스(SBD Dauntless) 급강하폭격기들은 수송함을 쑥대밭으로 만들어 버리며 공격을 개시한 지 단 몇 분 만에 침몰시켰다. 일본 침공선단은 후퇴하여 트루크(Truk)와 라바울(Rabaul)에 있는 기지로 돌아갔다. 두 적대 세력은 회항하던 6대의 일본 정찰기가 야간에 아군 함정으로 착각해 요크타운에 착륙을 시도할 만큼 가까운 거리에 있었다.

다음 날 아침 일본군과 미군은 거의 동시에 적 항공기를 찾기 위해 정찰기를 출격시켰다. 미군과 일본군은 340킬로미터 밖에 떨어져 있지 않은 상태에서 동시에 기습공격을 감행했다. 즈이카쿠는 돌풍 속을 항해하며 급강하폭격기와 뇌격기를 피했으나 쇼카쿠는 갑판에 폭탄 3발을 맞으며 극심한 피해를 입어 자국 전투기들이 회항하기도 전에 트루크로 대피해야 했다.

미군이 공격을 가하는 사이 일본군 또한 숙련된 조종사와 우수한 전투기를 앞세워 미 함대를 폭격했다. 요크타운의 갑판에 폭탄 1발이 명중했지만 피해가 미미해 함대를 운용하는 데는 큰 지장이 없었다. 한편, 렉싱턴은 어뢰 2발을 맞고 갑판 아래부터 심한 연기가 피어오르며 선체가 기울었다. 결국 연료탱크에 불이 붙어 함대는 폭발했고 그로 인해 렉싱턴은 반으로 갈라지며 침몰했다.

값진 교훈

산호해 전투에서 미군은 렉싱턴를 잃어 소형 항공모함 쇼호를 잃은 일본군보다 더 큰 타격을 입었지만, 일본 또한 쇼카쿠가 심각한 피해를 입어 미드웨이 전투(Battle of Midway)에 참가하지 못했고 경험 많은 조종사를 많이 잃었기 때문에 이 전투에서 진정한 승리자는 없었다. 이번 전투는 호전적인 두 나라의 함대전력이 서로를 미리 발견하지 못해 벌어진 첫 해전이었는데 이것을 계기로 항공모함과 함재기의 역할이 얼마나 중요한지 다시 한 번 강조되었다. 그 후 중무장한 전함의 시대가 저물고 항공모함이 함대의 주력으로 등장했다.

미드웨이 전투 : 1942

산호해 전투에서 미 기동함대에 승리한 직후, 1941년 12월에 있었던 진주만 공격을 계획한 야마모토 이소로쿠 제독은 미드웨이의 미 전초기지를 침공할 또 다른 계획을 세웠다. 거대한 태평양 한 가운데 있는 작은 산호섬으로 미국이 영향력을 행사하는 서쪽 최전방인 미드웨이는 하와이 제도로 향하는 일본 함대가 반드시 거쳐야 하는 곳이었다.

실패한 유혹

야마모토는 미드웨이의 미군을 알류샨(Aleutian) 열도로 유인하려는 계획을 세웠다. 이 작전의 성공을 위해서는 경항공모함 2척과 호송선단, 병력수송선을 알류산 열도로 보내는 기만술로 전력을 약화해야 했다. 야마모토는 지난달의 산호해 전투에서 요크타운이 침몰했다고 굳게 믿었으나 실상은 진주만으로 이송되어 단 48시간 동안 수리하여 다시 운용할 수 있었다. 알류산 열도로 미군을 유인하고 주력군이 미드웨이를 공격하려는 기만술은 결과적으로 실패했다.

한편 미군 장군들은 매직(MAGIC) 암호 해독 체계를 이용해 일본 해군의 의도를 미리 알아차린 후 미리 준비해 대처했다. 존경받는 텍사스 출신 미 태평양함대 사령관 체스터 W. 니미츠(Chester W. Nimitz) 제독은 자신의 병력을 유리한 위치에 배치할 수 있었다. 일본이 잠수함을 배치할 것을 예측하고 레이먼드 A. 스프루언스(Raymond A. Spruance) 중장이 이끄는 엔터프라이즈(USS Enterprise)와 호넷(USS Hornet)을 대규모 호위전력과 함께 미드웨이 북쪽으로 미리 급파했다. 플레처 중장이 지휘하는 두 번째 기동함대인 요크타운도 투입되었다.

일본군은 세 부대로 전력을 나누어 공격을 개시했다. 첫 번째 부대는 야마모토 대장이 이끄는 부대로 4척의 항공모함(히류, 가가, 아카기와 소류)으로 이루어져 강력한 호위전력과 함께 작전을 수행하는 침투부대였고, 두 번째 부대는 진주만 공격을 이끈 베테랑 장군인 나구모 주이치(南雲忠一) 중장이 이끄는 소규모 지원부대였다. 세 번째 부대는 주공격 부대로서 3척의 전함과 수척의 지원함정으로 구성되어 있었다. 세 부대를 모두 합친 일본군의 전력은 미드웨이를 지역 방어하던 미군 전력을 훨씬 웃돌았다.

미드웨이를 지키던 미군은 6월 3일 오후에 일본의 침공 전력을 발견하고 B-17 플라잉 포트리스(Flying Fortress) 폭격기를 출격시켜 공격을 개시했다. 하지만 기동작전을 펼치는 해군을 상대로 한 고공폭격은 아무런 피해도 주지 못했다. 결국 더욱 효과적인 뇌격기와 급강하폭격기가 출격하여 제로(Zero) 전투기를 실은 일본 항공모

야마모토 제독
단 한 번의 전투로 미 태평양함대를 무너뜨리려 했던 야마모토의 계획은 미드웨이 전투로 이어졌다. 결과적으로 일본은 미국에게 해상 주도권을 뺏기고 말았다.

미드웨이 섬
진주만 서쪽에 위치한 미드웨이는 미군에게 매우 중요한 전초기지였고, 일본에게는 반드시 점령해야만 하는 중요한 목표였다.

야마모토 제독의 주력함대

곤도(近藤) 제2함대

이오지마

마리아나 제도

동해

미나

다나카(田中) 제독의 수송전력; 구리타(栗田) 지원 부대

사이판

괌

항공모함 공습
SBD 던틀리스와 TBD 디배스테이터
전투기가 미 항공모함에서 출격 대기하고
있다. SBD 던틀리스 대대의 손실율은
태평양 지역 미 항공모함들 중 최저치였다.
이는 큰 전투 피해에도 잘 견뎌내는 SBD
던틀리스의 능력 덕분이었다.

미드웨이 전투
일본은 미드웨이 전투에서 4척의 항공모함뿐
아니라 258대의 항공기와 숙련급 조종사
대부분을 잃었다. 일본의 결정적 패배로
그들의 성공적 공세는 끝나버렸고 태평양
전쟁의 형세는 크게 변화했다.

알래스카

캄차카 반도
베 링 해
오호츠크 해
아투
알류산 열도
키스카
사할린
릴 제도

호소가야(細萱)의 북군

가쿠타(角田) 제독의
제2항모강습부대

캐나다

미국

나구모 제독의
제1항모강습부대

공중정찰
미 잠수함

플레처 제독의
제17기동함대

태 평 양

미드웨이
엔터프라이즈
호넷
요크타운

스프루언스 제독의
제16기동함대

일본군 잠수함 호위부대
진주만
하와이 제도

웨이크 섬

야마모토 제독의 미드웨이
점령 계획
1942년 5~6월

← 일본군 항모강습부대
···· 일본군 공습
◄ 미 함대 이동경로
✺ 주요 공격

마셜 제도

함 전력이 빠른 속도로 돌진해오는 것을 막았다. 또한 미 항공모함이 일본군에게 발각되지 않고 대적하기 좋은 위치인 미드웨이의 북동쪽으로 안전하게 도달할 때까지 시간을 벌기 위해 일본군의 4발 엔진 폭격기의 출격을 막으며 지속적으로 공격을 가했다.

일본군의 첫 번째 공격

6월 4일 오전 야마모토 해군 대장은 일본 함대에서 발진한 제로 전투기가 호위하는 100대 이상의 항공기를 미드웨이로 보내 첫 번째 공격을 감행했다. 한편 미드웨이의 기지에서 발진한 미군 공격기들도 일본 함대 상공에 이르렀다. 미국은 목표물을 명중시키지 못하고 17대의 뇌격기를 잃었으며, 일본은 미드웨이 공격에 실패했지만 피해를 입지는 않았다.

미 항공기들이 항공모함으로 귀함했고 플레처 중장과 스프루언스 중장이 이끄는 항공모함 전력은 미드웨이의 북동쪽으로 이동해 접근해오는 일본의 측면을 공격할

수 있는 좋은 위치에 자리를 잡았다. 더글러스 TBD 디배스테이터 뇌격기와 더글러스 SBD 던틀리스 급강하폭격기, 폭격기들을 호위할 그러먼 F4F 와일드캣(Grumman F4F Wildcat) 등 미 항공모함의 모든 함재기가 출격했다.

인근의 미 항공모함을 추격하던 일본 항공모함 위에서 나구모는 장착된 고폭탄 대신 철갑탄으로 바꿀 것을 명령했다. 이 명령으로 귀중한 시간을 흘려보냈다. 대열 형성 중 방향을 잃은 급강하폭격기 SBD를 제외하고 와일드캣만의 호위를 받으며 디배스테이터가 현장에 도착하자 일본군은 항공모함을 보호하기 위해 제로 전투기를 출격시켰다. 미군의 어뢰가 목표물을 찾지 못하는 사이 제로 전투기의 기관총과 항공모함과 호위함에서 발포한 대공포에 뇌격기가 격추되었다. 하지만 이 사이 일본 항공모함 상공의 방어는 허술해졌고, 때마침 미군의 더글러스 SBD 던틀리스 급강하폭격기가 도착했다. 던틀리스 급강하폭격기는 고도 6,100미터 상공에서 급강하하며 탄약과 항공유가 가득한 일본 항공모함을 폭격했다. 이때 대열의 선두

미드웨이 전투
1942년 6월 4~6일

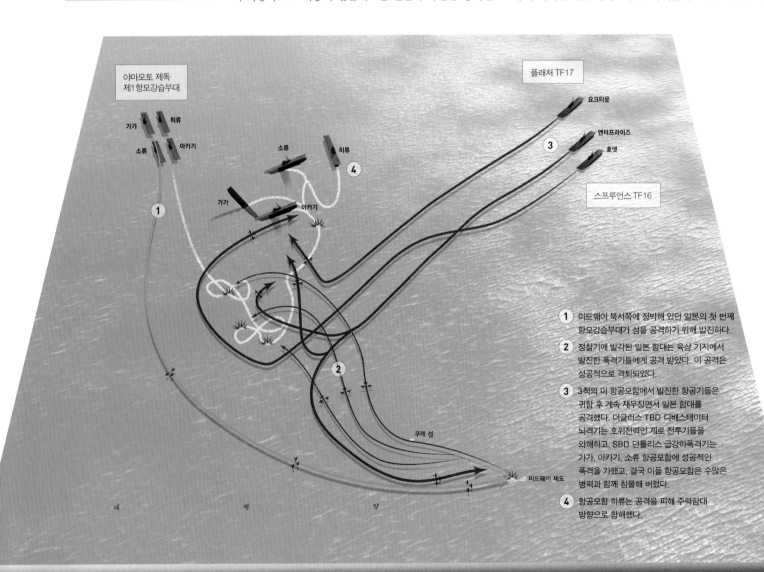

1. 미드웨이 북서쪽에 정박해 있던 일본의 첫 번째 항모강습부대가 섬을 공격하기 위해 발진하다.

2. 정찰기에 발각된 일본 함대는 육상 기지에서 발진한 폭격기들에게 공격 받았다. 이 공격은 성공적으로 격퇴되었다.

3. 3척의 미 항공모함에서 발진한 항공기들은 귀함 후 계속 재무장면서 일본 함대를 공격했다. 더글러스 TBD 디배스테이터 뇌격기는 호위전력인 제로 전투기들을 와해하고, SBD 던틀리스 급강하폭격기는 가가, 아카기, 소류 항공모함에 성공적인 폭격을 가했고, 결국 이들 항공모함은 수많은 병력과 함께 침몰해 버렸다.

4. 항공모함 히류는 공격을 피해 주력함대 방향으로 항해했다.

에 있던 히류는 간신히 탈출했지만 가가, 아카기, 소류는 직격탄을 맞고 맹렬한 화염에 휩싸였다. 가가는 승조원을 태운 채 결국 폭발했고, 아카기와 소류도 그날 저녁에 침몰했다.

홀로 남은 히류는 요크타운에 타격을 가하기 시작했다. 그러나 3발의 폭탄과 2발의 어뢰가 히류에 명중했으며 SBD의 폭격으로 갑판에 4발의 직격탄을 맞았다. 히류는 며칠 후 침몰했다.

일본의 야마모토 대장은 4척의 항공모함과 수많은 전투기 및 폭격기, 조종사를 잃자 패배를 시인할 수밖에 없었고 지속적인 미군 폭격기의 공격으로 인해 한때 거대하던 부대의 패잔병을 데리고 동쪽으로 철수했다. 미군은 다시 한 번 공군의 위력을 제대로 과시했고 이로 인해 태평양의 대세는 미국 쪽으로 기울었다. 그 후 미군은 태평양 전구에서 공격적인 태도를 취했고 일본은 핵심전력인 항공모함 4척 및 수많은 항공기, 특히 능숙한 조종사들을 잃으며 해군의 항공전력에 심한 타격을 입었다.

그러먼 F4F 와일드캣
비록 매우 튼튼하고 엄청난 피해도 견딜 수 있었지만, F4F 와일드캣이 일본 전투기와의 전투에서 생존하기 위해서는 고도로 숙련된 조종사들을 필요로 했다.

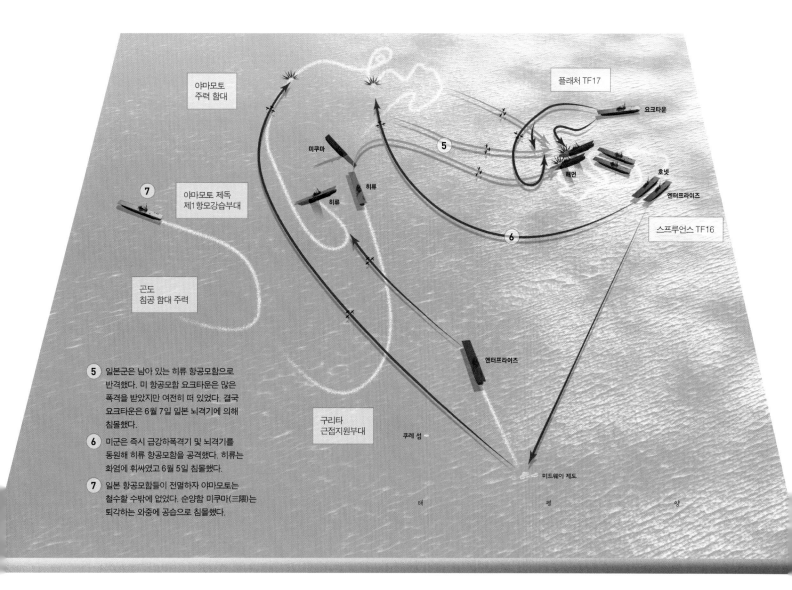

5 일본군은 남아 있는 히류 항공모함으로 반격했다. 미 항공모함 요크타운은 많은 폭격을 받았지만 여전히 떠 있었다. 결국 요크타운은 6월 7일 일본 뇌격기에 의해 침몰했다.

6 미군은 즉시 급강하폭격기 및 뇌격기를 동원해 히류 항공모함을 공격했다. 히류는 화염에 휩싸였고 6월 5일 침몰했다.

7 일본 항공모함들이 전멸하자 야마모토는 철수할 수밖에 없었다. 순양함 미쿠마(三隈)는 퇴각하는 와중에 공습으로 침몰했다.

캅카스 산맥과 러시아 남부 : 1942

캅카스
1942년 6~11월

→ 독일군 진격
⇤ 독일군 퇴각
⬅ 소련군 퇴각
— 독일군 전선
유전
XXXXX ☐ 집단군
XXXX ☐ 군
◆ 기갑부대
–XXXXX– 집단군 경계

1942년 봄이 오자 독일 최고사령부는 지난해 겨울 소련의 게오르기 주코프(Georgi Zhukov) 장군에게 빼앗긴 지역에서 반격을 가해, 다시 한 번 모스크바를 공격해 함락할 계획을 세웠다. 최고사령부는 수도를 점령할 경우 소련군의 전쟁의 지를 꺾어 전쟁을 빠르게 종식할 수 있다고 확신했다.

하지만 히틀러는 동의하지 않았다. 그의 야망은 육군이 스탈린그라드로 전진해 캅카스 유전지대를 차지하는 데 있었다. 에르빈 롬멜(Erwin Rommel) 원수와 그의 독일아프리카군단(Deutsches Afrikakorps: DAK)이 영국군을 수에즈 운하까지 몰아낸 후, 캅카스 산맥으로부터 중동으로 이어지는 연결지점에 영향을 끼칠 계획을 세웠다. 그 다음 군을 북쪽으로 보

내 모스크바 뒤편과 우랄(Ural) 산맥까지 대규모 공격을 하려고 했다. 이 계획을 위해 러시아 전선에 배치된 2,750대의 전투기 중 1,500대를 새로운 공격전력으로 배치했다. 청색 작전(Fall Blau)은 6월 28일 시작했다. 독일은 다른 전선에서와 같이 제4항공군 항공기의 지원하에 전차를 앞세우고 뒤따르는 보병들이 남은 적을 소탕하는 전격전을 펼치며 전진했다. 러시아의 주요 군사거점을 우회해 수천 명에 달하는 러시아 병사를 포로로 잡았다.

7월 9일 독일군은 보로네슈(Voronezh)에 도착한 뒤, 우크라이나 남쪽을 지나 크림(Krym) 반도로부터 이동하는 병력과 합세하기 위해 남쪽으로 방향을 돌렸다. 7월 23일 독일군이 유럽 러시아 남부 돈(Don) 강 하류의 항구도시인 로스토프(Rostov)로 쳐들어오자 소련은 별다른 저항 없이 도시를 포기했다. 1941년 여름과 같이 소련군 사이에 공포가 번졌다. 위대한 승리를 확신한 히틀러는 유전 확보에 전력을 다하지 않고 병력을 두 그룹으로 나누었다. 막시밀리안 폰 바익스(Maximilian von Weichs) 장군이 이끄는 B집단군은 스탈린그라드를 점령하기 위해 동쪽으로 진군했으며, 에발트 폰 클라이스트(Ewald von Kleist)가 이끄는 A집단군과 제1기갑군은 유전을 점령하는 임무를 맡았다.

반격의 시작

소련 정부는 전선의 상황을 국민에게 알리지 않았으나 패배의 소문이 퍼져나갔다. 항구도시인 로스토프가 함락되고 모스크바와 레닌그라드 코앞에까지 독일군이 진군하자 시민들의 분노는 극에 달했다. 소련군은 장교들의 명령도 무시하고 무기를 포기하며 계속 후퇴했다. 결국 스탈린은 절망 속에서 '더 이상 물러서지 마라'는 명령 227호를 공표했다.

하지만 소련군은 스탈린의 명령 또한 묵살하며 지속적으로 후퇴를 감행했고, 장병들 사이에선 서서히 저항세력이 생기기 시작했다. 소련 비밀경찰인 내무인민위원회(NKVD)는 이에 위협을 느끼고 탈영병들을 일제 검거했다. 많은 소련군은 공포와 강제가 아닌 다른 목적을 위해 싸웠다.

스탈린은 1942년 여름 침략군을 물리쳐 조국 러시아를 구하자는 의제를 설정하고, 국민과 모든 자원을 동원해 전 러시아를 하나의 전쟁 캠프로 만들 것을 요구했다. 그리고 국민에 대한 유화정책의 일환으로 종교활동을 허락했다. 7월 25일 에델바이스 작전(Operation Edelweiss)이 시작되자 독일군은 하루에 30~50킬로미터 이상 전진했다. 하

지만 곧 소련군 전력이 천천히 회복되자 독일군은 칼카스 산맥 최전방에 있는 병력을 스탈린그라드로 재배치했다. 특히 독일 제4항공군은 거의 모든 전투기를 스탈린그라드 공격에 지원하라는 새로운 명령을 받았다.

남으로 향하던 독일 A집단군은 진격속도가 매우 느려 8월 중순이 되었을 때 하루에 고작 1.6킬로미터씩 밖에 전진할 수 없었다. 한편 소련은 내무인민위원회(NKVD)가 전선의 저항세력과 벨라시아 민족주의자들을 감시했다.

루마니아 제3군의 지원을 받은 독일 제17군은 노보로시스크(Novorossiisk)부터 수후미(Sukhumi)를 잇는 해안 도로를 지키기 위해 고군분투하는 소련의 남칼카스 전선군과 대적했다. 9월 6일 독일 제17군은 노보로시스크 외곽까지 진출했지만 완강한 소련군의 저항에 밀려 더 이상 전진할 수가 없었다. 해안도로에 대한 공격은 실패했고 겨울에 이르기까지 더 이상 전진하지 못했다. 1941년의 전쟁과 같이 독일 공군은 상대적으로 적은 피해로 소련 공군에게 큰 손해를 입혔다. 하지만 독일군은 낙후된 활주로를 이용해 작전을 펼치면서 많은 사고가 발생했고 자원 및 식량 조달이 점차 어려워지자 효과적인 공격을 하는데 많은 문제가 발생했다. 결국 매달 120대에 달하는 폭격기와 같은 숫자의 전투기를 잃었다. 1942년 독일의 전투기 생산량은 증가했으나 소련의 생산력에 비할 바가 아니었다. 1942년 9월부터는 전선에 배치된 소련의 신형 항공기들이 위력을 발휘했다.

독일 제17군의 동쪽에 있던 제1기갑군은 칼카스 산맥 북쪽 기슭의 작은 언덕으로 쉽게 전진해 9월 2일에는 모즈도크(Mozdok) 지역에 있는 테레크(Terek) 강을 건넜다. 하지만 소련군이 반격을 해오자 더 이상 전진하지 못하고 11월에는 날치크(Nalchik)부터 오르조니키제(Ordzhonikidze)를 잇는 경계선 최전방에 멈추어 섰다. 독일군은 눈 때문에 전진할 수 없었고 보급로는 극도로 길어지고 허약해졌다. 독일과 소련은 겨울이 되어 공격을 할 수 없자 완벽한 방어 태세를 구축하기 위해 병력을 재배치했다. 초겨울 동안 소련은 칼카스 산맥 북부와 산맥을 가로지르는 전선을 강화하기 위해 보충병과 장비를 확충했다.

단호한 공격

독일 A집단군을 함정에 빠뜨리기 위해 스탈린의 명령으로 모스크바에서 시작된 겨울 공세의 성공을 위해 남부전선군과 남칼카스 전선군의 연합이 필요했다. 남칼카스 전선군은 투압세(Tuapse)와 크라스노다(Kransnodar)를 잇는 중심선을 따라 공격을 실시했지만 매우 추운 겨울 날씨로 인해 큰 진척은 없었다. 남부전선군의 안드레이 예레멘코(Andrei

Yeremenko) 장군은 후퇴로를 차단하지 못해 독일의 제1기 갑군이 도망칠 수 있는 빌미를 제공했다. 제1기갑군은 독일의 에리히 폰 만슈타인 장군이 이끄는 전력에 합류해 돈(Don) 집단군이라는 새로운 부대를 형성했다. 한편 독일 제17군은 루마니아군과 함께 타만(Taman) 반도를 포기하고 후퇴했다.

1942년 여름, 독일은 로스토프와 북쪽 지방에 모든 주의를 집중하여 칼카스 전선은 매우 조용했다. 하지만 9월 9일 소련 해상공격이 노보로시스크로부터 항구지역으로 향하자 모든 것이 바뀌었다. 10월 9일까지 소련이 제9·18·56·58군에 압박을 가하고 해안가에 상륙작전을 지속적으로 펼쳐 독일군을 쫓아내는데 성공했다. 결국 유전을 차지하려 히틀러가 계획한 작전은 수포로 돌아가고 말았다.

칼카스 북부
1943년 1~4월

←	독일군 퇴각
◄	소련군 진격
—	1월 초 독일군 위치
——	소련군 전선, 1월 16일
– –	소련군 전선, 1월 24일
····	독일군 전선, 2월 4일
······	소련군 전선, 4월 4일
🗼	유전
XXXXX	집단군
XXXX	군
◼	기갑부대

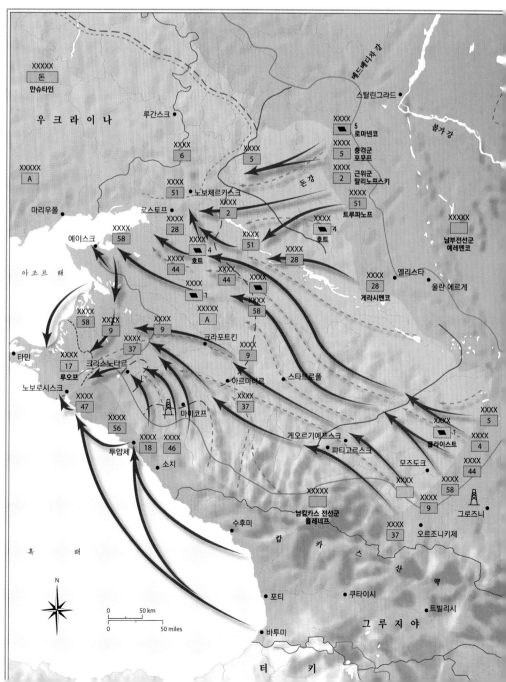

스탈린그라드 : 1942~1943

하인켈 He 111
독일 폭격기 부대는 볼가 강 서안에 고립된 소련군에 대한 재보급 시도를 차단하기 위해 항공작전을 수행했다. 후에 독일군의 전운이 다했을 때, 똑같은 항공기들이 포위된 독일의 제6군에 대한 재보급을 위해 운용되었다.

1942년 가을에 히틀러는 캅카스 지방의 유전을 차지해 전쟁 물자를 공급하고 스탈린의 숨통을 조이기 위해 동부전선에 집중했다. 이를 위해 독일 공군의 주요 전력이 남쪽 전선으로 이동하고, 나머지 동쪽 전선의 지상군은 진격을 멈추고 현 위치를 사수했다. 하지만 히틀러는 볼가(Volga) 강에 있는 스탈린그라드를 포기할 수 없었다. 이는 전략적인 이유에서뿐만 아니라 적장의 이름을 쓰는 도시('스탈린' 그라드)를 점령함으로써 얻는 선전효과 때문이기도 했다. 여기에는 통탄할만한 판단착오가 있었다.

비싼 대가를 치른 스탈린그라드

히틀러는 남부집단군을 둘로 나누었다. A집단군은 계속 남쪽을 공격하고, 프리드리히 파울루스(Friedrich Paulus) 장군의 제6군으로 구성된 B집단군은 제4기갑군의 지원을 받으며 스탈린그라드로 진격했다. 이는 독일군 좌익의 진격을 보호하고 소련의 카스피 해(Caspian Sea)와 북쪽을 이어주는 연결로를 차단하기 위해서였다. 대규모 시가전과 백병전이 수반되는 스탈린그라드 공격에는 전차를 투입할 필요가 있었으나 히틀러는 이를 무시했다. 그는 승리를 확신했으며 소련은 반드시 패망한다고 믿었다.

8월 마지막 주에 B집단군이 스탈린그라드에 접근하자 볼프람 폰 리히트호펜(Wolfram von Richthofen)이 이끄는 독일 제4항공군이 스탈린그라드를 가차 없이 폭격했다. 도시를 사수하라는 명령을 받은 도시 방어군과 시민들의 의지를 꺾기 위한 폭격이었다. 독일 공군의 슈투카 폭격기는 부상병을 후송하고 포위당한 방어군에게 군수품을 공급하기 위해 넓은 볼가 강을 가로지르는 선박들을 집중 공격했다. 일주일간 선박 32척이 침몰했다. 끊임없는 포탄세례를 받으며 강을 가로지르는 것은 끔찍하고도 위험한 일이었다. 도심은 무너진 잔해로 뒤덮이고 대형화재가 일어나 수천 명의 시민이 사망했다.

소련 공군은 반격을 시도했지만 경험이 부족한 소련 조종사들은 직업정신으로 무장한 독일의 적수가 되지 못했다. 독일 공군은 스탈린그라드 상공을 완전히 장악했고 볼가 강변의 이 거대한 도시를 계속해서 파괴했다.

그동안 소련은 새로운 전략을 구상하고 있었다. 독일군이 도심으로 진입하자 소련군의 진정한 능력이 폭발했다. 소련군이 볼가 강 서쪽 제방

위의 작은 활주로를 장악하자 독일 공격군은 힘을 잃기 시작했다. 독일 공군은 적과의 교전보다도 지치고 힘든 환경과 악천후 속에서 연이은 착륙 사고로 인해 전력의 60 퍼센트만 운영했다. 게다가 독일은 북아프리카 연합군의 토치 작전(Operation Torch)에 대응하기 위해 제4항공군의 항공기를 징발했기 때문에, 스탈린그라드의 공군력은 더욱 약화되었다.

11월 19일 새벽 소련의 대규모 역습인 '천왕성 작전 (Operation Uranus)'이 시작되었다. 지난 겨울 모스크바 전투에서 성공적인 방어를 했던 게오르기 주코프는 스탈린그라드 독일군의 남·북 측면을 부수고 도심으로 진입해 파울루스의 제6군을 포위하는 작전을 수립했다. 루마니아 사단이 방어하는 제6군의 양 측방은 결국 소련의 공격에 무너졌다. 예비전력인 제22기갑사단은 전의를 상실하고 후퇴하기 시작했다. 탈출구가 차단되기 전 서쪽으로 철군하는 것이 제6군이 생존할 수 있는 유일한 방법이었다.

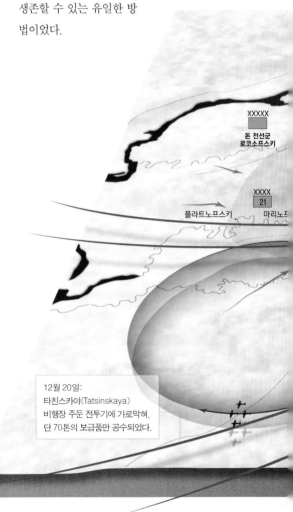

돈 전선군
로코소프스키

21

플라트노프스키   마리노

12월 20일:
타친스카야(Tatsinskaya) 비행장 주둔 전투기에 가로막혀, 단 70톤의 보급품만 공수되었다.

명확한 패배를 부인하다

베르히테스가덴(Berchtesgaden)의 사령부에 있던 히틀러는 파울루스의 후퇴 요청을 기각했다. 소련의 역공이 시작된 지 닷새만에 스탈린그라드는 소련군에게 포위되었다. 파울루스는 다시 한 번 후퇴를 요청했으나 받아들여지지 않았다. 괴링이 제6군에 대한 공군의 지원이 가능하다고 히틀러를 설득했으나 이는 말도 안 되는 소리였다. 제6군은 기본적으로 하루에 400~500톤에 달하는 물자를 필요로 했으나 독일 제4항공군의 수송량은 최대 100톤에 불과했다. 악천후와 소련 공군의 계속되는 압박으로 인해 실제 수송량은 100톤 이하로 떨어졌다.

하지만, 융커스 Ju 52와 개조한 하인켈 He 111의 조종사들이 소련 전투기의 저지와 대공포화를 뚫고 보급을 계속해 주었다. 물자 수송 이외에도 부상병과 불필요한 인원을 수송했으며, 얼어붙은 폐허에 남겨진 4만 2,000명의 병력을 철수시켰다.

1943년 1월 중순쯤 스탈린그라드 주변의 비행장은 수

겨울 지옥

독일 공군 루프트바페는 스탈린그라드의 제6군에 보급을 시도하다 융커스 Ju 52 수송기 266대를 잃었다. 손실한 수송기의 총수는 490대로 5개 비행단과 맞먹었다. 공군을 이용해 스탈린그라드에 보급을 할 수 있다던 괴링의 큰소리는 아무것도 입증하지 못했다.

용능력을 초과하여 더는 공수가 불가능했다. 모두 266대의 융커스 Ju 52가 파괴되었고, 동부전선에 있던 독일 공군 전력의 3분의 1이 괴멸되었다. 더 나쁜 소식은 9만 1,000명의 독일 병사와 파울루스가 포로로 붙잡힌 것이었다. 그들은 러시아 내륙에서 강제 노역을 했으며 대부분의 생존자들은 1950년대까지 독일로 돌아올 수 없었다.

스탈린그라드

스탈린그라드를 공격할 때, 독일군은 그들의 측면 보호를 헝가리군과 루마니아군에 맡겼다. 이는 치명적인 실수였는데, 이 동맹은 소련의 강력한 압박으로 곧 깨져버렸고 독일 제6군의 고립으로 이어졌다.

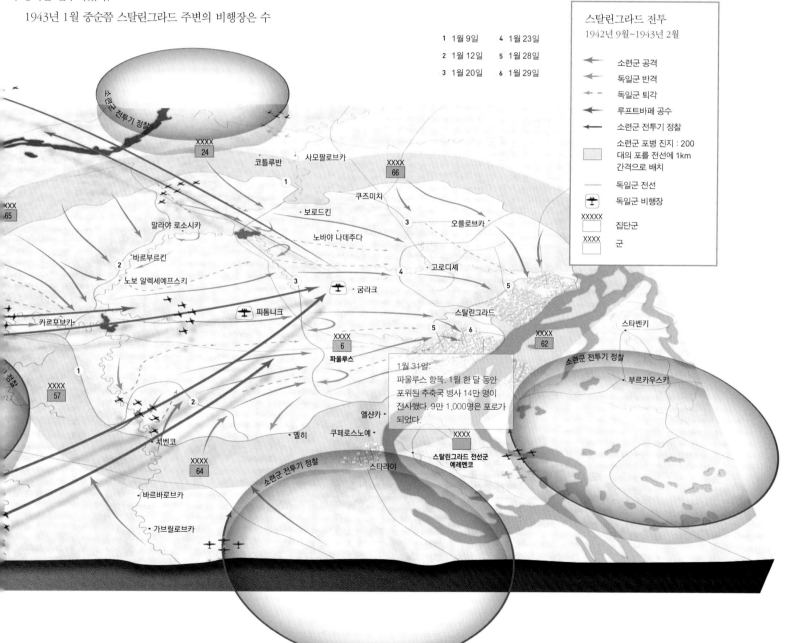

1	1월 9일	4	1월 23일
2	1월 12일	5	1월 28일
3	1월 20일	6	1월 29일

스탈린그라드 전투
1942년 9월~1943년 2월

- ← 소련군 공격
- ← 독일군 반격
- ←- 독일군 퇴각
- ← 루프트바페 공수
- ← 소련군 전투기 정찰
- 소련군 포병 진지 : 200대의 포를 전선에 1km 간격으로 배치
- — 독일군 전선
- ✈ 독일군 비행장
- XXXXX 집단군
- XXXX 군

소련군 전투기 정찰

24

코틀루반   사모팔로브카   66

1

쿠즈미차

보로드킨   3   오를로브카

말라야 로소시카

노바야 나데주다

바르부르킨   2

노보 알렉세예프스키   4   고로디셰

XXX
65

카르포브카   3   ✈ 굼라크   5

✈ 피툼니크   스탈린그라드

XXXX
6   5   6   XXXX
62

파울루스

소련군 전투기 정찰

XXXX
57

1   부르카우스키

2

치벤코

옐산카

XXXX
64   엘히   쿠페로스노예

1월 31일:
파울루스 항복. 1월 한 달 동안 포위된 추축국 병사 14만 명이 전사했다. 9만 1,000명은 포로가 되었다.

바르바로브카

XXXX
스탈린그라드 전선군
예레멘코

스타라야

가브릴로브카

소련군 전투기 정찰

전시 항공산업

제2차 세계대전은 연합국 군수산업의 승리였다. 독일은 1933~1934년에 새로운 공군을 건설하기 시작했고, 영국은 1935~1936년에 재무장을 시작했다. 하지만 1939년까지 2만 대의 항공기를 만들며 산업 발전에 가장 많은 노력을 기울인 나라는 소련이었다.

생산능력 비교

1940년 독일은 최전선에 4,500대의 전투기가 있었고 노르웨이, 덴마크, 프랑스와 저지대 국가를 정복하여 그들의 산업기반을 흡수했다. 독일은 단기전을 준비했고, 따라서 최전선 부대에 공급할 보유 물자 또한 적을 수밖에 없었다. 1940년 봄에는 영국의 항공기 제작이 독일을 앞서면서 끝이 보이지 않을 전쟁이 예견되었다. 생존이 영국의 일차 목표였고, 그 다음 목표는 미군을 한시라도 빨리 연합군에 편입시키는 것이었다. 미군의 참전은 프랑스가 정복당하고 이탈리아가 독일에 가담한 후에 이루어졌다.

영국은 산업생산력에서 독일과 경쟁이 되지 않았기 때문에 일찌감치 24시간 가동 체제를 도입하며 모든 산업자산을 군수산업으로 전환하기 위해 노력했다. 반면 독일은 1941년에 8시간 근무로 별 어려움 없이 전쟁지역으로 추가 군수물자를 공급할 수 있는 능력을 보유하고 있었다. 영국의 장점은 미국과의 우호적 관계였다. 1939년에 영국과 프랑스는 미국 공장들에 많은 주문을 하여 새로운 생산라인과 인력을 채용해 항공산업을 촉진할 수 있었다. 이러한 조치는 몇 년간 큰 도움이 되었다.

1941년 6월 독일의 소련 공격 이후, 독일 산업은 새로운 작전의 엄청난 수요를 감당하기 위해 생산량을 늘렸다. 그때까지만 해도 독일 전략가들은 새로운 작전이 적어도 1년 안에는 끝날 것이라고 예상했다. 소련 서부지역에 위치하여 독일군의 공격에 취약한 항공기 제조 공장들은 독일의 맹공격 속에 파괴되었다. 여기에 전쟁의 피해까지 더해져 소련의 공군력은 더욱 약해졌고 독일의 항공산업은 영국군의 폭격에도 불구하고 계속 성장했다.

하지만 독일은 스탈린과 소련 정부의 후속 대책을 예상하지 못했다. 독일의 공격이 초기에 성공하자 스탈린은 1,000개가 넘는 공장을 침략자의 손이 닿지 않는 동쪽으로 이전할 것을 명령했다. 항공기 제조 공장과 다른 군수 공장들은 이전을 시작했다. 설계자, 제도사, 기계공, 숙련된 노동자들이 그들의 도구와 엄청난 장비를 챙겨 민스크(Minsk), 키예프(Kiev), 하리코프(Kharkov)를 떠나 우랄 산맥 기슭과 100여 곳의 다른 장소로 이동했다. 기적을 이루기 위해 지원자와 강제 노역자 등 100만 명이 넘는 사람이 힘겹게 일했다. 특히 소련은 기존의 항공기보다 우수한 설계의 새로운 항공기가 필요하다는 것을 깨달았다.

독일이 기대했던 것과는 다르게 소련 공군은 무너지지 않고 오히려 더 강력해졌다. 엄청난 인구와 정부의 의지력을 바탕으로 한 소련의 국력은 가장 암울한 시기인 1941년 6월부터 1942년 11~12월까지 국가를 지탱하게 했다. 1942년의 산업시설 이전에도 불구하고 소련은 1만 5,735대의 항공기를 생산했는데, 같은 해에 독일의 생산량은 1만 1,776대에 그쳤다.

시험대에 오르다

1940년 5월 미국 대통령 프랭클린 D. 루스벨트는 연간 5만 대의 항공기를 생산하자는 놀라운 제안을 했다. 1939년에 항공업계는 500대 미만의 항공기 생산 주문을 받았다. 영국의 화폐 가치가 하락할수록 미국은 현금납품 방식을 선호했다. 처칠은 루스벨트에게 보낸 서신에서 미국 항공기 생산 공장에 전쟁 승리의 기반을 다질 수 있는 힘이 있다고 했다. 처칠은 "물자를 달라, 그러면 우리가 전쟁을 끝내겠다"고 말했다. 미 정부 고위 관리들의 만류에도 불구하고 루스벨트는 무기대여(Lend-Lease)를 결정했다. 미국이 영국에게 대출금을 제공하면 연합국들은 항공기와 기타 군수물자를 구입하여 미국의 선박으로 수송하는 방식이었다. 1941년 3월 11일에는 무기대여법(Lend-Lease Act)이 통과되었다.

1941년에는 영국의 생산능력이 정점에 이르러 2만 3,672대의 항공기를 생산했고, 4개의 엔진을 장착한 폭격기 또한 숫자가 많이 늘었다. 대부분의 항공기들은 독일 야간 폭격에 동원되었고 이 작전은 전쟁이 끝날 때까지 계속되었다.

미국에게는 1942년이 전쟁의 원년이었다. 루스벨트는 자동차 산업을 군수산업으로 전환시켰다. 1941년에 헨리 포드(Henry Ford)는 디트로이트(Detroit)에서 멀지 않은 윌로 런(Willow Run)에 위치한 28헥타르의 부지에, 1킬로미터 길이의 컨베이어 생산라인을 설치한 새로운 항공기 공장을 건설했다. 이 공장은 미국이 전시 대량생산 방식으로 전환하는 신호탄이었다. 미국 전역에서 오래된 공

스핏파이어 전투기 펀드
'스핏파이어 전투기 펀드'는 영국 정부가 항공기 생산을 위해 추진한 모금 운동 중 하나였다. 많은 단체뿐만 아니라 대도시, 지방, 시골마을까지 자신들의 이름이 명예롭게 새겨진 스핏파이어 전투기를 사기 위해 펀드에 투자했다.

장을 확장하고, 새로운 공장을 건립하고, 다수의 인력을 교육하는 직업훈련이 본격적으로 시작되었다. 노동자들이 조국을 돕기 위해 새로운 공장으로 몰려들어 생산량이 증가했다. 1942년에 4만 7,836대의 항공기가 미국에서 생산되었다. 1942년 호주와 캐나다를 포함한 연합국의 생산량이 9만 7,000대가 넘었으나 추축국의 생산량은 2만 7,235대에 불과했다.

패배한 전투

1943~1944년에 독일의 항공기 생산량이 증가했다. 나치의 이데올로기는 여자들이 전시산업에 종사하는 것을 장려하지 않았다. 여자들의 임무는 아이를 낳아 기르는 것이었다. 부족한 자리는 외국인 노동자로 충원되었다. 일부 자원자를 포함하고 있었지만 이들 대부분은 강제 노역을 하는 포로이거나 나치의 강제수용소에 있던 사람들이었다. 1944년 말까지 40만 명에 달하는 수용자들이 독일 전시산업에 종사했다. 오라니엔부르크(Oranienburg) 수용소의 포로들은 하인켈 공장으로 보내졌고 약 6만 명의 포로가 V2 로켓 생산라인 건설을 위해 하르츠(Harz) 산지 아래에 거대한 터널을 뚫었다. 무능한 나치가 관리하던 추축국 산업은 알베르트 슈페어(Albert Speer)라는 뛰어난 인물에 의해 재정비되었다. 군수공장의 생산성이 그의 관리 아래에 성장하게 되었고 쓸데없이 복잡한 과정을 단순화하면서 낭비가 줄어 1943년에는 항공기의 총 생산량이 3만 9,807대에 달했다.

지구 반대편 일본의 항공산업 규모는 1942년 한 해 동안 8,861대를 생산하는 데 불과했으나, 1943년에는 거의 2배로 발전했다. 일본의 문제는 천연자원의 확보로, 미국의 잠수함 방해작전 때문에 쉽지 않았다. 일본은 1944년에 2만 8,180대의 항공기를 생산했는데, 미국의 9만

윌로 런 생산라인
다양한 임무를 수행하는 콘솔리데이티드 B-24 리버레이터가 대량생산되었다. 제2차 세계대전 중 생산된 미 군용기 중 가장 많은 1만 8,431대가 생산되었으며, 항공 역사상 그 어떤 폭격기보다 훨씬 많은 양을 공수했다.

6,318대에 비할 바는 못 되었다.

애국심, 설득, 강압 등이 기묘한 조합을 이루면서 1944년 소련 산업은 절정에 달했다. 이 중요한 시기에 연합국은 16만 3,025대의 항공기를 생산했으나 추축국 생산량은 6만 8,760대에 불과했다. 독일은 혁신적인 기술을 적용한 메서슈미트 Me 262 제트전투기를 생산했고 일본은 필사적으로 유인유도폭탄 오카(櫻花)를 생산했으나, 그것들은 너무 작은 규모였고 시기적으로도 너무 늦었다.

연합국과 추축국의
연간 군용기 생산량
1939~1945년

연도	미국	소련	영국	캐나다	동유럽군	총합	독일	이탈리아	헝가리	루마니아	일본	총합
1939	5,856	10,382	7,940	n/a	n/a	24,178	8,295	1,692	–	n/a	4,467	14,454
1940	12,804	10,565	15,049	n/a	n/a	38,418	10,826	2,142	–	n/a	4,768	17,736
1941	26,277	15,735	20,094	n/a	n/a	62,106	11,776	3,503	–	n/a	5,088	20,367
1942	47,836	25,436	23,672	n/a	n/a	96,944	15,556	2,818	6	n/a	8,861	27,235
1943	85,898	34,845	26,263	n/a	n/a	147,006	25,527	967	267	n/a	16,693	43,454
1944	96,318	40,246	26,461	n/a	n/a	163,025	39,807	–	773	n/a	28,180	68,760
1945	49,761	20,052	12,070	n/a	n/a	81,883	7,544	–	n/a	–	8,263	15,807
총합	324,750	157,261	131,549	16,431	3,081	633,072	189,307	11,122	1,046	약 1,000	76,320	89,488

과달카날 : 1943

일본이 솔로몬 제도에 있는 과달카날(Guadalcanal)에 비행장을 건설하고 있다는 정보를 획득한 미국은 비행장 완성 전에 섬을 점령하는 계획을 수립했다. 만약 이곳을 장악하지 못한다면 미국에서 호주로 가는 수송로를 일본이 공격할 수 있기 때문에, 연합군 수송기는 공격을 피하기 위해 남쪽으로 멀리 돌아가야만 했다.

과달카날 작전은 진주만 공격 이후 미국의 첫 번째 공격작전이었고 미드웨이 전투에서 승리함으로써 높아진 미국의 사기를 적절히 이용했다.

미군, 과달카날 상륙

1943년 8월 7일 미 해병대 제1사단이 과달카날에 상륙했다. 일부 소규모 부대도 수상기 기지를 점령하기 위해 플로리다(Florida)와 툴라기(Tulagi)에 있는 섬들에 상륙했다. 이틀 만에 미 해병대는 과달카날에 있는 룽가(Lunga) 비행장을 점령한 후, 미드웨이 전투에서 사망한 첫 번째 해병대 조종사인 로프턴 헨더슨(Lofton Henderson) 소령의 이름을 따 '헨더슨 기지'라 명명했다.

일본의 야간 작전으로 미국의 상륙군을 지원하던 순양함 4척이 침몰하자, 이 전투를 지휘하던 플레처 제독은

수송함대를 호위할 충분한 전력이 없다고 판단하여 항공모함을 작전지역 밖으로 철수시켰다. 미 해병대는 섬의 제한적인 보급과 공중지원에 의존할 수밖에 없었다. 일본이 철수하면서 남기고 간 불도저와 장비들을 동원하여 절반 정도 완성된 비행장 공사를 계속하자 계속적인 포 공격과 A6M 제로 전투기의 호위를 받는 G4M 베티 폭격기들의 공격을 받았다. 8월 19일에 그러면 F4F 와일드캣과 더글러스 SBD 던틀리스 급강하폭격기들이 충분한 시설을 갖추지도 못한 헨더슨 기지에 처음으로 착륙했다. 연료를 수동펌프로 항공기에 주입했으며 장비가 없어 항공기 밑에서 맨손으로 폭탄을 장착했다.

일본은 섬에 잔류한 병력을 보강해 과달카날의 완전한 정복을 시도하며 미 해병대가 견고하게 방어하던 헨더슨 기지 주위를 기습하려 했다. 4척의 수송선이 항공모함 즈이카쿠, 쇼카쿠, 3척의 전함과 여러 척의 순양함 및 구축함의 호위를 받아 투입되었다. 항공모함 류조(龍驤)를 중심으로 양동작전을 위한 부대도 주변에 배치했다. 8월 24일 미 항공모함 새러토가의 함재기 공격에 류조가 침몰할 때, 일본 항공기들은 미 항공모함 엔터프라이즈를 찾아 공격했다. 엔터프라이즈는 어뢰를 모두 피했으나 3발의 폭탄에 맞았다. 심각한 피해를 입었으나 수리를 위해 진주만까지 돌아올 수 있었다. 헨더슨 기지와 뉴헤브리디스(New Hebrides) 제도의 에스피리투 산토(Espiritu Santo) 비행장에서 이륙한 미군 폭격기들이 일본군을 찾아내 1척의 구축함과 수송함을 침몰시켰다. 일본은 작전을 중단하고 후퇴를 결정했다.

'캑터스 공군(Cactus Air Force)'으로 새롭게 명명된 미 해병항공대는 헨더슨 기지를 강화하고, '바다벌(Sea Bee)'로 알려진 해군 건설대대(Naval Construction Battalion)가 1번 비행장을 헨더슨 기지와 1마일 정도 떨어진 곳에 완공했다. 와일드캣 전투기들이 하늘 높이 날아 라바울에서 온 일본 베티 폭격기들을 상대하기 위해 출격했다. 조종사들은 솔로몬 제도 서쪽에 위치한 '해안 감시단(Coast Watchers)'으로부터 적의 공습 정보를 받고 대응했다. 헨더슨 기지 또한 레이더를 설치하여 일본의 공격을 저지했다.

탈환 시도

10월 말에 일본은 헨더슨 기지를 공격할 일본 육군을 지원하기 위해 대규모 항공모함을 투입했다. 항공모함 호넷과 엔터프라이즈를 지휘하는 윌리엄 홀시(William Halsey) 제독

와스프에 탑재한 F4F 와일드캣
대서양과 지중해에서 운용되었던 항공모함 와스프는 1942년 9월 15일 과다카날에서 어뢰 공격을 받아 침몰했다.

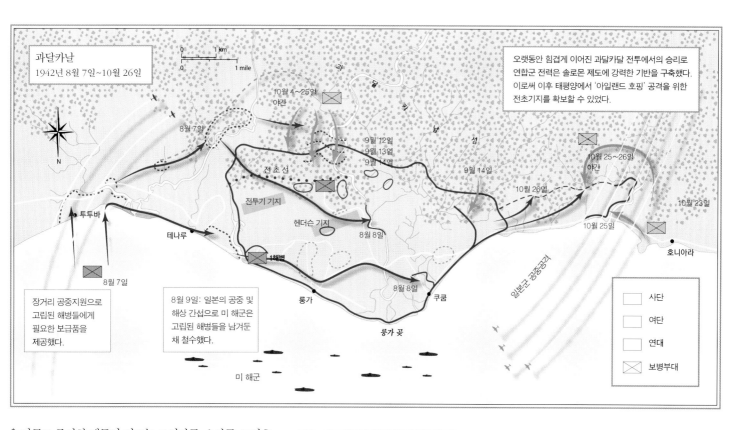

과달카날
1942년 8월 7일~10월 26일

오랫동안 힘겹게 이어진 과달카날 전투에서의 승리로 연합군 전력은 솔로몬 제도에 강력한 기반을 구축했다. 이로써 이후 태평양에서 '아일랜드 호핑' 공격을 위한 전초기지를 확보할 수 있었다.

장거리 공중지원으로 고립된 해병들에게 필요한 보급품을 제공했다.

8월 9일: 일본의 공중 및 해상 간섭으로 미 해군은 고립된 해병들을 남겨둔 채 철수했다.

사단
여단
연대
보병부대

은 나구모 주이치 제독이 이끄는 즈이카쿠, 쇼카쿠, 즈이호(瑞鳳), 준요(隼鷹)와 대적하기 위해 움직였다. 미 정찰기들은 대열의 선두에 선 즈이호를 발견하고 여러 번의 폭격으로 큰 피해를 입혔다. 양측은 서로 강한 공격을 시도했다. 일본은 급강하폭격기와 뇌격기 공격을 호넷에 집중하여 마침내 침몰시켰다. 미국은 대응 공격으로 쇼카쿠에 3발의 폭탄을 명중시켰다. 일본의 두 번째 공격이 엔터프라이즈를 향했다. 엔터프라이즈는 여러 발의 폭탄을 맞았으나 어뢰들을 피해 생환했다. 많은 일본 항공기가 효과적인 미국의 대공포화에 사라졌다. 양측은 서로 많은 피해를 입은 채로 퇴각했다.

미 해군 항공모함은 이제 그 지역에 1척밖에 남아있지 않았지만 일본은 공격할 수 없었다. 캑터스 공군은 계속 힘을 키워 제도에서 일본군을 몰아내는데 힘을 보탰다. 1943년 2월에 일본은 과달카날 지역에 남아있던 모든 군을 철수시켰다. 그리고 일본제국의 공격을 몰아내기 위한 긴 작전이 시작되었다.

과달카날의 해병대
헨더슨 기지의 핵심 활주로에 대한 성공적 방어로
미군은 이 섬에서 공중우세를 유지할 수 있었다.

카트휠 작전

일본은 동남아시아와 태평양의 광대한 지역을 점령하여 이곳의 풍부한 천연자원을 일본의 번영을 위해 사용할 수 있을 것이라 여겼지만, 이제는 이 지역을 방어해야만 했다. 미드웨이와 과달카날에서 연속된 두 번의 패배로 일본은 자신감을 잃었다. 아군 방어선이 취약하다는 것을 인지한 일본군 사령관은 다가오는 연합군의 공격을 지연시키기 위해 뉴브리튼 섬의 라바울 기지와 남동부 방어선을 강화하기 시작했다.

연합군의 카트휠(Cartwheel: 수레바퀴) 작전은 양면공격으로 계획되었다. 윌리엄 홀시 제독의 제3함대가 뉴 아일랜드(New Island) 주위의 솔로몬 제도를 통과해 북으로 항해하며, 월터 크루거(Walter Krueger) 장군의 미 제6군과 호주군이 일본군 주요 기지를 치기 위해 뉴기니(New Guinea)를 지나 북으로 진군해 뉴브리튼에 상륙한 후 라바울로 향했다. 이 전력들은 모두 미군의 더글러스 맥아더(Douglas MacArthur) 장군의 지휘 아래로 들어갔다.

공격 시작

첫 작전은 1943년 1월 9일에 호주군의 여단 병력이 와우(Wau)로 공수되어 뉴기니의 일본군 해안 거점을 위협하기 시작했다. 전투가 펼쳐지자 항공모함 함재기와 조지 C. 케니(George C. Kenny) 소장이 지휘하는 미 제5공군의 공중지원이 시작되었다. 지상 기지의 항공전력이 작전의 핵심이 되어 전장 상공에서 공중우세를 점하고 일본 병력을 고립시키며 그들의 보급과 공중지원을 차단했다.

전쟁 전의 전략은 대공포의 사거리 이상의 높은 고도에서 적에게 폭탄을 투하하는 것이었지만, 케니는 더 낮은 곳에서 적을 공격하도록 부하들을 훈련했다. 이는 큰 위험을 안고 있지만 훨씬 높은 명중률로 적에게 피해를 줄 수 있었다. 전장의 변화는 노스아메리칸 B-25 미첼(North American B-25 Mitchell) 중형 폭격기에도 영향을 주었다. 8정의 기관총이 기수에 장착되었고, 더 큰 항공기인 B-17 플라잉 포트리스는 더 낮은 고도에서 폭탄을 투하했다.

이러한 개선 사항이 비스마르크 해(Bismarck Sea)에서 결정적인 역할을 했다. 이때 일본 연합함대는 제51사단을 라바울에서 이동하여 뉴기니의 군사력을 보강하려고 했다. 구축함 8척의 호위를 받는 8척의 대형 수송선이 100대에 이르는 일본 항공기의 호위 아래 조심스럽게 뉴브리튼의 해안과 솔로몬 해를 드나들었다. 연합군은 매직

(MAGIC) 감청을 통하여 일본의 작전을 알고 있었다. B-17 폭격기들의 공격으로 2척의 수송선이 침몰했고, 일본군이 댐피어 해협(Dampier Straits)을 지날 때도 100대에 이르는 연합군 항공기의 공격을 받았다. 계속되는 전투에서 남아 있던 수송함과 4척의 구축함이 침몰했으며 일본군의 제51사단은 거의 대부분의 장교와 4,000명에 가까운 병사를 잃었다.

연합군 공군의 정확한 공격에 위협을 느낀 일본의 야마모토 제독은 반격을 명령했다. 근처의 지상 기지와 항공

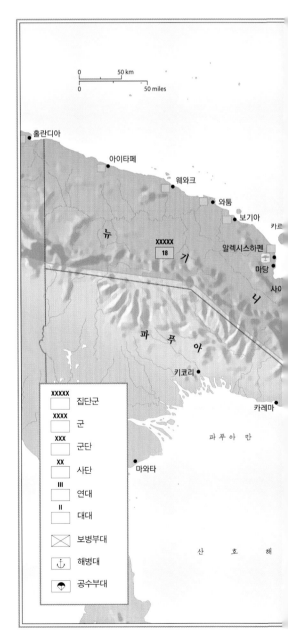

지도 범례:

XXXXX	집단군
XXXX	군
XXX	군단
XX	사단
III	연대
II	대대
⊠	보병부대
⚓	해병대
☉	공수부대

홀란디아 · 아이타페 · 웨와크 · 와톰 · 보기아 · 카르 · 알렉시스하펜 · 마당 · 사O · 뉴기니 · 파푸아 · 키코리 · 카레마 · 파푸아 만 · 마와타 · 산 호 해

18 (XXXXX)

모함에서 이륙한 300대의 항공기를 모아 뉴기니와 솔로
몬 제도의 연합군 비행장을 공격하여 상당한 피해를 입혔
으나, 일본도 숙련된 조종사와 승무원이 많이 희생되었다.
이때 연합군은 새로운 항공기인 록히드 P-38 라이트닝
(Lockheed P-38 Lightning)과 그러먼 F6F 헬켓을 도입하여 항
공전력에서 일본에 대한 우위를 계속 지켜나갔다.

1943년 4월 18일에 제339전투비행대대의 P-38 라
이트닝 장거리 전투기 16대가 헨더슨 기지에서 이륙하여
야마모토가 탑승한 베티 폭격기를 격추했다. 해군의 암호
도청과 시간을 정확히 지키는 야마모토의 성격으로 인해
미군은 그의 항공기가 언제, 어디에 있을지 정확히 알 수
있었다.

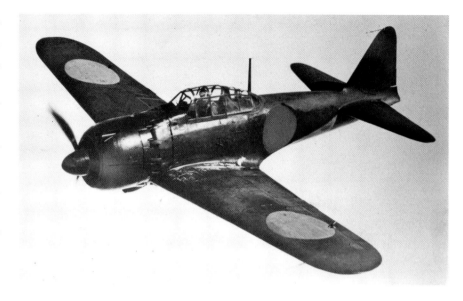

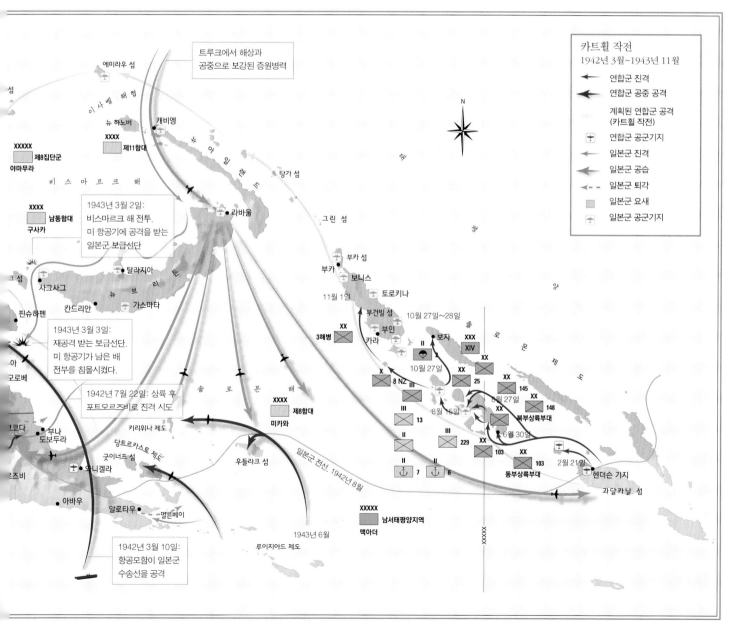

독일 폭격 : 1942~1944

1942년 초, 독일에 폭탄을 투하하여 항복시키려는 작전이 본격화되었다. 영국 공군 폭격기 사령부 소속 대대의 대다수는 비커스 웰링턴 폭격기로 무장해, 주간 폭격으로 북부 독일의 항구에 심각한 타격을 가했으며, 1939년 12월 이후 야간 작전을 지속적으로 수행했다. 또한 새롭고, 더 나은 항공기들이 개발되기 시작했으며, 아서 해리스(Arthur Harris) 공군 중장이 영국 공군 폭격기 사령관으로 취임했다. 전략 지역 폭격(Strategic Area Bombing)의 신봉자인 그는 자신의 이론이 맞다는 것을 증명하기 위해 전쟁 기간 내내 부하들을 한계점까지 밀어 붙였다.

1942년에 구경 0.5인치 기관총 13정으로 무장한 B-17과 B-24 항공기를 앞세우고 미 공군이 도착하기 시작했다. 미 공군이 경험을 갖춘 강한 전력으로 발전하기 위해서는 시간이 필요했다. 그들은 1942년부터 1943년 초기에 프랑스와 저지대 국가에서 임무를 수행했다.

향상된 기술과 훈련

1942년부터 더 잘 훈련되고 항법장치의 도움을 받는 항공기와 승무원들이 영국 폭격기 사령부에서 출격하여 이스트 앵글리아(East Anglia), 링컨셔(Lincolnshire), 요크셔(Yorkshire)를 비행하기 시작했다. 구형 폭격기 암스트롱 휘트워스 휘틀리와 비커스 웰링턴은 4개의 엔진을 장착한 거대한 폭격기 쇼트 스털링(Short Stirling), 아브로 랭커스터(Avro Lancaster), 핸들리 페이지 핼리팩스(Handley Page Halifax)로 대체되었다. 스털링은 신예기임에도 불구하고 최고속도와 비행고도가 낮아 제3제국의 심장부로 들어가는 장거리 비행에 매우 불리했기 때문에 기대에 부응하지 못했다.

해리스는 1942년 3월 28일 밤에 뤼베크(Lübeck) 지역에 야간 폭격을 감행하는 것으로 첫 전투를 시작했고 한 달 후 로스토크를 공격했다. 독일의 레이더 방어를 압도하기 위해 250대의 폭격기가 동원되었다. 5월 30일 밤에는 밀레니엄 작전(Operation Millennium)에 1,000대의 폭격기를 동원해 쾰른으로 보냈다. 공장을 파괴하고 노동자들을 사살하고 시민들의 사기를 꺾기 위해 도시에 대규모 폭격을 감행했다. 또한 이는 엄청난 선전 효과도 가져왔다.

해리스는 훈련 및 부대 교체를 위한 여분의 항공기를 지원받아 이번 임무를 위해 1,047대의 항공기와 승무원을 확

아서 해리스
공군 중장 아서 해리스 경은 1942년 2월에 영국 공군 폭격기 사령관에 임명되었다. 그는 폭격기 사령부의 전술과 훈련을 재평가하고, 논쟁의 여지가 있는 독일 도시에 대한 지역 폭격을 이끌어 내기 위한 새로운 정책을 이끌었다.

쇼트 스털링
영국군 최초로 4개의 엔진을 장착한 중(重)폭격기 스털링 Mk I은 1941년 2월 10/11일에 첫 번째 작전임무에 투입되었다. 1944년 9월에 마지막 폭격임무를 수행하기까지 영국 공군 폭격기 사령부의 15개 대대에 배치되었다. 이후 스털링은 수송기와 글라이더 예인기로 사용되었다.

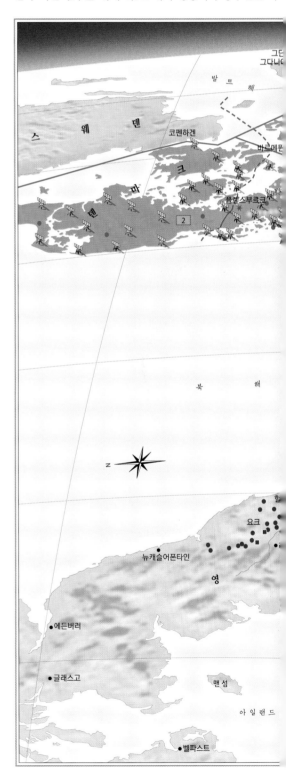

보했다. 이 임무에서 약 870대의 폭격기가 폭격에 성공했고 43대의 항공기와 승무원을 잃었다. 피해는 군사 시설과 공장이 아닌 민간인 거주 지역에 집중되었으나, 쾰른 시가지가 넓은데다 독일 소방대 덕분에 폭격으로 인한 대형 화재는 일어나지 않았다.

6월에 이와 비슷한 규모의 폭격이 두 차례 더 있었다. 1일 밤에는 에센(Essen)을, 25일 밤에는 브레멘(Bremen)을 폭격했다. 해리스는 폭격기 사령부 내에서 자신이 직접 선발한 최우수 조종사로 구성된 선도부대(Pathfinder force)를 선보였다. 이들은 대부분 스무 번이 넘는 출격에서 살아남았으며 오보에(Oboe)와 H2S 항법장비를 장착하고 있었다(오보에는 1941년 12월에 생산된 공중폭격 표적화 시스템이며 영국에 있는 두 지점에서 신호를 받아 드해빌런드 모스키토 폭격기에 송신한다. H2S는 1943년에 등장하여 1990년대까지 쓰인 레이더 시스템으

전략폭격
1943년

■■ 총본부
■▪ 전대 본부
● 폭격기 사령부 비행장
● 미 제8공군 비행장
✳ RAF 폭격 목표
✳ USAAF 폭격 목표
✳ RAF 및 USAAF 공격 목표
— 전투기 사단 경계
▨ 전투기 사단
⚡ 독일군 레이더 기지
● 독일군 야간 전투기 기지
탐조등 포대
▦ 대공포대

아브로 랭커스터
아브로 랭커스터는 1942년 초에 운용하기 시작하여 곧 영국의 중폭격기 중 가장 효과적임을 증명했다. 7,377대가 만들어져 15만 6,000회 비행을 하고, 60만 8,610톤의 폭탄을 투하했다. 작전 중 3,249대를 잃었다.

'댐 파괴자' 공습
이 지도는 1943년 5월 16~17일 공습에 참여한 항공기 19대의 운명과 경로, 목표지점들을 보여준다.

로 야간이나 나쁜 날씨에도 지상의 표적을 감지할 수 있다). 선도부대는 주력군의 앞부분에서 비행하면서 조명탄을 발사해 항로 설정에 도움을 주고 소이탄을 투하해 표적을 알려 폭격 전력이 폭탄을 투하할 수 있도록 했다.

루르 전투와 그 이후

3월 5일 밤 해리스는 루르 지역에 대규모 폭격을 시도했다. 이른바 루르 전투의 시작이었다. 대규모 공업지역이며, 오보에 폭격 유도장치의 범위에 들어온 루르 지역은 연합군에게 쉬운 표적이었다. 연합군은 그 지역이 공장 연기로 뒤덮여 있음에도 불구하고 매우 정확한 폭격을 가했

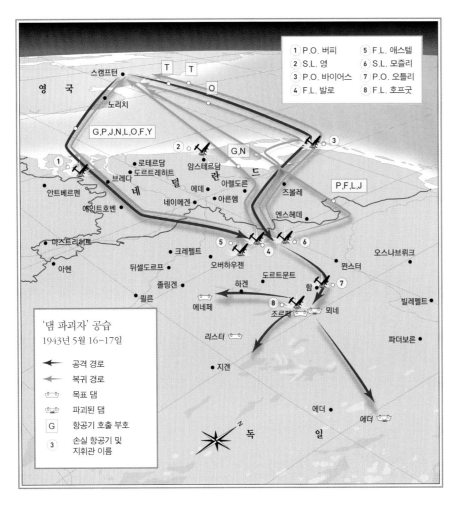

'댐 파괴자' 공습
1943년 5월 16~17일

→ 공격 경로
→ 복귀 경로
⌂ 목표 댐
⌂ 파괴된 댐
G 항공기 호출 부호
3 손실 항공기 및 지휘관 이름

1 P.O. 버피   5 F.L. 애스텔
2 S.L. 영   6 S.L. 모즐리
3 P.O. 바이어스 7 P.O. 오틀리
4 F.L. 발로   8 F.L. 호프굿

다. 3월부터 7월 사이의 작전이 루르에만 한정되지는 않았다. 다섯 번째 임무는 베를린은 물론 발트 해 연안 슈테틴(Stettin) 폭격도 목표로 하고 있었다. 이 전술은 독일이 어떤 한 지역을 방어하기 위해 많은 수의 야간 전투기들을 한쪽으로 배치할 수 없게 만들었다.

이 시기에 정밀 조준 폭격을 위한 대대가 창설되었다. 이것은 폭격기 사령부의 지역 폭격과는 다른 개념이었다. 이 대대는 숙련된 폭격기 조종사였던 가이 깁슨(Guy Gibson) 중령이 지휘하는 제617비행대대로 후에 '댐 파괴자(Dam Busters)'라는 유명한 별명을 얻었다. 19명의 조종사들은 6주간의 저공비행 훈련 끝에 루르 지역의 공업단지에 전력과 물을 공급하던 댐들을 파괴하기 위해 출격했다. 그들은 반스 월리스(Barnes Wallis)가 만든 도약 폭탄(Bouncing bomb)을 장착하고 초저고도로 접근해 방공망을 피해 수면 위에 폭탄을 투하했다. 이 폭탄은 물 속 일정 깊이에서 폭발하면서 댐 아래 부분에 피해를 입혀 붕괴하도록 설계된 것이었다. 제617비행대대가 목표물에 도착하기 전 1대의 폭격기가 수면에 너무 가깝게 비행하면서 폭탄을 투하하는 바람에 뒤따라오던 5대는 대공포와 고압 전선에 걸려 격추당했다.

깁슨은 4대의 항공기로 뫼네(Möhne) 댐을 공격해 파괴했다. 다른 3대의 항공기는 에더(Eder) 댐을 격파했으며, 조르페(Sorpe)와 슈벨메(Schwelme) 댐도 공격했으나 별다른 성과는 없었다. 이 작전은 특히 뫼네 댐에서 많은 사상자를 냈으며 그 주변의 산업에 큰 타격을 입혔다. 이 임무에 참여한 많은 사람이 훈장을 받았으며, 특히 깁슨은 빅토리아 십자훈장을 받았다. 그는 1944년 9월에 세 번째 임무 비행 도중 전사했다.

1942년 5월부터 미 제8공군은 슈퍼머린 스핏파이어 전투기의 호위를 받으며 비교적 단거리 주간비행 임무를 시작했다. 미 공군은 방어대형의 편대 비행을 하는 것이 적의 공격을 충분히 대비할 수 있을 것이라고 확신했다. 비교적 적은 피해에 고무된 미 제8공군은 호위기 없이 더 멀리 비행해 대규모 편대비행에 대비책을 마련한 독일과 맞섰다. 독일의 해법은 조종사와 부조종사를 표적으로 한 정면 공격이었다. 미군은 더 많은 기관총을 항공기 기수 부분에 장착했고, 나중에는 리버레이터(Liberator)와 포트리스(Fortress) 기종에도 작전에 필요한 회전포탑을 장착했다. 1943년 1월에 미 제8공군은 독일 공격 준비를 끝냈다. 빌헬름스하펜(Wilhelmshaven)에 있는 유보트 대피소가 목표였다. 항공기 손실은 단지 3대에 그쳤지만 결과는 참담했다. 여전히 극비사항이었던 노든 폭격 조준기(Norden bombsight)를 가지고도 별다른 성과를 거두지 못한 것이다.

포인트블랭크 작전

연합군은 6월에 합동 폭격작전인 포인트블랭크(Pointblank) 작전을 시도했다. 이 작전은 주로 독일의 항공기 제조 공장, 고무 공장, 볼베어링 공장 등 항공산업 시설을 파괴하는 것을 목표로 하고 있었다. 킬(Kiel)과 함부르크(Hamburg), 바르네뮌데(Warnemünde)에 대한 폭격은 적은 피해만 입고 비교적 성공적으로 수행되었다. 독일군은 주간 방어 전략을 채택할 시간이 필요했으나 강력한 미 제8공군에게 심장부를 강타당했다.

레겐스부르크(Regensburg)와 바이에른(Bayern)에는 독일 공군의 메서슈미트 Me 109의 핵심 생산시설이 있었고, 슈바인푸르트(Schweinfurt)에서는 대부분의 볼베어링이 생산되고 있었다. 독일 방어군을 둘로 나누기 위해 한 그룹이 레겐스부르크를 공격한 후 북아프리카로 날아가고, 다른 그룹은 슈바인푸르트를 공격하는 양면공격이 계획되었다. 하지만 이 작전은 계획대로 되지 않았다. 구름으로 인해 슈바인푸르트 공격대의 이륙이 늦어졌음에도 레겐스부르크 공격대는 이미 계획대로 출격한 것이다. 그들은 네덜란드 해안에 도착했을 때 독일 공군의 반격을 받았다. 이 반격은 독일 공군 항공기가 연료와 무기의 재보급를 위해 착륙할 때까지 이어졌다. 공격대는 옅은 구름이 덮인 레겐스부르크 상공에 도착해 목표물인 6개의 메서슈미트 항공기 제조 공장을 파괴하여 6개월 동안 운영할 수 없게 만들었다. 그들은 알프스를 향해 남쪽으로 비행했지만 착륙 장소인 튀니지로 가는 도중 몇 대의 항공기는 스위스, 이탈리아, 지중해 지방에 착륙할 수밖에 없었다. 공격 중에 24대의 폭격기를 잃었고, 심각한 손상을 입은 더 많은 수의 항공기를 튀니지에 남겨놓아야 했다.

레겐스부르크 공격대가 남쪽으로 비행할 때 슈바인푸르트 공격대는 네덜란드 국경을 넘고 있었다. 이때 전 독일 공군은 연합군의 공습에 대비하고 있었다. 레겐스부르크 공격 3시간 후에, 총 230대의 미 제8공군 폭격기가 영국 공군 스핏파이어와 미 제8공군 소속 리퍼블릭(Republic) P-47의 호위를 받으며 슈바인푸르트로 출격했다. 이 호위비행은 벨기에와 독일 국경지대의 외펜(Eupen)까지만 가능했으며, 여기서부터는 호위 없이 폭격기들만 비행해야 했다. 또한 폭격기는 구름 때문에 계획보다 낮게 비행할 수밖에 없어 적 전투기의 공격에 노출되기 쉬웠다. 이는 곧 현실로 나타나, 메서슈미트 Me 110과 410 전투기들이 정면에 나타나 기관총과 로켓을 발사했다. 사상자가 발생하기 시작했지만, 폭격기들이 공격지점에서 목표물을 향해 선회하려고 할 때 독일 전투기들이 교전에서 이탈했다.

편대 대형에서 폭격하는 것보다 폭격 정확도가 떨어

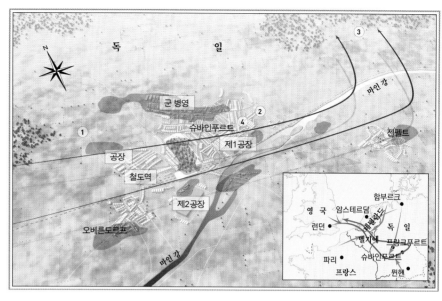

졌고, 첫 번째 폭발한 폭탄의 연기로 인해 목표물 조준이 방해받았다. 대공포를 뚫고 폭격기들이 목표물을 향해 계속 돌진해 나갈 때 독일 전투기들이 되돌아와 편대의 후미를 공격했다. 연합군 전투기 편대가 몇 대의 독일 전투기를 막으며 네덜란드로 돌아왔으나 많은 피해를 입었다. 60대의 항공기가 수리할 수 없을 만큼 손상되었다. 미 제8공군은 몇 달간 전투에 참가할 수 없었다. 이는 폭격작전 시 호위를 받는 것이 얼마나 중요한 것인지를 말해주었다. 10월 14일에 291대의 B-17 폭격기들이 두 번째 슈바인푸르트 공격에 나섰으나 증강된 독일 방어군에게 심각한 피해를 입었다. 독일을 향한 공격은 장거리 호위 비행이 가능한 충분한 수의 P-51 머스탱(Mustang)이 도입된 1944년 2월까지 미루어졌다.

슈바인푸르트 폭격
1943년 8월 17일

- ▨ 폭격 지역
- ▨ 볼 베어링 공장
- ← 계획된 비행경로
- ← 폭격기 경로
- ← 주요 독일군 요격로

1. 198대의 폭격기가 현지 시간 오후 3시 53분에 목표물 상공에 도착하기 시작.
2. 오후 4시 11분, 265톤의 고성능 폭탄과 115톤의 소이탄을 투하.
3. 361명의 사상자와 36대의 항공기 손실 발생.
4. 12분의 공습 동안 대부분의 폭탄을 목표지점에 광범위하게 투하했고 이로 인해 약 275명이 사망.

B-17 플라잉 포트리스
미 제8공군, 제381폭격전대, 제532폭격대대 소속의 보잉 B-17 플라잉 포트리스. 제381폭격전대는 1943년 6월부터 1945년 6월까지 영국 에식스의 리지웰(Ridgewell)에 주둔했다.

베를린 폭격 : 1944

루르(Ruhr)와 함부르크(Hamburg)에서의 승리 후 영국 공군 대장 아서 해리스 경은 그가 '큰 도시'라고 불렀던 베를린을 최우선 목표로 공격을 시작했다. 해리스는 베를린을 완전히 파괴한다면 독일인의 전쟁 지속 의지가 꺾일 것이라고 생각했다. 하지만 베를린이 독일 동부에 위치하기 때문에 연합군 폭격기가 적의 영공에서 더 오랜 시간 비행하게 되어, 대공포와 야간 전투기들에게 더 많이 노출될 수밖에 없었다. 베를린은 오보에 폭격 유도장치의 전파 송수신 범위를 벗어나는 지역이었을 뿐만 아니라 당시 세계에서 가장 잘 방어되고 있는 도시였으므로, 폭탄을 가득 싣고 야간에 그곳으로 간다는 것은 아찔하리만큼 위험한 일이었다.

폭격기 전술
주간 폭격을 진행함에 따라 미 항공기들은 점차 매서워지는 적 전투기의 공격에 대응하기 위해 그들의 방어전술을 변형시켰다. 1943년 3월, 각각 18대로 구성된 3개 그룹의 폭격기들이 모여 54대로 구성된 밀집 전투대형을 이룸으로써, 강력한 방어화망을 구성했다.

공격수단과 대응수단

이 시기에 레이더 대응수단인 윈도우(Window)가 영국에 등장했다. 윈도우 또는 채프(Chaff)는 많은 양의 은박지 조각을 폭격기에서 일정한 간격으로 뿌리고, 그 속에서 폭격기 편대가 비행함으로써 독일군의 레이더망을 혼란시키거나

표준 '박스 전투대형(Combat Box)' 으로 비행중인 B-17 폭격기들

압도할 수 있었다. 윈도우의 성능은 탁월했지만 독일은 전술을 간단히 바꾸어서 이에 대응했다. 즉, 야간 전투기 1대를 1개의 표적에 대응시키는 대신, 다수의 전투기가 함께 올라가서 전투의 흐름에 따라 폭격기 편대를 자유롭게 공격했던 것이다. '멧돼지(Wilde Sau)' 임무 또한 시작되었다. 레이더가 없는 단발 엔진 전투기들이 탐조등을 활용하여 하방(下方)에 있는 폭격기들의 실루엣을 보고 상방에서 급강하하면서 공격했는데, 종종 우군인 독일군의 격렬한 대공포화 사이를 뚫고 비행하기도 했다. 이러한 새로운 작전에 대응하기 위해 영국군은 한계고도와 속도가 좋지 않았던 쇼트 스털링 폭격기를 독일 작전에서 빼내어 북해의 기뢰부설 임무에 투입했다. 이를 통해 독일군 전투기들을 손쉬운 먹잇감으로 유인하기를 희망했으나, 잘 통하지는 않았다.

독일군은 야간에 몇 대의 항공기가 공습할 것인지를 꽤 정확하게 예측하곤 했는데, 이는 공습 전날 영국 공군이 통신 점검을 할 때 이를 감청함으로써 가능했다. 11월 26일 밤에 443대의 폭격기가 선도기인 7대의 모스키토 폭격기와 함께 베를린 폭격을 위해 이륙했다. 야간에 독일 전투기들을 분산시키기 위한 전술로 157대의 핸들리 페이지 핼리팩스와 21대의 아브로 랭커스터가 슈투트가르트(Stuttgart)를 폭격하라는 명령을 받았다. 독일군에 더 많은 혼란을 주기 위해 모든 전력이 프랑스를 향해 남쪽으로 비행한 후 프랑크푸르트(Frankfurt)를 향해 동쪽으로 선회하는 경로를 선택했는데, 공격 전력은 프랑크푸르트에서 각각의 표적을 향해 분리할 예정이었다. 독일 야간 전투기들을 따돌리고 주 전력이 베를린 상공에 도착했을 때는, 평소와 다르게 맑은 밤하늘에서 표적을 정확히 포착할 수 있었다. 대공포들이 항공기와 승무원들에게 피해를 가했음에도 혼전 속에 베를린 동물원을 폭격하는데 성공했다. 그러나 영국으로 돌아오는 길에 야간 전투기의 습격을 받아 많은 폭격기가 격추당했다. 그날 밤 총 666회 비행에서 전체의 약 5퍼센트에 해당하는 34대의 항공기를 잃었다.

뉘른베르크의 재앙

이러한 형태의 폭격이 1943년부터 1944년 겨울까지 지속되었으며 뉘른베르크(Nürnberg)를 목표로 한 3월 30일 폭격은 영국 공군에게는 최악의 밤이었다. 보름달이 뜬 밤에, 795대의 항공기가 강한 바람을 맞으며 출격했다. 그중 82

대의 폭격기가 독일 방공망에 의해 목표지점에 다다르기 도 전에 격추당했다. 야간에 출격한 독일 전투기들이 연료 재급유와 무장 재장착을 위해 착륙했을 때에만 잠시 소강 상태였을 뿐, 13대의 영국 항공기가 귀환 중 추가로 격추 되었다. 강한 상층기류 때문에 항법 착오를 일으켜 많은 폭 격기가 목표를 잃고 슈바인푸르트를 폭격했다. 10퍼센트 이상의 폭격기를 손실했는데, 이는 전쟁 기간 중 영국 공군 폭격기 사령부가 감내해야 했던 가장 최악의 손실이었다.

사냥감이 된 사냥꾼

폭격기 승무원들이 30회의 공습에서 살아남을 가능성은 희박했다. 이 점을 개선하기 위해 제100폭격기지원전대 《The 100 Bomber Support Group)를 창설했다. 제100폭격기지 원전대는 독일 지상 통제사와 야간 전투기 간의 라디오 교 신을 차단하기 위해 전자 장비를 갖춘 폭격기로 비행하며 임무를 수행했다.

또한 제100폭격기지원전대는 야간 침투용 항공기 와 세레이트 모스키토(Serrate Mosquito) 항공기, 보파이터 《Beaufighter) 전투기를 갖추고 있었다[세레이트는 리히텐슈타인 《Lichtenstein) 레이더 장치를 장착한 독일 야간 전투기를 추적하기 위한 전파 탐지 및 유도 장치다]. 공습이 있던 날 밤에 제100폭격기 지원전대의 침투 항공기들은 독일 야간 전투기들이 가장 취약한 시기인 이착륙 시점에 공격을 가하기 위해 독일 야간 전투기 비행기지 상공에서 선회하면서 대기했다. 세 레이트 장착 전투기들은 독일 야간 전투기들이 탑재한 레

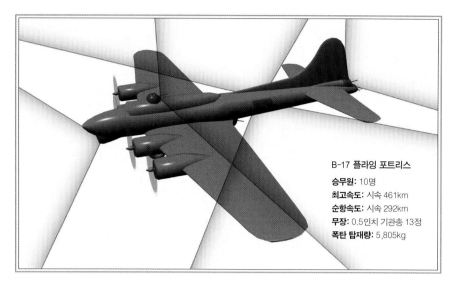

B-17 플라잉 포트리스
승무원: 10명
최고속도: 시속 461km
순항속도: 시속 292km
무장: 0.5인치 기관총 13정
폭탄 탑재량: 5,805kg

이더를 추적하여 공격을 가했다.

또한 1944년 봄에 미 육군항공대는 베를린까지 폭격 기를 호위할 수 있는 노스아메리칸 P-51 머스탱 장거리 전투기가 도착하자, 베를린에 대한 작전을 개시했다. 목표 는 폭격기들이 표적을 향해 비행하면서 독일 공군을 유인 하여 독일 상공에서 공중전을 치러 독일 항공기들을 소진 시키는 것이었다. 이제 독일 공군은 손실 항공기와 계속해 서 줄어들고 있는 숙련된 조종사를 대체하기 위해 고군분 투하고 있었다. 1944년 봄에 전투기를 활용한 독일 공군 의 방어가 불가능해지자 연합군의 항공기들은 편안하게 제3제국의 하늘을 비행할 수 있었다.

포트리스의 사격 범위
플라잉 포트리스는 모든 측면에 대한 우수한 사격 범위를 가지고 있었다. 초기 B-17 항공기들은 기수에 포탑이 없었는데, 적 전투기들의 정면공격에 대응하기 위해 B-17G 항공기에 신속하게 기수하방 포탑을 장착했고, 거의 모든 B-17F 항공기를 개조했다.

공습작전 시 추락지점
이 그림은 1944년 3월 24~25일 야간에 베를린 공습을 수행한 영국 공군 승무원들이 초기에 보고한 추락지점을 표시했다. 사실상 손실은 훨씬 더 심각했는데, 최종적으로는 72대의 항공기를 손실한 것으로 보고되었다.

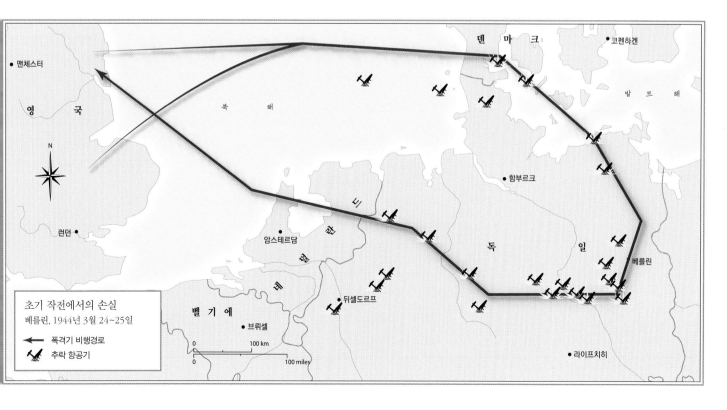

초기 작전에서의 손실
베를린, 1944년 3월 24~25일

➤ 폭격기 비행경로
✈ 추락 항공기

0   100 km
0   100 miles

맨체스터 · 영 국 · 런던 · 암스테르담 · 브뤼셀 · 벨 기 에 · 뒤셀도르프 · 북 해 · 네 · 덴 마 크 · 코펜하겐 · 발 트 해 · 함부르크 · 독 일 · 베를린 · 라이프치히

북아프리카와 지중해

1940년 6월 내내 이탈리아 공군은 몰타 섬에 공중 폭격을 가했다. 몰타 섬 방어에 사용한 항공기는 당시 전장에 있는 대부분의 항공기보다 성능이 떨어지는 성형 엔진을 장착한 복엽기인 노후한 글로스터 시 글래디에이터 6대에 불과했다. 이 항공기들은 곧바로 작전에 투입되어, 항공모함 아거스(HMS Argus)에 탑재하여 몰타에 긴급히 투입한 12대의 호커 허리케인(Hawker Hurricanes) 전투기가 도착하기 전까지 이탈리아 폭격기들을 그럭저럭 잘 막아주었다.

북아프리카에서는 9월 13일 무솔리니의 명령을 받은 로돌포 그라치아니(Rodolfo Graziani) 원수가 이탈리아령 리비아(Italian Libya)의 키레나이카(Cyrenaica)에서 이집트로 진격했다. 그라치아니는 압도적으로 우세한 지상군 및 공군 전력을 보유했음에도 불구하고 영국군이 대응공격을 감행함에 따라 많은 성과를 거두지는 못했으며, 결국 영국 육군의 리처드 뉴전트 오코너(Richard Nugent O'Connor) 장군

의 대담한 반격에 트리폴리(Tripoli)까지 밀려나게 되었다. 영국군이 지중해를 안전하게 횡단할 수 없다는 것은 토카라디(Tokaradi) 항로가 열릴 때까지 항공기를 포장해 배에 적재하고 희망봉을 돌아서 운송해야 한다는 것을 의미했다. 이에 따라 항공기들을 아프리카의 골드 코스트(Gold Coast)까지 운반한 다음, 아프리카 대륙을 횡단 비행하여 이집트에 도착한 후 전력이 필요한 전방 부대로 다시 비행하는 수고를 감수해야 했다.

북아프리카의 전세 변화

수에즈 운하 지역을 차지하기 위한 이탈리아의 시도가 처참하게 실패한 이후에, 히틀러는 주도권을 잡기 위해 에르빈 롬멜 장군과 독일 공군 제10비행군단의 지원을 받는 독일아프리카군단을 파견했다. 수적으로 우세한 적에 대항하여 이전까지 자신의 역할을 수행해 왔던 연합군의 사막 공

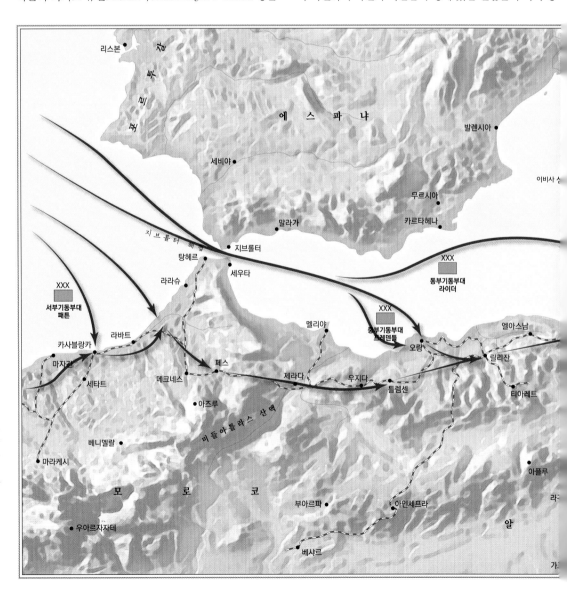

연합군의 전진
1943년 3월 연합군의 북아프리카 상륙과 튀니지에서의 추축국 병력의 소탕은 두 달 뒤의 시칠리아 침공을 위한 효과적인 발판을 제공했다. 이탈리아는 급히 정전을 요청했지만, 독일의 강력한 증원군이 연합군의 이탈리아 반도로의 전진에 대항하면서 이 전구에서 치열한 전투가 지속되었다.

군(Allied Desert Air Force)은 이제 광대한 모래사막 위에서 현대식 항공기를 조종하는 숙련된 조종사들과 조우하게 된 것이다.

몰타 섬 역시 독일 공군의 등장에 압박을 느끼고 있었다. 몰타 섬에 대한 포위 공격이 강해지자 더 많은 증원전력이 투입되었다. 허리케인 전투기들이 다시 한 번 몰타 섬에 날아와 수적인 우세를 유지하고는 있었지만 영국 공군이 입은 피해 또한 상당했으며, 연료 부족으로 지속적인 초계비행도 할 수 없었다. 영국 공군의 출격횟수가 줄어들자, 독일 공군 제10비행군단은 북아프리카 전역에 집중하면서 롬멜의 진격을 도왔다. 몰타에서는 방어력을 강화하기 위해 슈퍼머린 스핏파이어 Mk V 전투기 15대를 증강했다. 이는 나중에 100대 이상으로 증가했으며, 5월 9일에는 대부분이 항공모함 와스프(USS Wasp)에서 출격했다.

이제 몰타에 기지를 두고 있는 뇌격기들이 롬멜의 병참선을 계속 위협하자 독일아프리카군단은 진격을 중단했다. 알 할파(Al Halfa)와 엘 알라메인(El Alamein)에서 버나드 몽고메리(Bernard Montgomery) 장군이 승리한 이후 독일아프리카군단은 튀니지(Tunisie)로의 긴 퇴각을 시작했다.

지대공(地對空) 통신이 연합군의 추격을 지속적으로 도와줬고, 지상군은 필요 시 전투폭격기의 도움을 요청할 수 있었는데 대개는 호커 허리케인과 커티스 P-40이었다. 이 체계는 한참 후에 노르망디(Normandy)에서도 성공적으로 사용했다.

1942년 11월, 토치 작전을 통해 연합군은 모로코(Morocco)와 비시 정부*가 장악하고 있던 알제리(Algérie)에 상륙했다. 알제리 동부의 비행장을 차지하기 위해 공수부대가 투입되었다. 안전을 확보하자 영국 공군과 미 육군항공대의 폭격기가 들어오기 시작했고 이내 공중우세를 점하게 되었다. 독일군은 튀니지로 퇴각하고, 융커스 Ju 52 수송기와 6개의 엔진을 장착한 메서슈미트 Me 323 수송기를 이용한 공중보급을 시작했다. 전투지역을 지속적으로 배회하고 있던 연합군 전투기들에게 시칠리아 해협을 지나는 독일 항공기들은 쉬운 먹잇감이었다. 이러한 튀니지에서의 상황을 추축국은 점차 감당할 수 없게 되었고, 결국 북아프리카에 주둔한 이탈리아군과 독일군은 1943년 5월 12일 항복했다.

* 프랑스 점령 후 독일이 프랑스에 세운 친독일 정부.

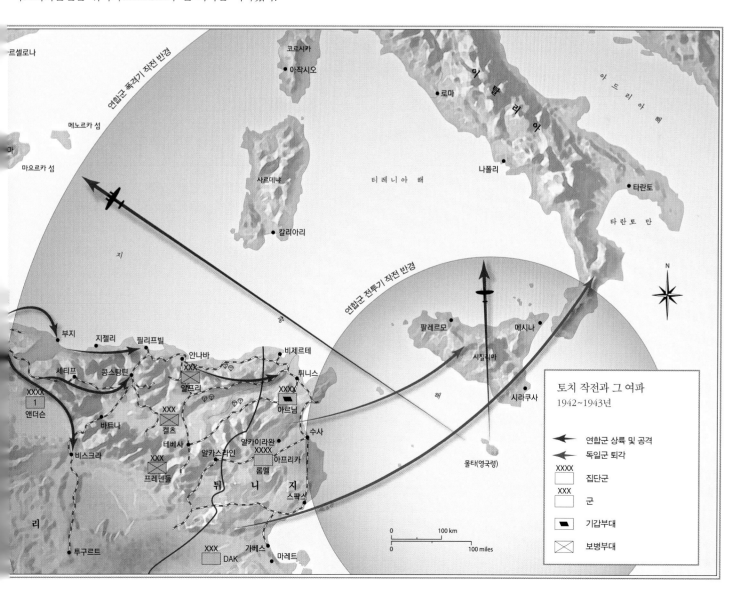

토치 작전과 그 여파
1942~1943년

← 연합군 상륙 및 공격
← 독일군 퇴각
XXXX 집단군
XXX 군
기갑부대
보병부대

시칠리아와 남부 이탈리아

허스키 작전(Operation Husky)으로 알려진 연합군의 시칠리아 침공 계획은 성급하고 혼란스러웠다. 각 군은 자신들의 상이한 요구에 따라 서로 다른 계획들을 추진했다. 영국과 미국의 연합 전력인 지중해 공군의 지휘를 맡은 공군 중장 아서 테더(Arthur Tedder) 경은, 특히 시칠리아 섬의 비행장들을 즉시 점령해 가능한 빠른 시간 안에 전투기와 폭격기들이 침공 작전에 투입되기를 바랐다. 여러 부대 사이의 상호지원이나 국제관계에는 신경 쓰지 않고 다른 지휘관들에게 자신의 계획을 강요한 버나드 몽고메리 원수 덕분에 타협이 이루어졌다. 영국군과 캐나다군은 교두보의 안전을 위해 필요한 비행장과 전략적인 다리들을 확보하기 위해 공수부대를 투입하면서 시라쿠사(Siracusa) 항 근처의 시칠리아 동부 해안에 상륙했다. 미국 역시 공수부대를 동원하여 착륙지점 뒤쪽에 위치한 비행장을 확보하기 위해 시칠리아의 남서쪽 해안, 리카타(Licata)와 스콜리티(Scoglitti) 사이에 상륙했다. 공군 지휘관들은 육군과 해군으로부터 독립적이기를 원했기 때문에 작전 기획 단계에서 해군 및 육군 지휘관들과 정보를 교류하지 않았다. 이로 인해 3군 간의 반감은 더욱 커졌다. 더욱 우려할 점은 교두보 상공에서 비행할 연합군 항공기의 수, 종류, 시기 등에 대해서 육군과 해군 지휘관들이 전혀 모르고 있다는 것이었으며, 이러한 정보의 부족은 결국 비극적인 결과를 낳았다.

허스키 작전 개시

7월 9일 밤, 더글러스 C-47 스카이트레인(Douglas C-47 Skytrain)을 비롯한 미 수송사령부 소속 항공기에 탑승한 연합군 낙하산부대가 해안 교두보 뒤쪽에 강하했다. 낙하산부대는 강한 바람으로 인해 사방으로 흩어졌는데, 글라이더를 타고 접근하는 부대에는 더 심각한 상황이 발생했다. 많은 글라이더 조종사들이 숙련되지 않은 상태였기 때문에, 악천후 속에서 많은 수의 글라이더가 바다에 추락하면서 탑승병력이 익사하고 말았다. 하지만 시칠리아에 착륙한 낙하산부대원들이 방어를 하는 적에게 혼란과 공포를 주는데 성공했기 때문에, 연합군 해군은 도착했을 때 상대적으로 적은 저항을 받았다.

테더 장군의 지휘를 받던 영국과 미국의 공군이 섬에 있던 적 공군력에 타격을 가해 비교적 적은 수의 항공기만 남게 되었다. 이 항공기들도 곧 이탈리아 본토로 퇴각했으나, 여기서도 그들은 미 제15공군의 중·대형 폭격기들로부터 끊임없는 공격을 받았다. 연합군 지상군과 해군 사령관들은 예상보다 약한 적의 항공전력에 놀랐다. 침공하는 연합군 함대를 노리는 야간 폭격기들이 유일한 저항이었다. 적의 하인켈 He 111이나 융커스 Ju 88 항공기가 나타나면 연합군 함대는 엄청난 양의 대공포를 발사했다. 불행하게도 제82공수사단 예하 제504낙하산보병연대가 병력증강을 위해 해안 교두보에 날아들었을 때, 그들을 독일군 침입자로 오인한 연합군 함대가 공격을 가했다. 전쟁

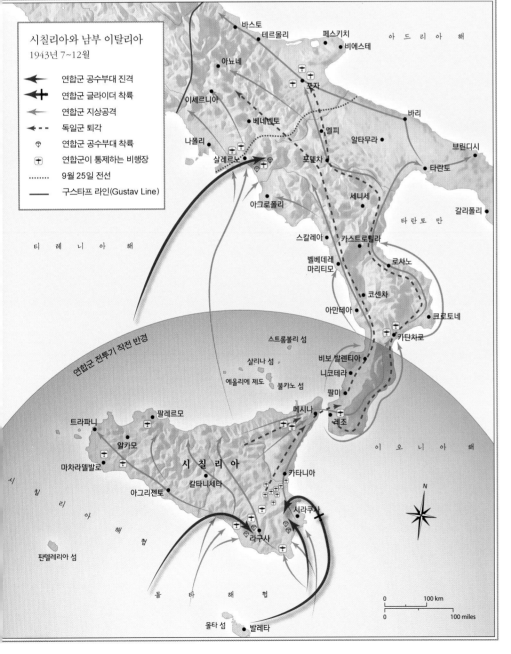

시칠리아와 남부 이탈리아
1943년 7~12월

연합군 공수부대 진격
연합군 글라이더 착륙
연합군 지상공격
독일군 퇴각
연합군 공수부대 착륙
연합군이 통제하는 비행장
9월 25일 전선
구스타프 라인(Gustav Line)

바스토
테르몰리
페스키치
비에스테
아뇨네
아 드 리 아 해
포자
이세르니아
베네벤토
멜피
바리
나폴리
알타무라
브린디시
살레르노
포텐차
타란토
세니세
아그로폴리
갈리폴리
타 란 토 만
스칼레아
카스트로빌라
벨베데레
마리티모
로사노
코센차
아만테아
크로토네
카탄차로
스트롬볼리 섬
살리나 섬
에올리에 제도
불카노 섬
비보 발렌티아
니코테라
팔미
티 레 니 아 해
메시나
레조
트라파니
팔레르모
연합군 전투기 작전 반경
이 오 니 아 해
알카모
마차라델발로
시칠리아
카타니아
칼타니세타
아그리젠토
시라쿠사
판텔레리아 섬
라구사
시 칠 리 아 해 협
N
몰 타 해 협
0 100 km
0 100 miles
몰타 섬
발레타

154

기간 중 가장 최악의 '오인공격(Friendly Fire)' 사태로 144대의 C-47 항공기 중 33대가 격추당하고 37대가 손상되었으며 총 318명의 사상자가 발생했다. 이것은 각 군 지휘관들 사이 의사소통이 부족했을 때 벌어질 수 있는 사건의 중요한 사례로, 다시는 발생하지 않도록 지체 없이 개선해야 할 결점이었다.

일주일 이내에 연합군 공군은 섬에 전투기 기지를 확보했다. 독일 공군과 이탈리아 공군은 매일 공격당했으며, 야간 작전 시에는 몰타에서 이륙한 레이더를 장착한 드해빌런드 모스키토에게 괴롭힘을 당했다. 이 항공기는 야간 폭격기를 탐지하고 파괴하는 능력을 이미 영국본토항공전에서 입증한 상태였다.

연합군의 계속적인 북진 시도에 추축국은 끈질기게 방어했으나 결국 시칠리아의 북동쪽 구석까지 몰리게 되었다. 메시나(Messina) 항을 떠나 이탈리아 반도의 끝을 향해 메시나 해협을 건너는 것이 유일한 탈출구였다. 공중 전력이 우세한 연합국은 추축국 군대의 탈출을 막아야 했다. 하지만 결국에는 연합군 공군의 코앞에서 4만 명의 독일군과 6만 명의 이탈리아군 병력이 아무런 제재도 받지 않은 채 수송선을 타고 탈출했다. 이로 인해 타군에 대한 지상군 지휘관들의 불신은 커져갔다.

본토 점령

9월 3일, 영국 제8군이 메시나 해협을 건너면서 연합군의 이탈리아 상륙이 시작되었다. 연합군의 중형 및 대형 폭격기들은 중부 및 북부 이탈리아의 독일 병참선을 무너뜨리고 군사력 증원을 막기 위하여 강력한 항공차단 작전을 감행했다. 독일군은 북쪽에 방어선을 구축했지만 제8군은 거의 저항을 받지 않았다. 9월 9일 영·미 연합군이 살레르노(Salerno)에 상륙할 때 이탈리아인들이 무솔리니 정권을 무너뜨렸고 연합군에 항복했다. 많은 이탈리아 공군 조종사들이 즉각 연합군을 위해 싸우기로 했고 소수만이 파시스트를 선택했다. 이리하여 추축국의 공군력은 심각하게 약화되고 독일은 방어를 강화하기 위해 다른 전방지역에 있던 항공기들을 끌어다 사용할 수밖에 없었다.

살레르노 상륙은 아주 치열했는데, 독일 공군은 포케불프 Fw 190을 전투폭격기로 운용해서 상륙 해변 상공을 휘저으며 상륙부대를 공포에 떨게 했다. 또한 독일은 새로운 무기를 최초로 도입했는데, 그것은 프리츠(Fritz) X 활공폭탄(滑空爆彈, glide bomb)이었다. 주로 모선인 도르니에 Do 217 폭격기에서 투하되는 이 폭탄은 일단 발사되면 후미에 불꽃이 점화되면서, 도르니에의 기수에 있는 폭탄 조종수가 무선조종으로 쉽게 유도할 수 있었다. 이 폭탄은 살레르노에서 연합군의 워스파이트를 직접 명중시켜서 수리를 위해 6개월간 철수하게 하는 결과를 낳아 그 우수성을 입증했다.

독일군은 끈질기고 잔인한 대응공격으로 연합군 상륙부대를 둘로 나누려고 시도했으며, 이 때문에 살레르노 상륙작전은 아슬아슬하게 전개되었다. 독일군의 공격에 대한 대응으로 제82공수사단은 이틀 밤에 걸쳐 2개 연대를 투입했다. 독일군에 대한 공군의 기총공격, 해군의 포격, 병사들의 불굴의 의지로 참사를 막을 수 있었다.

연합군은 해안 교두보를 확보한 이후에 나폴리(Napoli)와 로마(Roma) 사이에 있는 독일의 강력한 방어선을 만날 때까지 계속 진격했다. 특히 전진하기 어려웠던 지역은 주변을 굽어보는 산 정상에 수도원이 위치한 몬테카시노(Monte Cassino) 인근의 계곡들이었다. (수도원은 독일군이 포대를 위한 감시지역으로 사용하고 있는 것으로 생각되었으며, 이곳을 차지하기 위한 몇 번의 시도가 실패한 이후에 이 수도원은 수도사들과 난민들이 거주하고 있었음에도 불구하고 연합군에 의해 대규모 폭격이 가해져 산산조각이 나버렸다.) 공격이 끝난 후 추축국 방어군은 쉽게 방어할 수 있는 잔해 속으로 숨어들어 예상보다 더 오랜 시간동안 그 지역을 사수했다.

독일의 병참선을 끊겠다는 의도로 이듬해 1월에 안치오(Anzio)에서 두 번째 상륙이 이루어졌다. 독일은 연합군 공군이 제공권을 장악하고 있음에도 불구하고 상륙지점 해안을 고수하고 있었다. 남쪽에서 몬테카시노 돌파가 이루어진 5월 말이 되어서야, 대규모 공중폭격이 가해져 해안 교두보를 돌파할 수 있었다. 로마는 6월 5일을 기해 연합군의 수중에 떨어졌지만 독일군은 또 다른 준비된 방어선으로 살짝 물러났을 뿐이었다. 이탈리아 반도를 차지하기 위한 고투는 세계의 눈이 북서유럽으로 향하고 있는 동안 계속되었다.

브리스톨 보파이터
보파이터는 북아프리카와 이탈리아에서 광범위한 임무를 수행했으며, 동일한 전구 내에 있는 4개의 미 육군항공대 야간전투기 대대에서 운용되었다.

동부전선 : 소련의 공세, 1943

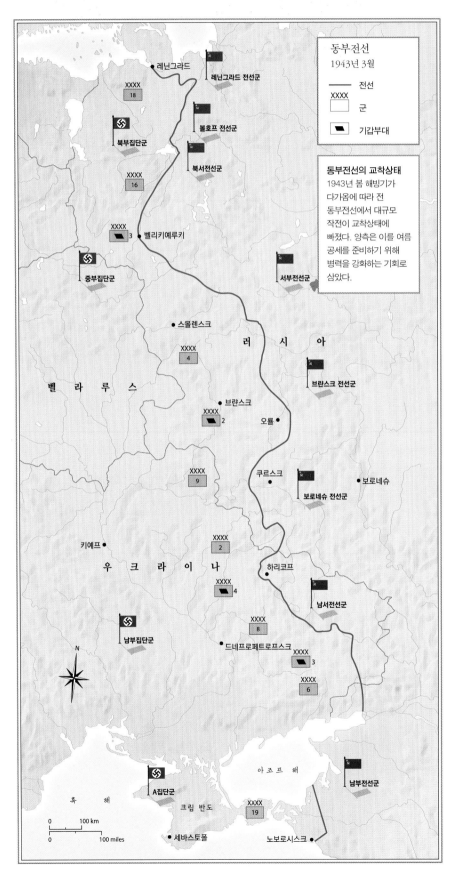

독일군이 쿠르스크(Kursk)에서 패배한 후 소련의 반격은 극북 지역을 제외한 전 동부전선에 대한 공격으로 시작했다. 스탈린은 독일군에게 휴식할 시간도, 진영을 재정비하여 방어선을 형성할 기회도 주지 않고 밀어 붙였다. 그의 첫 번째 목표는 보로네슈 전선군을 포함하여 남부의 거의 모든 군을 동원해 동부 우크라이나를 재점령하는 것이었다. 이 대규모 공격은 독일군의 가장 유능한 장군 중 하나인 에리히 폰 만슈타인이 이끄는 남부집단군을 파괴하는 또 다른 목표를 갖고 있었다. 독일군의 가용 전력은 병력 124만 명, 1만 2,600문의 야포, 2,100대의 전차, 2,100대의 항공기였다. 반면 소련의 병력은 장병 263만 3,000명, 5만 1,000문의 야포 및 박격포, 계속하여 수가 증가하는 T-34를 포함하여 2,400대의 전차, 3,000대에 달하는 항공기였다. 다가오는 거대한 전투는 점진적으로 복잡해지는 전장에서 이루어질 것이다. 독일군 전선 배후의 넓은 지역은 파르티잔(Partizan)•의 통제하에 있었는데, 이들은 모두 독일에 적대적이었지만 그렇다고 모두 친소련인 것도 아니었다. 특히 우크라이나에서는 전쟁의 혼란 속에서 민족주의 단체가 형성되어, 공산주의 통치에서 해방되고자 하는 목표를 가지고 있었다. 심지어 일부 사람들은 스탈린 정부에 대항하여 독일군 편에 서서 싸우는 것을 선택하기도 했는데, 카자크(Kazak)인, 그루지야(Gruziya)인, 블라소프(Vlasov) 장군이 이끄는 러시아 해방군, 그리고 친위대(SS) 갈리치아 제14사단(일명 우크라이나 사단)이 이에 해당한다. 어떠한 지역도 포기하지 말라는 히틀러의 명령에도 불구하고 독일 사령관들은 북쪽으로는 에스토니아(Estonia) 동부에서 드네프르(Dnepr) 강을 따라 남쪽의 흑해 연안으로 이어지는 보탄 방어선(Wotan defensive)을 구축했다.

하리코프 해방

1943년에 소련의 항공기 생산은 독일 산업의 생산량을 능가했다. 소련은 3만 4,845대의 항공기를 공장에서 출고한 반면, 독일은 2만 5,527대에 불과했다. 새롭게 설계된 소련 항공기들이 최전선으로 배치되고 있었으며, 견고하면서도 신뢰성이 높은 일류신 Il-2 스튜르모빅(Ilyushin Il-2 Sturmovik)이 이들 신형 항공기 중에서도 특히 눈에 띄었다.

• 추축국에 대항해서 싸우던 유고슬라비아 유격대원들을 일컫는 말.

연속되는 대규모 공격으로 하리코프는 해방되었다가 독일에 재점령당하고, 이후 다시 해방되었다. 이러한 일련의 대규모 작전들은 우크라이나의 중요한 산업지역인 돔바스(Dombass)를 포함하여 동부 우크라이나, 나아가 드네프르 강까지 진격하여 키예프를 해방시키는 것을 목표로 하고 있었다. 670킬로미터에 이르는 전선을 따라 진격했으며 이에 따르는 많은 개별 작전이 있었다. 두드러지는 특징은 수많은 도하작전이었다. 소련의 붉은 군대 사령관들은 병사들을 가혹히 다루었다. 해안 교두보를 장악하기 위해 도강을 하는데 있어 병사들은 물에 뜨는 목재, 기름통, 혹은 손에 잡히는 무엇이든 함께 묶어서 강을 건널 장비를 임시변통으로 만들어야 했다. 공병들이 즉시 뒤따라서 강에 다리를 놓아 기갑 차량들과 보급차량들이 지원을 위해 이동할 수 있도록 했다.

드네프르 강 도착

보로네슈 전선군은 빠르게 이동하는 기동대형으로 진격해 나갔는데 이들의 목적은 독일의 방어를 우회하여 적의 후방지역에서 가능한 많은 분열과 혼란을 초래하는 것이었다. 이 대형은 9월 21일 밤에 키예프 북쪽에 위치한 드네프르 강에 도착했다. 9월 22~23일에는 소련군이 강의 서안에 노출된 교두보를 수립했다. 이 해안 교두보들을 강 서쪽에 낙하산으로 착륙한 제1·3·5근위공수여단(Guards Airborne Brigades)이 보강했다. 하지만 이 시점에서 소련군의 공중지원은 그다지 효과적이지 못했고 전선에서 약간의 수적인 우세만을 가지고 있었는데, 이는 경무장한 공수부대를 보호하기에는 불충분하다는 것이 입증되었다. 이 작전에 참가한 4,500명 중에 오직 절반만이 살아남았다. 이들 용감한 영혼들은 지속적으로 공격작전에 투입되었다. 이것이 유럽 전쟁에서 소련의 마지막 공수 강하 공격이었지만, 공수 병력은 1945년 만주에서 일본을 상대로 다시 한 번 성공적으로 운용되었다.

소련군은 10월 초 자포로제(Zaporozhye)에 도달했다. 거기에서 그들은 버려진 바지(Barge)선을 타고 강을 건넜다. 2주 후에 또 다른 해안 교두보를 류테츠(Lyutezh)에 설치했다. 잔혹한 싸움 끝에 11월 6일 마침내 키예프가 해방되었는데, 당시 철통같은 수비에도 불구하고 드네프르 강을 가로질러 수많은 교두보가 생겨났다. 북쪽에서는 스몰렌스크(Smolensk)가 해방되었고, 남쪽으로는 아조프(Azov) 해의 북쪽 해안을 따라 전진하면서 자포로제 외곽에서 소련의 대규모 공격이 이루어졌고, 결과적으로 독일의 제17군과 A집단군이 크림 반도에 묶여있게 되었다.

1943년 말 남부전선에 있던 소련군은 그들의 장점을

페트리아코프(Petlyakov) PE-2
Pe-2 경폭격기는 쿠르스크 전투에서부터 종전에 이르기까지 다재다능한 항공기임을 증명했다.

강화해 더욱 공격적인 작전을 준비하고 있었다. 독일군은 겨울의 혹한으로 소련군이 공격을 늦추어서 병력 충원과 절대적으로 필요한 새로운 장비를 준비할 시간을 벌 수 있게 되기를 희망하고 있었다. 하지만 그 희망은 곧 사라지고 말았다.

1943년 독일 지상군에 대한 압박이 증가하면서, 독일 공군은 점점 더 전술적인 '소방수(Fire Brigade)' 역할을 하는 지원 임무에 투입되는 횟수가 증가했다. 헨셸 Hs 129 탱크 버스터(Tank Buster)와 같은 항공기는 소련의 선봉 기갑부대를 파괴하는 데 쓰였으며, 최전선의 넓은 지역을 지키는 목적으로 자주 운용되었다. 지나치게 확장된 전선의 지상군을 지원하기 위해서 항공기를 투입하는 독일 공군의 능력도 점진적으로 증가한 소련 항공전력으로 인해 반감되었다. 수적인 측면뿐만 아니라 항공기 설계와 승무원의 훈련에 있어서도 독일과의 차이가 입증되었다. 소련은 독일의 전격전에서 교훈을 얻고 재활용하여서 그들만의 독특한 스타일에 적용시켰다.

독일 공군의 승리
독일군 부사관(일등상사)이 Me 109 항공기 방향타에 칠해진 적기 격추기록에 열두 번째 승리를 추가하고 있다.

쿠르스크 : 1943

쿠르스크 전투는 수백만 명의 인원, 수천 대의 기갑전투차량, 모든 종류의 항공기를 동원한 장대한 서사시였다. 북쪽의 레닌그라드(Leningrad)에서부터 남쪽으로는 로스토프나도누(Rostov-na-Donu)까지 이어진 소련군과 독일군 사이의 전선은 그 폭이 200킬로미터에 달했으며, 오룔(Oryol)과 하리코프(Kharkov) 사이에 독일군 진영 쪽으로 125킬로미터의 돌출부가 형성되어 있었다. 독일군은 모든 병력이 전사하거나 포로가 되고, 동부전선 병참선의 3분의 1이 파괴되었던 지난해 겨울 스탈린그라드에서의 처참한 패배 이후에 전세를 전환할 수 있기를 간절히 원하고 있었다. 그들의 계획은 쿠르스크의 북쪽과 남쪽에서 공격을 개시하여 이 돌출부를 소멸시킴으로써, 1941년 전투에서처럼 많은 수의 붉은 군대를 포획하는 것이었다.

슈투카 탱크 버스터
슈투카의 마지막 변종은 날개 아래에 2개의 BK 37 기관포(37mm Flak 18)를 장착하기 위해 표준형 Ju 87D-5를 개조한 융커스 Ju 87G였다.

공격 준비

소련군 지휘관들은 독일군의 의도를 잘 파악하고 있었다. 스탈린그라드 전투의 승자였던 게오르기 주코프(Georgi Zhukov) 장군의 지휘 아래 깊은 종심의 대규모 방어선이 만들어졌다. 만약 독일군이 어느 한 방어선을 무너뜨리면 단순히 대열을 정비하여 한 발짝 물러나 준비된 다른 방어선에 합류하면 되었다. 이러한 상황이 여러 번 발생하면 공격하는 독일군은 기력을 소진할 것이고, 예비전력을 동원해 독일군을 격퇴하고 이 과정에서 더 많은 영토를 차지할 수 있을 것으로 주코프는 생각했다. 붉은 군대의 공병들부터 시민에 이르기까지 모든 사람이 방어선을 구축하고, 요새를 짓고, 대전차호를 파고, 수천 대의 전차와 항공기를 만드는 생산라인에 동원되었다.

소련의 항공산업은 1941년 재앙 이후 엄청난 발전을 이루었으며 폴리카르포프(Polikarpov) I-16을 미코얀-

일류신의 탱크 버스터
일류신 II-2는 쿠르스크 전투에서의 활약으로 인해 가장 잘 기억되고 있다. 일련의 시험을 거치면서 II-2 항공기는 2개의 긴 총렬을 가진 대전차 기관포를 장착했고, 쿠르스크 전투에서 독일의 티거 및 판터 전차들에 대해 압도적인 효과를 발휘하며 운용되었다. 제9판터전차사단에 대한 20분간의 집중적인 공격을 통해, II-2 조종사들은 70대의 전차를 파괴했다.

구레비치(Mikoyan-Gurevich) MiG-3과 MiG-7, 라보츠킨(Lavochkin) La-5로 교체했는데, 이 전투기들은 독일 공군의 메서슈미트 Me 109와 포케불프 Fw 190 전투기들에 대적하는 것이었다. 또한 엔진과 조종사 주위에 단단한 장갑을 두른 견고한 지상공격기인 일류신 II-2m3가 전장 상공에 나타나기 시작했다. 이 항공기는 전장 상공을 저공비행하며 23밀리미터 구경 기관총으로 사격을 가함으로써 생존율을 향상시켰다. 불행히도 후방 사수(Rear gunner)에게는 별다른 방어장갑이 없었고, 12.7밀리미터 기관총이 유일한 방어수단이었다. 어쨌든 소련은 다가오는 적의 공격에 대비하여 4,000대의 항공기를 전선에 준비하고 있었다.

반면 독일 공군의 힘은 이에 훨씬 못 미쳐 2,000대 정도의 항공기가 전선에 있었지만, 그나마 이것을 제대로 다룰만한 숙련된 조종사가 부족했다. 소련 조종사들은 평균 15시간의 비행훈련을 받은 후에 전투에 투입되었다. 독일군은 아직도 하인켈 He 111과 Me 109를 폭격기 및 전투기의 주 전력으로 사용하고 있었으며, 융커스 Ju 87 항공기에 추가적인 장갑과 비록 각각 6발 밖에 되지는 않았지만 양쪽 날개 아래에 구경 37밀리미터의 대전차 기관포를 장착해서 운용하기 시작했다. 이러한 항공기들은 포케불프 Fw 190 전투폭격기와 특별히 개발한 헨셸 Hs 129 항공기로 대체되었는데 이 항공기는 동체 하단 중앙에 텅스텐 탄두를 가진 대장갑탄을 발사할 수 있는 거대한 PaK 40 기관포가 장착되어 있었다.

공격 개시

소련 공군은 독일군이 군사력을 정비하고 있을 때 공격해, 독일 공군 정찰기들을 지상에서 파괴했다. 이 때문에 독일군은 소련군의 활동과 방어에 대한 항공사진을 확보하지 못하게 되었다. 7월 5일 아침 독일은 공격을 가했다. 공격을 방해하기 위해 출격한 러시아 폭격기들은 독일 공군 요격기 편대와 조우했다. 거대한 공중전이 곧 시작되었고, 그 동안 지상에서는 독일의 새로운 티거(Tiger) 및 판터(Panther) 전차와 러시아의 대포가 첫 번째 접전을 위해 모여들고 있었다. 양국의 기갑부대가 교전을 벌이고 있을 때, Hs 129

와 Ju 87 항공기들이 소련 T-34 전차 위로 날아들어 수많은 소련군 희생자가 발생하기 시작했다. 공중으로부터 지원을 잘 받고 있던 독일군은 꾸준하게 전진하기 시작했고, 지평선을 넘어 계속 다가오는 수많은 소련 전차에도 불구하고 독일의 작전은 성공적인 것으로 보였다. 그들이 예측하지 못했던 것은 소련의 생산능력이었는데, 10대의 전차가 부서지자마자 새로운 10대의 전차가 바로 투입되거나, 수리를 마친 전차가 곧장 재투입되었다. 전세가 소련 쪽으로 기울면서 소련 공군은 그 존재감을 더욱 더 확고히 하기 시작했다. 주코프 장군은 독일군이 전의를 상실하자 반격을 명령했다. 전멸당할 것이라는 두려움을 느낀 독일군은 상부에 퇴각을 요청했으나 히틀러는 허락하지 않았다.

소련의 Il-2m3은 독일 기갑부대 사이를 저공비행하면서 사정없이 파괴했다. 어떤 대대는 아무런 손실도 입지 않고 60대의 전차와 30대 가량의 차량을 파괴했다고 보고했다. 전장을 제압하고 독일군이 혼란 속에서 퇴각하기 시작하자, 소련 조종사들은 독일군의 후방으로 들어가 독일의 병참선에 더욱 심각한 타격을 주어 독일군의 어려움을 가중시켰다. 이것이 바로 동부전선에서의 독일군 공격작전의 죽음을 알리는 불길한 종소리가 되었다. 특히 연합군의 시칠리아와 이탈리아 반도 침공 이후 많은 독일 공군이 다른 전선으로 퇴각했으며, 밤낮으로 독일 종심 깊은 곳까지 연합군 폭격기들이 날아들자 독일 전투기들을 더 이상 찾아볼 수 없었다.

방대한 숫자
소련은 1943~1944년 사이에 이르러 방대한 수의 Il-23m3 항공기를 운용하고(어떤 자료에는 총 1만 2,000대 정도였다고 기록), 이들로 소련 해군항공대(Soviet Naval Air Arms) 및 소련 공군(Soviet Air Force) 부대들을 장비했다.

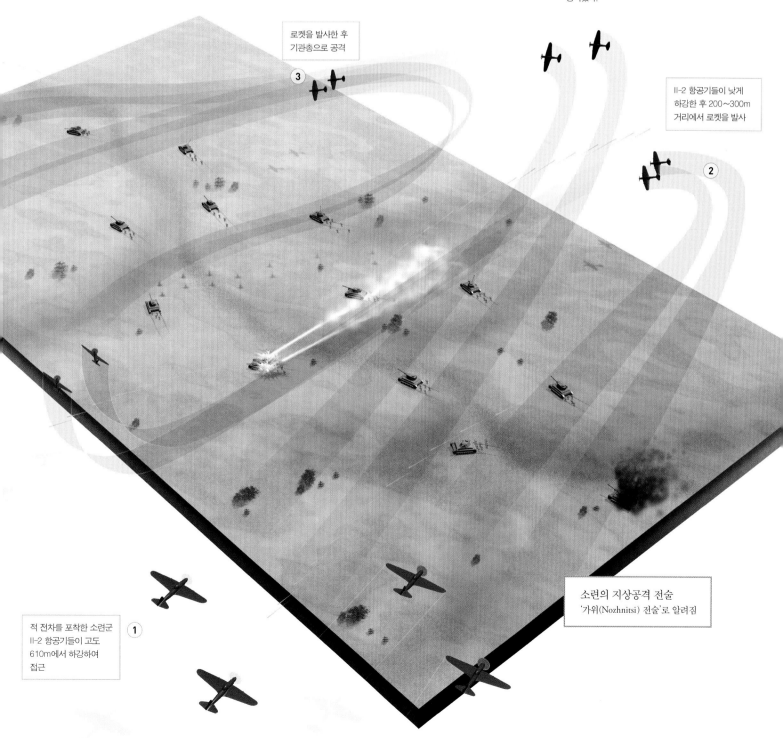

로켓을 발사한 후 기관총으로 공격

③

Il-2 항공기들이 낮게 하강한 후 200~300m 거리에서 로켓을 발사

②

소련의 지상공격 전술
'가위(Nozhnitsi) 전술'로 알려짐

적 전차를 포착한 소련군 Il-2 항공기들이 고도 610m에서 하강하여 접근

①

우크라이나와 크림 반도

독일의 중부집단군이 드네프르 강 상류의 방어선을 고수하기 위해 노력하는 동안 남부집단군은 히틀러의 허락을 얻어 퇴각했다. 히틀러는 또한 중부집단군에서 빼낸 4개 사단을 남부집단군으로 보냈다. 남부집단군을 구성하고 있던 3개 부대는 전투하면서 퇴각했고, 수적으로나 장비 면에서 우세인 적을 막아내기는 했으나 오직 잠시뿐이었다.

과감한 기동을 수행하며, 중부집단군의 3개 부대는 겨우 5개의 도하점에서 드네프르 강을 건너 철수했다. 자원이 소진되어 가던 독일 공군은 육군이 서둘러 강을 건너는 동안 제한적인 공중 호위에 집중했다. 이 작전은 잠시 동안은 성공적이어서 추적하고 있던 어느 소련군 부대도 강 동쪽의 주요 독일 군대에 타격을 주지 못했다. 하지만 나중에 소련군은 부분적인 성공을 거둔 공수작전을 통해 9월 21일부터 25일 사이에 부크린(Bukrin)과 르지셰르(Rzhischer)에서 교두보를 확보하게 되었다.

10월에서 12월 사이에 점차 더 많은 교두보에서 전투가 벌어졌다. 12월에 소련군은 드네프르 강의 서쪽, 특히 키예프를 중심으로 자리를 잡았다. 이때부터 각각의 소련 전선군은 작전을 지원하는 자신들의 항공대를 보유하게 되었다. 점차 세력이 약해지고 있던 독일군 및 추축군은 전 동부전선에 9,500대 이상의 항공기를 투입했으며 그 수는 계속 증가하고 있었다. 그중 우크라이나 전선에서 운용하는 수는 5,000대 가량이었다.

1943년 12월 23일 소련군은 크림 반도를 차단하며 독일 제17군과 루마니아군을 곤란에 빠트렸다. 새로운 전

선이 키예프 서쪽에 형성되었으며, 잠시나마 추축국 군대는 전열을 가다듬을 수 있었다. 그리고 크리스마스 이브에 붉은 군대는 총괄하여 '우안 우크라이나(Right Bank Ukraine)'라 알려진 광범위한 새로운 공세를 개시했다. 독일 A집단군과 남부집단군을 붕괴시키는 것을 목적으로 한 이 전투는, 1,500킬로미터에 걸친 전선을 따라 총 10회의 작전이 이루어졌다. 이 작전은 1944년 4월 중순까지 계속되었다.

서쪽으로 진격

체르카시(Cherkassy) 서쪽의 독일군 돌출부를 주목한 주코프 장군은 제1·2우크라이나 전선에 공격의 초점을 맞추었다. 독일 제8군의 11개 사단과 제1기갑군이 방어하고 있던 지역이었다. 소련의 27개 사단이 그들과 대치하고 있었다. 원활한 공중지원을 받던 소련군의 초기 공격은 해빙이 일찍 시작되면서 수렁에 빠졌다. 독일군은 탈출 계획을 세울 수 있는 시간을 벌게 되었다. 2월 11일 밤 사이 포위된 독일군은 눈보라를 뚫고 탈출을 시도했지만 소수의 지휘관과 보병들만 이에 성공했다. 포위된 총 7만 3,000명의 병력 중 1만 8,000명이 포로로 붙잡혔으며 나머지는 눈 속에서 동사했다. 2월 17일을 기해 모든 상황이 종료되었고 소련군은 서쪽으로 진격했다.

하지만 크림 반도 지역을 고수하고 있던 독일군은 진격하던 소련군에 의해 북쪽에서 차단되어 동쪽에 있는 캅카스-쿠반(Kuban) 강 지역으로부터의 협공을 받게 되었다. 4월 8일, 흑해함대와 대략 800여 대의 전투기의 지원을 받는 50만의 소련군은 크림 반도를 탈환하기 위한 총공세를 시작했다. 맹공격에 맞선 추축군 병력은 15만 명의 독일군과 루마니아군 뿐이었다. 이들은 사실상 공중지원을 전혀 받지 못했다. 수많은 방어선이 무너졌으며 소수의 주요 장교 및 병력이 바다를 통해 루마니아의 기지로 탈출하기는 했지만, 소련의 맹렬한 공중공격에 노출되었다. 5월 12일 소련군은 진격하는 소련군을 막아서던 추축군의 마지막 주요 본거지를 제거하며 크림 반도를 재탈환했다.

포케불프 190A-6
1943년 봄 소련의 비행장에서 촬영된 흔치 않은 도장을 한 독일 공군 JG54 소속의 항공기(JG54는 녹색 하트 무늬를 상징으로 사용했다).

흑해를 향한 진격
제8·18항공군은 1944년 2월부터 제3·4우크라이나 전선군이 수행한 소련군의 공세작전을 지원했다. 작전 초기 단계에서 제9혼성항공군단의 II-2와 Pe-2 항공기들은 적의 통신망을 집중 공격했다. 3월 내내 계속된 이 작전은 4월 초 소련군이 오데사(Odessa)로 진격하면서 막을 내렸다

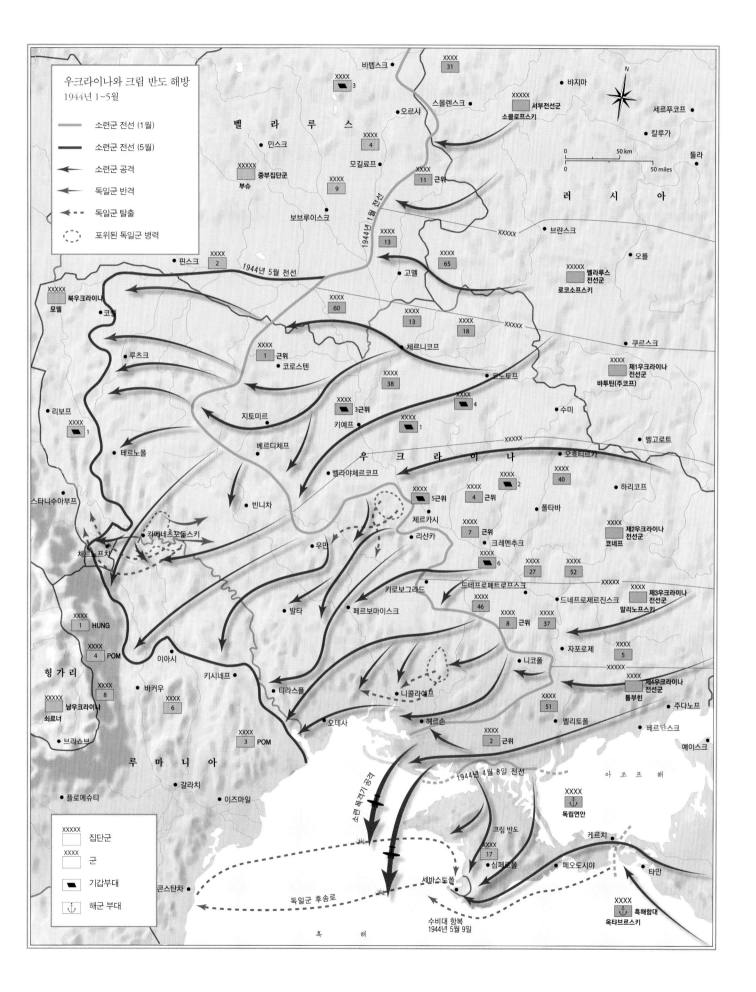

우크라이나와 크림 반도 해방
1944년 1~5월

소련군 전선 (1월)
소련군 전선 (5월)
소련군 공격
독일군 반격
독일군 탈출
포위된 독일군 병력

집단군
군
기갑부대
해군 부대

태평양의 항공모함

제2차 세계대전 중 전 세계에서 미국, 일본, 영국, 프랑스의 해군만이 항공모함을 보유하고 있었다. 워싱턴 해군조약(Washington Naval Treaty)에 따라 태평양에 있는 영토와 도서를 요새화하는 것을 금지당한 일본은 어쩔 수 없이, 이 지역에서 자신의 이익을 지키기 위해 항공모함 전력을 발전시켜야 했다.

일본을 태평양에서의 주요 위협으로 간주한 미국도 해상 공군력을 발전시키기로 결정했다. 워싱턴 해군조약에 의해 폐기해야 했던 주력 함정들의 선체를 항공모함으로 개조했다. 따라서 미국과 일본 양국 모두 잘 장비된 항공전대와 더불어 대형 항공모함을 획득하고, 1920년대 후반에 접어들면서 항공모함의 잠재력에 대하여 빠르게 이해하게 되었다.

1941년에 미 해군은 7척의 중형 항공모함과 1척의

커티스 SB-2 헬다이버
헬다이버(Helldiver)는 1943년 11월 11일부터 미 항공모함 벙커힐에서 전투 비행을 시작했는데, 이들은 솔로몬 제도 라바울에 있는 일본의 주요 기지를 공격했다.

호위항공모함을 가지고 산호해와 미드웨이의 중요한 해전에서 승리를 거두었다. 미국 산업이 궤도에 오르면서 미 해군은 신형 군함들, 특히 에식스급(Essex-class)의 새로운 항공모함들을 보유하게 되었다. 이러한 신형 항공모함들을 인수하면서 미 함대는 태평양을 가로질러 일본 기지들을 공격할 수 있었고, 뒤이은 대규모 해상공세의 기초를 닦았다. 미 해병대와 육군이 증강되면서 미 항공모함 함대는 일본의 중요한 전진기지와 본토 기지에 수차례의 공습을 실행했다. 이러한 공격은 부분적으로는 일본의 사기를

꺾고 상륙작전을 수행하기 전에 일본의 시선을 본토에 묶어두려는 목적이었으며, 부분적으로는 일본군의 방어력을 약화시키기 위한 목적도 있었다.

라바울 공격

1943년 11월 1일 부건빌(Bougainville) 상륙과 함께 미 항공모함 새러토가와 프린스턴(USS Princeton)은 라바울(Rabaul)에 있는 일본의 주요 기지에 접근했다. 라바울에 기지를 둔 일본의 대규모 전함들이 부건빌 근처에 있는 미국의 상륙 전력에 큰 피해를 입힐 수도 있었다. 미 항공모함들은 넓은 지역에 걸친 스콜(Squall)* 덕분에 탐지되지 않고 라바울이 사정거리 내에 들 정도로 접근할 수 있었다. 그 다음 더글러스 SBD 던틀리스 급강하폭격기, 그러면 TBF 어벤저(Grumman TBF Avenger) 뇌격기, 호위 전투기 등 총 97대의 가용 항공기 전부를 출격시켰다. 기습은 완벽했고 6척의 일본 순양함이 피해를 입었으며 그중 4척은 정도가 특히 심했다. 반면 미군은 겨우 항공기 10대만 손실했다.

11월 11일 미국은 다시 라바울을 공격했다. 이번에는 185대의 항공기가 에식스(Essex), 벙커힐(Bunker Hill), 인디펜던스(Independence) 항공모함에서 이륙했다. 다시 한 번 일본 순양함 1척이 심한 피해를 입었고 구축함 1척이 침몰했다. 일본이 반격을 시도했지만 큰 손실만을 입고 격퇴당했다. 이 공격 후에 라바울을 더 이상 일본의 주요 해군 기지로 사용할 수 없었다.

11월 19일, 미국은 길버트(Gilbert) 제도를 공격했다. 수없이 많은 산호섬들 중 방어의 중심은 마킨(Makin)과 주요 공군기지가 있는 타라와(Tarawa)였다. 기습은 216대의 항공기를 보유한 8척의 호위항공모함의 지원하에 이루어졌다. 그들이 폭격 임무와 근접지원 임무를 수행하는 동안 미 해병대 및 육군은, 해상 포격에 영향을 받지 않는 나무 줄기와 산호로 만든 벙커에서 지독히도 완강하게 저항하는 일본군을 처리하기 위해 분투했다.

일본은 미 기동함대에 대한 폭격기 공격으로 반격했는데, 1발의 어뢰가 경항공모함에 명중되어 손상을 입혔다. 호위항공모함 리스콤 베이(USS Liscombe Bay)가 일본의 잠수함에 의해 침몰했다. 이 작은 섬들에 대한 강습작전에서 얻은 교훈의 결과로 이후의 작전에서는 상륙 해변에 대한 대규모 공중폭격을 가했으며, 때로는 상륙작전 몇 달 전에 폭격하기도 했다.

불시착
함재기의 착륙은 언제나 위험했다. 이 F6F 헬캣 항공기는 미 항공모함 엔터프라이즈에 불시착했는데, 캐터펄트(함재기 발진 장치) 담당 장교 월터 츄닝(Walter Chewning) 대위가 동체 옆쪽으로 올라가서 조종사인 바이런 존슨(Byron Johnson) 소위를 안전하게 끌어냈다.

태평양의 항공모함 전투
항공모함은 1944년 태평양 공세에서 진가를 발휘했다. 병참선이 지나치게 신장된 일본군은 언제 어디서 연합군 항모기동함대(Allied Carrier Task Force)가 나타나서 그들의 도서 방어부대를 공격할지 알 수가 없었다.

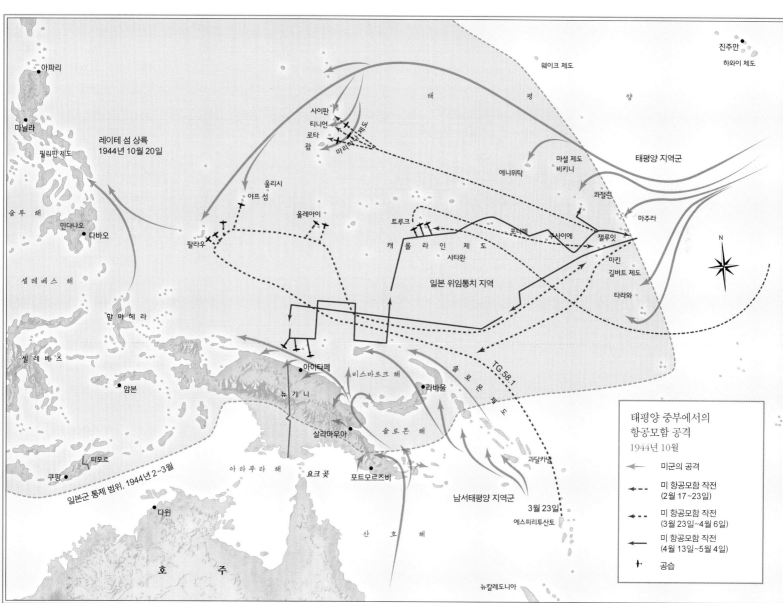

마리아나 제도의 칠면조 사냥

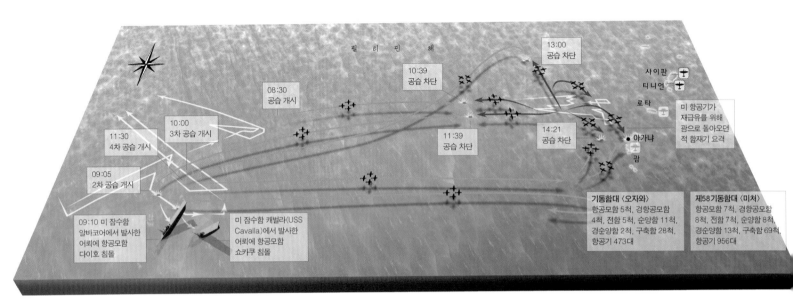

필 리 핀 해

08:30
공습 개시

10:39
공습 차단

13:00
공습 차단

10:00
3차 공습 개시

11:30
4차 공습 개시

11:39
공습 차단

14:21
공습 차단

09:05
2차 공습 개시

사이판
티니언
로타

아가냐
괌

미 항공기가
재급유를 위해
괌으로 돌아오던
적 함재기 요격

09:10 미 잠수함
알바코어에서 발사한
어뢰에 항공모함
다이호 침몰

미 잠수함 캐벌라(USS
Cavalla)에서 발사한
어뢰에 항공모함
쇼카쿠 침몰

기동함대 〈오자와〉
항공모함 5척, 경항공모함
4척, 전함 5척, 순양함 11척,
경순양함 2척, 구축함 28척,
항공기 473대

제58기동함대 〈미처〉
항공모함 7척, 경항공모함
8척, 전함 7척, 순양함 8척,
경순양함 13척, 구축함 69척,
항공기 956대

필리핀 해 전투 (1단계)
1944년 6월 19일

← 일본 공군 이동

← 미 공군 이동

✈ 비행장

• 미드웨이 전투에서 승리해 태평양 중심부를 장악한 미국은 일본군이 점령한 섬들 중 방어가 약한 섬들을 점령해 나가면서 일본을 더욱 압박해 나갔다.

갑판 위의 헬캣
미 해군이 태평양에서 기록한 모든 승리의 75퍼센트를 그러먼 F6F 헬캣 항공기가 달성했다. 5,163대의 적기를 격추하는 동안 헬캣의 손실은 단 270대로, 19대 1의 격추율을 보였다.

1944년 6월 19~21일 사이에 제2차 세계대전 중 가장 큰 규모의 항공모함전인 필리핀 해 전투(일방적인 전투였다는 특징 때문에 '마리아나 제도의 칠면조 사냥(The Marianas Turkey Shoot)'으로 알려져 있다)가 마리아나(Mariana) 제도 근처에서 벌어졌다. 미드웨이와 산호해에서 미국에게 참패를 당한 일본 해군은 다시 한 번 공격할 준비를 갖추었다. 일본 해군 최고사령부는 아일랜드 호핑 작전(Island-hopping Campaign)•의 다음 전략을 시작한 미 함대를 항공모함과 지상에서 발진한 항공기로 공격하는 아고(あ号) 작전을 세웠다.

칠면조 사냥 시작

일본 항모강습부대 사령관은 오자와 지사부로(小澤治三) 해군 중장이었다. 그의 함대는 기함인 다이호(大鳳)를 포함한 5척의 중형 항공모함과 4척의 경항공모함, 호위함들로 이루어져 있었다. 미국이 6월 15일 사이판 침공을 개시하자, 오자와는 공격할 기회를 포착하고 필리핀 해로 이동했다.

미 잠수함이 오자와의 함대를 포착하자 침공 함대를 호위 중이던 제58기동함대 지휘관 마크 미처(Mark Mitscher) 제독은 즉시 교전하고 싶어 했다. 그는 상관인 레이먼드 스프루언스(Raymond Spruance) 제독으로부터 미군의 공격 지역을 돌파하고자 하는 일본군의 시도를 차단하기 위해 방어 대형을 취하라는 명령을 받았다. 6월 19일 이른 아침 미 항공모함들은 일본 함대를 수색하기 위해 정찰기를 출격시키기 시작했다. 일본 항공기 1대가 제58기동함대를 발견하고 그 위치를 보고하자, 오자와는 괌(Guam)에 주둔하고 있던 항공기들에 공격을 명령했다. 미군 레이더가 이 항공기들을 탐지하고, 이를 요격하기 위해 항공모함 벨로우드(USS Belleau Wood)에서 그러먼 F6F 헬캣이 출격했다. 일본 조종사들은 대열을 갖추기도 전에 공격당했으며 괌에서 출격한 50대 중 35대의 항공기를 잃었다.

서쪽에서 접근하는 더 큰 규모의 전력이 레이더에 포착되자 헬캣 항공기들은 함대로 복귀하라는 명령을 받았다. 일본 항공모함에서 시도한 첫 번째 공격이었다. 미 항공모함들은 접근 중이던 일본의 뇌격기와 이를 호위하던 제로 전투기를 공격하기 위해 가용한 모든 항공기를 출격시켰다. 이들은 제58기동함대에서 불과 120킬로미터 거리에서 대열을 재정비하던 중이었다. 일본군이 대열 정비에 소요한 시간은 미군에게 절호의 기회를 제공하여 일본 항공기들은 목표물에 접근하기 전에 미 항공기의 공격을 받았다. 일본군의 완패였다. 68대의 항공기 중 41대가 격추당했다. 몇 대의 일본 항공기가 빠져나가 호위 초계전력과 교전해 미 항공모함 사우스다코타(USS South Dakota)에 손상을 입혔으나, 임무가 불가능할 정도의 손상은 아니었다.

늦은 오전에 일본은 109대의 항공기로 또 한 번의 공격을 감행했다. 레이더 경고 덕에 미군 조종사들은 대응할 충분한 시간이 있었다. 기동함대에서 100킬로미터 떨어진 곳에서 적기를 만났다. 교전 중 70대의 일본 항공기가 격추당했으나, 몇몇은 방어망을 뚫고 미 항공모함 엔터프라이즈를 공격했다. 항공모함에 거의 다다른 경우도 있었으나, 일본 항공기들은 맹렬한 대공포화에 압도되었다. 결과적으로 109대의 항공기 중 97대가 격추당했다.

일본은 세 번째 공격에 47대의 항공기를 동원했다. 이들은 다시 한 번 강력한 헬캣 전투기 전력과 만나, 약간의 손실을 입고 돌아와야만 했다. 네 번째 공격도 개시했지만, 부정확한 좌표 때문에 미 기동함대의 위치를 찾을 수 없자 로타(Rota)와 괌에 있는 활주로로 나뉘어서 연료를 재보급하기로 결정했다. 로타로 향하던 편대는 미 항공모함 벙커힐과 와스프를 우연히 발견하고 즉각적인 공격을 감행했으나, 어떠한 피해도 입히지 못했다. 괌으로 향하던 편대는 정찰 중이던 헬캣에게 포착되어 착륙할 즈음에는 완전히 궤멸했고, 이로써 일본의 전력은 한층 감소했다. 이러한 공중전 도중에 미 잠수함 알바코어(USS Albacore)는 오자와의 기함인 다이호를 발견하여 어뢰 공격을 했다. 다이호는 결국 엄청난 폭발과 함께 침몰했다. 또 다른 잠수함은 쇼카쿠를 발견하고 측면으로 3발의 어뢰를 발사했다. 쇼카쿠 또한 폭발 후 가라앉았다.

미 기동함대는 주도권을 잡아 남아 있는 일본 함대를 찾아 위해 서쪽으로 향했다. 6월 20일 오후에 그들은 일본 함대를 발견했다. 해가 저물고 있어 조종사들이 귀함해야 하는 상황이었지만, 미처는 즉각 공격을 명령했다. 오후 6시 30분에 216대의 항공기가 기동함대를 떠나 바로 퇴각 중인 일본군을 향해 날아갔다. 일본 항공모함 히요(飛鷹)가 공격을 당해 결국 침몰했다. 3척의 다른 항공모함에도 심각한 피해를 입힌 후에 미 항공기들은 기동함대로 돌아왔다. 그들은 거의 칠흑 같은 어둠 속에서 귀환했으며 미처는 일본군 잠수함에 발각될 위험에도 불구하고 모든 조명을 밝힐 것을 명령했다. 일본은 전투 중의 피해, 항공모함 갑판에 낙착(Heavy Landing)* 으로 인한 피해, 항공모함 갑판을 지나 바다에 떨어지는 사고 등으로 총 80대의 항공기를 잃었다. 일본은 서둘러 퇴각을 시작했다. 미처는 추격 명령을 간절히 원했으나 전투에서 승리를 거두었다고 판단한 스프루언스는 다시 한 번 이를 각하고, 사이판 침공 전력을 호위하는 임무로 복귀할 것을 명령했다.

헬캣 조종사들
이 생기 넘치는 미 해군 헬캣 조종사들의 얼굴은 확신과 능력을 표출하고 있다. 1944년 중반 무렵 일본 해군은 그들의 핵심 전투기 조종사들을 잃었고, 대체 조종사들은 일반적인 수준의 훈련도 받지 못한 채 서둘러 전투에 투입되었다.

＊ 심하게 떨어지듯이 착륙하는 것을 공군에서 이르는 말.

필리핀 해 전투 (2단계)
1944년 6월 20~21일

← 미 공군 이동
⊕ 비행장

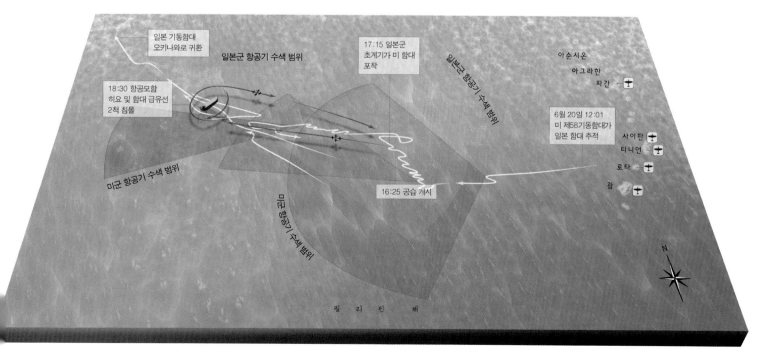

일본 기동함대 오키나와로 귀환
일본군 항공기 수색 범위
18:30 항공모함 히요 및 함대 급유선 2척 침몰
17:15 일본군 초계기가 미 함대 포착
일본군 항공기 수색 범위
아순시온
아그라한
파간
6월 20일 12:01 미 제58기동함대가 일본 함대 추적
사이판
티니언
로타
괌
미군 항공기 수색 범위
미군 항공기 수색 범위
16:25 공습 개시
N
필리핀해

아일랜드 호핑 작전

라바울의 일본군 기지를 무력화하기 위한 공중 공격이 이루어지는 동안, 미 해병대와 육군은 일본의 외곽 방어 경계선이 된 태평양의 섬들에 계속해서 상륙했다. 먼저 공격이 이루어진 곳은 하와이의 진주만과 파푸아 뉴기니의 북쪽 해안 중간 지점에 작은 산호섬들로 이루어진 길버트 제도와 마셜(Marshall) 제도였다. 다음은 마리아나 제도였다. 여기서 일어난 대규모 공중전은 미군 조종사들의 사기를 엄청나게 높였지만, 일본에게는 곧 다가올 패배의 쓰디쓴 예고편이었다. 팔라우(Palau) 섬이 연이어 공격당했고, 그 다음은 필리핀이었다. 여기서 일본은 새로운 전술을 시행했는데, 그것은 바로 연합군 함정에 고의로 항공기를 충돌시키는 가미카제(神風, Kamikaze)였다. 이 작전은 미 해병대가 화산섬인 이오지마(硫黃島)를 가로지르려고 사투를 벌일 때 더욱 강화되었고, 오키나와(沖繩) 해안에서는 공포의 절정에 달하게 된다.

1943년 11월에 미 해병대와 육군은 타라와와 마킨 섬을 강습했는데, 해상 및 공중에서 폭격이 이루어진 이후에 해변에 접근했다. 침투 함대를 공격의 위협으로부터 호위하기 위해 항공모함들 또한 섬의 북서쪽에 투입되었다. 두 섬은 단시간 내에 함락되었고 11월 23일 호위항공모함 리스콤 베이(USS Liscombe Bay)가 일본 잠수함에 침몰당한 것이 유일한 손실이었다.

일본군 작전의 심장을 공격하다

미크로네시아(Micronesia)에 있는 캐롤라인(Caroline) 제도의 일부인 트루크 섬은 비행장과 큰 항구가 있는 일본의 주요 기지였다. 이 기지는 레이먼드 스프루언스 제독의 항모 기동함대의 공격을 받았다. 미 해군 조종사들은 적의 비행장에 기총공격을 가했고, 지상에서 녹초가 되어 있던 일본 공군력의 대부분을 파괴했다. 일본은 약 300대의 항공기가 파손된 반면, 미군 항공기의 손실은 25대에 지나지 않았다.

그 다음 더글러스 맥아더(Douglas MacArthur) 장군은 필리핀을 재탈환하기 위해 공격을 시작했다. 먼저 레이테(Leyte) 섬에 상륙하여 항공기 기지를 확보한 이후에 루손(Luzon)으로 이동했다. 미군 병력이 레이테에 상륙하자, 일본은 '아고 작전'을 실행했다. 일본 함대의 잔여 항공모함이 상륙 전력을 호위하고 있던 미 항공모함을 멀리 유인해 두 대규모 일본 병력으로 각기 격파할 수 있도록 하는

것이 이 작전의 목적이었다. 일본군 1개 부대가 레이테 만 전투에서 전멸했는데 이는 해전 역사상 규모면에서 전무후무한 일이었다. 일본의 항공모함 함대 또한 미 해군 항공기에 요격을 당했고, 미군 조종사들은 진주만 공격에서 살아남은 즈이카쿠(瑞鶴)를 포함해 4척의 항공모함을 침몰시켰다.

한편, 대규모의 일본 전함과 순양함 전력이 산베르나르디노(San Bernardino) 해협을 항해해 미 공격 함대에 빠르게 접근했다. 일본 전력이 항해 중에 경항공모함들과 구축함들로 구성된 '태피(Taffy)'* 라는 3개의 기동전단(Task Group)과 조우했다. 일본은 전함과 순양함의 거대한 함포로 얇은 보호장갑만을 갖춘 호위항공모함들에게 엄청난 피해를 줄 수 있었다. 미 구축함은 즉시 교전을 시도해 필사적으로 일본 함정에 어뢰 공격을 가했으며, 항공모함들은 그들이 보유하고 있던 소수의 폭격기와 심지어는 그러면 F4F 와일드캣 전투기들을 출격시켜 함정 갑판에 기총공격을 가하기도 했다. 여러 항공기가 합심하여 벌이는 이러한 맹공격에 직면한 일본군은, 자신들이 실제보다 더 강력한 대항에 직면하고 있다고 추측하고 후퇴를 결정했다. 미 구축함 승조원들의 용기와 조종사들의 거침없는 공격 덕택에, 가공할만한 파괴력의 함포를 가진 일본 함정들의 위험을 피할 수 있었다.

공포스러운 새로운 전술에 직면하다

1945년 7월 9일에 연합군이 루손에 상륙을 개시했다. 처음에는 별개의 사고로만 보였던 사건들이 증가했다. 연합군 함정에 대한 일본 항공기들의 의도적인 충돌이었다. 순양함 오스트레일리아(HMAS Australia)는 5회에 걸친 가미카제 공격을 받고 대대적인 수리를 위해 물러나야 했다. 이 사건은 위협적이며 기상천외한 새로운 공격 방식으로 일어난 많은 피해 중의 하나였다.

가미카제 공격은 오키나와와 이오지마 해안에서 절정에 달했다. 일본은 이 임무를 수행하기 위해 전담 비행대대를 훈련시켰는데, 대부분의 일본 조종사들이 엄청난 자부심을 가지고 도전했다. 항공기들은 전장까지 호위를 받았고, 이후 조종사들은 신중하게 그들의 표적을 선정했다. 그 다음 그들은 함정에 충돌하기 위해 강렬한 대공포화를 뚫고 강하했다. 성공한다면 그들은 무서운 피해를 입힐 수 있었고, 불타는 항공연료가 효과를 극대화할 수 있었

* 증가하는 작전에 능률적으로 대처하기 위해 1941년 초부터 미군이 운용하던 해군 타격부대.

다. 오키나와에서 가미카제는 조기경보를 위해 함대에서 떨어져 있는 레이더를 갖춘 구축함 선단을 집중 공격했다. 다음에 그들은 함대 자체를 표적으로 삼았고, 많은 함정을 침몰시키면서 연합군의 사기를 심하게 떨어뜨렸다. 이는 일본 본토의 점령은 많은 희생이 따르는 작전이 될 것이라는 치명적인 경고였다.

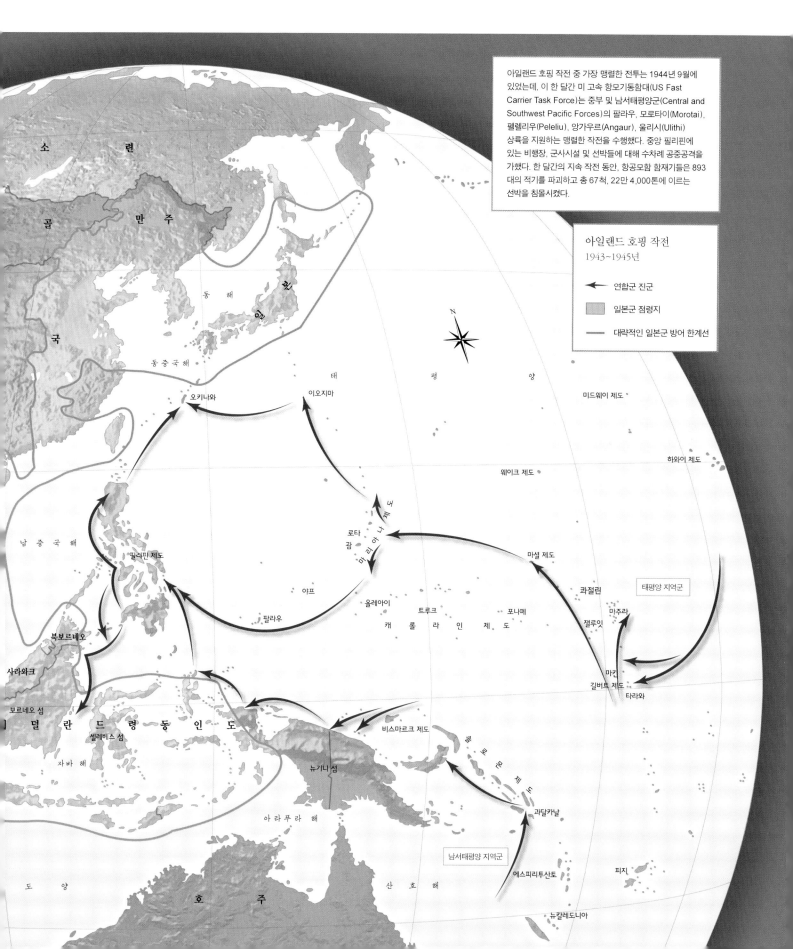

아일랜드 호핑 작전 중 가장 맹렬한 전투는 1944년 9월에 있었는데, 이 한 달간 미 고속 항모기동함대(US Fast Carrier Task Force)는 중부 및 남서태평양군(Central and Southwest Pacific Forces)의 팔라우, 모로타이(Morotai), 펠렐리우(Peleliu), 앙가우르(Angaur), 울리시(Ulithi) 상륙을 지원하는 맹렬한 작전을 수행했다. 중앙 필리핀에 있는 비행장, 군사시설 및 선박들에 대해 수차례 공중공격을 가했다. 한 달간의 지속 작전 동안, 항공모함 함재기들은 893대의 적기를 파괴하고 총 67척, 22만 4,000톤에 이르는 선박을 침몰시켰다.

아일랜드 호핑 작전
1943~1945년

← 연합군 진군

▨ 일본군 점령지

― 대략적인 일본군 방어 한계선

소련

몽골

만주

중국

동해

일본

동중국해

태평양

이오지마

오키나와

미드웨이 제도

하와이 제도

웨이크 제도

남중국해

필리핀 제도

로타
괌
마리아나 제도

마셜 제도

콰절린

마주라

태평양 지역군

야프

올레아이

트루크

포나페

잴루잇

팔라우

캐롤라인 제도

마킨
길버트 제도
타라와

북보르네오

사라와크

보르네오 섬

네덜란드령 동인도

셀레베스 섬

비스마르크 제도

솔로몬 제도

자바 해

뉴기니 섬

과달카날

아라푸라 해

산호 해

남서태평양 지역군

에스피리투산토

피지

인도양

호주

뉴칼레도니아

간극 좁히기 : 대서양 정찰

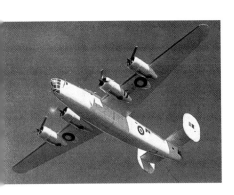

대잠 리버레이터
콘솔리데이티드 B-24 리버레이터와 PBY 카탈리나 같은 초장거리 해상 항공기가 배치되어 해군의 대잠수함 공격부대와 협동작전을 벌이게 된 이후, 대서양 전투의 흐름이 연합군에 유리하게 바뀌기 시작했다.

연안 사령부(Coastal Command)는 제2차 세계대전 초반에 영국 공군 중 가장 열악한 부대였다. 대서양의 수송선들을 보호하기 위해 폭격기들이 절박하게 필요한 순간에도 '폭격기 남작들(Bomber Barons)'이라 불리던 폭격기 사령부는 독일에 대한 전략폭격을 위해 장거리 폭격기들을 비축하고 있었다. 독일 육군이 유럽을 관통하여 진격해 노르웨이와 프랑스 서쪽 지역의 대서양으로 향하는 항구들을 획득하게 되면서, 연안 사령부는 대서양에 진입하는 수송선을 유보트의 위협으로부터 보호할 수 있는 수단이 거의 없었다.

영국 공군 연안 사령부는 막대한 피해를 예방할 수 있는 거대하고 내구성 좋은 쇼트 선더랜드(Short Sunderland) 비행정을 가지고 있었고, 또한 항속거리가 짧은 구형 아브로 앤슨(Avro Anson)과 항속거리와 무장 탑재 능력이 좋은 록히드 허드슨(Lockheed Hudson)도 보유하고 있었다. 록히드 허드슨은 미국과 영국 간의 군수물자대여협정(Lend-Lease Arrangement)의 산물이었다. 전쟁 초기에 이 항공기와 승무원들은 눈에 띄는 활약을 펼쳤으나 제한된 자원으로 인해 광활한 대서양의 극히 일부만을 감당할 수 있었고, 해상운송 선박들의 손실이 누적되기 시작하면서 외부세계로부터 영국으로의 공급이 단절되고 있었다.

항속거리 신장

해상운송 선박의 손실을 줄이기 위해서는 항공기의 항속거리가 중요한 요소였다. 영국 공군에는 대서양 중부까지 지속적으로 초계비행을 할 수 있는 항공기가 없었기 때문에, 독일 유보트가 대서양을 사냥터 삼아 활보하게 되었다. 결국 1941년 미국에서 항속거리가 매우 긴 콘솔리데이티드 B-24 리버레이터(Consolidated B-24 Liberator)가 도착하면서 연안 사령부의 능력이 확장되었다. 유보트를 효과적으로 대응할 수 있는 무기 또한 갖추게 되었다. 재래식 폭탄을 기본으로 하는 폭뢰(爆雷, Depth Charge)는 해수면을 스치며 튕겨 나가는 경향이 있어 종종 폭탄을 투하한 항공기로 다시 튕겨올라와서 끔찍한 결과를 낳기도 했다. 폭뢰는 물속으로 가라앉으면서 얕은 수심에서 폭발하여 수면을 항해하는 유보트에 가능한 최대의 피해를 주도록 개량되었다.

또한 공대함 레이더(Air-to-Surface Vessel Radar)도 도입했다. 공대함 레이더 덕에 항공기에 탑승한 승무원은 밤낮 구분 없이 어떤 기상 상태에서도 바다의 함정을 볼 수 있었다. 영국 공군 폭격기 사령부에서 퇴역한 리버레이터 뿐만 아니라 비커스 웰링턴(Vickers Wellington)과 암스트롱 휘트워스 휘틀리(Armstrong-Whitworth Whitley)가 연안 사령부에 인도되고 유보트를 상대로 한 승리가 증가하기 시작하자 수송선의 손실도 줄어들기 시작했다. 연안 사령부 소속 폭격기에 장착한 강력한 레이 라이트(Leigh light) 탐조등은 밤에 배터리를 충전하기 위해 해수면 위로 올라오는 유보트를 공격할 수 있게 해주었다. 특히 잠수함이 기지를 떠나 중부 대서양의 사냥터로 향하는 비스케이(Biscay) 만에서 진가를 발휘했다. 이제 유보트는 해수면 아래로만 운항해야 했으며, 결과적으로 항속거리와 효과도 떨어지게 되었다.

연안 사령부의 확장된 무기체계는 보잉 B-17C 포트리스(Boeing B-17C Fortress)도 포함하고 있었다. 영국 공군 폭격기 사령부에서 주간 폭격기로 시험을 마쳤으나 성능 미달로 대부분의 항공기가 다른 사령부로 이관되었으며, 폭격기 사령부에는 신형 포트리스 II(B-17E)가 배치되었다. 연합군이 아조레스(Azores) 제도를 이용할 수 있도록 포르투갈이 허락하자, 최신식 공대함 레이더를 장착한 B-17 항공기들이 대서양 중부에서의 간극을 더 좁힐 수 있었다.

전쟁이 진전되면서 해상에서의 전투는 조금씩 연합군에게 유리하게 전개되었고, 연안 사령부도 브리스틀 보파이터(Bristol Beaufighter)와 해빌런드 모스키토(de Havilland Mosquito)를 지니게 되면서 더 공격적인 임무를 수행하기 시작했다. 이 항공기들은 기관포와 기관총으로 무장했을 뿐 아니라 8발의 로켓탄이나 1발의 어뢰(보파이터만 가능)를 실을 수 있었다. 이 무기들은 해수면 위에서 포착된 유보트를 상대로 극도로 효과적이라는 것이 입증되었다. 또한 연안 사령부에서 사용하던 보파이터와 모스키토는 다른 종류의 항공기들보다 훨씬 더 빨라서 유보트가 이 재빠른 기체에 대항하여 자신의 대공방어 능력을 보여주기에는 너무 시간이 짧아졌다. 또한 공격기들은 해상 함정, 특히 연안 수송선을 공격하는 데에도 사용되었다. 이 항공기들은 종종 두 그룹으로 나뉘어 비행했다. 한 그룹이 함정의 갑판 위에 자동사격을 가해 함정의 대공화기를 제압하는 동안 다른 한 그룹은 정확하게 로켓이나 어뢰 공격을 했다.

전쟁이 끝날 때까지 연안 사령부는 200척 이상의 유보트와 50만 톤 이상의 추축국 해상 함정을 파괴했다. 한때 거의 마음먹은 대로 이리 떼처럼 배회할 수 있었던 유보트는 완전히 무력화되었다.

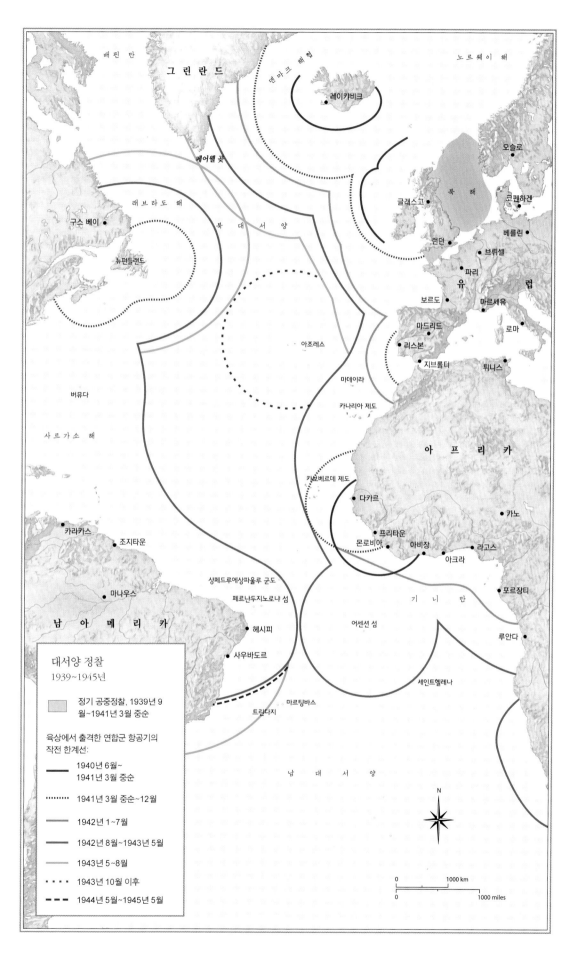

배 핀 만

그 린 란 드

덴 마 크 해 협

노 르 웨 이 해

• 레이캬비크

메어웰 곶

래 브 라 도 해

오슬로 •

북 해

글래스고 •

코펜하겐 •

• 구스 베이

북 대 서 양

런던 •

베를린 •

뉴펀들랜드

• 브뤼셀

파리 •

유

럽

보르도 •

• 마르세유

• 마드리드

로마 •

아조레스

• 리스본

• 지브롤터

튀니스 •

버뮤다

마데이라

사 르 가 소 해

카나리아 제도

아 프 리 카

카보베르데 제도

• 다카르

• 카노

• 카라카스

• 프리타운

• 조지타운

• 몬로비아

• 아비장

• 라고스

아크라 •

상페드루에상파울루 군도

페르난두지노로냐 섬

포르장티 •

• 마나우스

기 니 만

남 아 메 리 카

어센션 섬

루안다 •

• 헤시피

• 사우바도르

세인트헬레나

대서양 정찰
1939~1945년

정기 공중정찰, 1939년 9
월~1941년 3월 중순

마르팅바스

트린다지

육상에서 출격한 연합군 항공기의
작전 한계선:

1940년 6월~
1941년 3월 중순

남 대 서 양

1941년 3월 중순~12월

1942년 1~7월

1942년 8월~1943년 5월

1943년 5~8월

N

1943년 10월 이후

1944년 5월~1945년 5월

0   1000 km

0   1000 miles

대서양 간극

전쟁 초반부에 연합군 선박의 손실 대부분은
공중 호위의 부재로 커다란 간극이 형성되어
있던 대서양 중부 지역에서 발생했다.
1943년에 이르러 콘솔리데이티트 B-24
리버레이터와 같은 초장거리 해상초계기
덕분에 이 간극을 메웠는데, 이후에는 전세가
전환되어 유보트들이 허용할 수 없을 만큼의
많은 손실에 고통을 받았다.

디데이 : 강습

스핏파이어 MK XVI
디데이 기념 줄무늬를 도장한 호주 공군
제453대대의 스핏파이어 MK XIV의 모습.
이 사진은 연합군의 노르망디 상륙작전 전날
촬영한 것이다.

호사 글라이더
에어스피드(Airspeed) AS.51 호사
글라이더는 노르망디 침공 공수부대의
핵심이었다. 사진은 미 제9병력수송사령부의
호사 글라이더가 침공 이후 노르망디의
들판에 놓여 있는 모습이다.

1944년 연합군이 북프랑스를 침공하면서 공군력의 시대
가 도래했다. 공군력은 적의 병력 증원을 막고, 통신선을
끊고, 방어망을 파괴하며, 낙하산부대와 글라이더를 투입
하고, 기만비행 임무를 수행하며, 침투하는 연합군 함대에
대한 적의 잠수함 공격을 중단시키는 수단으로 사용되었
다. 이 모든 것들은 완전한 공중우세를 유지하고 연합군의
전략, 전술적인 폭격 임무를 수행하면서 이루어졌다. 모든
임무는 공군대장 트래퍼드 리-맬러리 경이 지휘하는 연합
원정 공군(Allied Expeditionary Air Force)이 수행했다.

1944년 봄 영국 공군 폭격기 사령부와 미국 제8공군
은 독일의 심장부와 산업 중심지를 폭격하는 임무에서 지
휘관 아서 해리스(Arthur Harris) 경과 칼 앤드류 스파츠(Carl

Andrew Spaatz)가 싫어하는 임무로 변경되었다. 그들은 독일
군의 병력 증강을 막기 위해 독일이 점거한 철도망과 철
도 조차장, 교량에 대한 공격을 주장한 솔리 주커만(Solly
Zuckerman) 박사의 '수송계획(Transportation Plan)'에 참가했
다. 공격은 독일의 서부지방에서부터 북부유럽을 거쳐 프
랑스의 브르타뉴(Bretagne)까지 이어졌다. 또한 침공이 어
디에서부터 이루어질지에 대한 징후를 알아챌 수 없도록
하기 위해 목표지역에 대한 것보다 4배나 더 많은 폭격을
목표지역 외곽에 퍼부었다. 중(重)폭격기들이 철도 조차장
과 철도 차량 정비창을 공격하는 동안, 제9공군과 제2전
술공군 소속의 중형 폭격기와 전투폭격기들은 교량과 기
관차에 대한 정밀 폭격을 가했다. 디데이(D-Day)가 되었을
때 2,000대에 달하던 독일의 기관차 중 1,500대가 파괴
되거나 수리 중이었으며, 병력 증원의 주요 경로가 될 수
있었던 센(Seine) 강의 거의 모든 다리가 파괴된 상태였다.

이러한 공격과 더불어 드해빌런드 모스키토, 호커 타
이푼(Hawker Typhoon), 록히드 P-38 라이트닝 같은 전투폭
격기들은 프랑스 북부와 벨기에에 있는 독일 레이더 기지
를 공격했다. 이 표적들은 매우 견고하게 방어되고 있었고,
격렬한 대공포화로 의해 수많은 사상자가 발생했지만 디
데이 무렵 침공지역에서 작전 중인 기지는 하나도 없었다.

디데이 하루 전인 6월 5일, 수백 대의 수송기가 이륙
했으며 몇몇은 글라이더를 견인했다. 이들의 임무는 침
공 시 동쪽 측면의 방어를 지원하기 위한 영국 제6공수사
단과, 역시 측면을 보호하고 유타(Utah) 해변까지의 경로
를 확보하기 위한 제82·101공수사단의 수송이었다. 영국
은 또한 오른(Orne) 강과 운하에 있는 다리들을 점령하기
위해 소규모의 기습부대를 투입했다. 목조 호사 글라이더
(Horsa Glider)를 타고 침입한 기습부대는 6월 6일, 자정이
막 지난 무렵 짙은 어둠 속에서 목표물 인근에 착륙했으
며 최소한의 사상자로 두 다리를 점령하는데 성공했다. 동
부 전투 지역에 투입된 낙하산부대가 넓게 흩어지는 바람
에 많은 임무를 아주 적은 병력으로 수행해야만 하는 상
황이었지만, 모든 작전은 디데이 당일 아침에 모두 완료되
었다.

서쪽에서는 더글러스 C-47을 운용하는 미 제9병력수
송사령부가 미국 사단들과 함께 비행할 예정이었다. 서쪽
에서부터 접근하여 코탕탱(Contentin) 반도를 가로질러 비
행하는 동안 그들은 낮은 구름을 만났고 착륙을 시도하자

마자 맹렬한 대공포화를 받았다. 이로 인해 아직까지 전투를 경험해 보지 않은 대다수의 조종사가 적의 포격으로부터 필사적으로 회피하면서 동료들과 충돌하지 않기 위해 애쓰는 동안 그들의 견고한 대형이 흐트러졌다. 다시 한 번 2개 사단이 광범위하게 흩어지게 되었으나, 이 상황 속에서도 낙하산부대는 전문성을 발휘하여 대부분의 임무를 성공적으로 수행했다.

함정의 보병들이 상륙정에 올라타고 있을 때, 제9공군의 폭격기들은 벙커와 방어거점을 폭격하고 철조망으로 만든 방어시설을 깨뜨리기 위해 해안 교두보를 따라 비행했다. 아군 보병들이 접근할 때 적 방어병력이 계속 고개를 들지 못하게 하고 해변에 생긴 포화구를 통해 아군에게 엄폐물을 제공하는 것이 주목적이었다. 아군이 폭격의 피해를 당할지도 모른다는 두려움으로 인해 연합군의 폭탄들은 대부분 내륙 깊

숙히 투하되었고, 적의 방어를 교란시키지도 못했으며, 아군에 대한 호위도 제공해주지 못했다. 매섭고도 완강한 방어선과 마주하고 있던 오마하(Omaha) 해변의 미 제1·29사단에게 충분한 사전 공중 폭격이 더욱 절실했다.

해안가의 침공함대와 지상병력은 북부 프랑스 연안에서 공중 폭격에 의한 방해를 받지 않으며 교두보를 마련하기 위해 분투하고 있었다. 계속되는 공중정찰로 독일 전투기들은 거의 뚫고 들어올 수 없었다. 나아가 잠수함들 또한 공격이 두려워 센 강의 만 쪽으로 진입하는 위험을 감수할 수 없었다. 연합군은 완벽한 공중우세를 점하고 있었고 이는 작전 기간 내내 지속되었다.

디데이 공중 호위

디데이 24시간 동안 연합군 공군은 1만 4,674회 비행을 기록했고, 113대의 항공기를 손실했다. 침공 전력 상공에서의 전투공중초계는 미 제8전투기사령부의 P-38 전대가 즉시 시행했는데, 두 개의 꼬리(Twin Tail)를 가진 라이트닝 항공기는 해군 대공사수들이 쉽게 식별할 수 있었다. 제2전술공군의 타이푼과 머스탱, 제9전술공군사령부의 머스탱, 선더볼트, 라이트닝 항공기들이 내륙에서 무장정찰 비행을 실시하는 동안, 해변 상공에서 9개의 스핏파이어 대대가 이를 호위했다.

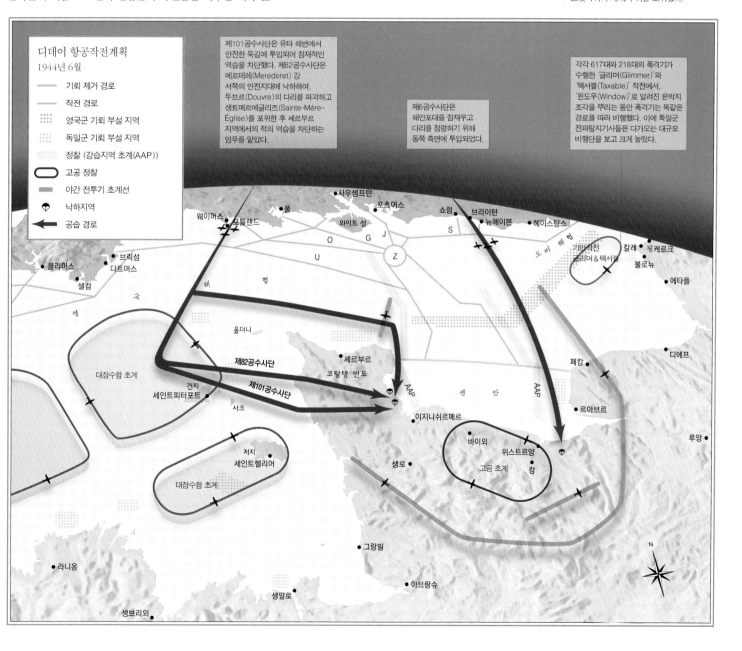

디데이 : 그 이후

로켓을 장착한 타이푼
로켓을 장착한 타이푼 항공기들은 지상군의
진격을 지원하고, 특히 적 기갑부대를
파괴하는데 핵심적인 역할을 수행했다.

전력의 분산배치
노르망디 교두보에서의 전방작전기지
분산은 전투기와 전투폭격기들이 전투지역
상공에서 더 오랜 시간동안 체공하는 것을
허락했다.

노르망디에 성공적으로 교두보를 구축한 연합국은 주도권을 유지하고 여세를 몰아갈 필요를 느꼈다. 지속적인 진격을 위해 필요한 보급품을 운반하는 함대는 공중공격과 해상공격으로부터의 보호, 지상병력은 근접항공지원이, 항공기는 요격으로부터의 보호가 필요했다. 이러한 모든 임무는 연합 원정 공군과 더불어 제8공군과 폭격기 사령부의 인력 및 장비에 의해 충분히 충족할 수 있었다.

독일 공군의 공격을 격퇴하다

침공 첫날부터 독일 공군은 노르망디의 해안가에 정박하여 병력과 보급품을 대량으로 쏟아내고 있던 함대에 대한 공격을 시도했다. 하지만 이러한 공격은 슈퍼머린 스핏파이어와 노스아메리칸 P-51 머스탱의 지속적인 공중초계로 인해 거의 성공하지 못했다. 침투에 성공한 독일 공군도 엄청난 대공포화에 직면했다. 독일 공군은 지중해에서 상당한 성공을 거두었던 활공폭탄의 사용을 시도했지만 이 폭탄들은 표적에 명중하지 못했고, 출격 항공기는 대부분 임무 중 격추당했다.

연합군의 우선순위는 전진착륙장(Advanced Landing Ground) 건설이었다. 영국 해협을 넘어 귀환할 수 없는 손상된 항공기들을 지원하는 것이 주된 목적이었다. 결과적으로 이들은 다수의 비행대대가 주둔할 수 있는 전진 작전기지가 되었다. 6월 13일부터 이들 기지에서 항공기들이 비행을 시작했다. 이 작전기지들은 연합군 항공기들이 영국 해협을 넘어 비행하지 않고 정보에 따라 보다 빠르게 표적을 공격할 수 있다는 것과 전장 상공에서 보다 오랜 시간동안 머물 수 있음을 의미했다.

전장 후방 도로상에 있는 어떠한 적의 움직임에 대해서도 공격을 가하는 전투폭격기의 정찰 비행과 함께 수송계획이 계속되었다. 특히 이 작전을 잘 수행한 것은 영국의 호커 타이푼과 미 육군항공대의 리퍼블릭 P-47 선더볼트(Republic P-47 Thunderbolt)였다. 둘 다 폭탄이나 로켓을 장착하고 있어 노르망디 숲 사이의 작은 도로 위에 있는 독일군의 두려움의 대상이었다. 그들의 전술은 호송대를 발견한 뒤 전방 및 후방에 있는 차량을 공격하여 적을 가두고, 느긋하게 적을 하나하나 제거하는 것이었다. 또한 이 항공기들은 연합군의 진격을 직접 지원하는 데에도 한 몫했다. 전진 보병부대에 파견된 전방항공통제관과 조종사 간의 직접 라디오 교신체계를 통해 특정 표적을 포착하고 파괴할 수 있었다.

초기에 영국 공군 폭격기 사령부와 제8공군은 지상군 직접 지원 임무에 투입되었다. 영국과 캐나다군이 캉(Caen)으로 진군하던 굿우드 작전(Operation Goodwood) 기간 중, 2,000대의 폭격기가 보병이 지나갈 수 있도록 길을 터주었다. 비록 초기에 갈피를 잡지 못하고 많은 전차를 잃기는 했지만, 독일군은 잘 피신해 있다가 곧 반격을 재개했다. 전사자의 시신 또한 연합군 기갑부대들이 건물 잔해와 포화구를 뚫고 진격하는데 어려움을 주었다. 이러한 점은 미군의 코브라 작전(Operation Cobra) 초기에 더욱 더 부각되었는데, 제8공군이 다량의 폭탄을 우군 지역에 떨어뜨려 수많은 사상자를 냈던 것이다.

전투폭격기를 동원한 공중에서의 전술적 지원은 전쟁의 모범이 되었다. 특히 모르탱(Mortain)에서의 독일의 마지막 반격에서 확연한 사실로 드러났다. 엄청난 전차의 공격에 맞선 미군 병사들이 요청한 로켓을 발사한 타이푼은 100대의 독일군 전차를 파괴시켜서 공격을 무력화시켰다. 이 항공기들은 또한 독일군이 팔레즈 포위전(Battle of the Falaise Pocket)에서 퇴각할 때 수백 대의 전차와 수천 대의 차량을 파괴하고, 엄청난 사상자를 발생시키는 위력을 발휘했다.

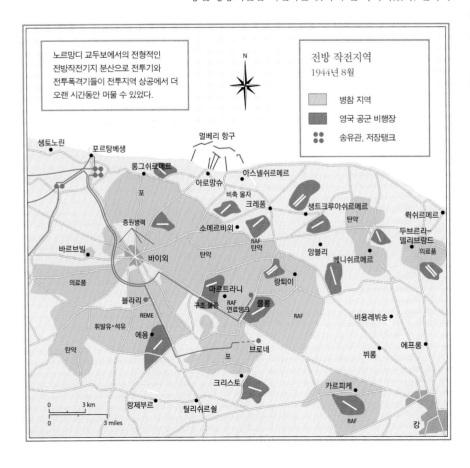

노르망디 교두보에서의 전형적인 전방작전기지 분산으로 전투기와 전투폭격기들이 전투지역 상공에서 더 오랜 시간동안 머물 수 있었다.

전방 작전지역
1944년 8월

병참 지역
영국 공군 비행장
송유관, 저장탱크

멀베리 항구

생토노린
포르탕베생
롱그쉬르메르
아로망슈
아스넬쉬르메르
포
비축 물자
크레퐁
소메르비외
생트크루아쉬르메르
탄약
뤽쉬르메르
두브르라-
델리브랑드
의료품
증원병력
RAF
탄약
앙블리
베니쉬르메르
바르브빌
탄약
바이외
의료품
마르트라니
랑퇴이
블라리
구조 물품
RAF
REME
연료탱크
쿨롱
RAF
비용레뷔송
휘발유·석유
에용
에프롱
탄약
포
브로네
뷔롱
크리스토
카르피케
랑제부르
틸리쉬르쇨
RAF
캉

0   3 km
0   3 miles

본래 전투기로 설계된 타이푼은 지상공격
임무에도 뛰어났다. 8발의 27kg 로켓
혹은 2발의 464kg 폭탄을 탑재할 수
있고, 4정의 20mm 기관총을 장착한 이
항공기는 뛰어난 탱크 버스터가 되었다.

발사대에서 '떨어지는' 로켓을 목표에
정확히 명중시키는 것은 매우 어려운
일이다. 그러나 트럭이나 기차 같은 공중
공격에 취약한 목표에는 매우 효과적이다.
전차에 대한 공격을 성공시키기 위해서는
엔진이나 무한궤도를 맞추어야 한다.

독일군 호송대에 대한 타이푼의 공격

마켓가든과 바시티 작전 : 1944~1945

프랑스를 지나 독일 국경까지 이동하면서 연합군의 병참선은 노르망디 해안으로부터 코탕탱 반도에 있는 셰르부르(Cherbourg) 항까지 확장되었다. 넓은 숙영지에서 정해진 시간에 서둘러 보급을 마쳐야 하는 상황에서 버나드 몽고메리(Bernard Montgomery) 육군 원수는 대담한 계획을 수립했다. 1944년 9월 중순에 계획된 마켓가든(Market Garden) 작전은 네덜란드 남쪽의 수로들을 안전하게 건너기 위한 것이었다. 그 이후에 독일 산업의 중심부인 루르(Rhur)에 이르는 관문인 거대한 라인(Rhein) 강을 점령할 것이었다.

다수의 교량을 탈취하기 위해 3개 공수사단을 투하할 예정이었는데, 그중의 마지막은 전선에서 가장 먼 아른헴(Arnhem)에 있는 라인 강을 가로지르는 다리였다. 미국의 제82·101공수사단의 호위를 받으며 기갑부대가 도로상에서 진군하는 동안, 영국의 제1공수사단은 이 다리를 고수하는 임무를 부여받았다. 제82·101공수사단을 수송할 준비를 하고 있던 부대는 몇 달 전에 이미 노르망디에

서 혈전을 치른 제9병력수송사령부였다. 영국의 제1공수사단과 폴란드 제1낙하산여단은 영국 공군 수송사령부가 수송을 맡을 예정이었다. 사령부는 더글러스 C-47을 주로 사용했지만, 쇼트 스털링(Short Stirling) 같이 예전에 폭격기로 사용하던 항공기 또한 글라이더를 견인할 목적으로 운용했다. 하지만 공수사단을 모두 실을 수 있는 충분한 항공기가 없었기 때문에 첫째 날에는 전력의 절반만을 투하할 예정이었다. 폴란드 여단을 포함한 나머지 병력은 다음 날 도착할 예정이었다. 먼저 도착한 부대의 반이 다음 날 도착하는 전력의 낙하지역을 확보하기 위해 남아있어야 했기 때문에 결과적으로 다리의 주요 목표를 공격하기 위한 진군에는 상대적으로 적은 인원만 투입할 수밖에 없었다.

대규모 호위

낙하가 있던 날 병력 수송은 1,200대의 전투기에 의해 삼

마켓가든

디데이 이후 일주일 이내에, 연합군은 유럽 북서부에서의 성급한 공수작전을 적어도 열여섯 차례나 계획했다가 역시 성급하게 취소했다. 마켓가든은 열일곱 번째 작전이었다. 이 작전의 목표는 제1연합공수야군(First Allied Airborne Army)을 30군단 전방에 투하하여 공정부대지역(airborne carpet)을 형성하여 주요 강과 운하 횡단지점을 점령하고 통제하는 것이었다. 마켓(Market)은 공수부대 작전을, 가든(Garden)은 지상에서의 전진을 의미했다.

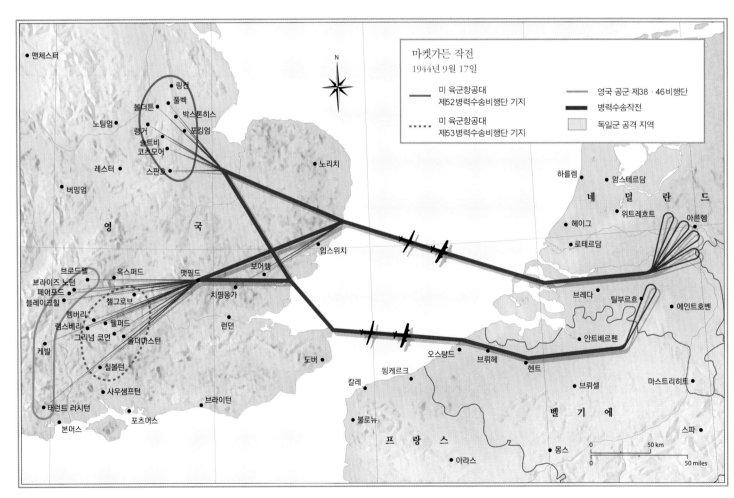

공수부대 공격
마켓가든 작전 중 아른헴 교외의 지상에서
호사 글라이더들이 중장비를 내려놓는 동안
영국 공수부대원들이 C-47 항공기에서
낙하하고 있다.

엄한 호위를 받았다. 드해빌런드 모스키토와 호커 타이푼이 경로상에 있던 대공포들을 기총 공격하는 동안 슈퍼머린 스핏파이어는 높은 고도에서 호위했다. 낙하지역에서 사상자 수는 놀라울 정도로 적었다. 피해의 대부분은 낙하산부대의 미숙한 착륙이나 글라이더 조종사의 과격한 착륙조작 때문이었다. 제101공수사단은 목표 지점 중 하나인 빌헬미나(Wilhelmina) 운하 위의 다리를 신속히 확보하여 폭파했다. 이는 제30군단에서 구성되어 전진중이던 기갑부대가 가져온 베일리교(Bailey bridge)* 에 의해서 해결되었다. 네이메겐(Nijmegen)의 중요한 다리는 제82공수사단이 탈취했지만, 제30군단이 도착했을 때 아직 2개의 주요 다리가 독일군의 수중에 있었기 때문에 진군이 느려졌다.

영국군이 다리의 북쪽 끝단에 당도했지만, 건널 수는 없었다. 역공을 가한 독일군이 낙하한 연합군을 공략했다. 무전기가 부족해 공수부대는 자신들의 보급품이 독일군 지역으로 떨어지는 것을 분노 속에 바라보고 있을 수밖에 없었다. 노르망디 상륙작전에서 성공적인 활약을 한 호커 타이푼 지상공격기를 부족한 무전기 때문에 효과적으로 운용할 수 없었고 특히 기갑부대의 공격을 막지 못해 공수부대의 역할이 미미했다. 제30군단은 네이메겐의 다리를 건넌 이후 바로 멈추었고, 라인 강의 강습은 실패로 돌아갔다. 아른헴 지역에 낙하한 1만 명 중 2,500명만이 탈출했고, 1,500명이 죽었으며, 나머지는 포로가 되었다.

몽고메리의 두 번째 기회

몽고메리는 베젤(Wesel)에서 라인 강을 건너는 또 다른 주요 작전의 책임을 맡고 있었다. 이번에는 훨씬 더 철저히 준비했다. 포대와 폭격기 사령부의 폭격 이후에 수천의 병력이 상륙정을 타고 라인 강을 건넜다. 지상군이 계속 진격하자 공수부대가 투입된 '바시티 작전(Operation Varsity)'이 개시되었다. 이 작전에는 노르망디 상륙작전의 베테랑인 영국의 제6공수사단과, 처음으로 실전 낙하를 하는 미국의 제17공수사단이 투입되었다. 모두 안전하게 착륙했지만 대전차포와 같은 무거운 장비를 나르던 글라이더들은 꽤 심각한 피해를 입었다. 글라이더 조종사 중 4분의 1이 넘는 인원이 피해를 입었다. 하지만 전체적으로 보면 성공이었으며 연합군은 이제 라인 강 동쪽 부근에서 완전히 자리를 굳혔다.

* 군사용 조립식 임시 철제 교량.

동남아시아 : 1944~1945

1944년, 일본의 기대와는 반대 방향으로 전세가 바뀌기 시작했다. 열악한 환경에서 지독한 적과의 싸움에 적응하면서 전력을 증강한 연합군은 2년 전에 손쉽게 빼앗긴 지역에서 일본군을 몰아내며 진격하기 시작했다. 일본군은 측면의 안전을 확보하며 임팔(Imphal)과 코히마(Kohima)에서 인도 북동쪽으로 진격하기 위한 마지막 시도를 하는 한편, 중국에 건설되고 있던 연합군 공군기지를 점령하기 위한 마지막 공격을 강행했다. 일본은 필리핀에서 미 해군 항공모함 전력의 강력한 힘에 대비하고 있었다.

인도 북동지역 방어

1944년 3월, 일본군은 인도 북동지방의 임팔과 코히마를 공격해 이곳에 주둔하고 있던 인도와 영국 군대를 포위했다. 주보급로가 차단되자 영국은 제2차 세계대전에서 가장 우수한 수송기였던 영국 공군의 더글러스 C-47에 의존했다. 4월에 포위 공격이 끝날 때까지 이 수송기는 2만 톤의 군수물자와 1만 명의 증원 병력을 수송하는 한편 수천 명의 사상자를 실어 날랐다. 영국 공군은 대대적인 지상공격 작전을 펼쳐 코히마 능선에서 일본군을 몰아내는데 일조했다. 브리스틀 보파이터와 호커 허리케인, 노스아메리칸 P-51 머스탱과 콘솔리데이티드 B-24 리버레이터에 이르는 다양한 종류의 연합군 항공기가 퇴각하는 일본군을 끊임없이 공격했다.

윌리엄 슬림(William Slim) 중장의 제14군이 후퇴하는 일본군을 추격하며 버마(Burma)를 가로지르면서 진격하는 동안, 영국 공군은 버마 곳곳에 흩어져 있는 많은 강을 건너는 일본군에게 기총공격을 가했다. 특히 이 역할을 잘 수행한 것이 일본군이 '죽음의 속삭임(Whispering Death)'이라고 불렀던 보파이터였다. 비교적 소음이 적은 엔진 덕택에, 보파이터는 저고도로 은밀히 침투하여 기관포, 기관총, 로켓으로 완벽한 기습공격을 가해 적에게 피해를 입혔다.

1944년 후반부터 1945년까지 버마를 지나 진격하면서, 연합군은 거의 완벽한 공중우세를 점했다. 기관포와 폭탄으로 무장한 허리케인은 유럽의 노르망디 전장에서 호커 타이푼이 그러했듯 특정 목표를 공격하라는 요청을 받았다. 1945년 5월에 랑군(Rangoon)을 점령한 영국군은 전열을 재정비하고 말레이 반도에 진입하여 싱가포르(Singapore)를 탈환하는데 박차를 가했다.

중국과 필리핀

중국에서는 일본 점령군에게 가시와도 같았던 미 제14공군과 보잉 B-29의 위협에 대비하여, 일본은 비행장을 확보하기 위해 이치고(一号) 작전을 개시했다. 1944년 4월 초에 빠른 진격이 이루어졌지만 미 육군항공대는 모든 작전을 방해하려는 시도를 했다. 일본의 진격은 곧 엄청난 사상자를 내고 그해 연말에 힘을 잃었다. 미군 비행장은 한 번도 점령당하지 않았지만, 보급의 어려움으로 인해 이후에 전개되는 B-29 폭격작전에서 제한적으로 사용되었다.

필리핀에서 미군은 레이테(Leyte)와 루손(Luzon) 상륙 이후에 벌어진 전투에서 일본 해군에게 막대한 피해를 입혔다. 열대성 태풍이 루손에 있던 미 제3함대를 휩쓸어서 3척의 구축함이 전복되고 많은 승조원이 희생당했으며, 많은 수의 항공기가 바람에 날아가 버렸다. 상륙작전이 벌어지는 동안 혹시 있을지 모를 반격에 대응하기 위해 기동함대가 남중국해로 파견되었다. 반격은 일어나지 않았고, 이는 미 항공모함의 항공기들이 프랑스령 인도차이나(Indochina)와 타이완(臺灣), 중국의 목표들을 공격할 수 있다는 것을 의미했다. 귀환하는 길에 기동함대는 일본의 새로운 작전수단과 맞닥뜨렸는데, 그것은 바로 가미카제였다. 가미카제 조종사들은 겨우 이륙할 수 있을 정도의 기본적인 훈련만 받았다. 연료와 가끔 폭탄을 적재한 항공기를 조종하여 연합군 함정으로 돌진하는 것은 필리핀에서 상당히 효과적이었고 이오지마와 오키나와에서도 본격화되었다.

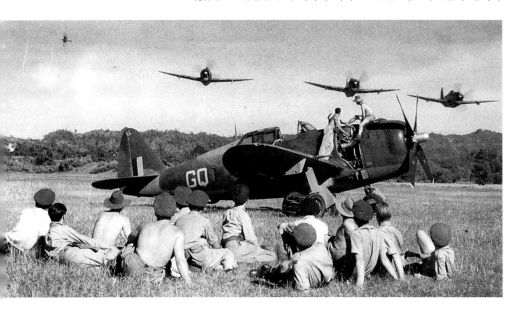

영국 공군 P-47
영국 공군 제134비행대대 P-47 선더볼트 항공기들이 1944년 12월 슬림(Slim) 중장의 제14군을 지원하기 위해 인도에서 버마로 이동했다.

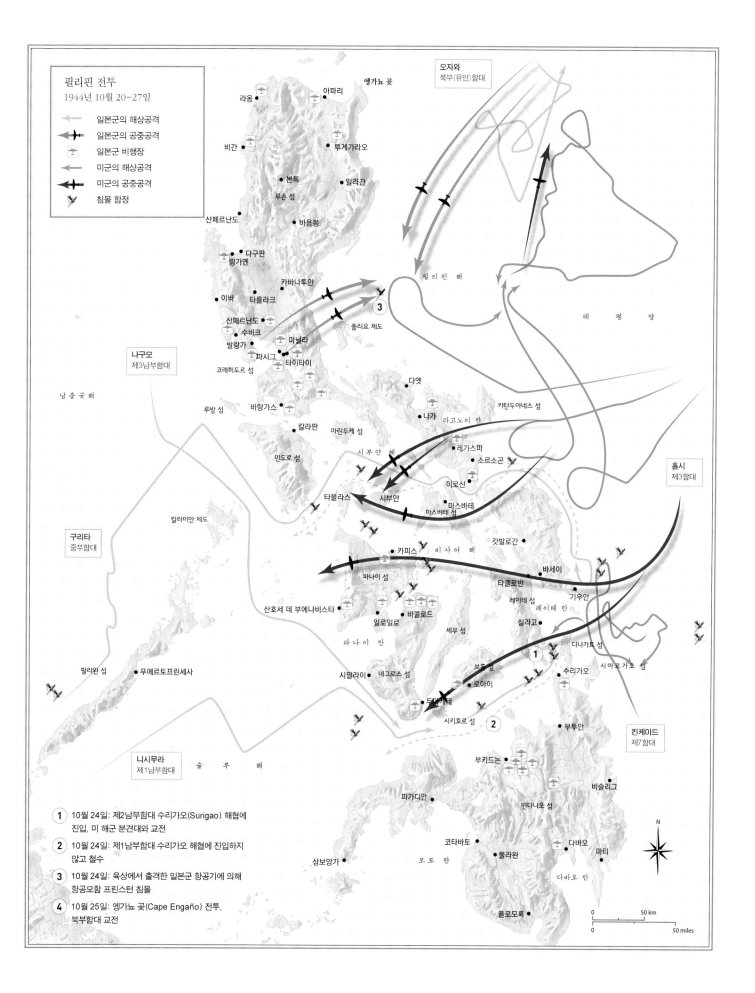

필리핀 전투
1944년 10월 20~27일

일본군의 해상공격
일본군의 공중공격
일본군 비행장
미군의 해상공격
미군의 공중공격
침몰 함정

오자와
북부(유인)함대

엥가뇨 곶
라옹
아파리
비간
투게가라오
본톡
일라간
부손 섬
산페르난도
바욤봉
다구판
링가옌
카바나투안
이바
타를라크
산페르난도
수비크
발랑가
마닐라
파시그
타이타이
코레히도르 섬
루방 섬
바탕가스
칼라판
마린두케 섬
민도로 섬
타블라스
시부얀
칼라미안 제도
필 리 핀 해
태 평 양
남 중 국 해
다엣
나가
라고노이 만
레가스피
소르소곤
이로신
마스바테
마스바테 섬
캇발로간
카탄두아네스 섬
홀시
제3함대

나구모
제3남부함대

구리타
중부함대

카피스
비 사 야 해
바세이
파나이 섬
타클로반
기우안
산호세 데 부에나비스타
레이테 섬
레이테 만
실라고
일로일로
바콜로드
세부 섬
파 나 이 만
팔라완 섬
푸에르토프린세사
시팔라이
네그로스 섬
보홀 섬
로아이
두마게테
시키호르 섬
시아르가오 섬
디나가트 섬
수리가오

킨케이드
제7함대

니시무라
제1남부함대
술 루 해
부투안
부키드논
비슬리그
파가디안
민다나오 섬
코타바토
둘라완
모 로 만
다바오
마티
삼보앙가
다바오 만
폴로모록

N

0   50 km
0   50 miles

① 10월 24일: 제2남부함대 수리가오(Surigao) 해협에
   진입, 미 해군 분견대와 교전
② 10월 24일: 제1남부함대 수리가오 해협에 진입하지
   않고 철수
③ 10월 24일: 육상에서 출격한 일본군 항공기에 의해
   항공모함 프린스턴 침몰
④ 10월 25일: 엥가뇨 곶(Cape Engaño) 전투,
   북부함대 교전

중국 : 1941~1945

커티스 C-46 코만도
유명한 C-47 다코타에 의해 크게 명성이
가려지기는 했어도, 커티스 C-46 코만도는
이 사진에서처럼 승무원들에게 낙타 혹을
넘는 비행으로 알려져 있던, 인도와 중국
사이 히말라야 산맥을 넘어서 비행하는 미
육군항공대의 진정한 일꾼이었으며, 특히
태평양 전구에서 그러했다. C-46 항공기는
1945년 3월 이후에 유럽에 투입되어,
공수부대의 라인 강습작전에 참가했다.

클레어 리 셔놀트(Claire Lee Chennault)는 약간 귀가 먹은 퇴
역한 미 육군항공대 소령으로, 1937년 중국 정부는 그에
게 자국의 전투기 방어 체계를 조직해 달라고 요청했다. 그
는 이 임무를 수행하기 위해 항공기를 최대한 많이 확보하
려고 조금의 시간도 허비하지 않았다. 여기에는 미국의 군
수물자대여 정책에 의해 확보한 개량형 커티스 P-40 위호
크도 포함되어 있었다.

항공기뿐만 아니라 많은 수의 미국인 조종사들도 자
원했다. 이들 중 60명은 전직 미 해병대와 해군 조종사
였으며 나머지는 육군항공대 출신이었는데, 대부분이 모
험을 고대하고 자원한 것이었다. 80명이 넘는 이들 조종
사들과 100명이 넘는 지상 정비사들에 의해 통상 '플라
잉 타이거즈(Flying Tigers)'로 알려진 미국지원전대(American
Volunteer Group: AVG)가 탄생했다. 중국의 쿤밍(昆明)에 본거
지를 둔 이들은 일본의 폭격기를 요격하고, 즉각 전세에
영향을 미치며 기록적인 승전보를 알렸다. 훨씬 남쪽에 주
둔해 있던 또 다른 비행대는 버마로 진군하는 일본군을
방어하는 임무를 맡았다. 이 부대는 영국 공군의 구형 브

루스터 버펄로 전투기와 소수의 호커 허리케인을 보유하
고 있었다. 이 부대의 성과는 미미해 곧 동남아시아의 자
원을 향한 일본의 가차 없는 압박에 사상자와 손실이 쌓
여갔다.

중국 중남부에 위치한 대대는 지리적으로 고립되어
부품과 연료를 구하기가 극도로 어려웠다. 전투기들은 다
른 항공기의 부품을 전용해야만 비행을 계속할 수 있었고,
이는 부대의 전력과 공격 효과의 약화로 이어졌다.

미 육군항공대의 새로운 역할

버마 점령 후 플라잉 타이거즈의 활약에 깊은 인상을 받
은 미국 정부는 셔놀트를 현역에 복귀시키면서 소장 계급
을 수여하고, 미국지원전대(AVG)를 제23전투전대라는 이
름으로 미 육군항공대에 공식적으로 소속시키며, 최신형인
P-40 항공기를 제공했다. 이 부대는 제2차 세계대전이 끝
날 때까지 중국의 비행장에서 비행을 계속하면서, 폭격기
요격과 호위, 일본군의 진지와 병참선에 대한 기총공격 등
으로 일본을 괴롭혔다. 제2차 세계대전이 끝날 즈음 제23

전투전대의 믿음직한 P-40 항공기들을 서서히 노스아메리칸 P-51 머스탱으로 대체하는데, 많은 항공기가 그 부대의 상징인 상어 입 모양 표식을 계속 유지했다.

히말라야 횡단비행

버마가 일본의 수중에 들어가고 중국 국민당을 지원하는 주요 보급로인 버마 로드(Burma Road)가 차단되자, 유일한 경로는 수송기와 개조된 폭격기를 이용해 히말라야(Himalaya) 산맥을 넘는 것이었다. 탄약에서부터 지프에 쓸 연료에 이르기까지 모든 것을 광대한 산맥을 넘어 공중으로 운송해야 했다. 인도의 아삼(Assam)에 있는 기지들로부터 쿤밍에 이르는 경로는 특히 위험했는데, 항공기가 해발 4,900미터에 이르는 산맥을 넘어야 했기 때문이다. 격한 난류를 일으키는 예측 불가능한 날씨 때문에 어려움이 더욱 가중되었다. 한편 두꺼운 구름 때문에 골짜기로의 비행은 불가능했고, 구름 위에서의 비행은 강한 착빙을 야기해서 임무가 불가능하게 만들어버렸다.

조종사들이 '낙타 혹(Hump)'이라고 명명한 이곳을 넘다가 발생한 사상자는 엄청났다. 경로를 따라 손실된 항공기의 잔해가 뿔뿔이 흩어져 있었는데, 조종사와 승무원들에게 임무의 위험함을 소름끼치게 상기시켰다. 중국의 활주로는 일본 폭격기의 공격을 받았고, 몬순(Monsoon) 기후 때문에 종종 작전이 불가능했다. 항공기가 실은 무거운 화물 때문에 이·착륙 중에 사고가 많이 발생했고, 예비부품을 획득하는 것이 실질적으로 불가능했기 때문에 기계의 지속적인 마모는 이내 타격을 주었다. 미 육군항공대와 영국 공군은 이 위험하고 매력적이지 않은 임무를 위해 연합하여 더글러스 C-47을 띄웠는데, 이 작전에서 빛을 발한 주인공은 더 큰 적재 능력을 갖춘 커티스 C-46 코만도(Curtiss C-46 Commando)였다.

전쟁이 끝날 때까지 600대 이상의 항공기가 매일 이 고문과도 같은 항로를 날았다. 종전 시까지 60만 톤 이상의 보급품이 그 지역에서 전투를 벌이던 중국 국민당, 조지프 스틸웰(Joseph Stilwell) 장군이 이끄는 미군과 제20폭격사령부의 B-29에 전달되었다.

중국에서의 P-51 머스탱
노스아메리칸 P-51 머스탱이 중국에서 셔놀트 장군의 '플라잉 타이거즈'가 보유하고 있던 P-40 항공기를 대체했다. 사진은 1940년에 최초로 도입되어 전통적인 상어 이빨 표식을 하고 있는 폐물이 된 P-51B 항공기의 모습이다.

히말라야 횡단비행
1944~1945년
◀── 연합군 수송 경로

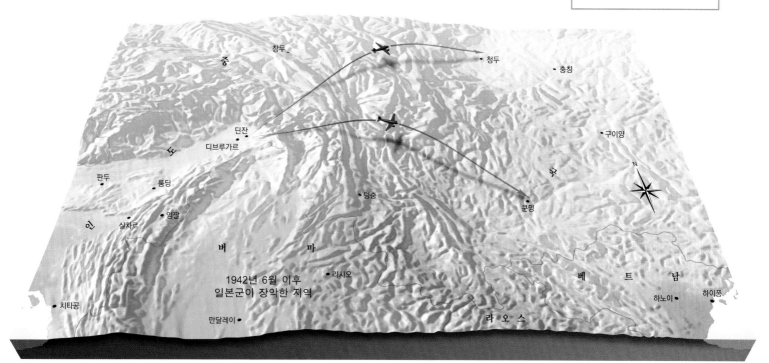

1942년 6월 이후
일본군이 장악한 지역

바그라티온 작전과 소련 서부 해방

바그라티온(Bagration) 작전은 소련이 당시까지 계획한 것 중 가장 대규모 공세였다. '바그라티온'이란 이름은 나폴레옹의 러시아 침공 때 보로디노 전투에서 치명상을 입고 전사한 그루지야 출신 육군 원수의 이름을 따서 스탈린이 명명한 것이다.[*] 이 작전은 벨라루스(Belarus)의 대부분을 점령하고 있던 독일 중부집단군에 일격을 가하기 위해 입안했다. 소련군이 우크라이나를 지나 계속 진군하던 1944년 봄에 이 엄청난 작전 계획이 세워져 있었다. 또한 스탈린은 서구의 연합국들로부터 서부 유럽에 대한 상륙작전이 5월 말에 이루어질 것이라는 정보를 듣고 있었다. 의심 많은 스탈린은 그의 뛰어난 소련 정보기관을 통해 틀림없이 이 사실을 확인했을 것이다.

벨라루스의 발코니

1944년 1월 중순부터 4월 1일 사이에 레닌그라드(Leningrad)의 포위가 풀리고 노브고로드(Novgorod)가 해방되었다. 남쪽에서는 4월과 5월에 크림 반도가 자유를 찾게 되자 서부 우크라이나로 진군하는 소련의 측방에 대한 위협이 사라졌다. 그 결과 오르샤(Orsha)에 있는 매우 중요한 철도 교차점인 비텝스크(Vitebsk) 근처에서부터 보브루이스크(Bobruysk)까지 독일군 주위에 거대한 돌출부가 형성되었다. 독일과 소련군 모두에게 이 지역은 '벨라루스의 발코니(Belorussian Balcony)'로 알려진다.

독일군 최고사령부는 소련군이 우크라이나 전선에서의 성공을 지속하면서 넓은 프리파티(Pripyat) 습지의 남쪽과 몰다비아(Moldavia)와 루마니아를 겨냥해 발코니 남쪽으로부터 공격할 것으로 예상했다. 그동안 소규모 소련군 작전팀이 계획을 완성했고, 마지막 회의에서 소련군 최고사령부(STAVKA)는 독일군을 남쪽에서 공격하는 것처럼 조심스럽게 기만하면서, 독일 북부집단군의 심장부를 직접 겨냥하여 습지의 북쪽을 공격하기로 결정했다. 독일은 남부로부터의 공격을 확신했다.

뜨거운 논쟁 이후에 소련은 수적 우세를 최대화하고, 대응하는 독일군에게 선택권을 최소화하도록 하기 위해 두 개의 공격 축선을 기반으로 공격하기로 결정했다. 서부에서는 6월 6일, 연합군이 노르망디에 상륙했다. 테헤란 회담(Teheran Conference)에서의 합의를 지키기 위해 스탈린은 동쪽에서 대규모 공격을 개시할 준비가 되어 있었다. 독일은 이제 진정으로 2개의 전선에서 싸우게 되었다.

소련군의 최전선에서 마지막 진영이 갖추어졌는데, 240만의 병력과 5,300대의 항공기, 3만 6,000문이 넘는 야포와 중(重)박격포, 5,200대의 전차가 있었다. 이들과 맞서는 독일군과 추축군 병력은 120만으로 1,350대의 항공기와 9,500문의 야포, 900대의 전차를 갖추고 있었다. 1944년 6월 20일 파르티잔이 중요한 철도 교차점과 독일군 배후의 보급로에 대한 지원 공격을 개시했다. 첫날 밤만 해도 150량의 기차가 탈선했다. 기만계획에 따라 소련군은 남부 지역에서 양동 작전을 수행하고, 얼마 되지 않는 독일 예비전력은 서둘러 남쪽으로 갔다.

6월 22일 산재한 항공기들의 지원을 받으며 전선을 따라 소규모 공격이 시작되었다. 주공격은 다음 날 시작했는데, 소련의 보병은 사전에 계획한대로 포병 엄호사격을 넘어 공격했다. 독일군의 전선을 돌파한 이후 전차들이 폭풍처럼 밀어닥쳤고, 하늘에서는 일련의 Il-2 항공기들이 독일군의 대전차 진지를 파괴했다. 독일 중부집단군을 지원하던 제6항공군(Luftflotte 6)은 가용한 전투기가 겨우 40~60대뿐이고 연료도 모자라는 우울한 상태에 놓여 있었다. 그들은 전투에 약간의 도움이 되기는 했지만 소련 공군의 공중우세가 절대적이었다.

히틀러는 어떤 희생을 감수하더라도 몇 곳의 요새화 지역(Fortified place)을 고수할 것을 명령했다. 그 결과로 수만 명에 달하는 독일 병사들이 대부분 죽거나 포로가 되었다. 모길료프(Mogilev)는 6월 28일에, 민스크(Minsk)는 7월 3일에 함락되었다. 7월 5일에는 대규모 전투의 2단계가 시작되었다. 중박격포 부대들이 프리파티 습지의 남쪽으로 진격했고 공격은 코벨(Kovel)을 지나 폴란드에까지 다다랐으며, 발코니 북쪽의 전선이 붕괴되어 중부집단군은 궤멸되었다.

라보츠킨 LA-5
전방 임시 활주로에서 재급유를 받고 있는 라보츠킨 La-5의 모습. La-5는 1943년 3월에 최전선에 모습을 나타냈으며, 오래지 않아 몇몇 유능한 소련 전투기 조종사들에 의해 강력한 인상을 남겼다. 그중에서도 라보츠킨 계열 전투기들을 조종하면서 적기 62대를 격추한 이반 코제두브(Ivan Kozhedub)는 최고의 격추기록을 가진 연합군 공군 에이스 중 한 사람이었다.

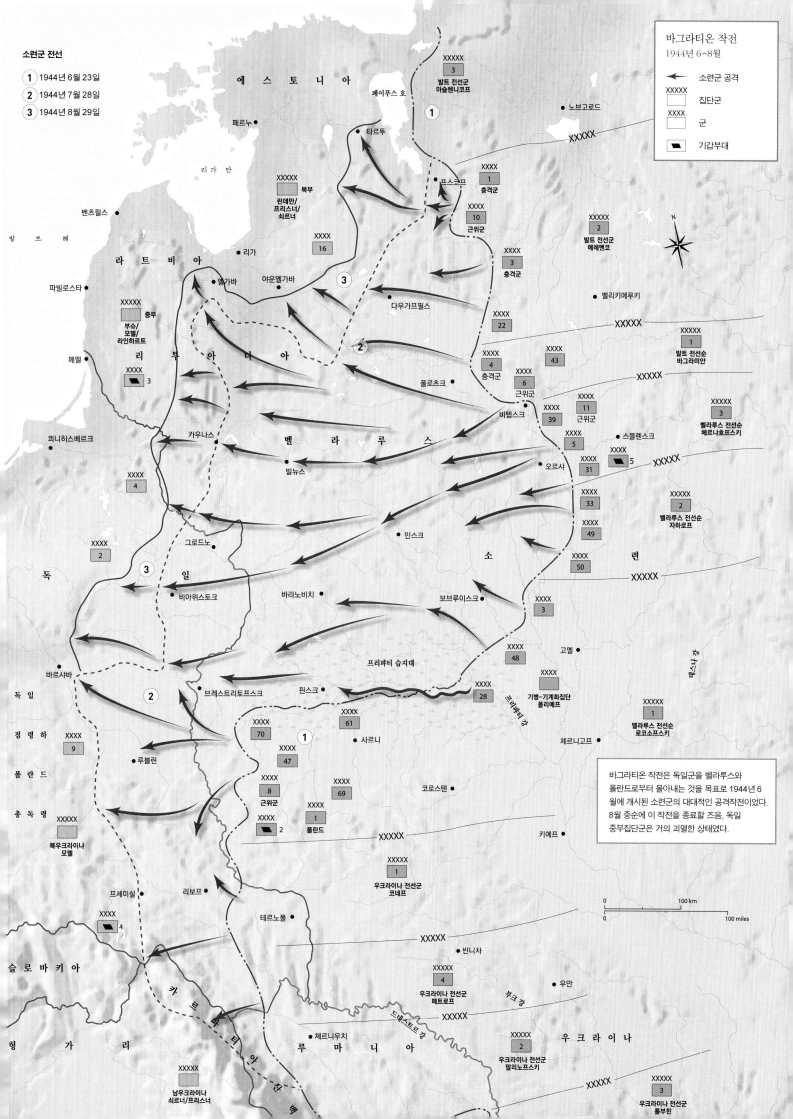

소련군 전선
① 1944년 6월 23일
② 1944년 7월 28일
③ 1944년 8월 29일

바그라티온 작전
1944년 6~8월
→ 소련군 공격
XXXXX 집단군
XXXX 군
◣ 기갑부대

바그라티온 작전은 독일군을 벨라루스와 폴란드로부터 몰아내는 것을 목표로 1944년 6월에 개시된 소련군의 대대적인 공격작전이었다. 8월 중순에 이 작전을 종료할 즈음, 독일 중부집단군은 거의 괴멸한 상태였다.

에스토니아
페이푸스 호
노브고로드
페르누
타르투
프스쿠프
XXXXX 3 발트 전선군 마슬렌니코프
XXXX 1 충격군
XXXX 10 근위군
리가 만
벤츠필스
XXXXX 북부 린데만/프리스너/쇠르너
XXXX 16
XXXX 3 충격군
XXXXX 발트 전선군 예레멘코
발트 해
라트비아
파빌로스타
리가
엘가바
야운엘가바
다우가프필스
③
벨리키예루키
메멜
XXXXX 중부 부슈/모델/라인하르트
리투아니아
XXXX 3
엘가바
②
XXXX 22
XXXX 4 충격군
XXXX 43
XXXXX 1 발트 전선순 바그라미안
쾨니히스베르크
카우나스
벨라루스
폴로츠크
XXXX 6 근위군
비텝스크
XXXX 39
XXXX 11 근위군
스몰렌스크
XXXXX 3 벨라루스 전선순 체르냐호프스키
XXXX 4
빌뉴스
XXXX 5
오르샤
XXXX 31
◣ 5
XXXX 2 벨라루스 전선순 자하로프
XXXX 33
XXXX 49
XXXX 2
그로드노
민스크
소
련
XXXXX 독 일
③
비아위스토크
바라노비치
보브루이스크
XXXX 50
XXXX 3
XXXX 48
고멜
프리퍄티 습지대
XXXX 28
XXXXX 기병-기계화집단 폴리예프
XXXXX 1 벨라루스 전선순 로코소프스키
체르니고프
바르샤바
②
브레스트리토프스크
핀스크
XXXX 61
사르니
독 일 점령하 폴란드 총 독령
XXXX 9
루블린
XXXX 70
①
XXXX 47
XXXX 8 근위군
XXXX 69
코로스텐
XXXX 1 폴란드
◣ 2
XXXXX 북우크라이나 모델
XXXXX 1 우크라이나 전선군 코네프
키예프
프셰미실
리보프
◣ 4
테르노폴
슬로바키아
XXXXX
빈니차
우만
우크라이나
부크 강
XXXXX 4 우크라이나 전선군 페트로프
드네스트르 강
체르니우치
헝가리
루마니아
XXXXX 2 우크라이나 전선군 말리노프스키
XXXXX 남우크라이나 쇠르너/프리스너
XXXXX 3 우크라이나 전선군 톨부힌

0 ___ 100 km
0 ___ 100 miles

특수작전 : 파르티잔 지원

항공기가 편대를 이루는 것보다 단독으로 비행하는 것이 적 영공에 침투하는 데 유리했으며, 비교적 안전하고 적에게 발각될 위험이 낮은 밤에 주로 행동했다. 승무원들은 그 이후에 재보급이나 공작원들을 침투시키는 등 지상 레지스탕스(Résistance)를 지원하는 다양한 임무를 수행할 수 있었다. 또한 소규모의 항공기 무리는 특정 표적에 대한 정밀공격을 수행할 수도 있었는데, 이는 1943년 5월에 영국 공군 제617비행대대가 루르 계곡의 댐들을 파괴하면서 그 효과가 증명되었다. 이런 특수작전은 독일이 점령한 유럽뿐만 아니라 보급을 끊기 위해 작은 게릴라 부대인 친디트(Chindit)를 일본 배후에 투입하는 등 버마의 밀림에서도 수행했다. 이러한 부대들은 공중을 통해 재보급을 받았으며, 또한 작은 파이퍼 컵(Piper Cub) 소형 정찰기가 밀림작전에서의 사상자들을 탈출시켰다.

레지스탕스 지원

나치 점령하 유럽, 특히 프랑스에서 레지스탕스는 추축국 군대를 격파하는데 아주 중요한 역할을 했다. 그들은 적 병력의 규모나 움직임에 대한 정보를 제공하고, 수송 및 통신망을 파괴했으며, 추락해 곤경에 빠진 연합군 조종사들이 영국으로 돌아가 다시 싸울 수 있게 도와주었다. 영국 공군의 특수임무대대(Special Duties Squadron)는 영국과 북아프리카, 1944년 이후에는 이탈리아에 주둔하면서, 레지스탕스가 사용할 엄청난 양의 무기와 탄약, 무선장비를 실어 날랐다.

제2차 세계대전 초기에 영국의 특수임무대대는 폭격기 사령부에서 보내준 항공기를 사용했다. 검정색으로 칠해진 암스트롱 휘트워스 휘틀리(Armstrong Witworth Whitley)는 은밀 보급 수송기(clandestine supply transport)로서 새로운 역할을 수행했다. 이 작전에 투입된 다른 항공기는 웨스트랜드 라이샌더(Westland Lysander)였다. 본래 지상군 지원용으로 설계된 이 항공기는 경이적인 단거리 이착륙 능력을 가지고 있었는데, 적당한 개활지 어디에도 내릴 수 있었기 때문에 작전요원을 수송하거나 추락한 조종사를 구출하는 데 완벽한 기체였다. 1942년 말부터 영국군의 장거리 특수 임무 작전을 담당한 것은 휘틀리를 대체한 핸들리 페이지 핼리팩스(Handley Page Halifax)였다. 이 항공기

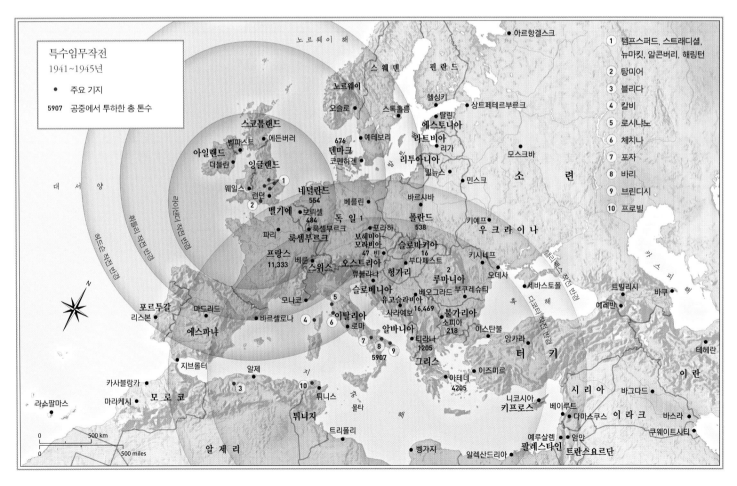

는 1944년 중순 쇼트 스털링으로 교체할 때까지, 제134·148·161·624비행대대 및 제1586폴란드대대에서 운용하는 표준 장거리 항공기로 남아 있었다.

1944년 8월의 바르샤바 봉기 기간 중 서구 연합군은 포위된 폴란드 전투요원들에게 무기와 의료품 제공을 시도했다. 이것은 엄청난 장거리 비행이었고 소련의 착륙 허가를 얻어야 했다. 총 200회가 넘는 여러 작전을 수행했다. 많은 보급품이 독일군 진영에 떨어져서 충분한 양이 공급되지 못했다. 유고슬라비아에서는 티토(Tito) 지휘하의 파르티잔이 다른 전선에 투입될 수도 있을 독일군을 이 지역에 묶어 두는 역할을 수행하며 연합군으로부터 충분한 보급을 받았다. 유고슬라비아는 전쟁 기간 중 북아프리카와 이탈리아의 기지에서 날아오는 영국 공군의 더글러스 C-47 다코타(Dakota)와 핼리팩스를 통해 엄청난 물량의 물자를 공급받았다.

동남아시아의 레지스탕스

동남아시아에는 육군 준장 오드 윈게이트(Orde Wingate)가 지휘하는 장거리 침투부대 친디트(Chindit)가 있었다. 그들의 임무는 일본군의 병참선을 교란하고 일본군의 배후에 두려움과 불확실성을 퍼뜨리는 것이었다. 이 그룹의 유일한 보급원은 항공기였는데, 첫 번째 임무에서 많은 사상자를 낸 이후에 임무는 잠시 중단되었다.

미국은 이러한 부대의 장점을 보고 자신들도 비슷한 부대를 만들어 사령관인 프랭크 메릴(Frank Merrill) 장군의 이름을 따서 '메릴의 약탈자들(Merrill's Marauders)'이라고 명명했다. 이 부대는 모든 미 육군항공대 부대의 보급과 침투를 도왔고, 영국 공군에게도 마찬가지로 도움을 주었다. 1944년 이 부대는 버마 밀림의 깊숙한 곳에 위치한 착륙 지역으로 날아갔다. 이곳은 이후에 요새화되었고, 기습 임무를 위해 병력이 투입되었다. 다코타 항공기는 9,000명이 넘는 병력을 이들 착륙지점으로 수송했다. 일본이 가급적 빠른 시간 안에 착륙지점을 봉쇄해 연합군 병사들을 궁지에 몰아넣는 것이 중요하다고 판단하자, 전투는 이내 맹렬해졌다. 약 2개월간의 전투 후 제한적인 성공만을 거둔 채 연합군의 병사들은 철수했다.

이런 임무는 드해빌런드 모스키토 항공기를 운용하는 영국 공군 비행대대들도 수행했는데, 한 예로 그들은 게슈타포에게 처형당할 레지스탕스 요원들이 억류되어있는 아미앵(Amiens)의 감옥을 공격했다. 모스키토기는 극히 낮은 고도로 비행해 감옥의 벽과 건물들을 폭격했다. 불행하게도 몇몇 포로들이 공격 중에 죽음을 당했지만 많은 인원이 탈출에 성공했다.

웨스트랜드 라이샌더
웨스트랜드 라이샌더는 비밀작전에서 명성을 얻었다. 이 대형 항공기는 장거리 연료탱크 및 비밀요원의 신속한 탑승 혹은 하차를 돕기 위한 사다리를 설치할 수 있었다.

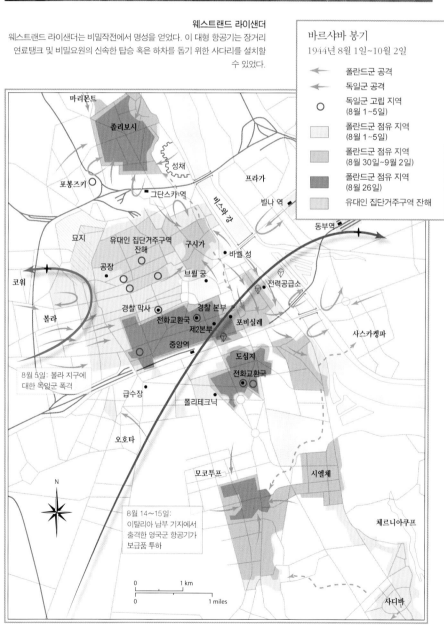

바르샤바 봉기
1944년 8월 1일~10월 2일

→ 폴란드군 공격
→ 독일군 공격
○ 독일군 고립 지역 (8월 1~5일)
폴란드군 점유 지역 (8월 1~5일)
폴란드군 점유 지역 (8월 30일~9월 2일)
폴란드군 점유 지역 (8월 26일)
유대인 집단거주구역 잔해

마리몬트
졸리보시
성채
포봉스키
그단스카역
프라가
빌나 역
묘지
유대인 집단거주구역 잔해
구시가
바벨 성
동부역
비스와 강
공장
브릴 궁
코워
전력공급소
볼라
경찰 막사
경찰 본부
포비실레
사스카켕파
전화교환소
제2본부
중앙역
도심지
전화교환소
8월 5일: 볼라 지구에 대한 독일군 폭격
급수장
폴리테크닉
오호타
모코투프
시엘체
체르니아쿠프
8월 14~15일: 이탈리아 남부 기지에서 출격한 영국군 항공기가 보급품 투하
N
사디바

0   1 km
0   1 miles

제3제국의 몰락

최후의 방어
알렉산더 리피슈(Alexander Lippisch)가 설계한 Me 163 항공기는 액체 연료 로켓 엔진을 추력으로 사용했다. 이 항공기는 시속 900킬로미터에 달하는 믿기 힘든 상승속도를 낼 수 있었다. 메서슈미트 역시 전투 임무에 투입된 최초의 터보제트 엔진 항공기인 Me 262를 설계했다.

1945년 초에 이르러 독일은 패배를 눈앞에 두게 되었다. 연합군의 유류와 합성석유 제조 시설에 대한 폭격으로 독일군의 항공기와 전차는 연료가 부족했고, 수송과 통신망은 흔적 없이 사라졌다. 피해를 입은 상태에서도 전쟁 무기 생산은 계속되었지만, 이들을 가동할 연료가 없는 상태에서는 의미가 없는 것이었다.

그러나 독일군 최고사령부는 최후의 지상공격인 벌지 전투(Battle of Bulge)를 준비하고 있었다. 진격하는 연합군을 분리시키기 위한 처절한 마지막 시도로써 안트베르펜에 도달하는 것이 목표였는데, 이러한 도박의 성공 여부는 연합군이 비축한 예비연료를 획득할 수 있는가에 달려있었다. 이 작전은 크리스마스 기간 동안 악천후 때문에 연합군 공군이 방해를 받으면서 거의 성공하는 듯했다. 이 공격과 함께 보덴플라테(Bodenplatte) 작전을 실행하려고 했으나 이 또한 연합군에게 영향을 준 악천후 때문에 취소해야만 했다. 대신 이 작전은 1945년 1월 1일에 실행되어 벨기에와 네덜란드, 프랑스에 있던 17곳의 연합군 비행장에 기습을 가했는데, 가능한 많은 연합군 항공기를 파괴하는 것이 목표였다. 독일 공군이 가용할 수 있는 모든 전투기 및 전투폭격기 부대가 이 작전을 위해 서쪽으로 이동했다.

치명적 실수

야간전투기 부대에서 선발된 선도기가 독일의 공격을 유도했는데, 포케불프 Fw 190와 메서슈미트 Bf 109 전투기가 주력을 이루었다. 그들은 연합군 항공기 대부분이 이륙하기 전인 오전 9시에 레이더 탐지를 피하기 위해 나무 높이 정도의 고도로 날아가 목표 지점에 도달할 계획이었다.

전투기들은 V1, V2 미사일 발사기지와 같이 독일 지상군이 삼엄한 경계를 하던 상공을 통과했다. 하지만 이 공격에 대한 정보가 대공포 부대까지 알려지지 않아서, 연합군의 공중우세에 익숙해 있던 지상 요원들이 부지불식간에 아군에게 포문을 열고 말았다. 훈련을 막 마친 신참 조종사들은 숙련된 동료 조종사들보다 더 높고 느리게 비행했기 때문에, 독일군과 연합군 양측의 대공포 사수 모두에게 손쉬운 표적이 되고 말았다.

독일 공군은 많은 기지를 쉽게 찾아내어 기총공격과 폭탄 투하를 수행했다. 신참 조종사들은 경험 부족으로 사격이 정확하지 못했다. 하지만 독일이 이 임무에 참여한 1,000여 대의 항공기 중 280여 대를 잃은 반면, 연합군 항공기는 약 500대가 지상에서 파괴되었다. 작전은 전술적으로는 성공이었으나 많은 조종사가 죽거나 연합군 점령지역에서 비상탈출을 했다. 이들 조종사의 손실은 무기를 잃는 것보다 훨씬 큰 문제였다. 연합군은 파괴된 항공기를 몇 주 만에 대체했고, 독일 공군은 용감무쌍함을 보여주기는 했지만 얻은 것에 비해 너무 많은 것을 잃었다.

드레스덴 폭격

드레스덴(Dresden) 폭격은 연합군 폭격기 사령관들이 내린 논쟁의 여지가 있는 또 하나의 결정이었다. 서부에서 연합군의 진격속도가 엘베(Elbe) 강에 이르면서 느려지자, 영국 공군과 미 육군항공대는 당시까지 공격당하지 않은 도시를 공격하기로 결정했다. 문화의 중심지인 드레스덴에는 100개 이상의 공장이 있었고, 계속해서 밀려들어 오는 소련의 붉은 군대와 맞서기 위해 독일군을 서쪽에서 동쪽으로 이동시키는 주요한 수송 및 통신 거점이었다.

첫 번째 공격은 제8공군이 맡았는데, 목표지역의 악천후 때문에 1945년 2월 13일 밤의 첫 번째 임무는 폭격기 사령부에 부여되었다. 선도기들은 조차장 근처에 있는 오래된 마을을 발견했는데, 주로 목조건물로 이루어진 커다란 마을이었다. 뒤따르던 주력이 고폭탄을 투하했는데, 여기에는 건물의 지붕을 날려버리고 발화 물질이 노출된 대들보에 떨어질 수 있는 1,800킬로그램짜리 '쿠키'(Cookie) 폭탄이 포함되어 있었다. 2차 전력이 도착할 즈음에는 수백 마일 떨어진 곳에서도 화염을 볼 수 있었다. 제8공군이 도착한 2월 14일에도 공격의 강도는 누그러들지 않았다. 300대 이상의 보잉 B-17 항공기가 이미 산산이 부서진 도시에 폭탄을 투하했다. 다음 날 제8공군이 라이프치히(Leipzig) 근처에 있는 합성석유 공장을 폭격하려 했으나 구름 때문에 보이지 않자, 대신에 드레스덴을 다시 폭격하여 더 많은 피해를 입혔다.

2월 3일 거의 1,000대의 보잉 B-17이 베를린의 철도를 파괴하기 위해 주간 공습을 감행했다. 드레스덴처럼 베를린은 동부전선으로 병력을 보내는 요지였다. 베를린은 2주 뒤 다시 공격을 받았다. 소련 군대가 베를린 외곽지역에 도착할 때까지 한 달 내내 이어진 영국 공군의 드해빌런드 모스키토의 성가신 공습까지 더해지면서 베를린에 대한 폭격은 더욱 강화되었다. 4월 말에 히틀러가 죽고 약 일주일 만에 유럽에서의 전쟁은 막을 내렸다.

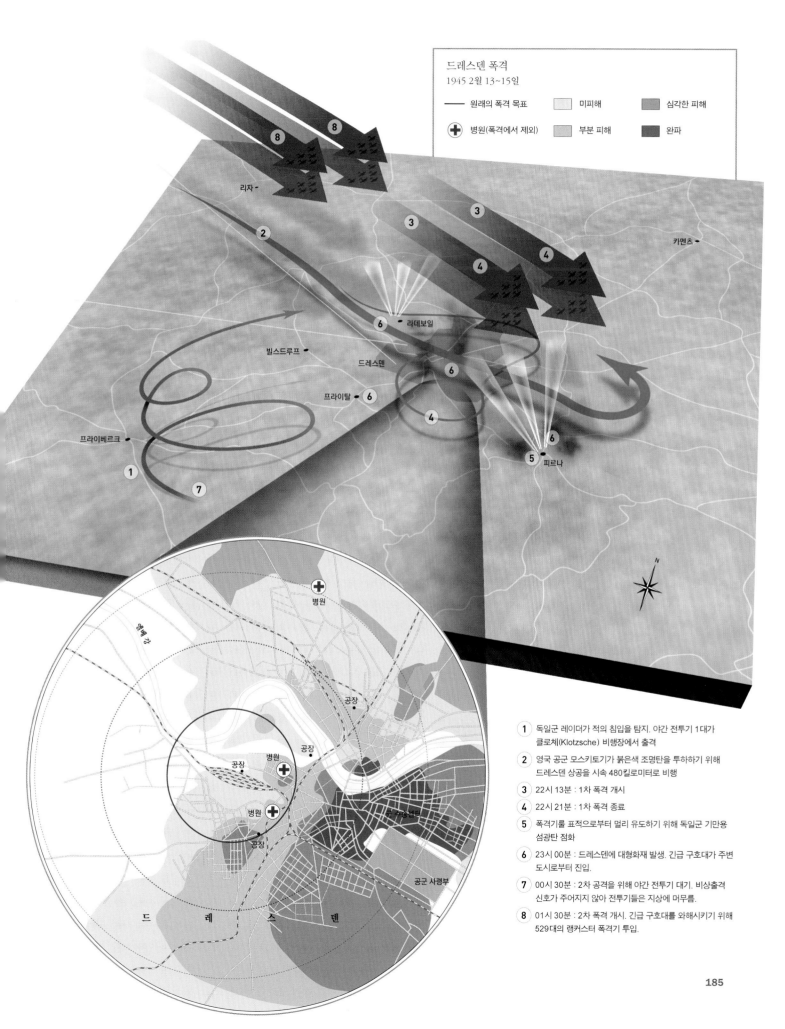

드레스덴 폭격
1945 2월 13~15일

—— 원래의 폭격 목표

⊕ 병원(폭격에서 제외)

미피해

부분 피해

심각한 피해

완파

리자

카멘츠

빌스드루프

드레스덴

프라이탈

프라이베르크

라데보일

피르나

N

병원

공장

공장

공장

병원 ⊕

병원 ⊕

공장

드 레 스 덴

공군 사령부

1 독일군 레이더가 적의 침입을 탐지. 야간 전투기 1대가 클로체(Klotzsche) 비행장에서 출격

2 영국 공군 모스키토기가 붉은색 조명탄을 투하하기 위해 드레스덴 상공을 시속 480킬로미터로 비행

3 22시 13분 : 1차 폭격 개시

4 22시 21분 : 1차 폭격 종료

5 폭격기를 표적으로부터 멀리 유도하기 위해 독일군 기만용 섬광탄 점화

6 23시 00분 : 드레스덴에 대형화재 발생. 긴급 구호대가 주변 도시로부터 진입.

7 00시 30분 : 2차 공격을 위해 야간 전투기 대기. 비상출격 신호가 주어지지 않아 전투기들은 지상에 머무름.

8 01시 30분 : 2차 폭격 개시. 긴급 구호대를 와해시키기 위해 529대의 랭커스터 폭격기 투입.

B-29 : 개발과 배치

1940년 여름 미국 정부는 파격적인 신형 폭격기 생산을 요청하는 공문을 주요 항공기 제조업체에 보냈다. 미국 정부가 원한 것은 많은 폭탄을 싣고 8,400킬로미터의 거리를 평균 시속 500킬로미터로 비행할 수 있는 항공기였다. 보잉사가 이내 선두에 나서서 B-17 플라잉 포트리스를 개선하는 작업을 했다. 보잉은 정부가 요구하는 모든 것을 구상했다. 이 항공기는 완전한 여압(與壓)* 을 갖추고 있었는데, 이는 제2차 세계대전 이전에 상업용 여객기인 스트래토라이너(Stratoliner)에서 이미 검증된 것이었다. 또 다른 혁신은 항공기의 중앙 화력통제체제였는데 초기 아날로그 컴퓨터를 활용하여 사수가 목표물을 맞힐 수 있도록 항공기의 속도나 받음각(Angle of Attack)** 과 같은 제원들을 계산하는데 사용할 수 있었다. 그 다음 이 제원들은 기체 상부와 하부에 2개씩 위치한 원격 조종 포탑에 사용할 수 있는 제원으로 변환되었다. 이를 통해 어떤 사수든 적과 교전 시에 화력을 집중시키기 위해 포탑을 통제할 수 있었다.

여압의 문제는 폭탄 격실을 열 때 발생했는데, 종전의 항공기들은 고고도에서 완전히 여압을 상실하는 결과를 낳았다. 이 문제는 항공기의 전단부와 후미 부분 사이에 튜브 형태의 통로를 적용함으로써 해결되었다.

시제기의 비행

B-29의 첫 번째 시제기가 1942년 9월 21일 비행했다. 거대한 동체를 가진 항공기치고 첫인상은 좋았지만 1943년 2월 18일 재앙이 발생했다. 두 번째 시제기가 2개의 엔진 결함으로 추락하면서 모든 승무원이 사망한 것이다. B-29가 사용한 엔진은 이 프로젝트를 위해 서둘러 생산한 라이트(Wright) R-3350이었다. 이 엔진은 과열에 고질적으로

* 고공비행 시 기내에 공기 압력을 높여 지상에 가까운 기압 상태를 유지하는 것.

** 비행기의 날개를 절단한 면의 기준선과 기류가 이루는 각도.

♥ 중화민국 국민당 정부의 군대.

보잉 B-29 슈퍼포트리스
1945년 3월 마리아나 제도에 5개의 작전기지를 세우면서 B-29 항공기는 더욱 일본에 가까워졌다. 제73·313·314·315폭격비행단이 인도와 중국에 있던 기지로부터 이곳으로 신속하게 재배치되고, 얼마 지나지 않아 제58폭격비행단도 재배치되었다. 모든 B-29 비행단은 괌에 본부를 둔 제21폭격사령부가 통제했다.

취약했는데, 이 문제는 이 엔진이 사용되는 동안 완전히 해결되지 못했다.

B-29 생산라인은 미국 전역에 퍼져 있었는데, 생산과정에서 문제가 생겼다. 항공기가 너무 진보적이고 디자인이 계속 바뀌었기 때문에 한 곳에서 생산한 후 다른 라인으로 보내져 그것에 맞는 추가 보완이 필요했다.

B-29 운용 개시

미 육군항공대 사령관 H.H. '햅' 아널드(H.H. 'Hap' Arnold) 소장은 케네스 보너 울프(Kenneth Bonner Wolfe) 장군에게 B-29의 생산과 운용, 강력한 훈련 프로그램 실행 등의 모든 실무를 총괄하는 책임을 부여했다. 처음에는 항공기가 부족하여 퇴역한 B-24 리버레이터를 활용해 조종사들을 훈련시켰는데, 이는 대개 B-29 조종사들이 B-24와 같은 항공기에서 차출되었기 때문이었다. 이들은 대형 항공기를 비행하는데 익숙하기는 했지만, B-29 항공기의 현저히 향상된 속도에는 잘 적응하지 못했다.

B-29에는 지휘관, 조종사, 폭격수, 항법사, 비행 정비사, 무선통신사, 전파탐지기사, 중앙 화력 통제 사수 및 3명의 추가 사수 등 11명의 승무원이 탑승했다. 사람들은 각자 맡은 임무에 따라 따로 훈련을 받았으며 종종 전방작전기지로 배치될 때까지도 승무원 팀이 만들어지지 않았다.

B-29의 배치로 연합군은 이제 일본 본토에까지 폭탄을 투하할 수 있는 무기체계를 보유하게 되어 일본의 전시 생산시설과 인구밀집지역이 압박을 받게 되었다. 이미 클레어 셔놀트의 플라잉 타이거즈와 장제스(蔣介石)의 국부군(國府軍)♥ 기지로 사용되고 있던 중국 중남부에서 이러한 공격을 위해 폭격기를 발진시킬 수 있었다. 첫 번째 폭격비행단은 동인도에 위치한 최종 집결지에 도착하기 전에 마라케시(Marrakech), 카이로(Cairo), 카라치(Karachi)와 캘커타(Calcutta)를 거쳐 히말라야를 비행해야만 했다. 청두(成都) 근교에 있는 새로운 기지로 비행하면서, 새롭게 창설된 제20폭격사령부가 일본에 대한 첫 번째 공격을 개시하기 위한 보급을 시작했다. 인도에서부터 날아오는 데 필요한 연료량 때문에 복잡해졌는데, 1갤런의 연료를 실어 나르기 위해 B-29가 히말라야를 넘으면서 2~3갤런을 필요로 했기 때문이었다. 연료 비축은 많은 시간이 걸리며 극도로 비경제적이었다.

중국 노동자들에 의해 첫 번째 활주로가 완성되고 중

분한 보급품이 도착한 다음에 제20폭격사령부는 '마터호른(Matterhorn) 작전'이라 불리는 첫 번째 공격을 할 준비를 갖추었다. 타이(Thailand)에 위치한 표적들에 대해 몇몇 엉성한 공격이 이루어졌지만 실망스러운 결과만을 주었고 놀랄 만큼 많은 수의 항공기들이 심지어 목표지점에 다다르기도 전에 엔진 결함으로 임무를 포기했다. 그리고 1944년 6월 14일에 68대의 B-29가 일본 남부의 규슈(九州)에 위치한 제철소를 폭격하기 위해 출격했다. 모두 47대의 항공기가 어둠이 내릴 무렵 목표지역에 도착했다. 그러나 표적을 명중심키지 못하고 제20폭격사령부는 항공

기 1대를 적군의 공격에, 6대를 사고로 잃으면서 폭격작전은 실패했다. 이것은 B-29의 경력에는 불길한 시작이었다. 다음 공격은 3주 동안 이루어지지 못했으며, 다시 한 번 보급문제가 부각되었다. B-29는 7월 7일과 9일에 다시 일본 남부로 출격했지만 약간의 피해만 입히고 더 많은 사상자를 내게 되었다.

제20폭격사령부의 사령관인 울프 장군이 워싱턴으로

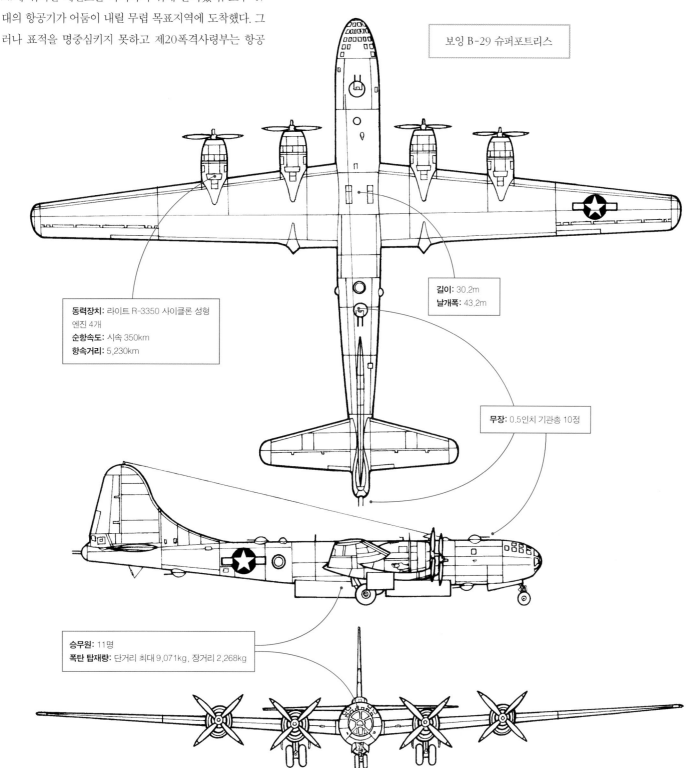

보잉 B-29 슈퍼포트리스

동력장치: 라이트 R-3350 사이클론 성형 엔진 4개
순항속도: 시속 350km
항속거리: 5,230km

길이: 30.2m
날개폭: 43.2m

무장: 0.5인치 기관총 10정

승무원: 11명
폭탄 탑재량: 단거리 최대 9,071kg, 장거리 2,268kg

소환되고 커티스 리메이(Curtis LeMay) 소장으로 교체되었는데, 그는 유럽의 제8공군에서 폭격 사단을 지휘했던 인물이었다. 그는 즉시 존재감을 나타냈는데, 그가 유럽 전구의 작전에서 발전시킨 대형으로 폭격기의 비행대형을 변경시키면서 표적에 대한 공격 정확도가 향상했다. 그럼에도 불구하고 제20폭격사령부는 한 달에 한 번 정도만 임무를 수행하고 있었다. 리메이가 가져온 또 하나의 중요한 무기는 소이탄으로, 목조 건물이 많은 아시아의 도시에서 엄청난 위력을 발휘했다. 84대의 B-29로 중국의 한커우(漢口)를 공격했을 때는 도시가 사흘 동안 불타기도 했다.

작전기지 이동

일본이 연합군 비행장을 점령할 목적으로 중국 내륙으로 치고 들어간 이치고 작전을 시작한 이후, 적과의 교전과 사고 때문에 엄청난 병력 손실에 직면한 미국은 중국으로부터 B-29를 출격시키는 작전을 단계적으로 축소했다. 마리아나 제도를 차지하면서 미 육군항공대는 도쿄를 작전 반경 내에 둔 활주로를 가지게 되었다. 더 중요한 것은 미국이나 호주에서 직접 선박으로 물자들을 공급 받을 수 있다는 것이었는데 이는 히말라야를 넘어야 했던 제한된 보급 경로와는 대조적이었다.

마리아나 제도는 사이판(Saipan), 티니언(Tinian) 및 괌(Guam)과 같은 섬들로 이루어져 있었다. 많은 기지들이 그곳에 기록적인 시간 내에 건설되는데, 대부분이 '바다벌'이라 불리는 해군 건설대가 담당했다. 첫 번째 B-29가 1944년 10월에 착륙했으며 11월 말까지 총 100대에 달하는 B-29들이 사이판의 아이슬리 기지(Isley Field)에 주둔했다.

트루크와 이오지마에 있는 일본군에 대한 공격이 이어졌지만 엔진 결함과 낮은 명중률 등의 문제들은 여전히 해결하지 못했다. 11월 24일 111대의 B-29가 도쿄로 출격했는데, 연합군 폭격기가 일본 수도 상공을 비행한 것은 악명 높은 1942년의 둘리틀(Doolittle) 공격 이후 처음이었다. 편대 대형을 이룬 폭격기들은 고도 8,200미터 상공에서 그때까지 확인되지 않았던 기상현상인 제트 기류(Jet stream)를 만났다. 이로 인해 편대 대형을 유지하는데 어려움을 겪었고, 적은 수의 폭탄만이 표적을 맞출 수 있었으며 나머지는 강풍과 짙은 구름에 의해 넓게 흩어져 버렸다.

다음 몇 주 동안 임무는 계속되었다. 모두 일본의 대공포와 전투기들을 피하기 위해 높게 비행을 하면서 상층풍의 영향을 받았다. B-29의 승무원들은 그들이 지상에 피해를 준 것보다 더 많은 사상자를 냈다. 그들이 감수한 대가와 노력을 고려할 때 B-29의 가치를 증명하기 위해서는 변화가 필요했다.

B-29의 저조한 실적에 실망한 아널드는 리메이로 하여금 마리아나에 있는 제21폭격사령부를 지휘하도록 했다. 한커우에서 소이탄의 효과를 목격했던 그는 똑같은 성과를 일본의 도시에서도 얻고 싶어 했다. 1945년 2월에 도쿄에 소이탄 폭격을 가했지만, 일본 방공망을 피하기 위해 여전히 8,200미터가 넘는 고도에서 비행을 했다. 이 폭격은 전보다는 많은 피해를 입혔지만, 리메이는 이보다 더 많은 피해를 입힐 수 있다고 생각했다. 그래서 그는 유럽에서 영국 공군이 했던 것과 유사한 접근을 하기로 결심했다. 선도기가 유도하는 야간 소이탄 폭격이었다. 이러한 야간 폭격은 3월 9일과 10일에 도쿄를 대상으로 처음 시작되었다. 이것은 엄청난 화재를 일으켰고 8만 4,000명에 달하는 사람들이 죽었다. B-29는 무시무시한 충격으로 다가오기 시작했다.

6월에 이르자 일본의 6개 대도시의 60퍼센트가 재로 변했다. 일본의 산업은 무너지고 있었다. B-29는 해군의 기뢰 부설과 함께 일본의 생존에 필수적인 상업 운송을 차단하여 태평양 전쟁을 단축시키는데 커다란 역할을 했다. 하지만 이 거대한 항공기에게는 아직 수행해야 할 임무가 하나 더 남아 있었다.

마리아나 기지
마리아나로의 이동은 전술의 완전한 수정을 가져왔고, B-29는 이제 일본의 주요 도시에 엄청난 참화를 가져오는 대규모의 야간 소이탄 지역 폭격을 수행했다.

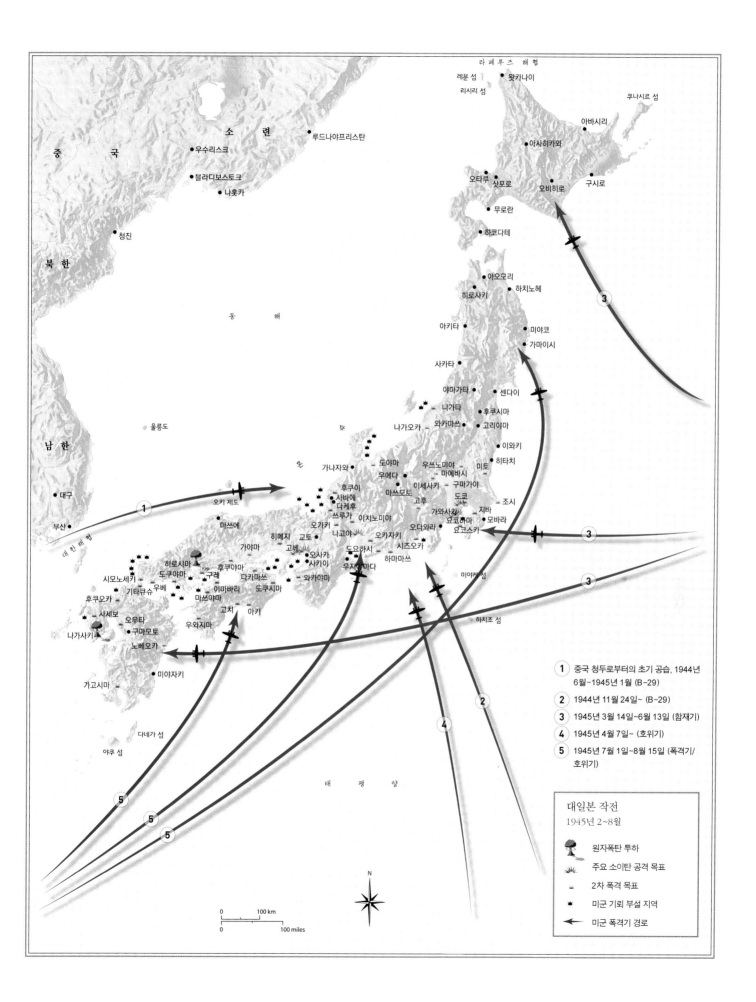

라 페루즈 해협
레분 섬
리시리 섬
왓카나이
쿠나시르 섬

소 련
아바시리

중 국
우수리스크
아사히카와

블라디보스토크
오타루
삿포로
나홋카
오비히로
구시로

청진
무로란

북 한
하코다테

동 해
야오모리
하치노헤
히로사키

아키타
미야코
가마이시

사카타

남 한
야마가타
센다이
니가타
후쿠시마
나가오카
와카마쓰
고리야마

울릉도
이와키

대구
히타치

가나자와
도야마
우쓰노미야
우에다
마에바시
미토

부산
후쿠이
사바에
마쓰모토
이세사키
구마가야

다케후
고후
조시

쓰루가
이치노미야
도쿄
지바

마쓰에
오가키
나고야
가와사키
모바라

히메지
교토
오카자키
요코하마
요코스카

가야마
고베
시즈오카
오다와라

히로시마
오사카
도요하시
하마마쓰

시모노세키
도쿠야마
구레
사카이
우지야마다

기타큐슈
우베
후쿠야마
다카마쓰
와카야마
미야케섬

후쿠오카
마쓰야마
도쿠시마

사세보
오무타
이마바리
고치
아키

나가사키
구마모토
우와지마
하치조 섬

노베오카

미야자키

가고시마

다네가 섬

야쿠 섬

태 평 양

① 중국 청두로부터의 초기 공습, 1944년
6월~1945년 1월 (B-29)

② 1944년 11월 24일~ (B-29)

③ 1945년 3월 14일~6월 13일 (함재기)

④ 1945년 4월 7일~ (호위기)

⑤ 1945년 7월 1일~8월 15일 (폭격기/
호위기)

대일본 작전
1945년 2~8월

🍄 원자폭탄 투하

🌿 주요 소이탄 공격 목표

2차 폭격 목표

미군 기뢰 부설 지역

← 미군 폭격기 경로

0   100 km
0   100 miles

N

핵전쟁

어서 누구든지 소유하기만 하면 전략적 주도권을 지닐 수 있었다. 연합군은 적의 산업기반과 사기를 떨어뜨리기 위해 민간지역을 폭격하는 전략폭격정책을 선택했다. 핵폭탄은 새롭고 경악할만한 수준의 파괴력을 보여주었다.

일본에 보내는 강력한 메시지

일본의 주요 도시들은 도시를 없애버릴 정도의 소이탄을 사용하는 신형 보잉 B-52 스트래토포트리스(Stratofortress) 폭격기에 공격당했다. 일본 도시의 주택 대부분은 나무로 지은 것이었고, 전통적으로 좁은 거리에 밀집되어 있어 도쿄에서만 10만 명이 사망할 정도로 엄청난 민간인 피해가 발생했다. 미군은 오키나와와 이오지마에 침공하면서 끔찍한 손실을 입었고, 일본 본토 침공 시에는 계획보다 많은 사상자가 발생할 것으로 전망했다. 이곳에서 약 10만 명의 미군 사상자가 발생할 것으로 추정했다. 엄청난 위력을 가진 핵폭탄으로 미군의 사상자를 크게 줄일 수 있을 터였다.

포츠담에서 미국 대통령 해리 S. 트루먼(Harry S. Truman)은 일본에게 만약 항복하지 않으면 '신속하고 철저한 파괴'만이 있을 것이라는 최후통첩을 보냈다. 일본이 거절하자 트루먼 대통령은 원자폭탄을 투하하라는 명령을 내렸다. 히로시마가 목표가 된 이유는 군사적인 이유 혹은 공장과 기반시설 때문이 아니라 인구가 많아서였다. 이곳을 폭격하면 심리적 충격이 어마어마할 것이라고 예상한 것이다. 히로시마는 이전의 폭격작전에서 제외했던 데다가 도시 중심부는 대부분 목조 건물로 이루어져 있었기 때문에 새로운 핵폭탄의 파괴력을 보여주는데 안성맞춤이었다.

이 역사적인 사건의 주인공은 제509혼성폭격전대장 폴 티베츠(Paul Tibbets) 대령이 조종하는 B-29 폭격기 에놀라 게이(Enola Gay)와 다른 2대의 B-29였다. 이들이 오전 8시 15분에 투하한 폭탄은 히로시마 상공 580미터에서 폭발했다. 거의 도시 전체가 폭풍에 휩싸였고 7만 명의 사람들이 순식간에 죽었다. 폭풍 반경은 1마일(1.6킬로미터)이었고, 폭발로 발생한 화재가 4마일(7킬로미터)가량 떨어진 곳까지 미쳐 그 사이 지역의 모든 것을 없애버렸다.

사흘 뒤에 찰스 W. 스위니(Charles W. Sweeny) 소령이 조종하는 복스카(Bockscar)가 '팻맨'을 나가사키에 투하했다.

1945년 8월 6일, 전쟁에서 최초로 사용된 핵무기인 '리틀보이(Little Boy)'가 일본의 도시 히로시마(廣島)에 떨어져 대략 7만 명의 사람들이 거의 순식간에 죽음을 당했다. 사흘 후에는 '팻맨(Fat Man)'이라는 또 다른 원자폭탄이 나가사키(長崎)에 떨어져 비슷한 사상자를 낳았다. 과연 연합군이 그렇게 파괴적인 무기를 사용해야만 했는가에 대한 수많은 논쟁이 오갔다. 많은 사람들은 8월 9일 소련이 일본에 선전포고를 하고 만주를 공격할 때 일본은 이미 패배한 상태였다고 느꼈다. 일본의 행정 관료들은 이미 평화 정책을 추구하고 있었고 오로지 군부만이 피비린내 나는 결과를 가져올 전쟁을 지속하기를 원했다.

영국과 캐나다의 과학적인 지원을 받은 미국 정부는 최초로 핵무기를 만들기 위해서 '맨해튼 프로젝트(Manhattan Project)'를 추진했는데, 핵무기는 너무 파괴적이

나가사키는 일본 남부의 큰 항구도시로 다수의 대형 공장이 있었으며, 이 도시 또한 건물들이 대부분 나무로 지어져 있었다. 원래의 목표인 고쿠라(小倉) 상공에 구름이 짙게 끼어 복스카는 두 번째 목표인 나가사키로 향했다. 폭탄은 오전 11시 1분에 떨어졌고 대략 7만 명의 사람이 죽었다. 2회에 걸친 원자폭탄의 위력 앞에서 일본은 무조건적인 항복을 받아들였다.

핵무기의 사용과 그 가공할 만한 위력은 많은 논쟁의 중심이 되어 왔다. 많은 사람들은 원자폭탄의 사용을 허가해서는 안 되고, 일본 본토 침공만이 실행 가능한 유일한 대안이었어야 한다고 믿는다. 어떤 사람들은 그 당시 만주를 침략하고, 이미 중부 및 동부 유럽의 많은 지역을 차지하고 있던 소련에게 힘을 보여주기 위해 필요했었다고 주장한다. 원자폭탄의 후유증과 긴 세월동안 수만 명의 사람에게 야기한 고통은 왜 이 무시무시한 무기가 다시는 사용되지 않았는지, 그리고 앞으로도 사용해서는 안 되는지를 말해주고 있다.

에놀라 게이의 승무원
첫 번째 원자폭탄을 투하한 B-29 항공기
'에놀라 게이'의 승무원 일부와 함께 서 있는
폴 티베츠 대령(파이프를 물고 있는 인물).

히로시마 폭격
화재 규모 및 폭발 여파

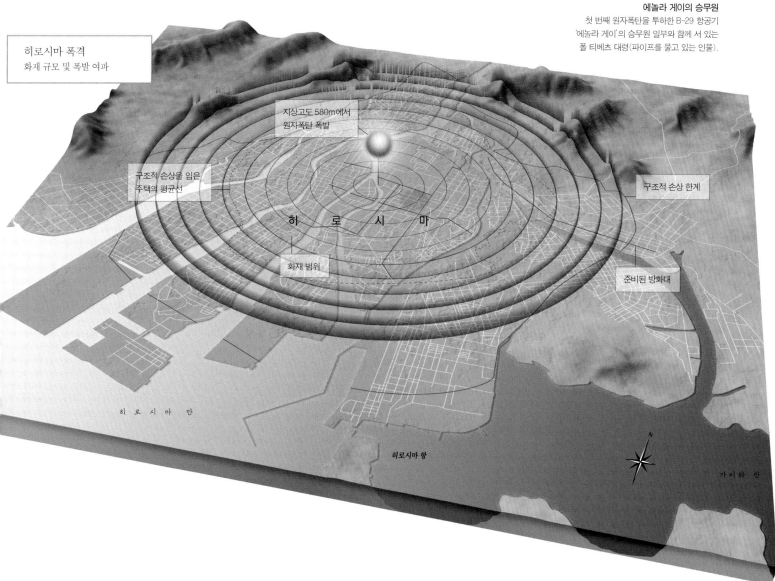

지상고도 580m에서
원자폭탄 폭발

구조적 손상을 입은
주택의 평균선

구조적 손상 한계

히 로 시 마

화재 범위

준비된 방화대

히 로 시 마 만

히로시마 항

가 이 타 만

전후 세계

1945년 말에 연합국의 대규모 군대가 추축국을 완전히 격퇴했다. 유럽과 아시아의 많은 지역이 폐허가 되었고 사람들은 기아에 허덕였다. 육·해·공군의 병사들이 집으로 돌아가 농장, 공장, 혹은 사무실에서 '일상적인' 삶을 재개하기를 열망하고 있었다. 하지만 정치인들은 이전 강대국 간의 경쟁과 아주 유사하면서도 다른 새로운 현실, 즉 이데올로기와 직면하게 되었다. 소련 공산주의 정권은 서쪽으로는 중부 독일부터 동쪽으로는 블라디보스토크(Vladivostok)에 이르는 방대한 지역을 거대하고 전지전능한 것처럼 보이는 붉은 군대를 이용하여 통치했다. 중국에서는 공산당이 영향력과 통제력을 키워가고 있었다. 미국과 서방 동맹국들은 전쟁 중 동맹이었던 이들 국가에 대한 연정과, 다른 한편으로는 대공황 시 그다지 성공적이지 못했던 자본주의에 대한 대체 이데올로기로 성장하고 있던 공산주의의 잠재적 위협에 대한 걱정이 뒤섞인 복잡한 심정으로, 이러한 새로운 현상을 주시하고 있었다.

선거에서의 패배로 총리직에서 물러난 영국의 전시 지도자 윈스턴 처칠은 1946년 3월, 미주리(Missouri) 주 풀턴(Fulton)에서 한 연설에서 이렇게 경고했다. "발트 해의 슈테틴(Stettin)에서부터 아드리아(Adria) 해의 트리에스테(Trieste)에 이르기까지 전 대륙에 철의 장막(Iron Curtain)이 드리워져 있다." 많은 사람에게 충격을 준 그의 연설은 옛 연합국 간

의 새로운 역학관계를 강조했다. 사람들은 세계대전의 참화 이후에 국제적인 문제를 해결하기 위해 창설된 국제연합(UN) 체제하에서 평화로운 시대가 열리기를 희망했다.

새로운 세계 질서

전쟁으로 인해 황폐해진 지역에 살고 있는 사람들에게 공산주의는 매력적인 해결책으로 보였다. 이러한 경향과 공산주의가 세계의 힘의 균형에 미치는 파급효과에 대해 서방 지도자들이 어떻게 해서든 대처해야 한다는 것이 곧 확실해졌다. 1947년 8월, 미국의 해리 트루먼 대통령은 전체주의에 대한 봉쇄 정책을 발표했는데, 여기서 전체주의는 공산주의를 의미했다. 서유럽의 경제회복을 가속화하는 것이 정책 입안자들의 중요한 임무가 되었다. 이를 통해 자본주의의 '자유로움'을 더 부각하여 공산주의 선전에 대응했다. 그 결과 미국 국무장관의 이름을 따서 만든 마셜 플랜(Marshall Plan)이 만들어져 독일을 포함한 유럽을 재건하는 데 수십억 달러를 투입했다. 이것은 예전의 연합국이 가능한 약한 상태로 머물러 있기를 원하던 스탈린에게 보내는 경고였다. 그는 이념 전쟁에 전력을 다하기로 결정해 유럽의 분리를 가속화시키는데 초점을 맞추었다.

처참한 경제 상황 속에서 전쟁을 끝낸 영국은 마셜 플랜으로 중요한 혜택을 얻었다. 영국은 동맹인 미국과 함께 운용하는 막강한 공군력을 바탕으로 독일 지역 점령군을 유지할 수 있었던 것이다. 공군력과 해군력은 서구 동맹이 소련의 '위협'에 명백한 우위를 점하고 있었다. 서방의 지상군이 라인 강-알프스-피아베(Piave) 강에 걸친 전선에서 붉은 군대에 맞서 전선을 사수하는 동안 공군이 최전선의 적 병참선을 파괴하는 것이 장래 유럽 전쟁의 시나리오였다. 이처럼 공군력의 사용에 대한 강조는 1949년 미국 국방부에 의해 '드롭샷 작전(Operation Dropshot)'이라는 암호명으로 공식화되었다.

미국과 영국, 두 나라 공군이 대규모의 장거리 중(重)폭격기 전력을 보유한 상태로 전쟁을 끝낸 반면, 소련 공군은 주로 전술항공지원에 중점을 두고 있었다. 1944년부터 1946년 사이에 소련은 장거리 폭격기 부대 건설에 중점을 두었다. 아이러니하게도 소련이 처음으로 개발한 폭격기 투폴레프 Tu-4는 미국의 보잉 B-29 슈퍼 포트리스를 모방한 복제품이었다. 1948년부터 이 항공기는 장거리 폭격기 대대에 배치되었다.

장거리 작전

소련의 장거리 폭격기 개발 소식을 접한 미 공군은 거의 공황 상태에 빠졌다. 소련 본토의 기지에서 운용하는 장거리 폭격기의 작전 반경 안에 미국 본토가 포함된 것이다. 이러한 위협을 강조하기라도 하듯 소련은 1949년에 첫 번째 핵실험에 성공했다. 새로운 공포의 균형(Balance of Terror)* 이 전개되기 시작하자 미국은 이미 3년 전에 창설한 전략공군사령부(Strategic Air Command)를 현대화하고 확대했다. 1948년부터 B-29(후속 모델들은 B-50으로 재명명)와 함께 거대한 콘베어 B-36 피스메이커(Convair B-36 Peacemaker)를 도입했다.

드롭샷 작전 계획이 개시되었다면 미 전략공군사령부의 수많은 폭격기가 영국 공군 폭격기 사령부의 아브로 링컨(Avro Lincoln) 및 B-29 대대와 함께 작전을 전개하여, 소련 영토 내에 정밀하게 지정된 200개의 목표물을 흔적도 없이 제거하는 임무를 수행했을 것이다. 연합 폭격기 전력에는 한 번의 공격으로 소련 산업 잠재력의 85퍼센트를 휩쓸어 버릴 목적으로 투하할 수천 발의 폭탄 가운데 300여 개에 달하는 핵폭탄도 포함되어 있었다. 폭탄의 4분의 1 혹은 3분의 1 정도는 지상에 있는 소련 항공기들을 파괴하기 위해 사용할 예정이었다. 연합군의 폭격기들이 목표물을 향해 동쪽으로 비행하는 동안 대응공격을 위

해 소련의 Tu-4가 서쪽을 향해 가고 있는 것을 발견할 수 있었을 것이다.

콘베어 B-36
거대한 콘베어 B-36 항공기는 세계 어느 곳의 어떤 표적에 대해서도 핵무기를 투하할 수 있는 능력을 미 공군 전략공군사령부에게 제공했다.

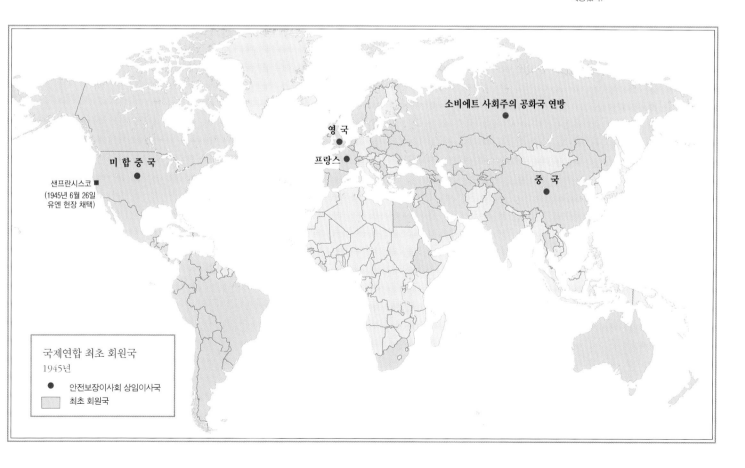

소비에트 사회주의 공화국 연방

영 국

프랑스

미 합 중 국

샌프란시스코
(1945년 6월 26일
유엔 헌장 채택)

중 국

국제연합 최초 회원국
1945년

● 안전보장이사회 상임이사국
□ 최초 회원국

베를린 공수작전

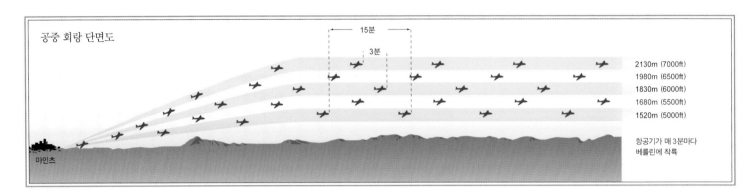

공중 회랑 단면도

15분
3분

2130m (7000ft)
1980m (6500ft)
1830m (6000ft)
1680m (5500ft)
1520m (5000ft)

항공기가 매 3분마다
베를린에 착륙

마인츠

제2차 세계대전이 끝나고 미국, 영국, 프랑스는 독일에서 자신들이 점령한 지역을 하나의 공동체로 여기기 시작했는데, 이곳은 이후에 서독이 된다. 또한 서구 연합국은 베를린의 서쪽 반을 차지했다. 1948년 6월 21일, 독일의 서쪽 진영은 단일 통화를 도입했다. 이를 도발 조치로 여긴 소련이 즉시 베를린으로 통하는 모든 교통을 차단하여 이곳의 시민들이 고립되었다. 서구 연합국은 서베를린을 포기하지 않았지만 이 도시를 지원하기 위해 무장 호송부대를 사용하지는 않기로 결정했다. 그들은 일상생활에 필요한 모든 필수품을 공중지원하는 방식을 선택했고, 이로 인해 항공 역사에 있어 가장 방대한 공중보급작전이 시작되었다.

필수품 공급

서베를린에서는 매일 4,500톤에 달하는 보급 물자를 필요로 했다. 유럽에 주둔하는 미 공군 수송기는 고작 100여 대의 더글러스 C-47이 전부였으며, 영국 공군 또한 아브로 요크(Avro York)와 C-47을 합하여 미국과 비슷한 수의 항공기를 가지고 있었다. 장거리 해상초계비행정인 쇼트 선더랜드도 작전에 투입되어, 베를린의 서쪽 외곽에 위치한 하펠(Havel) 호수에 착륙했다.

공수작전은 6월 26일에 시작되었다. 공수 작전에 속도가 붙자 전 세계의 수송기가 서독 비행장으로 집중되었다. 항공기 중에는 10톤의 탑재량을 자랑하는 신형 4발 엔진 수송기 더글러스 C-54 스카이마스터(Douglas C-54 Skymaster)도 있었다.

소련은 독일이 스탈린그라드에서 포위된 제6집단군에게 시도했던 작은 규모의 항공 수송을 생각하며 공수작전이 실패할 것으로 예상했다. 하지만 놀랍게도 공수능력은 날이 갈수록 증대했다. 작전을 수행한 첫 번째 달이 끝나갈

무렵에는 도시를 유지하기에 충분한 물자를 제공하고 있었다. 소련은 비행경로상에 전투기를 띄워서 가끔 기총을 쏘기도 했지만 수송기를 직접 공격하지는 않았다. 서구 승무원들에 의해 기록된 사고만 수백 건이지만, 소련의 어떠한 방법도 공급의 흐름을 막기에는 불충분하다는 것이 증명되었다. 겨울에 접어들면서 공수가 지연되자, 베를린 공항의 수용 한계를 늘이려는 노력을 기울였다. 템펠호프(Tempelhof) 공항에 여분의 활주로를 놓고 가토브(Gatow)와 테겔(Tegel)의 활주로를 재건해 연장했으며, 화물을 옮기기 위해 전(前) 독일 공군의 지상 요원들을 고용했다.

부활절 주일인 1949년 4월 15일과 16일에 베를린 시민들의 사기를 진작하기 위한 특별한 시도가 있었다. 항공기 승무원들이 24시간 내내 근무하면서 1,383회의 비행을 하며 1만 2,941톤의 연료를 손실 없이 운반한 것이다. 공수작전이 서구진영의 성공적인 선전활동이라는 것이 명료해지자, 소련은 마지못해 봉쇄를 푸는데 동의했다. 5월 12일 첫 지상 호송부대가 베를린에 도착했다. 공수는 공식적으로 1949년 9월 30일까지 계속되었다. 27만 8,288회의 비행으로 232만 6,406톤의 물자를 공수했으며 그중 미 공군이 76.7퍼센트, 영국 공군이 17퍼센트, 영국의 민간 항공기가 7.6퍼센트를 차지했다.

비스바덴

템펠호프의 교통
미 공군 항공수송본부(Military Air Transport Service: MATS) 소속 항공기가 싣고 온 하물을 베를린의 템펠호프 공항에 하역하고 있다. 영국 공군에서 '다코타'로 알려진 C-47 항공기는 베를린 공수작전의 중추였다.

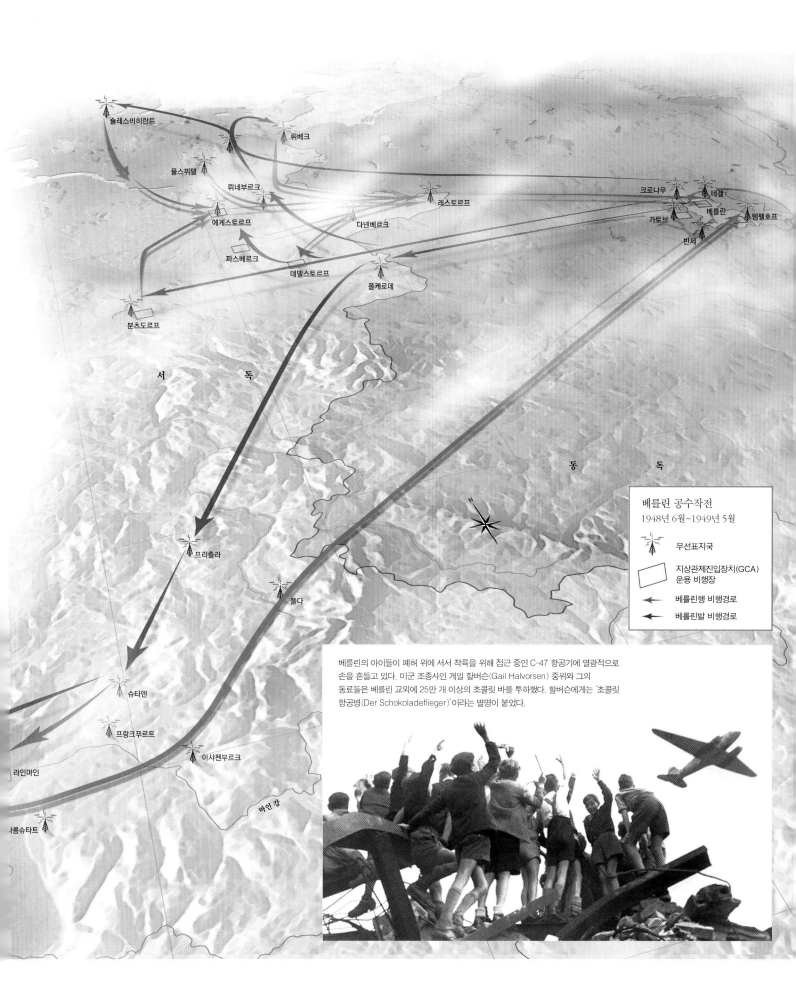

슐레스비히란트

뤼베크

풀스뷔텔

뤼네부르크

레스토르프

크로나우

테겔

에게스토르프

다넨베르크

가토브

베를란

템펠호프

파스베르크

반제

데델스토르프

폴케로데

분츠도르프

서   독

동   독

프리츨라

풀다

슈타덴

프랑크푸르트

아샤펜부르크

라인마인

마인강

다름슈타트

베를린 공수작전
1948년 6월~1949년 5월

무선표지국

지상관제진입장치(GCA)
운용 비행장

베를린행 비행경로

베를린발 비행경로

베를린의 아이들이 폐허 위에 서서 착륙을 위해 접근 중인 C-47 항공기에 열광적으로
손을 흔들고 있다. 미군 조종사인 게일 할버슨(Gail Halvorsen) 중위와 그의
동료들은 베를린 교외에 25만 개 이상의 초콜릿 바를 투하했다. 할버슨에게는 '초콜릿
항공병(Der Schokoladeflieger)'이라는 별명이 붙었다.

한국 전쟁 : 1950~1953

1950년 6월 25일 공산 통치하의 북한과 유엔(UN)의 지원을 받는 남한을 가르는 38선을 넘어 북한군 8개 사단이 밀어닥쳤다. 지상군 부대는 제2차 세계대전 당시에 생산된 러시아제 야코블레프(Yakovlev) Yak-9와 라보츠킨 La-9 전투기, 그리고 성능이 입증된 지상공격기 Il-2의 개량형인 일류신 Il-10 등의 지원을 받았다.

한국 공군에는 공격기가 없었고 오직 훈련기만 있었는데, 이들은 물밀듯이 내려오는 공산군을 막는데 거의 도움이 되지 않았다. 남동쪽에 위치한 항구 도시인 부산 주변에 불안한 방어선을 구축할 때까지 한국군은 계속해서 뒤로 후퇴했다. 가장 가까운 유엔 항공기는 일본에 배치되어 점령 임무를 수행하고 있었다. 이 항공기들 중에는 노스아메리칸 F-82 트윈 머스탱(North American F-82 Twin Mustang) 야간 전투기와 더글러스 B-26 인베이더(Douglas B-26 Invader) 폭격기가 있었다. 내구성이 뛰어나고 전장 상공에서 오랜 시간 체공할 수 있었던 트윈 머스탱은 북한군의 진격을 막는데 효과적으로 사용되었다. B-26 또한 북한의 연장된 병참선을 폭격하고, 로켓 및 기총공격을 가해서 미국이 주도하는 유엔군이 전세를 갖추고 반격할 수 있는 여지를 제공함으로써 그 가치를 증명했다.

미그기 투입

벨기에, 호주, 남아프리카공화국, 영국에서 파견된 유엔군은 전설적인 더글러스 맥아더(Douglas MacArthur) 장군이 지휘했는데, 그는 즉시 북한군 후방의 인천에 대한 상륙작전을 계획했다. 이 작전이 성공하면 서울을 탈환하고 공산군의 병참선을 끊는 것이 가능했다. 해병대가 해안가에 들이닥쳤을 때 다양한 종류의 프로펠러 항공기가 지원했는데, 제트 항공기 시대에 매우 이례적인 광경이었다. 챈스 보우트 F4U 코세어(Chance Vought F4U Corsair), 노스아메리칸 P-51 머스탱과 호커 시퓨리(Hawker Sea Fury) 모두 지상 지원 임무를 수행했고, 상륙작전 며칠 만에 서울을 탈환하는데 기여했다. 이러한 성공에 힘입어 공산주의자들이 38선 이북으로 밀려나는 상황에서 맥아더 장군은 적을 계속 추격하고 한반도 전체를 수복하기를 원했다. 바로 이때 중공군이 압록강 인근에 병력을 증강하기 시작했다.

중공군은 수적으로 엄청났을 뿐만 아니라 소련으로부터 최신예 제트전투기인 MiG-15도 제공받았다. MiG-15가 전장에 등장할 당시 유엔군 측에는 MiG-15의 속도와 화력에 대적할 만한 항공기가 없었다. 그러면 F9F 팬더(Grumman F9F Panther)와 같은 제트기들과 피스톤 엔진 장착 항공기들을 조종하는 몇몇 유엔 조종사들만이 미그(MiG)기를 상대로 간간이 승리를 기록할 뿐이었다. 하지만 한국 전쟁 초기 몇 달 동안 유엔군의 진정한 구세주는 록히드 F-80이었는데, 이 항공기는 1952년에 리퍼블릭 F-84 선더제트(Republic F-84 Thunderjet)로 교체되기 전까지 미 해병대의 항공기와 함께 지상공격작전의 선봉을 담당했다.

미그기의 위협에 맞서기 위해 미 공군의 최신예 제트

한국 전쟁
1950년~1951년

→ 북한군 공격
(1950년 6~9월)

→ 유엔군 작전
(1950년 9~10월))

→ 중공군 개입
(1950년 11월)

·—·—· 1953년 7월 27일
판문점 정전협정 시 분계선
(1951년 7월부터 사실상 최전선)

중국
• 안둥
1950년 10월 23일
최 고 북 진
• 이원
동 한 만
평양 ■
북 한
• 원산
동 해
38도선
• 춘천
서울 ■
인천 •
1951년 1월
• 삼척
1950년 9월 15일
미 제10군단 상륙
강 화 만
황 해
남 한
청주 •
• 영덕
대전 •
대구 •
군산 •
• 마산
광주 •
부산
목포 •
N
일본 주둔
미 제8군

한국 전쟁
한국 전쟁 초기 몇 주 동안 북한군은 공세를 지속하며 연합군으로 하여금 부산 항 주변에 방어선을 치고 최후의 저항을 하도록 강요했다. 적의 진격을 막고 증원군이 도착할 시간을 벌어준 것은 일본 기지에서 작전하는 항공전력이었다.

전투기 노스아메리칸 F-86 세이버(Sabre)가 전장에 투입되었다. 비록 초기에는 소수에 불과했으나 곧 전력이 상당히 증가한다. 숙련된 조종사들이 조종하는 이 항공기는 곧바로 제공권을 획득했다. 압록강을 건너 중국 영토로 넘어간 적기를 추적하지 말라는 유엔군 상부의 명령으로 인해 미그기는 전멸을 면할 수 있었으며, 많은 수가 미그기의 골목(MiG Alley)● 을 넘어 도주해 버렸다.

한국 전쟁에서 비행한 제2차 세계대전의 또 다른 노장 항공기는 거대한 B-29 슈퍼 포트리스였다. B-29는 북한에 있는 산업 및 수송 거점을 폭격하는 전략폭격 임무를 수행했을 뿐만 아니라, 가끔씩 병력 밀집지역이나 다리를 폭격하는 전술 임무도 수행했다. 많은 방어무장에도 불구하고 B-29는 MiG-15에 아주 취약했고, 상당한 손실을 입은 후에는 야간작전에만 사용하게 되었다.

헬리콥터의 역할

제2차 세계대전이 끝나갈 무렵에도 소수의 헬리콥터가 등장했으나 한국 전쟁이 사실상 첫 출전이었다. 헬리콥터는 중상을 입은 부상자를 후방 의무대로 후송하는 데 이상적이었으며, 또한 추락한 항공기 조종사를 구조하는데도 사용했다. 이런 새로운 비행의 선두주자는 특수 아크릴 수지 조종석과 철제 사다리 모양의 꼬리 부분으로 식별되는 벨(Bell) H-13이었다. 벨 H-13은 옆에 부착되어 있는 특별한 들것으로 2명의 부상자를 나를 수 있었다. 전쟁 후반부에는 시코르스키 H-19 같은 더 거대한 헬리콥터를 사용했다. 구조임무뿐 아니라 병력 및 물자 수송에도 헬리콥터

를 사용했다.

3년이 넘는 전쟁기간 동안 교착상태가 지속되었는데, 1950년의 초기 공세 이후에 실질적인 전진은 이루어지지 않았다. 1953년 7월 말 정전협정이 이루어지면서 모든 군사행동이 중지되었다. 그러나 평화는 찾아오지 않았고 실질적으로 남북한은 여전히 전쟁 중이다. 이 전쟁은 전투기에게는 과도기였다. 비록 여전히 특별 임무에 사용되긴 했지만, 피스톤 엔진 항공기는 경이로운 속도를 가진 제트기로 교체되었다.

● 한국 전쟁 당시 미그기들은 주로 압록강을 중심으로 활동하면서 종종 미 공군 전투기들과 교전했다. 미군은 이 지역을 '미그기의 골목'이라 불렀다.

●● 오늘날의 단둥(丹東).

비행 대기선상의 미그기들
소련제 MiG-15 항공기들이 만주 안퉁(安東)●● 의 비행 대기선상에 놓여 있다. MiG-15는 특히 한국에서 대부분의 전투임무를 수행한 소련 전투기 조종사들이 조종했을 때 만만치 않은 적기임을 증명했다.

F-86 세이버
F-86 세이버 항공기를 조종하는 유엔군 조종사들은 세이버 1대를 잃는 동안 10대의 미그기를 격추했다고 주장했으나, 이후의 연구 결과로 이 수치는 완전히 바뀌었다. 그럼에도 불구하고 세이버는 한국 북서부에서 공중우세를 달성했다.

세계 질서의 재편

베를린 공수작전 기간 동안 세계는 각각 소련이 주도하는 공산주의와 미국이 주도하는 자본주의라는 두 이데올로기 진영으로 나뉘어졌다. 서구는 유라시아(Eurasia)의 방대한 영토를 지배하는 소련의 거대한 군사적 능력을 우려하는 시각으로 바라보았다. 나중에 '냉전(Cold War)'이라 명명된 이 상태는 유럽에서의 정치적인 대립에 근간을 두고 있

지만, 이내 전 세계로 확대되었다. 1949년 미국과 그 동맹국들은 북대서양조약기구(North Atlantic Treaty Organization: NATO)를 결성했고, 이후 1954년에는 동남아시아조약기구(Southeast Asia Treaty Organization: SEATO)가, 1955년에는 중앙조약기구(Central Treaty Organization: CENTO)가 결성되었다. 1955년에는 소련과 그 위성국가들이 바르샤바 조약

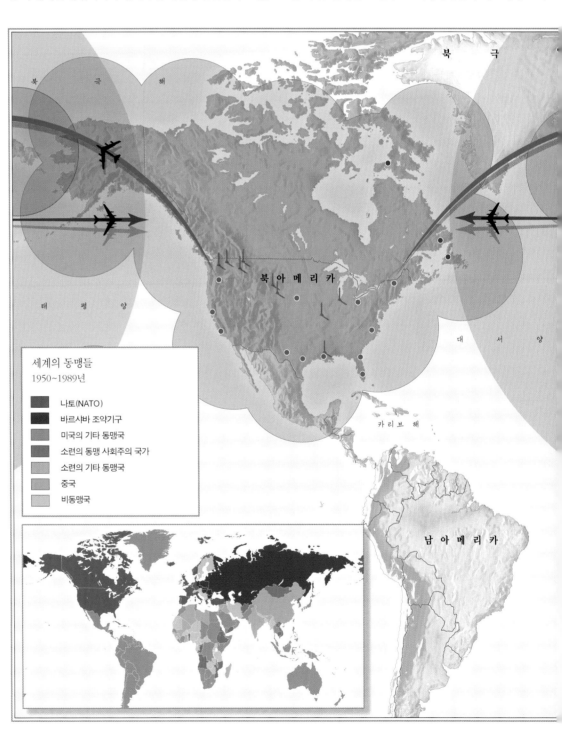

세계의 동맹들
1950~1989년

■ 나토(NATO)
■ 바르샤바 조약기구
■ 미국의 기타 동맹국
■ 소련의 동맹 사회주의 국가
■ 소련의 기타 동맹국
■ 중국
■ 비동맹국

새로운 위협
제2차 세계대전 이후 공중에서 투하하는 핵무기가 새로운 위협으로 등장했다. 미국과 소련 모두 원자폭탄을 수천 마일까지 나를 수 있는 장거리 폭격기를 개발하고, 이에 대응하기 위한 방대한 전투기 방어 체계를 도입했다. 하지만 이 모두는 1950년대 말, 대륙간탄도미사일(ICBM) 도입으로 쓸모없게 된다.

(Warsaw Pact)을 맺는 것으로 이에 대응했다.

소련군은 대규모 전술 공군의 지원을 받는 거대한 징집군에 기반을 두고 있었다. 소련처럼 대규모의 재래식 지상 전력을 배치할 능력이 없는 서구는 신뢰할 수 있는 전쟁 억제력인 핵무기에 점점 의존했다. 소련이 첫 핵실험을 한 1949년 이후에는 새로운 공포가 만연하기 시작했다. 서구는 바르샤바 조약기구 가맹 국가의 영토 깊숙이 위치한 목표물을 공격할 수 있는, 더 많은 장거리 폭격기를 보유했다. 소련 또한 장거리 폭격기 전력을 보유하고 있었지만 미국과 그 동맹국들이 보유한 숫자에는 결코 미치지

못했다. 1950년대 후반부터 핵무기 운반체계로서 대륙간 탄도미사일(Intercontinental Ballistic Missile: ICBM)이 폭격기를 대체했다.

50년 이상 양 진영은 전쟁 준비를 해왔다. 전략가들은 핵전쟁의 방법론과 더 중요하게는 이것을 막을 방법을 찾기 위해 엄청나게 많은 시간과 에너지를 투자했다. 전술 핵 전쟁(Tactical Nuclear War)부터 상호확증파괴(Mutual Assured Destruction)까지 다양한 이론이 개발되었다. 강대국들은 한국과 베트남에서 서로의 결의를 시험했고, 수십 년 동안 세계는 핵전쟁의 위협에 직면했다.

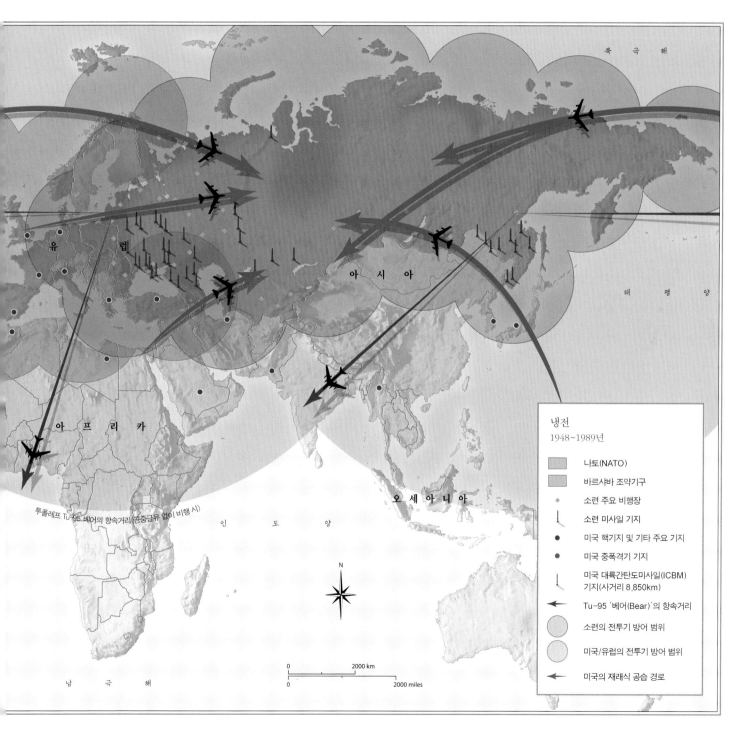

냉전
1948~1989년

나토(NATO)
바르샤바 조약기구
소련 주요 비행장
소련 미사일 기지
미국 핵기지 및 기타 주요 기지
미국 중폭격기 기지
미국 대륙간탄도미사일(ICBM) 기지(사거리 8,850km)
Tu-95 '베어(Bear)'의 항속거리
소련의 전투기 방어 범위
미국/유럽의 전투기 방어 범위
미국의 재래식 공습 경로

투폴레프 Tu-95 베어의 항속거리(공중급유 없이 비행 시)

쿠바 미사일 위기

쿠바가 풀헨시오 바티스타(Fulgencio Batista)의 친미 독재정권을 제거하는 게릴라전을 치룬 뒤, 바티스타의 가장 두드러진 반대세력이었던 피델 카스트로(Fidel Castro)가 쿠바의 새로운 지도자로 부상했다. 카스트로의 새로운 정부는 정권 초기에 미국이 개입할 가능성을 심각하게 우려하면서도 쿠바에 있는 미국인 소유 기업들을 국유화했다. 미국 대통령 드와이트 D. 아이젠하워(Dwight D. Eisenhower)는 쿠바에 대한 경제 제재를 선언했다. 카스트로 정권을 불안정하게 만들어 결국에는 쿠바가 사회주의 국가로 변하는 것을 막으려 했다.

소련은 이러한 쿠바의 움직임을 예의 주시하고 있었다. 존 F. 케네디(John. F. Kennedy) 미국 대통령의 취임식이 있던 1961년 1월 즈음, 미국과 쿠바 간의 외교관계는 마침내 종결되었다. 카스트로 정권의 집권층 중에는 소련과 더 가까운 관계를 유지해야 한다고 주장하는 다수의 공산주의자가 있었다. 미국이 만든 경제 제재를 이겨내기를 고대하던 카스트로에게 소련은 새로운 교역 및 방위 협력자가 되었다.

케네디 대통령은 반정부 성향의 쿠바인을 침투시켜 반(反)카스트로 폭동을 일으키도록 하는 미 중앙정보국

* 미국과 소련이 보유한 대륙간탄도미사일(ICBM) 수의 차이를 일컫는 말로, 냉전 초기 미국과 소련 간의 군사력 차이를 대변한다.

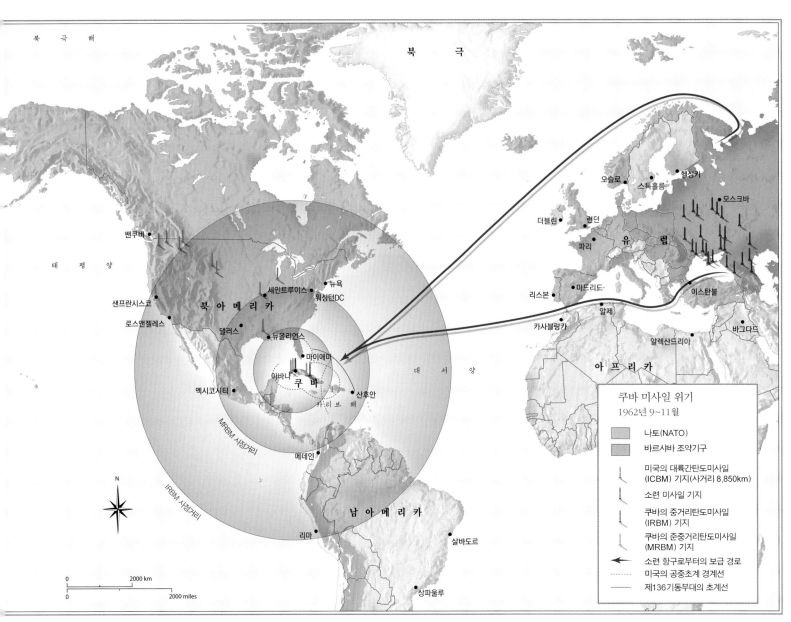

(CIA)의 계획을 승인했다. 이 계획은 1961년 4월 1,400명의 쿠바인 반란군이 피그스 만(Bay of Pigs)에 상륙하면서 개시했으나, 미비한 계획과 공중지원의 부재로 실패했다. 이것은 CIA가 구상한 것과는 달랐으며 케네디가 원했던 인기 상승도 가져오지 못했다.

피그스 만의 실패와 미국의 지원하에 쿠바에서 반란을 일으키려는 목적으로 케네디 대통령이 승인했던 비밀 계획 몽구스(Mongoose) 작전은 오히려 역효과를 낳아서 카스트로는 더욱 소련 진영과 가까워졌다. 소련의 니키타 흐루시초프(Nikita Khrushchyov)는 이 기회를 틈타, 사회주의 진영의 단결력을 상징하는 미사일 기지를 쿠바에 건설하도록 카스트로를 설득했다. 이는 소련이 미국과의 미사일 격차(Missile Gap)•를 줄이는제 도움이 될 것이었다. 1960년대 초반 미국은 소련보다 더 많은 대륙간탄도미사일(ICBM)과 중거리탄도미사일(Intermediate Range Ballistic Missile: IRBM)을 배치했다. 또한 미국은 15발의 주피터(Jupiter) 중거리탄도미사일을 터키의 이즈미르(Izmir)에 성공적으로 배치했는데, 이 미사일은 15분 이내에 모스크바에 당도할 수 있었기에 소련을 더욱 불안하게 했다.

비밀 첩보비행

쿠바에 소련 미사일과 지원 시설을 은밀하게 배치하는 계획은 차질 없이 진행되었다. 쿠바에 미사일 기지를 배치하려는 소련의 계획을 알리는데 결정적인 역할을 한 것은 록히드 U-2 고고도 정찰기였다. 소련 영공에서 U-2의 은밀한 '첩보비행'은 1956년 시작되어, 1960년 5월 1일 스베르들로프스크(Sverdlovsk) 근처에서 1대가 격추되면서 일반에 공개될 때까지 4년간 계속되었다. 10월 14일, U-2 정찰기가 쿠바에서 건설 중인 소련 미사일 기지를 촬영했다. 일주일 안에 미국은 쿠바로 운송되는 군사물자에 대한 제한적인 해상봉쇄로 대응했고, 또한 전면적인 전쟁 준비 명령을 내렸다. 미국의 전략 핵무기들이 최고 비상대기상태에 들어갔다. 미국 정부 내에서는 미사일 기지를 파괴하기 위해 즉각 공중 폭격을 가하자는 논의가 있었다. 이 주장은 너무 극단적이어서 상황을 악화시킬 수도 있었고, 소련이 미사일을 발사하여 전면전으로 확대될 가능성도 있었기 때문에 기각되었다. 해상봉쇄로 외교적 해결을 위한 시간을 벌기를 희망했다.

케네디 대통령은 10월 22일 미국의 입장을 밝히는 대국민 텔레비전 연설을 했다. 며칠 후에 소련과의 대화 채널이 만들어졌지만 첫 결과물은 미미했다. 소련 선박들은 해상봉쇄선에서 검열을 받는 것을 거부하고 자신들의 위치를 고수했다. 10월 26일 흐루시초프는 편지를 보내 가

능한 해결책을 제시했는데, 미국이 침략하지 않는다고 약속한다면 쿠바에서 소련의 미사일 기지를 철수하겠다는 의지를 표명했다. 이 편지는 그 다음 날 발표된 소련 지도부의 공식 성명과는 모순되는 부분이 있었다. 성명에서는 터키에 있는 미국의 미사일과 쿠바에 있는 소련의 미사일을 같이 없애야 한다고 주장한 것이다. 같은 날 U-2 정찰기 1대가 쿠바 상공에서 임무수행 중 추락했다. 몇 번의 논의 끝에 케네디는 흐루시초프의 편지에 답을 하기로 결심하고 당분간 소련의 공식 발표를 무시하기로 했다. 미국 법무장관 로버트 케네디(Robert Kennedy)는 소련 대사와 워싱턴에서 만나서 쿠바를 절대로 침공하지 않을 것임을 확인하고, 터키에 있는 미국 미사일 기지를 철수시킬 것이라는 비공식 약속을 했다. 그는 또한 상황이 되돌릴 수 없는 상태로 치닫고 있다는 분명한 경고를 전달했다. 이제 심각한 우려에 빠진 흐루시초프는 즉각 케네디의 제안을 받아들였다. 위기는 비켜갔다.

저고도 부두

사우스캐롤라이나(South Carolina) 주 쇼(Shaw) 공군기지의 제363전술정찰비행단 소속 맥도넬 RF-101 부두(McDonnell RF-101 Voodoo) 항공기와 미 해군 제26경사진대대의 RF-8A 크루세이더(Crusader) 항공기가 쿠바에 대한 저고도 정찰 임무를 수행했다.

정찰 사진

쿠바 미사일 위기가 고조되면서 미국 정보당국은 쿠바에서 24개의 중거리탄도미사일(IRBM) 발사대를 식별했다. 그중 20개가 완성된 상태였다. 쿠바는 추가로 SS-4 미사일 33발을 산크리스토발(San Cristobal)과 사과라그란데(Sagua La Grande)에 저장하고, 더 진보한 SS-5 미사일을 개발하고 있었다.

항만 시설

미사일 수송장치

산화제 트레일러

연료 트레일러

산화제 트레일러

인도차이나와 베트남

제2차 세계대전이 끝난 후 유럽 열강들은 일본에 빼앗겼던 극동지역의 식민지들을 다시 획득하고자 했다. 프랑스령 인도차이나에서는 공산당이 성장하고 있었고, 베트남인들은 제국주의의 멍에로부터 벗어나기를 원했다. 베트남 북부에 자리 잡은 공산주의자들은 새로 수립된 중국 정부의 지원을 받았다. 중국은 베트남독립동맹, 일명 베트민(Viet Minh)을 훈련시키고 그들에게 무기를 제공했다. 프랑스는 미국의 지원을 받으며 공산주의의 확산을 막으려 했다. 하지만 프랑스는 결국 디엔비엔푸(Dien Bien Phu) 전투에서 결정적인 패배를 당해 북베트남 깊숙이 위치한 공군기지를 사수하려던 노력은 실패로 돌아갔고, 포위된 상태에서 공중지원만을 받고 있던 프랑스의 낙하산부대는 결국 상대의 압도적인 숫자에 밀리고 말았다. 프랑스는 이 전투 이후 베트남에서 철수했지만 미국은 계속해서 남베트남에 있던 친서방 군대에 계속 군사고문단 및 대량의 물자를 보내면서 지원했다.

보급된 장비 중에는 피아세키(Piasecki) CH-21 '플라잉 바나나(Flying Banana)'와 벨 UH-1 '이로쿼이(Iroquois)' 헬리콥터가 있었는데 이는 남베트남군(ARVN)의 기동력을 돕기 위함이었다. 이 장비들은 압박(Ap Bac) 전투에서 시험적으로 투입되었다. 철저한 방어태세를 취하고 소화기로 무장하고 있던 베트

UH-1 이로쿼이 '휴이'
한 병사가 연막탄을 사용하여 UH-1 휴이를 베트남의 착륙지점으로 유도하고 있다.

압박 전투
1963년 1월 2일

1. 남베트남군(ARVN) 미국 고문 존 폴 반(John Paul Vann) 중령 전투지역 상공 선회대기.

2. 압박으로 접근중인 제1민병대대, 수목 사이에 숨어있던 베트콩의 공격을 받고 다급하게 참호를 파고 피함.

3. 제7보병대대를 실어 나르는 CH-21 항공기들이 서쪽에 있는 수목 지역으로부터 180미터 지점에 착륙. 2대의 CH-21 항공기가 소구경 화기를 맞고 추락했고, 또 다른 2대는 승무원들을 구조하려고 시도하면서 심각한 손상을 입음.

4. 지원하는 UH-1 휴이 항공기들이 기총공격. 추락한 CH-21 조종사를 구조하기 위해 착륙한 1대의 휴이 또한 손실.

5. 헬리콥터 병력을 보호하라는 명령을 받은 M113 병력수송장갑차(APC)들이 베트콩의 강력한 방어에 격퇴당함.

6. 반 중령은 베트콩의 탈출로를 차단하기 위해 마을의 동쪽에 남베트남군 낙하산부대 투하를 명령. 낙하산부대는 훨씬 서쪽에 착륙하여 낙하 중 강력한 기관총 세례를 받음.

7. A-1 스카이레이더(Skyraider)가 적의 방어를 파괴하기 위해 투하한 네이팜탄(napalm)은 그 대신 개활지와 텅 빈 작은 마을을 맞힘.

8. 남베트남군에게 수많은 사상자를 낳은 가운데 베트콩 철수

압탄토이

베트콩 진지

베트콩 진지

베트콩 진지

운하망

논

콩(Viet Cong)•은 압도적이고 기술적으로 진보한 적을 물리쳤다. 미국 고문단은 헬리콥터가 치열한 전투가 벌어지는 착륙지점에서 취약하다는 것을 단번에 알아챘다.

전면 분쟁

베트남 전쟁은 1964년 미국이 공식적으로 전쟁에 참가하면서 전면적인 분쟁으로 격화했다. 미군은 적진에 있는 착륙지점으로 비행할 때 먼저 적의 기선을 제압해야 한다는 것을 배웠다. 기본적인 무장으로 UH-1 헬리콥터 측면에 기관총과 로켓을 고정 장착하고, 나중에는 정확한 조준장치도 장착했다. 지상공격용 무장헬리콥터가 탄생한 것이다.

전선이 명확히 구분되지 않는 밀림에서의 싸움은 미군의 최대 난관이었다. 사격진지(Fire base)들이 세워졌고 이곳에서 보낸 정찰대가 적군과 조우해서 그들을 물리쳤다. 지형지물을 잘 알고 시민들 사이로 숨어 들어가면서 소규모로 활동하는 적의 위치를 파악하는 것은 점점 더 어려워져갔다. 부대는 장거리를 신속히 이동해야만 했는데 이것이 다시금 헬리콥터가 제 역할을 하게 되는 계기가 되었다. UH-1 휴이(Huey)의 날개가 회전할 때 나는 '홉홉'거리는 독특한 소리는 베트남 전쟁의 배경음악이나 마찬가지였다.

한국에서처럼 헬리콥터는 부상자를 구출하기 위한 용도로 널리 사용되어 많은 생명을 구했는데, 성공율이 아주 높은 전투구조 임무로 발전했다. 호위하는 무장헬리콥터나 더글러스 A-1 스카이레이더와 함께 비행하면서 구조 헬리콥터들은 광대한 밀림을 수색하여 추락한 미군 항공기 승무원을 찾아내고, 종종 총알이 빗발치는 상황에서도 그들을 구조했다. 스카이레이더와 무장헬리콥터들은 구조작전 중 엄호사격을 했다.

베트남 전쟁에서 또 다른 중요한 측면은 지상군이었다. 복잡한 밀림에서는 적군과 아군이 어디에 위치해 있는지 식별하기가 어려웠고, 특히 노스아메리칸 F-100 슈퍼 세이버(Super Sabre)나 리퍼블릭 F-105 선더치프(Thunderchief) 같은 고속 항공기가 비행할 때는 더욱 어려웠다. 그

세스나 O-1 버드 독
세스나 O-1은 베트남에서 전방항공통제기로 널리 사용했으며, 공격을 위해 접근하는 고속 항공기들을 위해 연막 로켓을 사용하여 적의 위치를 표시했다.

• 베트남 공산주의자라는 뜻으로, 남베트남 및 미국과 전쟁을 치른 '베트남 민족해방전선' 소속 게릴라 군사조직을 일컫는다.

압박 전투
압박 전투는 마을 근처에 있는 베트콩의 라디오 송신소(radio transmitter)를 탈취하기 위한 작전으로 시작했지만, 이 지역에 남베트남군 제7사단 병력을 헬리콥터로 착륙시키려 했던 계획은 이들 병력이 매복에 걸리면서 재앙으로 변했다. 일반적인 혼란에 더해서 베트남의 전방항공통제기들은 공중공격을 정확히 유도하는데 무능력함을 증명했다. 이 전투는 명백히 베트콩의 승리였으며, 남베트남군 병력 65명과 미군 고문 3명이 전사했다. 베트콩은 혼란에 빠진 남베트남군이 서로 총격전을 벌이는 동안 은밀히 빠져나갔다.

8
논
N
압박
베트콩 진지
7
베트콩 진지
1
2
제1민병대대

리하여 전방항공통제관(Forward Air Controller: FAC)이 두각을 나타내게 되었다. 소형의 세스나(Cessna) O-1 '버드 독(Bird dog)' 항공기에 탑승한 전방항공통제관은 전투지역 상공에 머물면서 연막 로켓(Smoke rocket)을 사용해서 적의 위치를 알리고, 저고도를 고속으로 비행하는 제트 폭격기들에게 최종공격을 지시했다. 지상공격기는 다양한 폭탄을 사용했는데, 특히 네이팜탄이 우거진 밀림에서 효과를 발휘했다.

1965년 3월부터 미 공군과 해군 항공기들은 '롤링선더'라는 암호명 하에서 북베트남에 대한 공중 폭격을 했다. 이 작전의 우선 목표는 전투가 벌어지는 남쪽으로 병력과 무기의 유입을 막고, 북베트남군의 사기를 꺾으며 산업 시설을 파괴하는 것이었다. 미국의 폭격 지역은 여러 구역으로 나뉘어 있었다. 가장 중요한 것은 6번 구역이었는데, 여기에는 하노이(Hanoi)와 북베트남의 가장 중요한 항구인 하이퐁(Haiphong)이 있었다. 놀랍게도 어떤 목표물을 공격할 것인가에 대한 결정이 전장에 있는 사령관이 아니라 종종 워싱턴에 있는 정치인들에 의해 이루어지면서, 결과적으로 목표물들을 공격하기는 했지만 완전히 파괴하지도 못했고 임무가 완료되기 전에 상황은 변화되고 있었다.

이 임무를 수행하고 있던 것은 F-105 선더치프와 F-100 슈퍼 세이버였다. 선더치프는 엄청난 무장탑재 능력을 가지고 있어 작전고도로 상승하는 데 많은 양의 연료를 소모하기 때문에 북베트남으로 진입하기 이전에 공중급유를 받아야만 했다. 이 항공기들은 항법장비가 장착된 선도부대의 더글러스 EB-66에 의해 인도되었다. 목표지역에 다다르면 그들은 폭탄을 투하하고 재빠르게 퇴각했다.

북베트남의 대공방어 체계는 소수의 지대공미사일(SAM)을 갖추고 있었지만, 대부분 고사포(高射砲)로 이루어져 있었다. 미국의 폭격작전은 고도의 기동성능을 가진 MiG-17에 대항하기 위하여 점점 더 많은 호위전력이 필요했다. 또한 소련과 중국이 더욱 정교한 지대공미사일 체계를 북베트남에 제공하면서 미국은 좀 더 효과적인 대응수단을 갖추어야 했다. 전장에 새로 투입된 맥도넬(McDonnell) F-4 팬텀(Phantom) II 항공기가 임무를 수행했다. 북쪽으로 일상적인 폭격 임무를 하는 것처럼 적을 속였지만, 이 항공기들은 공대공미사일을 가지고 있어서 하노이 상공에서 공중전이 벌어지곤 했다.

와일드 위즐

지대공미사일은 점점 더 큰 골칫거리가 되었다. 1965년 소련의 SA-2 '가이드라인(Guideline)' 미사일이 북베트남 대공방어 체계에 도입되었다. 이 미사일은 그해 7월 23일 처음으로 미 항공기인 F-4C 팬텀을 격추시켰다. 미국은 재빨리 '와일드 위즐(Wild Weasel)'이라 알려진 대공제압(SEAD) 항공기를 도입했는데, F-100F 슈퍼 세이버, F-105, F-4 팬텀이 차례로 이 임무를 수행했다. 이 항공기들은 폭격기가 진입하기 이전에 먼저 비행하며 지대공미사일을 제압했다. 그들은 전자방해책(Electronic countermeasures)을 가지고 있었고, 또한 지대공미사일 기지에서 방출하는 레이더를 향해 곧장 날아가는 '슈라이크(Shrike)' 대(對)레이더 미사일

롤링선더
3년 9개월간의 롤링선더 작전 기간 동안 미 전투폭격기들은 30만 4,000회, B-52 폭격기들은 2,380회 임무를 수행했으며, 도합 64만 3,000톤의 폭탄을 투하하여 북베트남의 군수산업 시설, 수송망, 대공방어 체계를 파괴했다.

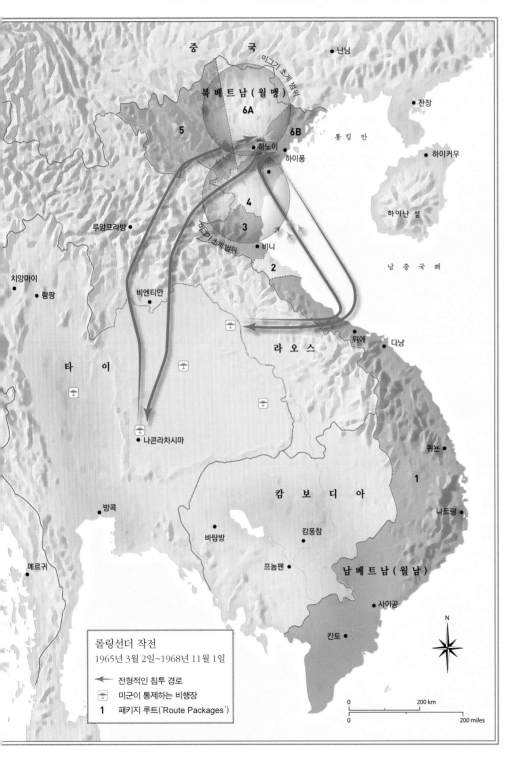

롤링선더 작전
1965년 3월 2일~1968년 11월 1일
→ 전형적인 침투 경로
✛ 미군이 통제하는 비행장
1 패키지 루트('Route Packages')

도 가지고 있었다. 임무는 성공적이었지만 지대공미사일이 널리 퍼져있어서 여전히 항공기들이 격추되곤 했다. 1968년 북베트남에 대한 작전은 단계적으로 축소되었다. 군사 작전이 정치적 고려사항에 좌우되는 어설픈 지휘체계 때문에 전쟁이 지속되는 동안 북베트남은 어떠한 심각한 피해도 입지 않았다. 북베트남에 제대로 된 폭격을 감행하기까지는 4년이라는 시간이 더 걸렸다.

이 기간 동안 타이에 있는 미 공군 폭격기들과 통킹(Tongking) 만의 '양키 스테이션(Yankee Station)'에 있는 미 해군 항공기들이 지상 전투를 지원하는 비행임무를 계속했고, '호치민 통로(Ho Chi Minh Trail)'라 불렸던 북베트남의 보급로를 차단하기 위한 임무도 계속했다. 북베트남에서 출발한 호치민 통로는 인접국을 경유하여 남베트남으로 이어졌기 때문에, 이 임무를 수행하는 항공기들은 종종 이웃 국가인 라오스와 캄보디아에 폭탄을 투하하기도 했다. (호치민 통로는 북베트남에게 있어 물자뿐만 아니라 북베트남군 연대를 남쪽으로 침투시키는 중추적인 보급로였다.) 보잉 B-52 스트래토포트리스는 종종 적이 숨어 있을 것이라 예상되는 넓은 밀림 지역을 폭격하는 전술적인 임무를 부여받았다. 엄청난 양의 폭격을 가하여 무시무시한 위력을 발휘하기도 했지만 텅 빈 밀림을 폭격하여 거의 아무런 피해도 입히지 못할 때도 종종 있었다.

1972년 4월 라인배커(Linebacker) I 작전으로 북베트남에 대한 폭격을 재개했다. 북베트남군은 남쪽으로 대거 침투해 있었고, 미 지상군은 전선에서 철수하고 있었다. 이제 공산주의자들의 주도권 장악을 막는 것은 미 공군과 남베트남군 밖에 없었다. 하이퐁 항에는 기뢰를 설치하여 물자의 진입을 막았다. 다음에는 저장된 탄약과 물자들이

파괴되기를 희망했다. 평화협정이 다시 한 번 결렬된 이후인 1972년 11월 18일 리처드 닉슨(Richard Nixon) 대통령은 북위 20도 이북 지역에 공중폭격을 재개하는 라인배커 II 작전을 지시했다. 이 작전은 목표물에 대해 쉬지 않고 폭격을 가함으로써 베트남 전쟁 중 가장 대대적인 폭격 공격으로 발전했다. 북베트남은 11일간의 작전 기간 동안 남아있던 모든 미사일을 동원하여 대응했으나 미군은 전자방해책으로 손실을 최소화했다. 지대공미사일에 격추된 15대의 B-52를 포함해 총 26대의 항공기를 잃었다. 대부분의 비행장을 잃은 북베트남 공군은 32대의 항공기밖에 출격시킬 수가 없었고, 이 중에 8대를 잃었다. 평화협정을 재개하자 미국은 1973년 1월 15일 북베트남에 대한 모든 공격작전의 중단을 발표했다. 종전은 1월 28일부로 효력을 발휘했다.

미코얀-구레비치 MiG-21
1966년 9월을 기해 북베트남 공군은 아톨 적외선 공대공미사일(Atoll infra-red AAM)로 무장한 몇 대의 MiG-21 항공기를 인수하고, 하노이 지역의 5개 기지에서 작전을 수행했다. 미그기 조종사들이 적용한 전술 중 한 가지는 저공비행 후 급상승하여 F-105 선더치프 같은 중무장한 전투폭격기들을 공격하고, 그들로 하여금 생존을 위해 폭탄들을 버리도록 하는 것이었다.

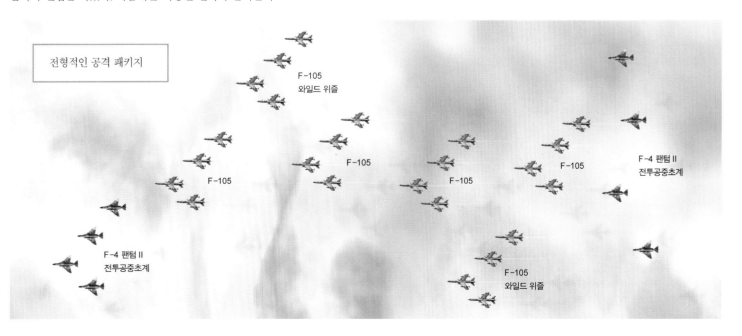

전형적인 공격 패키지

F-105
와일드 위즐

F-105

F-105

F-105

F-105

F-4 팬텀 II
전투공중초계

F-105

F-4 팬텀 II
전투공중초계

F-105
와일드 위즐

아랍-이스라엘 전쟁

1948년 5월 영국의 팔레스타인 통치가 끝나고 이스라엘 민족의 국가가 탄생했다. 전 유럽과 소련에서 몰려든 유대인 이주민들이 많은 팔레스타인에 거주하던 아랍인들을 이집트, 시리아, 요르단, 이라크 등지의 인근 아랍 국가로 몰아냈다. 이것이 이 지역에 심각한 불협화음을 야기하여 분쟁을 피할 수 없게 되었다.

공군 장비의 현대화

이집트는 더글러스 C-47 수송기를 임시 폭격기로 개조하고, 슈퍼머린 스핏파이어를 지상공격에 활용하며 즉시 이스라엘에 대한 공격을 시작했다. 낙후된 장비만을 갖고 있던 이스라엘은 효과적인 전쟁 억제책을 위해 유럽을 샅샅이 찾아다녔다. 결국 메서슈미트 Me 109의 체코 파생형인 아비아(Avia) S.199 몇 대를 획득하여 즉각 작전에 투입했다. 1948년 10월에 새로운 이스라엘 공군(IAF)은 40대가 넘는 스핏파이어 IX와 전략폭격을 위한 몇 대의 보잉 B-17, 그리고 제2차 세계대전 모델들이 혼합된 훨씬 나은 장비들을 충분히 손에 넣을 수 있었다. 전력을 증강한 이스라엘은 분쟁

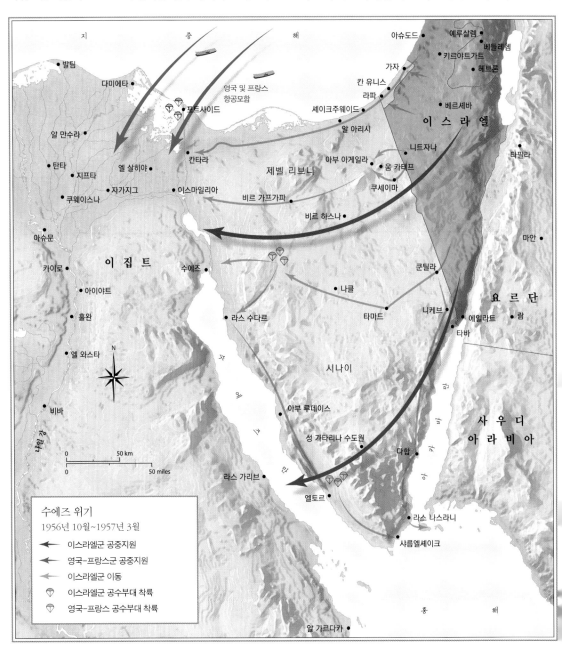

수에즈 위기
1956년 10월 수에즈 운하 지역에 대한 영국과 프랑스의 침공은 이스라엘 주둔 기지에서 작전하는 이스라엘 및 프랑스의 전투폭격기들과 영국 및 프랑스의 해군 공격기, 키프로스와 몰타에서 작전하는 영국 공군 폭격기들이 합세한 합동 공중 작전이었다.

에서 이 무기들을 처음으로 시험할 기회를 맞게 되었다. 이후 또 다른 분쟁이 일어나기 거의 10년 전이었다.

1956년 이집트 대통령 가말 압델 나세르(Gamal Abdel Nasser)는 수에즈 운하 지역을 국유화하여, 운하를 극동지역 식민지로의 연결지점으로 생각하고 있던 영국과 프랑스 정부를 경악하게 했다. 두 국가는 운하 지역에 대한 권한을 회복하기 위한 계획을 수립했다. 자국에서 일어난 테러리스트 공격의 배후에 이집트가 있다고 믿고 보복을 원하던 이스라엘도 여기에 가담했다.

이집트 공군은 꽤 많은 수의 요격기를 가지고 있었는데, 대부분은 드해빌런드 뱀파이어(de Havilland Vampire)와 글로스터 미티어(Gloster Meteor) 같은 구형이었다. 소련이 지원하는 다수의 MiG-15에 더하여 Il-28 공습폭격기와 함께 그들은 영국의 호커 헌터(Hawker Hunter), 프랑스의 F-84 선더스트레이크(Thunderstreak), 이스라엘의 다소 미스테르(Dassault Mystère) Ⅳ를 상대했다. 영국, 프랑스, 이스라엘이 수적 우위를 점하고 있었다. 영국 공군은 키프로스에 잉글리시 일렉트릭 캔버라(English Electric Canberra) 중형 폭격기 10개 대대를 호위기 및 지원기들과 함께 전개시켰다. 중형 폭격기인 비커스 밸리언트(Vickers Valiant) 4개 대대가 몰타에 있는 루카(Luqa) 기지에 전개했으며, 5척의 항공모함을 지중해로 보냈다. 영국 해군의 앨비언(HMS Albion), 벌워크(HMS Bulwark), 이글(HMS Eagle)에서 해빌런드 시 베놈(Havilland Sea Venom)과 호커 시호크(Hawker Sea Hawk)가 지상공격을 위해 이륙했으며 프랑스 항공모함 아로망슈(Arromanches)와 라파예트(La Fayette)에서도 보우트 F4U 코세어가 유사한 임무를 위하여 이륙했다.

수에즈 분쟁

수에즈 분쟁은 10월 29일 이스라엘이 시나이(Sinai) 사막 서부에 있는 미틀라 통로(Mitla Pass) 동쪽에 1,600명의 낙하산부대 병력을 투입하면서 시작했다. 이 부대는 거의 즉각적인 이집트군 뱀파이어기와 MiG-15의 반격에 놓이게 되었다. 이에 따라 영국과 프랑스 정부는 이집트군을 운하 지역에서 퇴각시키고 운하의 통제권을 다시 유럽에 넘기라는 최후통첩을 하게 된다. 물론 이집트는 이를 거부하고 계속해서 이스라엘군을 공격하여 낙하산부대를 성공적으로 저지했다. 시나이 상공에서 공중전은 일상적인 일이 되었고 이스라엘의 미스테르기가 대체로 이집트 항공기들을 압도했다.

프랑스와 영국은 이집트군 비행장을 목표로 삼았다. 초기의 야간 공격은 효과가 적었으나 주간 공격으로 전환하면서 지상의 많은 항공기를 파괴했다. 이후에 프랑스와

영국 양국은 11월 5일 포트사이드(Port Said)와 포트푸아드(Port Fuad)에 낙하산부대를 투입시켰다. 격렬한 시가전이 벌어졌으나 전진은 더뎠다. 이 분쟁을 종식시키려는 국제적 압력이 가해지기 이전에 엘 캅(El Kap)이 점령되었다. 결국 얻은 것은 거의 없이 오히려 영국과 프랑스에 대한 아랍국가의 불신과 이스라엘에 대한 감정만 깊어졌다.

1967년 중동에 다시 한 번 긴장감이 감돌면서 분쟁이 수면 위로 떠올랐다. 이집트와 시리아, 요르단이 의기투합하여 각자의 전력을 연합하는 협정에 서명을 했고, 이들의 군대는 소련의 미코얀-구레비치 MiG-21 요격기와 수호이(Sukhoi) Su-7 지상공격기 같은 최신예 항공기를 도입하면서 전력을 급격히 강화했다. 이스라엘 또한 다소(Dassault)사의 쉬페르미스테르(Super Mystère) 전투폭격기 및

6일 전쟁
6일 전쟁은 1967년 6월 이집트, 요르단, 시리아에 대한 이스라엘 공군의 대규모 공격으로 시작했다. 이들은 아랍의 공군 전력을 수시간 내에 무력화했다.

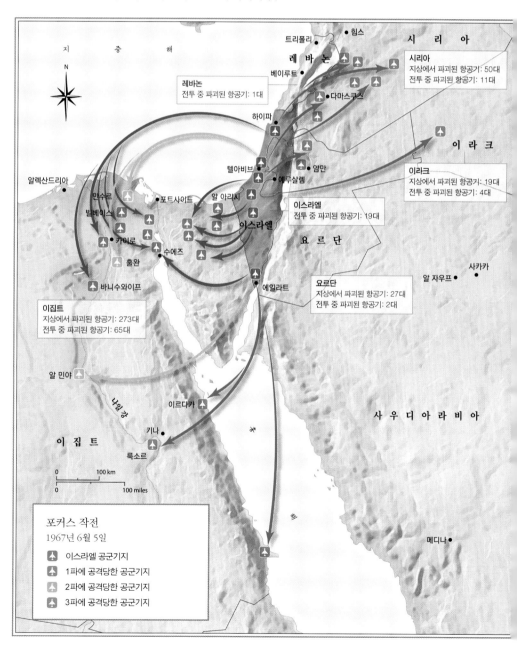

미라주(Mirage) III 등 대부분 프랑스제인 전투기들을 구입
하면서 공군력을 강화하고 있었다. 특히 삼각형 날개(Delta
wing)를 가진 미라주 전투기는 압도적인 속도로 깊은 인상
을 남겼다.

6일 전쟁

1967년 6월 5일 아침 이스라엘 공군은 포커스 작전
(Operation Focus)으로 알려진 작전에 대부분의 공격 전력들

을 투입했다. 그들은 일상적인 임무로 위장해 지중해로 날
아갔다. 이러한 일이 지난 몇 달간 계속되어 왔기 때문에
이집트의 전파탐지기사들은 의구심을 갖지 않았다. 이스라
엘 공군의 제트기들은 이집트 레이더의 탐지망 아래로 급
강하한 뒤 남쪽으로 방향을 돌려 이집트로 향했다. 육지에
도달하자 그들은 각자 흩어져 표적인 이집트 공군기지를
향해 날아갔다.

이집트를 경악시킨 이스라엘 조종사들은 이스라엘 기

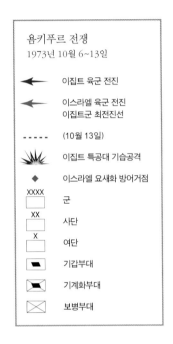

욤키푸르 전쟁
1973년 10월 벌어진 욤키푸르 전쟁은
이스라엘을 놀라게 만들었다. 이스라엘
공군의 이후 작전은 수에즈 운하 서안을
방어하는 이집트 강력한 지대공미사일에
좌절되었다.

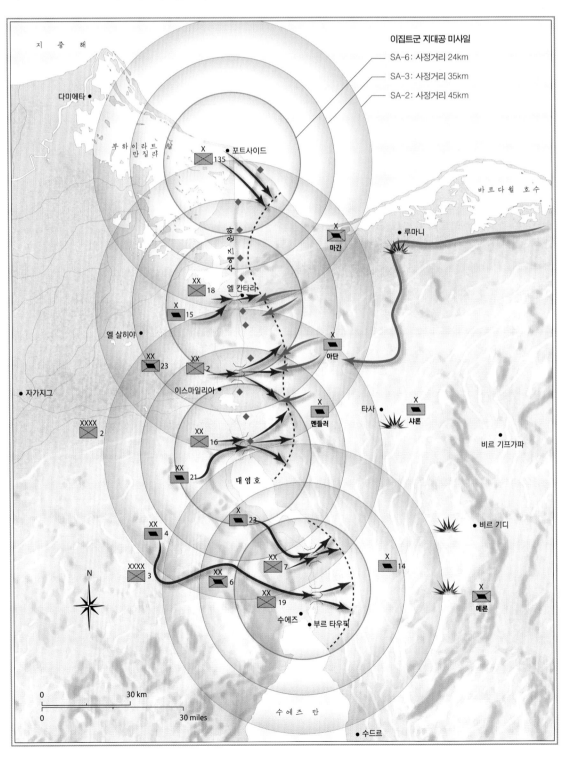

반시설에 대한 공격 가능성이 가장 큰 이집트의 투폴레프 (Tupolev) Tu-16 폭격기를 특히 주목하며 가지런히 주기되어 있는 항공기에 폭격 및 기총공격을 퍼부었다. 폭탄이 모두 떨어지면 기지로 돌아와서 신속하게 연료 재보급과 재무장을 한 뒤 다시 이집트로 돌아갔다. 이번에는 공군기지뿐만 아니라 레이더와 대공포 기지도 목표물에 포함되었다. 몇몇 이집트 공군 전투기가 급히 이륙하는데 성공하여 기지 상공에서 공중전을 벌였지만 전세는 이스라엘이 장악하고 있었다. 이스라엘은 또한 프랑스제 듀란달 (Durandel) 폭탄을 사용했는데 이 폭탄이 활주로에 커다란 폭파구를 형성하여 이집트 공군의 대응을 다시 한 번 제한시켰다. 이 전투에서 이스라엘 공군은 경이로운 능력을 보여주었다. 하루아침에 이집트의 공군력이 거의 파괴되어 버렸다.

이스라엘군은 이제 동쪽으로 주의를 돌려 요르단의 공군기지를 공격했고, 헌터(Hunter)기 4대를 제외한 모든 요르단 공군 항공기를 지상과 공중전투에서 파괴했다. 시리아는 MiG-21을 동원하여 이스라엘 공군기지를 대응공격했다. 이에 대한 보복으로 이스라엘은 시리아 공군기지들과 이라크의 H-3 기지에 대한 공격을 가했다. 큰 피해는 없으나 이제 시리아, 요르단, 이라크는 이스라엘의 의도를 확실히 알게 되었다.

다음 날 이스라엘 공군은 상대적으로 적은 저항을 받으며 시나이 사막 상공을 비행하고, 이스라엘 지상군의 진격을 지원하기 위해 국경을 따라 이집트 진영을 공격했다. 이집트 진영 후방에 헬리콥터로 낙하산부대를 투입해 공격한 이후, 이스라엘군이 총공격을 시작하자 시나이 반도에서 이집트군이 대대적인 퇴각을 시작했다. 이집트 군은 후퇴할 때 이스라엘 공군의 기총공격을 당했다. 이집트는 MiG-21과 Su-7을 출동시키려 시도했으나 고공에서 초계 중이던 이스라엘 공군의 쉬운 먹잇감이 되었다.

시나이 반도에서 이스라엘의 승리가 확실해지자 이집트는 6월 9일 정전에 서명했다. 충돌은 동쪽에서 계속되었으며, 이라크 H-3 공군기지가 추가로 공격받았다. 비행장 상공에서 공중전이 빈번히 벌어졌으며, 양 진영 모두 대대적인 승리를 주장하곤 했다. 이스라엘은 이스라엘과 시리아 국경에 있는 골란 고원(Golan Heights)을 차지하여 시나이와 같은 완충지대로 만들고 싶어 했다. 이러한 바람이 실현되어 6월 10일 유엔 정전협정의 효력이 발효되었다. 300여 대의 이집트군 항공기와 요르단, 시리아, 이라크 항공기 약 80대를 파괴한 이스라엘의 대승이었다. 하지만 평화는 이 혼란의 땅에 지속되지 않았다.

욤키푸르 전쟁

10년이 지나자 아랍 국가들과 이스라엘은 전쟁의 손실을

F-4 팬텀 II
이스라엘 공군은 F-4 팬텀 II의 가장 큰 해외 사용자였다. 이스라엘 공군은 1969년에서 1976년 사이에 200대 이상의 F-4E 항공기를 도입했으며, 이 항공기들은 1973년 욤키푸르 전쟁에서 중요한 작전들을 수행했다.

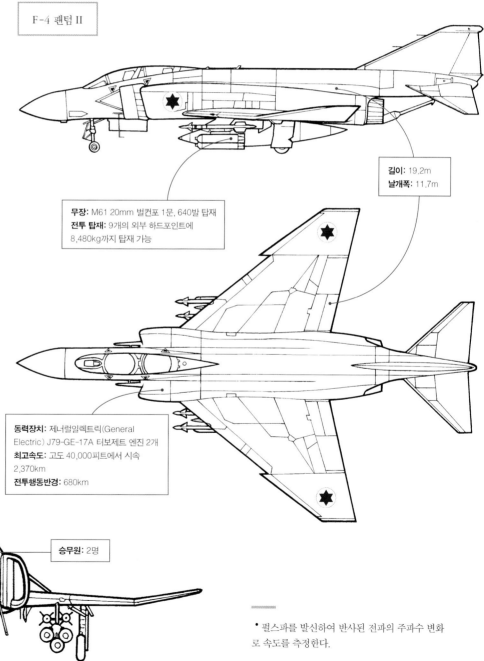

F-4 팬텀 II

길이: 19.2m
날개폭: 11.7m

무장: M61 20mm 벌컨포 1문, 640발 탑재
전투 탑재: 9개의 외부 하드포인트에 8,480kg까지 탑재 가능

동력장치: 제너럴일렉트릭(General Electric) J79-GE-17A 터보제트 엔진 2개
최고속도: 고도 40,000피트에서 시속 2,370km
전투행동반경: 680km

레이더: 81cm의 접시형 안테나를 가진 AN/APQ-59 레이더와 고고도 및 저고도 표적 탐지가 가능한 AWG-10 펄스도플러 ● 화력통제체계

승무원: 2명

● 펄스파를 발신하여 반사된 전파의 주파수 변화로 속도를 측정한다.

공격적 분리 기동

공격적 분리 기동은 적 전투기를 유인한 뒤, 이를 후방에서 공격할 수 있도록 고안되었다.

하이스피드 요요

하이스피드 요요(High-Speed Yo-Yo)는 공격하는 항공기가 자신의 항공기의 기수부분을 높게 횡전하고 적기를 계속 시야에 두기 위해 에일러론 선회(Aileron turning)를 함으로써 고속 표적을 추월하는 것을 방지하기 하기 위해 사용되었다.

어있지 않았다. 이집트 공군은 이스라엘 비행장과 레이더 시설, 그리고 이스라엘이 1967년 6일 전쟁 후에 수에즈 운하 동쪽에 건설한 요새화된 장벽인 바레브 라인(Bar Lev Line)을 따라 건설된 포병 진지들을 공격했다. 시리아 공군 조종사들은 MiG-19와 MiG-21, Su-7을 몰고 골란 고원에 대한 지상공격을 가하여 방어 전력을 무력화시키고, 기갑부대의 돌파를 도왔다.

이스라엘군은 수에즈 운하를 넘어오는 적에 대해 즉각 대응했지만 더 큰 충격에 빠지고 말았다. 수에즈 운하의 서쪽 제방을 따라 배치된 지대공미사일 방어망은 만만치 않은 상대였다. 새로 구입한 소련제 SA-3, SA-6, SA-9 지대공미사일이 많은 이스라엘 항공기를 격추했다. 이스라엘은 118대의 항공기를 잃었고 이집트는 113대, 시리아는 149대, 이라크는 21대의 항공기를 잃었다. 이집트군이 수에즈 운하를 건넜지만 이스라엘 A-4 스카이호크의 공격에 가로막혀, 아군 지대공미사일의 보호막을 넘지 못했다. F-4 팬텀은 지대공미사일 기지, 비행장, 레이더 기지 공격에 사용되었는데 손이 점차 누적되자 절박해진 이스라엘은 긴급히 미국에 지원을 요청했다. 미국 본토의 기지에 있던 미 공군 전투기들이 바로 중동의 전쟁지역으로 급송되어, 급하게 이스라엘 국적 마크를 달고 전장에 투입되었다.

이와 같은 전력보강으로 인해 이스라엘 공군은 다시 힘을 회복했다. 이스라엘군은 골란 고원에서 수적인 열세에도 불구하고 시리아군을 막아내며 퇴각시켰다. 이집트군은 시나이에서 돌파를 시도했으나 지대공미사일의 보호가 없는 상태에서 그들은 손쉽게 스카이호크의 표적이 되었다. 이집트 전선에 있던 간극을 교묘히 활용한 이스라엘은 수에즈 운하 서쪽에 교두보를 확보하여 상황을 완전히 반전시켰다. 하지만 이때 아랍의 국가들은 그들의 절대적인 무기를 꺼내들었다. 사우디아라비아가 서방에 대한 석유 금수 조치를 감행하자 미국이 즉각 반응하여 이스라엘이 정전협정에 서명하도록 압력을 가했다. 10월 22일 저녁에 정전협정이 발효되었다.

분쟁기간 동안 계속되는 대결 속에서 서구에서 생산한 항공기를 조종하던 이스라엘 조종사들은 그들이 특출한 전투기 조종사임을 여실히 증명했다. 2대의 팬텀 전투기가 20대 이상에 달하는 적 항공기를 욤키푸르 전쟁에서 무찌르고 승자가 되는 일이 다반사였다. 이스라엘은 빼어난 항공기인 맥도넬 더글러스(McDonnell Douglas)(현재는 보잉)

보충했다. 프랑스는 더 이상 최신형 미라주 항공기를 지원해주지 않았지만, 대신 이스라엘은 미국의 맥도넬 F-4 팬텀 II와 더글러스 A-4 스카이호크(Skyhawk)를 구입했다. 이집트는 소련의 MiG-21, 투폴레프 Tu-16과 헬리콥터, 그리고 가장 중요한 지대공미사일(SAM)을 구매했다.

1973년 10월 6일 오후에 이집트와 시리아는 일방적으로 당한 1967년의 복수를 시작했다. 그들은 유대교의 속죄일인 욤키푸르(Yom Kippur)에 이스라엘의 허점을 노렸다. 많은 이스라엘군 병사들이 휴일을 맞아 휴가를 떠난 상태였다. 이집트 공군의 전투폭격기들이 수에즈 운하를 건너고 시리아 공군도 마찬가지로 골란 고원을 넘었지만, 그동안 이스라엘은 어떠한 준비도 되

가위 기동

가위 기동
가위(Scissors) 기동에서, 각 조종사는
적기를 추월시키기 위해서 자신이 할 수
있는 최저의 속도로 비행하면서, 자신의
선회방향을 계속 반전시킨다.

F-15 이글(Eagle) 전투기를 획득하는 것을 포함하여 지속적으로 미국의 지원을 받고 있으며, 이스라엘 조종사들은 이 기종 조종사들 중에서 가장 많은 격추기록을 가진 에이스들이다. 이스라엘은 또한 다소사의 미라주 V를 허가 없이 복제한 IAI 네세르(Nesher)('독수리')와 같은 토착 항공기를 생산했다.

우세한 공중전 전술

이처럼 주기적으로 전투를 해왔던 이스라엘과 아랍 조종사들은 전투에서 승리하기 위해 최고의 공중전 전술을 신속히 발전시켰다. 제2차 세계대전의 대규모 공중전에서 비행한 조종사들보다 2배 이상의 속도로 비행을 하면서도 당시 전쟁에서 배웠던 요소들을 존속시켰는데, 리더가 상호 보호를 위해 요기(Wingman)와 짝을 이루어(2기 편대) 비행하는 것이 그 예이다. 2기 편대는 방어뿐만 아니라 공격적인 방법으로도 운용할 수 있었다. 리더가 적 전투기를 자기 쪽으로 유인하면 요기는 탐지되지 않고 아래쪽에서 비행하고 있다가 선회하고 있는 적기 쪽으로 치고 올라가서 취약한 적기의 배면을 미사일이나 기관총으로 공격하는 '공격적 분리(Offensive Split)' 기동을 수행할 수도 있었다.

모든 기동에서 가장 중요한 요소는 적기를 후방에서 공격하는 것인데, 미사일이 항공기에서 배출하는 뜨거운 배기가스를 레이더로 추적하기 때문이다. 만일 미사일 공격이 실패할 경우에도 기관총을 사용하기에 최적의 위치였다.

이스라엘 조종사들은 그들의 가치를 소규모 분쟁에서 지속적으로 증명했는데, 그 한 예가 1982년 레바논 전쟁이다. 당시 이스라엘 공군은 레바논의 전체 방공망을 단 1대의 항공기 손실도 없이 제거했다. 이스라엘 조종사들은 다목적 전투기 록히드마틴(Lockheed Martin) F-16 플라잉 팰컨(Flying Falcon)을 타고 이라크의 오시라크(Osiraq)의 핵 시설을 파괴하는 예외적인 장거리 폭격 임무를 수행했다. 조종사들은 저고도에서 고속으로 비행하면서도 연료 소모량을 지속적으로 점검하고 핵시설을 공격했다. 이 작전은 큰 성공을 거두고 모든 항공기가 기지로 귀환했다.

강력한 공군의 유지와 활용

이스라엘은 자신의 군사력을 보호하거나 과시하기 위해 강력한 공군력을 지속적으로 사용해 왔는데, 종종 대공방어 능력이 없는 표적에도 공격을 가했다. 이는 2006년 이스라엘의 레바논 침공 당시, 이스라엘 공군이 헤즈볼라(Hezbollah) 로켓 발사 기지를 공격한 것으로 증명되었다. 이 공격은 레이저유도무기(LGM)를 이용하여 극도로 정밀하게 수행되었다. 하지만 지상 목표에 대한 신뢰성 있는 정보가 여전히 중요한데, 이는 헤즈볼라 의용군이 숨어있는 것으로 '의심되는' 곳에 폭탄을 투하하면서 수많은 민간인 사상자를 냈기 때문이다.

바렐 롤 공격
바렐 롤 공격(Barrel Roll Attack) 시
공격기는 적기의 선회 원을 가로지르면서
반시계방향의 횡전을 하는 비행, 즉 적기의
선회평면과 다른 평면으로 기수를 끌어올린
뒤 적기의 후미 쪽으로 기수를 떨어뜨리는
비행을 한다.

바렐 롤 공격

포클랜드 전쟁

1982년 4월 2일 아르헨티나의 침공전력이 남대서양의 영국 영토인 포클랜드(Falkland) 제도에 상륙했다. 아르헨티나는 오랫동안 그곳이 자신들의 땅이라고 주장해 왔다. 그곳에 주둔하고 있던 영국 해병대 1개 중대가 저항했지만 포클랜드는 곧 사우스조지아(South Georgia)와 함께 아르헨티나의 손에 넘어갔다. 영국 정부는 당시 대대적으로 군대를 감축하고 있었지만, 이 섬을 되찾기 위해 기동부대를 구성하는 계획을 즉각 실행에 옮겼다.

기동부대의 출항

항공모함 허미즈와 인빈서블(HMS Invincible)을 포함한 영국 해군의 기동부대가 작전을 준비하는 동안, 대서양 중부의 어센션(Ascension) 섬에 주둔하고 있던 호커 시들리 님로드(Hawker Siddeley Nimrod) 해상초계기는 다가오는 전투에 대비하여 가능한 한 많은 정보를 얻기 위해 대대적인 정찰비행을 시작했다. 또한 어센션 섬으로 5대의 아브로 벌컨(Avro Vulcan) 폭격기가 도착했다. 거대한 삼각형 날개를 가지고 있는 이 항공기는 원래 핵폭격기로 설계된 것이었다. 포클랜드 전쟁에서 이 항공기들은 재래식 임무에 투입되었다. 포클랜드 섬의 주요 도시인 스탠리(Stanley)로 장거리 비행을 해 이곳의 공항과 대공방어 체계를 공격하는 임무였다.

아르헨티나는 공항에 FMA IA 58 푸카라(Pucara) 지상공격기와 각종 헬리콥터들을 배치시켜 놓았다. 블랙 벅(Black Buck) 작전의 첫 번째 임무에서 벌컨기가 어센션에서 이륙하여 경로 중간에 핸들리 페이지 빅터(Handley Page Victor) 공중급유기로부터 연료를 재보급 받았다. 이 항공기는 스탠리로 날아가 활주로와 비스듬한 패턴으로 21발의 폭탄을 투하했으나 피해는 미미했다. 오직 하나의 폭탄이 활주로에 떨어졌으나 이마저 쉽게 수리가 되었다. 하지만 이 공격은 영국 공군이 아르헨티나 본토에 있는 표적을 직접 공격할 수 있는 능력을 가졌다는 것을 증명했다. 결과적으로 아르헨티나는 전투 대대를 섬에 전개시키지 않는 대신 방어를 위해 본토에 유지시키기로 했다.

블랙 벅 작전의 첫 번째 단계가 시작된 5월 1일, 영국 기동부대는 호커 시들리 해리어(Hawker Siddeley Harrier)를 발진시키기에 충분히 가까운 거리까지 접근하여 다윈(Darwin), 구스 그린(Goose Green), 스탠리를 공격했다. 아르헨티나의 대응은 신속했다. 대응 공격이 시작되었지만 4대의 항공기가 기동부대 상공에서 초계를 하고 있던 영국

해군항공대의 시해리어(Sea Harrier)에게 격추당했다.

5월 4일 새로운 엑조세(Exocet) 대함 미사일을 장착한 아르헨티나의 다소 쉬페르에탕다르(Dassault Super Etendard) 2대가 영국 구축함 선단에 극히 낮은 고도로 접근했다. 셰필드(HMS Sheffield)가 그것을 맞고 결국은 침몰했다. 아르헨티나 조종사들은 울퉁불퉁한 해안선을 활용하여 목표물까지 낮은 고도로 접근하는 전술을 사용해서 레이더에 포착되지 않을 수 있었다. 5월 21일 영국 해병대와 낙하산부대가 동포클랜드의 서쪽에 있는 산카를로스 만에서 상륙작전을 개시했다. 이 전력들이 상륙정을 타고 접근하는 동안, 시코르스키 시 킹(Sikorsky Sea King)이 지원했으며, 웨스트랜드 웨섹스(Westland Wessex)와 더 소형인 웨스트랜드 스카우트(Westland Scout) 헬리콥터들이 보급지원을 했다.

저공비행 전술

산카를로스 만에 정박하고 있던 영국 기동부대는 아르헨티나 공군 조종사들이 공격하기 좋은 표적이었다. IAI 대거(Dagger)와 더글러스 A-4 스카이호크를 탄 그들은 영국 해군의 함정에 일반적인 비유도폭탄(Iron Bomb)을 투하했다. 분쟁이 끝날 때까지 총 1,000회에 이르는 초계 임무를 수행한 시해리어가 24시간 경계를 하고 있었음에도 불구하고 많은 아르헨티나 조종사가 공격에 성공했다. 또한 시해리어에 장착된 AIM-9 사이드와인더(Sidewinder) 미사일은 많은 아르헨티나 항공기를 격추시켰다.

그럼에도 불구하고 몇몇의 아르헨티나 항공기는 항상 침투에 성공했다. 5월 21일 아텐트(HMS Ardent)는 적어도 9발의 폭탄에 맞았고 함정 후미에 있는 헬리콥터 갑판에서 3발이 폭발했다. 이 함정은 큰 피해를 입고 산카를로스(San Carlos)로 항해를 시도하다가 다시 한 번 공격을 당했다. 이번에는 피해를 입지 않았지만 이미 심각한 피해를 입은 상태였고, 화재가 밤새 지속되어 결국 다음 날 침몰했다. 5월 23일 앤틸롭(HMS Antelope)도 비슷한 운명을 맞이했다. 앤틸롭은 지연신관을 가진 폭탄(Time-delayed Bomb) 2발을 맞고 침몰했는데, 큰 인명 피해는 없었다. 아르헨티나는 6월 14일 자정 1분 전에 항복문서에 서명했다. 영국은 포클랜드의 주권을 회복했다. 사상자는 비교적 적었으나 함대의 대공방어 능력이 저공비행 전술을 활용한 아르헨티나 조종사들의 정확한 공격에 아주 취약하다는 것이 증명되었다.

포클랜드의 해리어
영국 해군의 시해리어들이 포클랜드 전쟁 중 항공모함 허미즈로 귀환하고 있다. 사진 전면에 위치한 것은 영국 공군의 해리어 GR-3 항공기 중 하나로, 시해리어들이 전투공중초계(Combat Air Patrol) 임무를 할 수 있도록 지상지원 임무를 넘겨받았다.

포클랜드 전쟁
1982년 4월 2일~6월 15일

1. 5월 21일, 항공모함 아덴트는 A-4 스카이호크로부터 공격을 받고 9발의 폭탄을 맞는다. 3발은 헬리콥터 갑판에서 폭발했다.

2. 손상을 입은 항공모함 아덴트는 산카를로스 만으로 항해를 시도한다. 이 배는 다시 한 번 공격을 받지만 피격되지는 않았다. 화재가 발생해서 통제 불가능한 상태가 되어 그 다음 날 그랜섬 해협에서 침몰한다.

3. 산카를로스 만을 경비하는 항공모함 앤틸롭은 5월 23일 스카이호크에 의해 공격을 받는다. 지연신관 폭탄 2발이 함정를 찢어 놓는다. 그 다음 날 아침 배를 포기할 때까지 밤새 화재가 계속되었다.

4. 영국 해군 시해리어는 거의 끊임없이 전투초계비행을 하며, 많은 아르헨티나 항공기들을 격추시켰다.

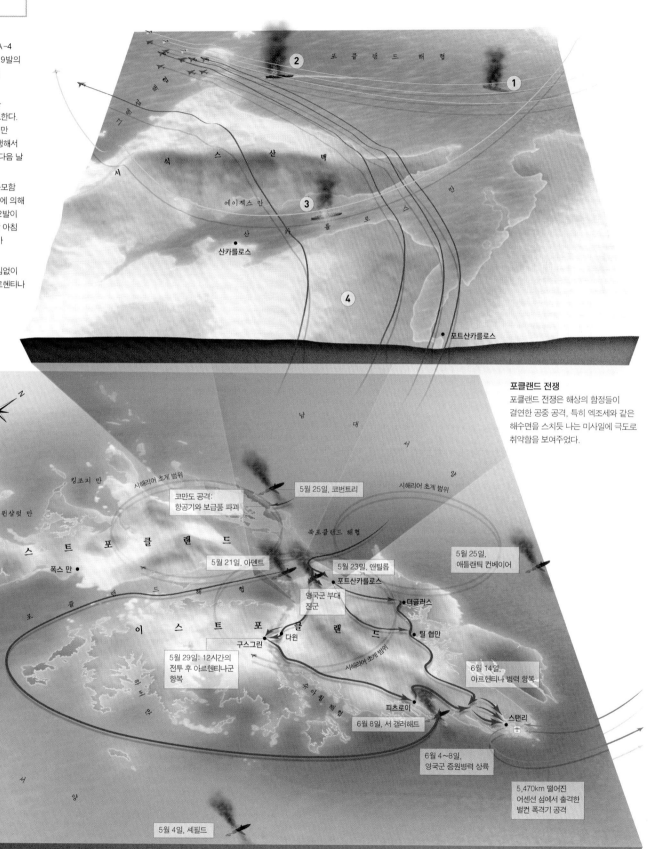

포클랜드 전쟁
포클랜드 전쟁은 해상의 함정들이 결연한 공중 공격, 특히 엑조세와 같은 해수면을 스치듯 나는 미사일에 극도로 취약함을 보여주었다.

걸프 위기

이웃 아랍국가인 쿠웨이트에 대한 이라크의 침공은 제2차 세계대전 이후 한 번도 없었던 막대한 공군력의 증강을 불러왔다. 경제적으로 중요한 쿠웨이트의 유전지대가 점령당하고, 사우디아라비아의 유전지대도 위협받게 되면서 서방국가, 특히 미국이 빠르게 대응했다.

전투 준비

사담 후세인(Saddam Hussein)은 세계에서 네 번째로 규모가 큰 군대를 지휘하고 있었다. 10여 년 전 이란과의 전쟁으로 단련이 된 이라크 군대는 1990년 8월에 손쉽게 쿠웨이트를 손에 넣었다. 몇몇 쿠웨이트 공군 조종사는 더글러스 A-4 스카이호크를 타고 가까스로 사우디아라비아로 탈출했다. '사막의 방패(Desert Shield) 작전'은 효과적으로 이라크

육군을 봉쇄하고 이들이 사우디아라비아로 진군하는 것을 막았다. 이는 사우디아라비아 공군의 파나비아 토네이도(Panavia Tornado) 전투기를 지원하기 위해 이 지역으로 미 공군의 맥도넬 더글러스(보잉) F-15 이글 제공전투기를 신속히 파견하여 가능했다. 이 항공기들이 끊임없이 전투초계 비행을 하며 이라크군의 움직임을 밤낮으로 감시했으며, 정치인들이 외교적인 해법을 찾는 동안 미군은 수십만 명의 병력과 차량, 해군력을 증강할 수 있었다. 한편 미 해군은 F/A-18 호넷(Hornet), 그러면 F-14 톰캣(Tomcat)과 그러면 E-2 호크아이(Hawkeye) 항공기를 운용하는 막강한 항공전대들을 실은 항공모함을 홍해로 이동시켜, 이라크군이 국경선을 넘을 경우 바로 대응할 준비를 갖추었다. 분쟁이 시작되는 시기에는 6척의 항공모함이 호위함 및 지원함정

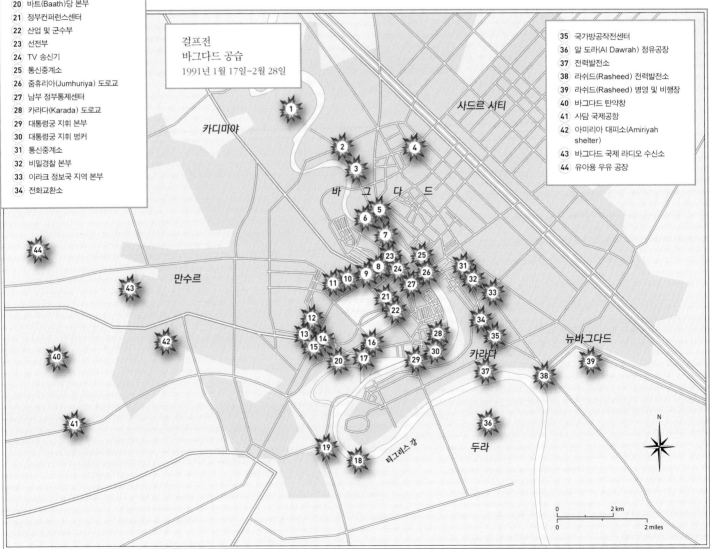

1. 군사정보부
2. 전화교환소
3. 국방부 산하 국립컴퓨터복합단지
4. 송전소
5. 전화교환소
6. 국방부 본부
7. 아슈다드(Ashudad) 도로교
8. 전화교환소
9. 조차장(操車場)
10. 무테나 비행장(군사지역)
11. 이라크 공군 본부 신청사
12. 이라크 정보국 본부
13. 전화교환소
14. 비밀경찰국
15. 육군 보급창
16. 공화국수비대 본부
17. 신 대통령궁
18. 전력발전소
19. 단거리탄도미사일(SRBM) 조립공장
20. 바트(Baath)당 본부
21. 정부컨퍼런스센터
22. 산업 및 군수부
23. 선전부
24. TV 송신기
25. 통신중계소
26. 줌후리야(Jumhuriya) 도로교
27. 남부 정부통제센터
28. 카라다(Karada) 도로교
29. 대통령궁 지휘 본부
30. 대통령궁 지휘 벙커
31. 통신중계소
32. 비밀경찰 본부
33. 이라크 정보국 지역 본부
34. 전화교환소

35. 국가방공작전센터
36. 알 도라(Al Dawrah) 정유공장
37. 전력발전소
38. 라쉬드(Rasheed) 전력발전소
39. 라쉬드(Rasheed) 병영 및 비행장
40. 바그다드 탄약창
41. 사담 국제공항
42. 아미리아 대피소(Amiriyah shelter)
43. 바그다드 국제 라디오 수신소
44. 유아용 우유 공장

걸프전
바그다드 공습
1991년 1월 17일~2월 28일

카디미야

사드르 시티

바그다드

만수르

뉴바그다드

카라다

두라

티그리스 강

들과 함께 홍해에 대기하고 있었다.

영국으로부터 공격 및 요격 임무를 수행하는 토네이도(Tornado)와 세피캣 재규어(SEPECAT Jaguar)는 물론, 보잉 CH-47 시누크(Chinook)와 블랙번 버캐니어(Blackburn Buccaneer) 같은 수송 헬리콥터도 함께 도착했다. 이 장비들은 비록 구형이었지만 정교한 표적획득장비를 가지고 있어서 토네이도 항공기와 함께 대기하며 그들의 폭격에 도움을 줄 수 있었다. 이탈리아가 토네이도기를 전개하고, 탈출했던 쿠웨이트 공군의 스카이호크가 돌아왔으며, 다소 미라주 2000과 F1이 프랑스에서 도착했다. 대대적인 병력 증강이 이루어진 것이다.

이 모든 항공기가 언제, 어디에서 비행해야 할지 조직하기 위해 연합군은 보잉 조인트스타즈(Joint Stars)와 E-3 센트리(Sentry) 조기경보기를 전장 상공에 항상 배치했다. 항공전자장비와 레이더 및 감청장치로 무장한 이 항공기들은 연합군의 항공전력을 목표물로 보내거나 적기와 교전할 수 있도록 지속적으로 정보를 제공했다.

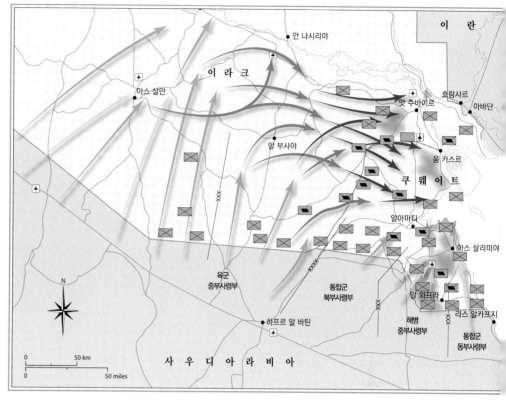

공격 계획

공격 계획이 수립되었다. 계획의 첫 단계는 이라크의 조기경보능력을 무력화한 후 이라크 대공방어 체계 및 공군을 파괴하는 것이었다. 그 다음 이라크 정권의 지휘통제체계를 파괴하면 이라크군은 결속력을 잃어버리고 병참선이 단절될 것이었다. 또한 발전소와 상수도, 통신시설을 파괴하여 이라크 전역을 마비 상태로 만들 것이었다. 이 기본시설이 파괴되거나 사용할 수 없을 정도로 큰 피해를 당하면 연합공군은 쿠웨이트를 탈환하고 이라크 육군을 이라크로 몰아내는 지상군 작전을 집중 지원할 예정이었다.

1991년 1월 17일 이른 새벽, 시코르스키 MH-53 페이브 로우(Pave Low) 헬리콥터의 지원을 받는 8대의 AH-64 아파치(Apache) 공격 헬리콥터가 사우디아라비아와 이라크의 국경선을 넘어서 2개의 조기경보레이더 기지를 공격했다. 항공전역이 시작된 것이다. 이 타격부대는 연합공군 폭격기가 전투를 개시할 수 있게 해주었다. 록히드 F-117 나이트호크(Nighthawk)가 이라크의 수도 바그다드(Baghdad) 위로 날아가 이라크 정부와 기반시설에 대한 정밀폭격을 감행했다. 페르시아 만(Persian Gulf)에 정박한 미해군 함정에서 토마호크(Tomahawk) 미사일을 발사하여 이 공격을 지원했다. F-117은 엄청난 항공기였다. 아음속(亞音速)으로 비행하면서 자신에게 향하는 레이더파를 흡수 및 반사할 수 있어서 전파탐지기사에게는 거의 보이지 않았다. 이라크 수비대는 항공기가 근처에 있다는 것을 알았으나 레이더 반사파가 너무 작거나 존재하지 않아서 지대

공미사일을 발사할 수가 없었다. 이는 F-117 조종사가 회피 기동에 집중할 필요 없이 정확하게 표적을 찾아서 공격하는 것에만 집중할 수 있었다는 것을 의미했다.

F-117 나이트호크가 바그다드를 공격할 때 F-15 이글의 호위와 대레이더 미사일로 무장한 맥도넬 더글러스 F-4 팬텀 II '와일드 위즐'의 지원을 받는 연합군 공격기들도 지대공미사일 기지들을 공격할 준비가 되어 있었다. 목표물은 이라크의 대공방어 체계와 공군기지로, 지상에 있는 항공기를 공격하고 강화된 콘크리트 엄체호에 유도무기를 투하하는 것이었다. 안전한 것은 아무것도 없었다.

사막의 폭풍 작전
1991년 2월 24~28일

← 1단계 연합군 전진
← 2단계 연합군 전진
← 3단계 연합군 전진
← 4단계 연합군 전진
이라크 기갑사단
이라크 기계화사단
이라크 보병사단
✈ 비행장
유전

F-15E 스트라이크 이글
F-15E 스트라이크 이글은 기본형 F-15를 더 강하게 발전시킨 복좌기로서, 조종사와 무기 및 방어체계를 운용하는 후방 사수가 탑승한다. 이 항공기는 1991년 걸프전에서 이라크의 스커드 미사일 발사대를 찾아서 공격하는데 중요한 역할을 했다.

A-10 선더볼트 II
기수에 30mm 회전식 기관포를 장착하고
다양한 공대지 미사일과 폭탄을 장착한
'워트호그(혹맷돼지)'는 경이적인
지상공격용 기체이다.

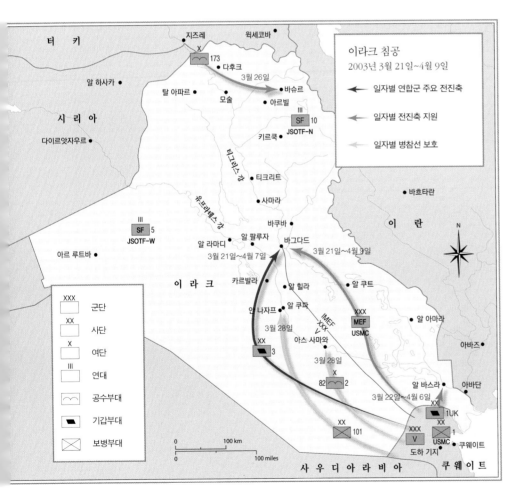

이라크 침공
2003년 3월 21일~4월 9일

→ 일자별 연합군 주요 전진축

→ 일자별 전진축 지원

→ 일자별 병참선 보호

XXX	군단
XX	사단
X	여단
III	연대
⌒	공수부대
■	기갑부대
⊠	보병부대

0   100 km

0   100 miles

발전소, 펌프장, 댐이 파괴되어 이라크는 싸우기도 전에 전력부족에 시달렸다.

영국 공군 토네이도기가 저고도로 날아서 활주로에 폭파구를 형성하는 JP233 폭탄을 이용해 이라크 기지의 활주로를 공격했다. 이와 같은 강도 높은 공격 속에서 이라크 공군은 적기를 거의 요격하지 못했다. 몇몇은 적기를 보기도 전에 파괴되었으며 나머지도 일주일 정도 저항한 뒤 이란으로 도망가 버렸다. 이에 이라크 공군이 요르단으로 후퇴할 거라 예상했던 연합군은 크게 놀랐다.

이라크 공군이 전멸하고 많은 우선순위 목표물들이 파괴되면서 이제 연합공군은 1월 24일 이라크로 진군하기 시작한 지상군을 지원하는 것에 집중할 수 있었다. 만약 지상군이 강력한 방어에 직면하게 되면 미 공군의 페어차일드 리퍼블릭(Fairchild Republic) A-10 선더볼트(Thunderbolt) II 혹은 해병대의 맥도넬 더글러스 AV-8 해리어 항공기에 길을 열어달라고 요청할 수 있었다. A-10 '워트호그(Warthog)'는 지상을 공격하기에 유리하게 제작되었다. 조종사는 '욕조(Tub)'라 불리는 방호 장갑에 탑승하고 2개의 엔진이 멀리 떨어져 있어 1개가 손상을 입을 경우 다른 엔진을 통해 기지로 돌아올 수 있었다. 이 항공기는 비록 속도는 느렸으나 전장에 오랜 시간 동안 머물 수 있었고, 많은 손상도 이겨낼 수 있었다. 또한 무시무시한 30밀리미터 구경의 GAU-8 개틀링 타입 기관포를 장착해 거의 모든 종류의 장갑을 뚫을 수 있는 우라늄탄을 발사했다. 이 항공기와 함께 AH-64 아파치들도 같이 작전을 수행했다. 이 두 항공기들이 이라크 육군이 전격적인 후퇴를 할 때 엄청난 혼란을 겪게 만들었다. 단 닷새간의 지상공격 후에 전쟁은 끝이 났고, 이라크군은 전부 후퇴했으며 쿠웨이트는 자유를 되찾았다.

이라크 침공

2003년 조지 W. 부시(George W. Bush) 대통령의 미국 정부는 이라크가 대량살상무기를 숨기고 테러리스트 단체와 손을 잡았다고 단정했다. 이 같은 정황은 비록 거짓이었지만 테러와의 전쟁을 계속한다는 명분이 있어 부시 정부가 후세인 정권을 무너뜨리기에 아주 좋은 기회였다. 유엔의 지지를 얻지 못했으나 미군과 영국군은 에스파냐군, 호주군, 폴란드군, 덴마크군의 지원 아래 공격을 결심했다.

2003년 3월 20일 제2차 걸프전이 '이라크 자유 작전(Operation Iraqi Freedom)'이라는 이름 아래 개시되었다. 이 계획은 공습과 지상 전투가 같이 이루어진다는 점에서 이전의 전쟁과 달랐으며 전술적인 면에서 '충격과 공포(Shock and Awe)'라고 명명되었다. 연합군은 이라크 기반시설의 파괴를 가능한 최소화하며 이라크의 통제권을 획득할 수 있었고, 곧바로 정상적인 상태를 회복하고자 했다. 비록 몇몇 '정밀' 무장들이 표적에 정확히 명중되지는 않았지만, 바그다드에 있는 목표물들은 순항미사일(Cruise missile)과 F-117로 한 치의 오차도 없이 다시 정확하게 타격되었다.

쿠르드(Kurd) 지역을 신속하게 확보하기 위해 낙하산 부대 병력이 북이라크에 투입되었고, 이라크군이 바그다드로 후퇴하자 그들을 추격했다. 4월 초, 연합군의 항공기 손실이 비교적 적은 상태에서 바그다드가 함락되었다. 연합군이 이라크 점령 임무를 준비할 때 헬리콥터와 험비(Humvee)가 최우선적인 무기체계가 되었다. 연합군 병력이 늘어나는 폭동에 휘말리기 시작하자 연합군의 제트기 사용은 검토할 가치가 없어졌으며, 결국 작고 민첩한 헬리콥터가 부각되었다. 해군의 벨 AH-I 코브라(Cobra) 공격 헬리콥터가 상대적으로 작은 목표물을 타격하고 도심을 뚫고 들어가는 부대를 지원했다.

점진적으로 무인항공기가 정찰을 하고 헬파이어(Hellfire) 미사일을 사용할 수 있도록 개조되었다. 실시간 정보를 활용하여, 무인기 운용자들은 지구를 반 바퀴 돌아서 멀리 떨어진 곳에 앉아서 목표물의 위치를 찾아 공격할지의 여부를 결정할 수 있었다. 새로운 형태의 공군력이 진화하여 전투기들이 적군 영공에 날아가 적을 공격하지만, 그것의 운용하는 '조종사'들은 전혀 위험이 없는 시대가 되었다.

명칭: 록히드 F-117 나이트호크
역할: 폭격기
동력장치: GE F404-F1D2 터보팬 엔진 2대
최고속도: 시속 993km
최대 탑재량: 2,270kg
상승한도: 20,000m

명칭: 맥도넬 더글러스 F-15 이글
역할: 제공전투기
동력장치: 프랫 앤 휘트니 F100-100/220/229 후기연소 터보팬 엔진 2대
최고속도: 고고도 시속 2,660km, 저고도 시속 1,450km
무장: 내부 탑재 20mm M61A1 기관총 1대, 940발 탑재
최대 탑재량: 7,300kg
상승한도: 20,000m

명칭: 맥도넬 더글러스/BAe Systems AV-8B 해리어 II
역할: 지상공격기
동력장치: 롤스로이스 F402-RR-408(Mk 105) 추력편향 터보팬 엔진 1대
최고속도: 해수면에서 시속 1,070km
무장: 내부 탑재 20mm M61A1 기관총 1대, 940발 탑재
최대 탑재량: 5,987kg
상승한도: 15,000m

명칭: 토네이도 IDS/ECR
역할: 방공/제공, 전자전 및 지상공격
동력장치: 터보유니언(Turbo-Union) RB199-34R Mk 103 후기연소 터보팬 엔진 2대
최고속도: 시속 2,418km
무장: 27mm 모제르(Mauser) BK-27 기관총 1대, 180발 탑재
최대 탑재량: 9,000kg
상승한도: 15,240m

명칭: A-10 선더볼트 II
역할: 근접항공지원 지상공격기
동력장치: 제너럴 일렉트릭 TF34-Ge-100A 터보팬 엔진 2대
최고속도: 시속 833km
무장: 30mm GAU-8/A 어벤져(Avenger) 기관총 1대, 1,174발 탑재
최대 탑재량: 7,260kg
상승한도: 13,700m

명칭: AH-1W 슈퍼 코브라(Super Cobra)
역할: 공격 헬리콥터
동력장치: 제너럴 일렉트릭 T700 터보 샤프트 엔진 2대
최고속도: 시속 352km
무장: 197 20mm 기관총 1대, 750발 탑재
최대 탑재량: 1,737kg
상승한도: 3,720m

아프가니스탄 전쟁

2001년 9월 11일 세계무역센터와 미 국방부에 대한 공격 이후에 '테러와의 전쟁'이 시작되었다. 오사마 빈 라덴(Osama Bin Laden)의 지휘 아래 알카에다(al-Qaeda) 소속의 테러리스트들은 민간 항공기를 납치하여 표적을 공격하기 위한 유도 '폭탄'으로 이용했다. 그 결과는 참혹했고 전쟁의 국면을 완전히 바꾸었으며, 특히 민간인에 대한 공격은 규모면에서 전례가 없는 것이었다.

적 위치 탐지

공격이 있고 다음 달, 미국은 아프가니스탄(Afghanistan)의 극단주의자 탈레반(Taleban) 정부가 알카에다 테러리스트 그룹에 은신처를 제공하고 광대한 영토에 훈련소를 설치하도록 허락해 주고 있다고 판단했다. 미국은 탈레반 정부를 전복하고 알카에다 훈련 캠프를 파괴할 계획을 세웠다. 미국이 보유하고 있는 거의 모든 종류의 항공기와 무기를 이용하여 대규모 폭격기 전력인 B-1 랜서(Lancer)와 B-2 스피릿(Spirit) 스텔스 폭격기, 백전노장인 보잉 B-52 스트래토포트리스 등을 활용한 공격을 시작했다. 인도양의 디에고 가르시아(Diego Garcia)에 있는 미 공군기지로부터 날아온 이러한 항공기들은 아프가니스탄에 대한 대규모 융

단폭격 임무를 수행하여, 탈레반과 알카에다의 구성원들이 산악 지역에 있는 본거지로 퇴각하게 했다. 산악 지역의 광범위한 동굴은 막대한 양의 폭탄을 투하해도 끄떡하지 않았지만 폭격을 통해 입구를 막아 적을 매장시킬 수 있었다. 탈레반은 중기관총과 개인화기 이외에는 아무런 방공무기가 없었기 때문에 이러한 미국의 공격에 맞설 실질적인 수단이 없었다.

아프가니스탄의 수도 카불(Kabul) 내에 있는 탈레반은 맥도넬 더글러스(보잉) F-15E 스트라이크 이글(Strike Eagle)과 항공모함에서 출격한 맥도넬 더글러스 F/A-18 호넷에서 투하한 정밀무기(Precision weapon)에 의해 표적화되었다. 프랑스의 다소 미라주 2000 또한 아프가니스탄에 전개하여 레이저유도폭탄을 활용한 정밀공격을 수행했다. 이러한 모든 공격은 탈레반 정부를 압박하여 잠적하게 했고, 아프간 북부 동맹(Afgan Northern Alliance)이 카불에 진입하여 정부를 통제해 국민들에게 자유를 주었다.

탈레반이 전선을 형성한 아프가니스탄 영토 어디든지, 미 공군은 록히드 C-130을 이용하여 '데이지 커터(Daisy Cutter)'라 불리는 6,800킬로그램에 달하는 폭탄을 투하했다. 이러한 대형폭탄은 지면 위에서 폭발하도록 설정되어

MQ-9 리퍼
MQ-9 리퍼(Reaper) 무인항공기는 가공할 공격 능력을 가지고 있다. 이 사진에서는 GBU-12 페이브웨이(Paveway) 레이저 유도폭탄과 AGM-114 헬파이어 공대지 미사일을 장착하고 있다.

외부 피해를 극대화하고, 말 그대로 적의 위치로 통하는 경로를 깨끗하게 정리렸으며 이 과정에서 적의 사기를 저하시켰다.

또한 산악 지역에서 탈레반과 알카에다의 활동을 감시하기 위해 미국과 영국에서 온 특수부대가 활동했다. 이들이 적 전투요원의 위치를 발견해 상공에서 비행하고 있는 전투기들에게 정보를 제공하면 이 표적들은 파괴되었다. 아프가니스탄 내에서 육군 부대가 폭동을 가라앉히려 힘쓰는 동안 이런 방식의 전투가 계속해서 이어졌다. 탈레반군은 매복해 있다가 교전한 이후 다시 지형지물을 이용해 잠적해 버리는 전술을 발전시켰다. 만약 지상에 있는 연합군 병력이 곤경에 처하거나 많은 수의 적을 발견한 상황에서 미공군 또는 영국 공군 항공기의 폭격을 요청할 수 있었다. 이 항공기들은 항상 비유도폭탄을 사용하는데, 뚜렷한 전선이 없는 유동적인 전장에서의 유감스러운 요소인 '아군의 오인공격' 가능성을 줄이기 위해 목표물 지정과 아군 병력에 대한 위치 파악이 무엇보다도 중요하다.

험준한 지형에의 대처

아프가니스탄과 같은 산악 지역에서는 보급수송이 큰 문제다. 차량은 협소한 산악 지역을 반드시 통과해야만 하는데 이는 탈레반 전력이 매복하기에 아주 좋은 곳이다. 여기서 헬리콥터가 그 가치를 다시 한 번 증명했다. 보잉 CH-47 시누크는 단시간 내에 대규모의 병력을 이동 가능하게

미 해병대 AV-8 해리어
미 해병대는 해리어 II를 가공할 근접항공지원기로 개발했다. 이 기체는 중동과 아프가니스탄에서 중요한 임무들을 수행했다.

해주었고 AH-64 아파치는 근접지원에 활용되며, 거의 날아다니는 전차처럼 여겨지고 있다. 하지만 시누크는 적에게 느리고 유혹적인 표적이며, 탈레반이 발사한 로켓에 요격당할 수 있기 때문에 저고도, 고속으로 경로를 자주 변경하면서 비행해야만 한다.

또한 프레데터(Predator) MQ-1을 비롯한 무인항공기(UAV)는 그 가치를 환산할 수 없을 정도이다. 지휘관들은 미국에 있는 원격 조종사에 의해 전장 지역에 대한 실시간 사진을 제공받아서 헬파이어 미사일을 이용하여 가능한 표적(Target of Opportunity)을 공격할 수 있다. 무인항공기는 알카에다의 호송대를 찾아내 공격했으며, 결과적으로 알카에다 조직의 고위급 지도자들의 죽음을 불러왔다. 현재 이러한 무인항공기에 더해서 프레데터 MQ-9와 같은 더 크고, 더 능력이 많은 체계가 도입되고 있다.

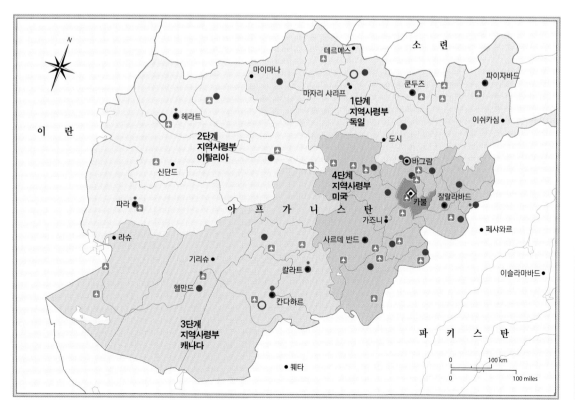

아프가니스탄
나토(NATO)군이 종종 광신자적인 저항에 직면하곤 했던 아프가니스탄 전쟁은 다양한 상황에 맞는 신속하고 효과적인 근접항공지원의 필요성을 보여주었다.

나토 점령하의 아프가니스탄
2006년

지방재건 팀

● 현존 지방재건팀
○ 현존 전방지원기지
◇ 주요 지역 사령부
⚑ 공항
● 미군 시설
· 부수 시설

참고문헌

Birkers, Richard Townshend, *The Battle of Britain*, Guild Publishing, 1990.

Budiansky, Stephen, *Air Power*, Viking, 2003.

Braithwaite, Rodric, *Moscow 1941*, Profile Books, 2006.

Dear, I.C.B. (Gen. Ed.), *Oxford Companion to the Second World War*, O.U.P., 1995.

Deighton, Len, *Blood, Tears and Folly*, Vintage, 2007.

Deighton, Len, *Fighter*, Vintage, 2008.

Dorr, Robert F., *Air War Hanoi*, Blandford Press, 1988.

Everitt, Chris and Middlebrook, Martin, *Bomber Command War Diaries*, Viking, 1985.

Freeman, Roger A., *The Mighty Eighth*, Weidenfeld Military, 2000.

Hastings, Max, *Korean War*, Pan Books, 1987.

Hastings, Max, *Nemesis, the Battle for Japan*, Harpor Perennial, 2008.

Hastings, Max, *Bomber Command*, Book Club Associates, 1979.

Isaacs, Jeremy and Downing, Taylor, *Cold War*, Bantam Press, 1998.

Layman, R. D., *Cuxhaven Raid*, Conway Maritime Press, 1985.

Levine, Joshua, *On a Wing and a Prayer*, Collins, 2008.

Macksey, Kenneth, *Technology of War*, Guild Publishing, 1986.

Myers, Richard B. and Boyne, Walter J., *Beyond the Wild Blue*, Thomas Dunne Books, 2007.

Pimlott, John, *Luftwaffe*, Aurum Press, 1998.

찾아보기

한국국방안보포럼(KODEF)은 21세기 국방정론을 발전시키고 국가안보에 대한 미래 전략적 대안들을 제시하기 위해
뜻있는 군·정치·언론·법조·경제·문화·마니아 집단이 만든 사단법인입니다. 온·오프 라인을 통해 국방정책
을 논의하고, 국방정책에 관한 조사·연구·자문·지원 활동을 하고 있으며, 국방 관련 단체 및 기관과 공조하여 국
방교육자료를 개발하고 안보의식을 고양하는 사업을 하고 있습니다. http://www.kodef.net

KODEF 안보총서 50

아틀라스
세계 항공전사

상세한 지도와 사진으로 보는 공중전투의 역사

개정판 1쇄 인쇄 2020년 6월 19일
개정판 1쇄 발행 2020년 6월 26일

지은이 알렉산더 스완스턴 · 맬컴 스완스턴
옮긴이 홍성표 · 오충원 · 나상형
펴낸이 김세영

펴낸곳 도서출판 플래닛미디어
주소 04029 서울시 마포구 잔다리로71 아내뜨빌딩 502호
전화 02-3143-3366
팩스 02-3143-3360
블로그 http://blog.naver.com/planetmedia7
이메일 webmaster@planetmedia.co.kr
출판등록 2005년 9월 12일 제313-2005-000197호

ISBN 979-11-87822-45-5 03900

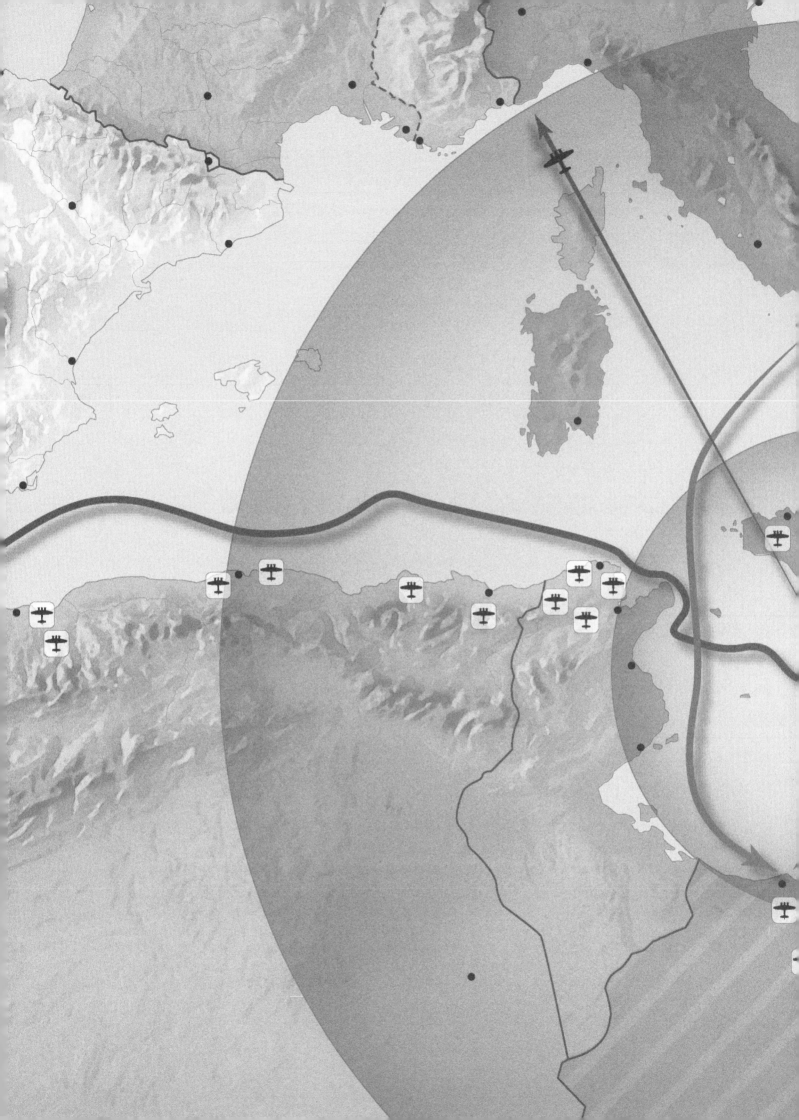